Psychotherapie: Therapiegestaltung & Praxismanagement

Die Buchreihe "Psychotherapie: Therapiegestaltung & Praxismanagement" bietet einen umfassenden Leitfaden für erfahrene Psychotherapeut:innen sowie angehende Fachkräfte, die ihr Wissen vertiefen und ihre Fertigkeiten in der Psychotherapie weiterentwickeln möchten. Diese praxisnahe Fachbuchreihe ist darauf ausgerichtet, fortgeschrittene Techniken der Psychotherapie in spezifischen Anwendungsfällen zu vermitteln. Jeder Band der Reihe widmet sich einem spezifischen Therapiethema und bietet eine fundierte, praxisorientierte Herangehensweise. Die Inhalte umfassen die Grundlagen spezifischer therapeutischer Techniken oder deren Anwendung in speziellen Kontexten, so dass Sie in dieser Reihe Werke finden, die die Behandlung bestimmter Störungen unter bestimmten Verfahren und für eine bestimmte Patient:innenzielgruppe (z.B. Kinder und Jugendliche) finden - sowie unterschiedliche Kombinationen von diesen. Die Reihe behandelt ebenso wichtige Aspekte des Berufsstands und der Selbständigkeit in der Psychotherapie. Dazu gehören Themen wie Berufsrecht, Ethikrichtlinien, Verschwiegenheitspflichten, und rechtliche Rahmenbedingungen. Praktische Ratschläge zur Praxisgründung, -verwaltung und zum Praxismanagement werden ebenfalls ausführlich behandelt. Die Autor:innen dieser Reihe sind renommierte Expert:innen auf ihrem Gebiet, die ihr Fachwissen und ihre langjährige Erfahrung in der Praxis einbringen. Die Fachbücher sind sorgfältig strukturiert und bieten einen klaren, gut verständlichen Schreibstil sowie zahlreiche Fallbeispiele, Übungen und Arbeitsmaterialien, um das Verständnis zu vertiefen und die praktische Anwendung zu fördern. „Psychotherapie: Therapiegestaltung & Praxismanagement" ist eine wertvolle Ressource für Psychotherapeut:innen, Psycholog:innen und andere Fachleute im Bereich der psychischen Gesundheit, die ihre Kompetenzen erweitern und sich professionell weiterentwickeln möchten. Diese Reihe bietet einen umfassenden Leitfaden für eine erfolgreiche und erfüllende Tätigkeit in der Psychotherapiepraxis.

Wanja Kunstleben

Paare im Therapieprozess

Wie die therapeutische Begleitung von Paaren gelingt

Springer

Wanja Kunstleben
Freiburg, Deutschland

ISSN 3059-2852 ISSN 3059-2860 (electronic)
Psychotherapie: Therapiegestaltung & Praxismanagement
ISBN 978-3-662-70721-0 ISBN 978-3-662-70722-7 (eBook)
https://doi.org/10.1007/978-3-662-70722-7

Die Deutsche Nationalbibliothek verzeichnet diese Publikation in der Deutschen Nationalbibliografie; detaillierte bibliografische Daten sind im Internet über https://portal.dnb.de abrufbar.

Planung/Lektorat: Wiebke Wuerdemann
Springer ist ein Imprint der eingetragenen Gesellschaft Springer-Verlag GmbH, DE und ist ein Teil von Springer Nature.
Die Anschrift der Gesellschaft ist: Heidelberger Platz 3, 14197 Berlin, Germany

„Unsere Beziehung zu unserem Partner kann nur so tief sein, wie unsere Beziehung zu uns selbst."

Wanja Kunstleben

Für Juna und Kaya und die Hoffnung der nächsten Generation

Geleitwort von Friederike von Tiedemann

Beziehungen sind der zentrale Ort, an dem wir wachsen, uns entwickeln und heilen können – und zugleich die Bühne, auf der wir uns mit den tiefsten Herausforderungen unseres Inneren konfrontiert sehen. Die Arbeit mit Paaren im therapeutischen und beratenden Kontext erfordert daher eine besondere Haltung: feinfühlige Präsenz, methodische Offenheit und ein tiefes Verständnis für die Komplexität menschlicher Beziehungen.

In *Paare im Therapieprozess* führt uns Wanja Kunstleben durch einen Ansatz, der schulenunabhängig und methodenübergreifend die Essenz wirksamer Paararbeit vorstellt. Dieser hilft, sichernde Orientierung und Klarheit in unserer therapeutischen Rolle dem Paar gegenüber zu finden. Dabei folgt die Herangehensweise einer achtsamkeitsbasierten Grundhaltung, einem behutsamen Mitbedenken der Selbsterforschung von uns als Therapeut*innen und dem Arbeiten aus der Verbindung zur eigenen Innenwelt heraus.

In leichter und spielerischer Art versteht es der erfahrene Paartherapeut, ein sehr komplexes Geschehen in die konkrete Handhabung in der Praxis zu überführen. So erschließt sich der breiten Leserschaft eine nutzbringende Theorie-Praxis-Verschränkung, die das Verständnis für die therapeutischen Prozesse konkret bereichert.

Kolleg*innen, die noch am Beginn ihrer therapeutischen Arbeit stehen, finden in diesem Buch wertvolle Grundlagen, gleichzeitig bietet es für erfahrene Praktiker*innen ein bereicherndes Prozessmodell für die Arbeit mit Paaren an. Dieses beleuchtet feinfühlig, wie das Klientensystem zunächst mit seinem Anliegen vor uns sitzt und wie wir daraus ein methodisches Vorgehen ableiten können, das sich auf einer achtsamen, regulierenden Ebene bewegt, bevor tiefergehende Prozesse angestoßen werden. Die Unterscheidung zwischen Themenfokus – der Klärung konkreter Anliegen – und Tiefungsfokus – der Prozesssteuerung auf emotionaler Ebene – bildet eine strukturgebende Hilfe, um Paaren mit Klarheit und Stabilität zu begegnen.

Dazu stellt der Autor für die emotionale Steuerung des Prozesses eine praktische Navigationsformel vor: Regulierung vor Klärung, Klärung vor Intimität, welche hilft, den Prozess schrittweise zu gestalten und dabei stets die emotionalen Ressourcen des Paares im Blick zu behalten. Besonders bedeutsam ist die Fähigkeit, einen sicheren Raum zu schaffen, in dem sich beide Partner verstanden fühlen und in dem eine tragfähige Basis entsteht, um auf tieferen Ebenen zu arbeiten.

Eine weiterer Gewinn des Ansatzes liegt in der achtsamen Einbeziehung von Körpersignalen. Unser Körper spricht eine Sprache, die oft schneller und ehrlicher ist als Worte. Diese Signale können uns helfen, versteckte Dynamiken zu erkennen und sanft in den Prozess einzubinden.

Veranschaulicht werden die Ausführungen durch eine Fülle an Fallbeispielen und Übungen, die sowohl als Inspiration für die Arbeit mit Paaren dienen als auch die eigene Praxis bereichern. Diese Übungen sind mehr als Werkzeuge – sie sind eine Einladung, innezuhalten und die Weisheit der Achtsamkeit in der therapeutischen Arbeit zu kultivieren.

Paare im Therapieprozess ist ein unverzichtbarer Begleiter für alle, die in der Paartherapie, Beratung oder Psychotherapie tätig sind. Das Buch schenkt Orientierung, Vertiefung und Klarheit – sowohl für den Therapeuten als auch für die Paare selbst. Möge dieses Buch Sie und die Paare, mit denen Sie arbeiten, auf dem Weg zu mehr Verbundenheit und Heilung begleiten.

Friederike von Tiedemann

Vorwort des Autors

Laura und Tom sind seit zehn Jahren ein Paar. Aufgewühlt und sichtlich überfordert sitzen sie sich in meiner Praxis gegenüber, ihre Blicke treffen sich kaum und die Spannung zwischen ihnen ist mit Händen greifbar. Laura seufzt und sagt: „Ich fühle mich vernachlässigt, Tom. Du bist nie da, wenn ich dich wirklich brauche." Tom reagiert gereizt: „Ich weiß nicht, wovon du redest. Ich bin doch hier, oder etwa nicht? Ich gebe mein Bestes, aber du siehst es einfach nicht!"

Innerhalb weniger Momente bin ich gefordert, eine Menge ausgesprochener und unausgesprochener Informationen gleichzeitig zu verarbeiten. Und vor allem eine ganze Reihe von Fragen, die mir durch den Kopf gehen. Was nun? Soll ich auf die konkrete Umsetzung von Lauras Wünschen nach mehr Unterstützung eingehen? Soll ich mit Tom und Laura daran arbeiten, dass sie lernen, besser zu kommunizieren? Oder soll ich mich mit den beiden auf direktem Weg zu den tieferen Bindungsverletzungen begeben, die hinter dieser kurzen Episode hervorschimmern? Und wie wird das Paar auf mich reagieren? Gelingt es mir, dass beide auf der bevorstehenden Reise im Boot bleiben?

So oder ähnlich sehen sich Therapeuten in der Arbeit mit Paaren häufig unmittelbar mit einer komplexen und hochdynamischen Situation konfrontiert. Während wir in einem Einzelsetting meist die Zeit bekommen, den Patienten Schritt für Schritt kennenzulernen, müssen wir hier spontan auf eine jahrelang entwickelte und ausgefeilte Dynamik zweier uns noch fremder Menschen antworten. Die verhandelten Themen sind kompliziert genug, aber sie dienen nur als Kulisse für die eigentliche Dramatik. Die emotionalen Reaktionen des Paares scheinen dabei einem verborgenen Code zu folgen, den wir zunächst nur erahnen, aber noch nicht wirklich entschlüsseln können.

Bei aller Herausforderung ist die Arbeit mit Paaren immer lebendig. Der Prozess ist ständig in Bewegung und erfordert eine besondere Wachheit und ein stetes Engagement für sein Gelingen. Was mich jedoch von Beginn an am meisten fasziniert hat, ist das seelische Entwicklungspotenzial, das darin liegt, wenn zwei Menschen an ihre individuellen Grenzen und ihre Grenzen als Paar stoßen und sich dabei in ihren verletzlichsten Seiten begegnen.

Die Frage, wie wir Paare so begleiten können, dass sie das darin liegende Potenzial nutzen können, um gemeinsam zu wachsen, hat mich intensiv beschäftigt: Einerseits ist klar, dass hierbei ein hohes Maß an Sensibilität und Einfühlungsvermögen erforderlich ist – Fähigkeiten, die wir als empathisch geschulte Therapeutinnen und Berater ohnehin in hohem Maß in unsere Arbeit einbringen.

Darüber hinaus benötigen wir andererseits jedoch auch eine gute Orientierung in diesem vielschichtigen Geschehen: Was ist das tiefere, zugrunde liegende Entwicklungsthema des Paares? Wohin steuert der emotionale Prozess und wie kann er gestaltet werden? Wie können Thema und Tiefung so miteinander verschränkt werden, dass sich das heilsame Potenzial des Bindungssystems Partnerschaft entfaltet?

Meine Auseinandersetzung hiermit führte mich schließlich zur Formulierung der Navigationsformel mit den drei Dimensionen – Regulation, Klärung und Intimität. Ich erlebte das selbst wie einen Erkenntnissprung. Mit einem Mal hatte ich eine Art Navigationstool in der Hand, mit dem ich viele Prozesse und Prozessphänomene, die ich zuvor eher nur intuitiv erfasst hatte, deutlich erkennen, verstehen und leichter handhaben konnte. Warum funktionieren manche Interventionen einmal gut, während sie einem ein anderes Mal „um die Ohren" fliegen? Woran kann ich erkennen, was wann für wen „dran" ist und was eher in Blockade oder Eskalation führt?

Das Modell der Prozesssteuerung unterstützt mich täglich darin, die Therapie klar, leicht und beweglich zu gestalten. Das motiviert mich, das Modell in der Weiterbildung zu lehren und in diesem Buch zu vermitteln. Das Modell ist für mich keine bloße Theorie, sondern vor allem unmittelbar wirksame und erlebbare Erfahrung im Praxisalltag. Ich hoffe, dass dieses Buch TherapeutInnen und BeraterInnen darin unterstützt, gelingende Prozesse mit Paaren erfolgreich zu gestalten und Leichtigkeit und Freude in dieser besonders herausfordernden Arbeit zu finden!

Dieses Buch richtet sich an erfahrene Therapeut*innen genauso wie an Behandler*innen, die einen Einstieg in die Arbeit mit Paaren suchen. Das Modell der Prozesssteuerung als Metamodell kann ebenso helfen, ein erstes Gefühl für das Setting und einen guten Überblick für die Arbeit damit zu bekommen, als auch einen erfahrenen Profi in der Schärfung des eigenen Blicks für die Frage zu unterstützen, welche Intervention wann und wie für wen geeignet ist. Eine weitere Stärke ist die Schulenunabhängigkeit: Zum Beispiel kann ein verhaltenstherapeutischer Fokus um ein Verständnis der Tiefungsebenen erweitert werden oder ein emotionsfokussierter Fokus, der sich v. a. auf die Bindungsebene konzentriert, für die Einbettung und das Timing sensibilisiert werden.

Inklusive Sprache

Es ist mir ein Anliegen, bewusst mit Sprache umzugehen und eine Balance zwischen einer sensitiven, inklusiven und einer gut lesbaren und verständlichen Form zu finden. Ich habe mich dazu entschieden, keine durchgehend gegenderte Form zu verwenden, sondern zwischen neutralen, männlichen und weiblichen Formen sowie der Verwendung von gegenderten Formen abzuwechseln und mich darüber hinaus zu bemühen, verschiedene Gruppen anzusprechen und abzubilden.

Wanja Kunstleben
Freiburg, Deutschland

Danksagung

Alles, was wir erschaffen, erschaffen wir niemals alleine: alles, was wir sind und hervorbringen, geht aus aus unseren Verbindungen und Beziehungen hervor und ist in sie eingebunden. Das trifft wohl in besonderem Maße zu, wenn man ein Buch über Beziehungen schreibt. Dieses Buch ist in Begegnungen entstanden – aus Gesprächen, geteilten Erfahrungen und der Tiefe therapeutischer Prozesse. Mein Dank gilt daher zunächst den Paaren, Patientinnen und Patienten, mit denen ich lernen durfte. Sie haben dieses Buch ebenso möglich gemacht wie all die Menschen, die mich in dieser Zeit und bei diesem Projekt begleitet und unterstützt haben. Meinen besonderen Dank richte ich an Undine – für ihren bestärkenden Blick, ihre tatkräftige Unterstützung und die wichtige Ermutigung, dieses Projekt anzugehen. Claudia danke ich für die Auseinandersetzung mit dem theoretischen Modell – besonders in seiner Entstehungszeit – sowie für die beständige Entwicklung einer gemeinsamen Navigation in der Praxis des Alltags. Ich danke Friederike, die mir die Tür geöffnet hat, dieses Thema in die Lehre einzubringen. Sie war mir Lehrerin in der Didaktik, Gegenüber in der Reflexion und Weggefährtin in einer Zusammenarbeit, die für mich überaus wertvoll war – und ist. Ihr und Hans-Harald danke ich für das aufmerksame Lesen des Manuskripts und ihre klugen, weiterführenden Anregungen. Ben danke ich für die vielen durchdringenden Gespräche – für sein aufrichtiges Interesse, seine wachen Gedanken und für die Lust am gemeinsamen Denken. Meinen Eltern danke ich für ihre Liebe und das Fundament, auf dem ich stehe. Ich danke Dirk und Fabian fürs Dasein. Ich danke Sylvester und Angela für ihre Inspiration. Und mein besonderer Dank gilt Raisa: für ihre Bereitschaft, sich tief auf das Manuskript einzulassen, für den lebendigen Gedankenaustausch und die geduldige, präzise Begleitung beim Lesen, Fragen, Rückmelden – unermüdlich und über viele Stunden hinweg neben den Erfordernissen des Alltags. Und schließlich sind die Ideen dieses Buches nicht aus dem Nichts entstanden. Sie wurzeln in den Erfahrungen, dem Wissen und den schöpferischen Beiträgen vieler anderer Menschen – in dem, was vor mir gedacht, gesagt, geschrieben und gelebt wurde.

Inhaltsverzeichnis

Über den Autor

Dipl. Psych. Wanja Kunstleben
ist tiefenpsychologisch fundierter Psychotherapeut in eigener Praxis in Freiburg. Er ist als Supervisor, Lehrtherapeut und Dozent an verschiedenen Instituten tätig. Seine Schwerpunkte sind Traumatherapie und systemische Paartherapie. Durch vielfältige Zusatzausbildungen schöpft er aus einem breiten Spektrum therapeutischen Wissens: Integrative Psychotherapie, Gestalttherapie, Systemisch-integrative Paartherapie, Kunst- und Kreativitätspsychotherapie; Innere-Familiensystem-Therapie, Psychodrama klientenzentrierte Gesprächsführung, Focusing, körperorientierte Psychotherapie, Traumatherapie.

Einführung

Inhaltsverzeichnis

W. Kunstleben, *Paare im Therapieprozess*, Psychotherapie: Therapiegestaltung & Praxismanagement, https://doi.org/10.1007/978-3-662-70722-7_1

„Wer Freude an dem hat, was er tut, muss nie wieder arbeiten."
chinesisches Sprichwort

Das Paarsetting ist eines der lebendigsten, spannendsten und anspruchsvollsten. Dabei besteht eine Kernaufgabe der therapeutischen Arbeit mit Paaren darin, dass wir den „Raum halten" und auch angesichts hoher affektiver Dynamik orientiert, klar und emotional in unserer Mitte bleiben können. Wenn das gelingt, wird die Arbeit leicht und wir haben Freude daran.

1.1 Die Quellen meiner Arbeit und die Entwicklung des Modells

Es ist mir ein Anliegen, die Quellen, aus denen ich schöpfe, zu benennen und transparent darzulegen. Daher möchte ich kurz auf meinen eigenen Werdegang eingehen und darauf, wie daraus das Modell der Prozesssteuerung hervorgegangen ist. Nicht so sehr um meine Persönlichkeit darzustellen und in den Vordergrund zu rücken, sondern im Gegenteil aus Respekt vor all den Menschen – meinen Patient*innen, Paaren und Lehrer*innen, von denen ich lernen durfte und die mich inspiriert haben.

Ich bemühe mich über die korrekte Quellenangabe hinaus nach bestem Wissen und Gewissen darauf hinzuweisen, woher meine Ideen stammen oder wodurch sie inspiriert wurden. Die meisten der dargestellten Übungen und Anleitungen habe ich in dieser Form selbst konzipiert und entwickelt, aber selbstverständlich stellen sie Varianten von Ideen dar, wie sie von vielen Therapeuten verwendet werden und wie ich sie im Laufe meiner Ausbildungen selbst erfahren und einsammeln durfte. Wenn Ideen direkt übernommen wurden, nenne ich die Quellen, aus denen sie stammen.

Ich begann mein Grundstudium Psychologie in Bremen. Dort durften wir uns zwei Themen aussuchen, die wir dann fächerübergreifend bearbeiten sollten. Ich wählte (warum nicht gleich groß denken) die Themen „Liebe" und „Kreativität". Rückblickend kann ich hierin das Anfangsende des roten Fadens festknoten, der sich bis zu diesem Buch weiterspinnen wird. Das Interesse an der Paararbeit und ein kreativer, ganzheitlicher Zugang in der Psychotherapie begleiten mich bis heute und bilden die Grundlage für mein Modell und meinen therapeutischen Ansatz.

Nachdem ich zum Hauptstudium meines Diplomstudiums nach Freiburg gezogen war, beschäftigte ich mich viel mit humanistischer Psychotherapie und machte Fortbildungen in Gestaltarbeit, Psychodrama und klientenzentrierter Beratung. Außerdem setzte ich mich intensiv mit Dramatherapie, Kunsttherapie, initiatischer Therapie (nach Dürckheim) und systemischer Therapie auseinander. Nach dem Diplom folgte eine Ausbildung in Integrativer Psychotherapie und integrativer Kunst- und Kreativitätstherapie am Fritz-Perls-Institut in Hückeswagen.

Der zentrale Meilenstein für meine heutige Arbeit als Paartherapeut ist die umfassende Ausbildung in Integrativer systemischer Paartherapie bei Hans Jellouschek, Friederike von Tiedemann und Marianne Walzer. (Das Hans-Jellouschek-Institut HJI Freiburg-Hamburg von Friederike von Tiedemann, an dem ich heute selbst, lehre, wurde erst später gegründet.) Die klaren Konzepte und die erfrischende Theorie-Praxis-Verschränkung des Ansatzes sowie die Anschlussfähigkeit für ein erlebniszentriertes und tiefenpsychologisches Arbeiten auf dem Hintergrund einer systemischen Perspektive faszinierten mich. Ich war inspiriert und entwickelte zusammen mit meiner sehr geschätzten Kollegin Angela Wisberger – einer systemisch arbeitenden Kunsttherapeutin – in der psychosomatisch-psychiatrischen Akutklinik in der ich damals arbeitete ein Konzept für eine Partnerschaftsgruppe für Patient*innen. Rückblickend verstehe ich, dass ich damals so etwas wie eine Witterung aufgenommen hatte: Ich vertiefte Schicht um Schicht mein Verständnis für den Paarkonflikt und seine innere Textur. Ich wollte besser verstehen, wie es gelingt, den Schatz zu bergen, der darin geborgen liegt, wenn zwei Menschen sich an ihren wundesten Punkten begegnen und wie wir diesen Prozess therapeutisch in seinen verschiedenen Phasen begleiten können.

Parallel hatte ich eine Approbationsausbildung zum Psychologischen Psychotherapeuten in tiefenpsychologisch fundierter Psychotherapie begonnen. Das vertiefte Verständnis der Unterscheidung von Konflikt und Struktur im tiefenpsychologischen Ansatz half mir wesentlich dabei, 2014 das **Modell der drei Dimensionen** zu entwickeln, das ich 2015 in einem Artikel erstmals veröffentlichte.

Drei Jahre später hatte ich das Modell zum **Prozesssteuerungsmodell** in der Paartherapie weiterentwickelt und begann es am HJI zu lehren. Mittlerweile ist das Modell gereift, erweitert und ganz wesentlich durch den Ansatz der Arbeit mit inneren Anteilen inspiriert, die ich bei Tom Holmes während meiner Ausbildung in Innerer Familiensystemtherapie (IFS) und in Integrativer Innerer Systemtherapie (IIST) lernen durfte.

Ich verstehe das Modell der Prozesssteuerung heute nicht mehr als paartherapeutisches Modell, sondern als ein Modell für die psychotherapeutische Arbeit allgemein. Das Setting der Paararbeit bleibt aber zentral, weil die Prozesssteuerung aufgrund der hohen affektiven Dynamik hier besondere Aufmerksamkeit, Wachsamkeit und Souveränität in der Prozesssteuerung vom Therapeuten erfordert.

1.2 Handhabung des Buches

Das Buch ist in drei Teile gegliedert:
- Teil I: Prozesssteuerung – das Modell im Überblick
- Teil II: Themenfokus
- Teil III: Tiefungsfokus

Teil I gibt einen Gesamtüberblick über das Modell.

In Teil II wird der Themenfokus ausgeführt.

Teil I und II umfassen jeweils nur ein Kapitel und können als Grundlagen und Einbettung für den dritten Teil verstanden werden.

Teil III befasst sich mit dem Tiefungsfokus und seine drei Dimensionen Regulation, Klärung und Intimität. Prozesssteuerung findet im Wesentlichen in der Tiefung statt und die drei Dimensionen bilden damit den Kern des Prozesssteuerungsmodells. Entsprechend ist Teil III der ausführlichste mit den meisten praktischen Übungen und umfasst fünf Kapitel: eines als Überblick über die drei Dimensionen, je eines zu jeder Dimension und ein fünftes Kapitel zur Integration.

Jedes Kapitel wird durch eine kurze, orientierende Zusammenfassung eingeleitet.

Am Ende jedes Kapitels werden die wesentlichen Ideen noch einmal komprimiert in einem Fazit dargestellt.

Optisch hervorgehobene Merksätze und Definitionen bringen zentrale Konzepte, Definitionen und wichtige Zusammenhänge „in a nutshell“ auf den Punkt.

Viele Anleitungen sind mit Fallbeispielen illustriert, um einen lebendigen Eindruck zu vermitteln, wie eine Technik ins konkrete Therapiegeschehen eingebettet werden kann.

Die Grafiken und Abbildungen sollen einerseits das ganzheitliche Verständnis unterstützen und können andererseits auch zum großen Teil für den Einsatz in der Arbeit mit den Paaren genutzt werden. Sie stehen unter folgendem Link zum Download zur Verfügung:

► https://praxis-kunstleben.de/grafiken-paare-im-therapieprozess/

Ich habe die Übungen, je nach didaktischer Sinnhaftigkeit in einzelnen Kapiteln, teils in einem Übungsteil am Ende gebündelt dargestellt, teils innerhalb der Kapitel untergebracht. Das 5. Kapitel enthält die meisten Anleitungen und Übungen. Zur Übersicht habe ich daher am Kapitelende nochmals alle Übungen tabellarisch aufgeführt und wo Sie sie jeweils finden.

1.3 Praxisorientierung

Dieses Buch richtet sich an Berater*innen, Paartherapeut*innen und Psychotherapeut*innen, ob in Ausbildung oder als bereits erfahrene Praktiker, die sich konkretes Handwerkszeug und eine klare Orientierung für die Arbeit mit Paaren wünschen. Eine bewusste und souveräne Prozesssteuerung hilft uns ganz wesentlich dabei, die Therapie zu vereinfachen, zu erleichtern und zu professionalisieren. Wenn die Arbeit leicht wird, wird sie gut, und wir erhalten uns die Freude und die Hingabe an unseren Beruf.

Als Fachbuch für die Aus- und Weiterbildung bezieht es sich auf fundierte theoretische Grundlagen und benennt sie, wo nötig. Gleichzeitig geht es nicht um Theorie als Selbstzweck. Es ist aus der Perspektive des therapeutisch tätigen Praktikers für die konkrete Anwendung in der Praxis geschrieben und wird sich daher vor allem an konkreten Erfahrungen orientieren und mit Übungen und Anwendungsbeispielen arbeiten, um eine größtmögliche Nutzbarkeit des Prozesssteuerungsmodells für die praktische Arbeit zu erreichen.

Die Praxisorientierung ist nur so gut, wie die Theorie dahinter und die Theorie ist in der Praxis nur gut, wenn sie in der Praxis unsichtbar ist: wenn wir also nicht mehr über sie nachdenken müssen, weil sie einen praktischen Sinn ergibt.

Eine gelingende Theorie-Praxis-Verschränkung bedarf also neben einer praxisnahen Darstellung und Sprache ebenso ein hohes Maß an Differenziertheit und Klarheit der Konzepte. Im Folgenden möchte ich deshalb einige grundsätzliche Fragen und die Verwendung einiger Begriffe in diesem Buch hinreichend sorgfältig klären.

1.4 Beratung und Therapie

Da sich mein Buch an Berater*innen und Therapeut*innen gleichermaßen richtet, möchte ich im Folgenden eine kurze Beschreibung der Unterschiede und Überschneidungspunkte geben. Im psychosozialen Kontext unterscheiden sich Beratung und Therapie in ihren Zielen, Ansätzen und Anwendungen.

Beratung bezieht sich auf eine unterstützende Interaktion zwischen einem Berater oder einer Beraterin und einer Person oder einer Gruppe von Personen, die vorübergehende Schwierigkeiten, Herausforderungen oder Entscheidungsprobleme bewältigen möchten. Der Fokus der Beratung liegt darauf, praktische Ratschläge, Informationen und Orientierung bereitzustellen, um die betroffene Person bei der Bewältigung ihrer Probleme zu unterstützen. Beratung kann auf verschiedene Lebensbereiche wie Bildung, Karriere, Beziehungen, Erziehung und persönliche Entwicklung abzielen. Sie zielt darauf ab, die Selbstständigkeit und die Fähigkeiten der Klienten zu stärken, damit sie ihre Probleme eigenständig bewältigen können.

(Psycho-)Therapie hingegen ist ein formeller und strukturierter Prozess (diagnosegeleitete und richtliniengestützte Behandlung), der darauf abzielt, psychische oder emotionale Probleme zu behandeln und zu beheben. Therapie beinhaltet eine tiefere Erkundung der emotionalen, psychologischen und oft auch der lebensgeschichtlichen Aspekte einer Person. Sie kann für Menschen empfohlen werden, die mit psychischen Störungen wie Angst, Depression, Trauma, Sucht oder anderen schwerwiegenden psychischen Gesundheitsproblemen kämpfen. Therapie bietet eine sichere Umgebung, in der Klienten ihre Gefühle und Gedanken offen teilen können. Therapeuten verwenden verschiedene Ansätze und Techniken, um die individuellen Bedürfnisse ihrer Klienten zu adressieren und sie bei der Bewältigung ihrer psychischen Herausforderungen zu unterstützen.

Zusammenfassend lässt sich sagen, dass Beratung (zumindest in ihrer theoretischen Konzeption) eher auf praktische Unterstützung abzielt, um Bewältigungsstrategien für konkrete Probleme zu entwickeln, während Therapie tiefer gehende psychische und emotionale Probleme behandelt, indem sie auf eine tiefere Erkundung, Reflexion und Veränderung abzielt.

Es ist wichtig zu beachten, dass die Grenzen zwischen Beratung und Therapie nicht immer scharf definiert sind, und in einigen Fällen kann ein Übergang zwischen beiden stattfinden, je nach den Bedürfnissen und Zielen der Klienten. In der Paarberatung und Paartherapie nähern sich diese Grenzen zudem ganz besonders an, und zwar sowohl vom Beratungskontext in Richtung Therapie als auch vom therapeutischen Kontext in Richtung Beratung. Das ist wohl so, weil Partnerschaften sowohl Bindungssysteme sind und tiefe Bedürfnisse beider Partner berühren als auch Alltagssysteme mit vielen praktischen Fragen und Implikationen. Daher wird einerseits eine Beratung kaum ohne das Eingehen auf die persönlichen und psychischen Hintergründe auskommen. Andererseits sind viele Fragen, mit denen ein Paar in die Beratungs- oder Therapiepraxis kommt, praktischer Natur oder sind zumindest sehr konkret in einen lebenspraktischen Kontext eingebunden. Eine gute Paartherapie sollte daher auch auf diese konkreten Probleme antworten und eingehen.

Darüber hinaus ist Paartherapie per Definition keine Psychotherapie, da sie nicht unmittelbar auf die Behebung einer krankheitswertigen psychischen Störung fokussiert. Partnerschaftsprobleme werden in den Psychotherapierichtlinien als allgemeine Lebensprobleme definiert und stellen explizit keine Indikation für eine psychotherapeutische Behandlung dar. Wenn die Indikation jedoch gegeben ist, kann die Bearbeitung der Paarthemen und auch die zeitweise Hinzuziehung des Partners zur Therapie durchaus Teil des psychotherapeutischen Prozesses und einer von der Krankenkasse bezahlten Behandlung sein. Sobald eine Paartherapie als eigenständiger Prozess stattfindet, ist sie jedoch nicht vom Leistungsumfang der Krankenkassen gedeckt! Zum Rahmen einer Paartherapie zählt daher die Bedingung der Selbstzahlung. Daher ist es so wertvoll, dass Beratungsstellen hier ein einkommensabhängiges Angebot machen, die es auch Menschen mit geringen finanziellen Ressourcen möglich macht, Unterstützung wahrzunehmen.

Meine persönliche Daumenregel ist, dass ich zu maximal drei Terminen einer psychotherapeutischen Behandlung den jeweiligen Partner hinzuziehe. Jeden weiteren Prozess würde ich als Paartherapie definieren und im Übrigen dann einer Kollegin übergeben, wenn einer der Partner sich in meiner einzeltherapeutischen Behandlung befindet. Es gibt kein eindeutiges trennscharfes Kriterium, um zu unterscheiden, ab wann eine Therapie durch die Hinzuziehung des Partners in eine Paartherapie übergeht. Grundsätzlich könnte man zwar sagen, der Fokus sollte eben weiterhin auf der Einzeltherapie liegen. Letztlich sind die Grenzen aber fließend und sowohl unsere Tendenz, ein Paar, mit dem wir gerne arbeiten, vielleicht nicht gehen lassen zu wollen, als auch die Hemmschwelle des Paares, sich weiter umzusehen, können leicht dazu verleiten, dass diese Grenze schleichend überschritten wird. Deshalb kann ich eine klare, von Beginn an kommunizierte Grenze wie die „Maximal-3-Sitzungen"-Regel sehr empfehlen.

Der Begriff „Paartherapie" oder „Paartherapeut*in" ist in Deutschland einerseits nicht berufsrechtlich geschützt. Das bedeutet, dass grundsätzlich jeder, unabhängig von seiner Ausbildung oder Qualifikation, den Begriff verwenden kann. Andererseits ist die Ausübung von therapeutischer Tätigkeit, sei es im Einzel-, Gruppen- oder Paarkontext, durch rechtliche und berufsethische Rahmenbedingungen geregelt. Wenn eine Person in Deutschland als Therapeut oder Therapeutin arbeiten möchte, insbesondere im Bereich der Paartherapie, sollte sie über eine entsprechende Qualifikation verfügen. Die Ausübung von Therapie erfordert eine anerkannte psychotherapeutische Ausbildung und eine staatliche Approbation als Psychotherapeut oder eine berufsrechtliche Anerkennung nach dem Heilpraktikergesetz.

Paartherapie ist also berufsrechtlich gesehen eine therapeutische Behandlung im Kontext der Paarbeziehung auftretender, nicht notwendigerweise krankheitswertiger psychischer Probleme und psychosozialer Beziehungsstörungen. In dieser Definition wird deutlich, wie unklar die Trennschärfe ist: Es besteht ein Graubereich, der einerseits eine klare Abgrenzung schwieriger macht, andererseits aber auch den Raum dahin öffnet, sich als Paartherapeut beherzt auf die alltagspraktischen Aspekte der allgemeinen Lebensprobleme einzulassen, die den Ausschluss aus der Richtlinienbehandlung beschreibt.

Meine Beobachtung aus Lehre und Supervision ist, dass die Beratungsstellen in Deutschland den Großteil der Paarbegleitungen abdecken und hierbei sehr tiefgreifende, wertvolle Arbeit leisten. Es ist mir daher ein Anliegen zu betonen, dass die Unterscheidung zwischen Therapie und Beratung nicht in eine Bewertung in „besser" und „schlechter" münden sollte, da das der Realität und Qualität der tatsächlich geleisteten psychosozialen Arbeit in keiner Weise gerecht würde. Es gibt für mich keinen Zweifel, dass die Prozesssteuerung, die u. a. für einen bewussten und zielgeleiteten Umgang mit emotionaler Tiefung wesentlich ist, sowohl für den therapeutischen als auch den beraterischen Kontext hilfreich und notwendig ist.

Im Bewusstsein dieser Graubereiche, Annäherungen und Übergänge möchte ich zum Schluss noch einmal zusammenfassend die Unterschiede in Herangehensweise und Behandlungsfokus von Paartherapie und Paarberatung ausformulieren:

- **Paarberatung**

1. Beratender Fokus: Paarberatung konzentriert sich auf die Bereitstellung praktischer Beratung und von Tools und Techniken, um Paaren bei der Bewältigung konkreter Probleme oder Herausforderungen in ihrer Beziehung zu helfen.
2. Ziel: Das Hauptziel der Paarberatung ist die Unterstützung von Paaren bei der Entwicklung von Strategien zur Lösung von Alltagsproblemen oder spezifischen Konflikten, wie beispielsweise finanzielle Schwierigkeiten, Entscheidungsfindung oder Elternschaftsthemen.
3. Methoden: Berater verwenden oft praktische Ansätze wie Kommunikationstraining, Konfliktlösungstechniken und gemeinsame Zielsetzungen, um Paaren dabei zu helfen, ihre Kommunikation zu verbessern und praktische Lösungen für ihre Probleme zu finden.

- **Paartherapie**

1. Therapeutischer Fokus: Paartherapie ist ein therapeutischer Prozess, der darauf abzielt, tiefer liegende emotionale Probleme und Konflikte in einer Partnerschaft zu identifizieren, zu verstehen und zu behandeln. Sie befasst sich mit komplexen psychologischen und emotionalen Dynamiken zwischen den Partnern.
2. Ziel: Das Hauptziel der Paartherapie ist die Bewältigung von tiefgreifenden Beziehungsherausforderungen, wie zum Beispiel Kommunikationsproblemen, Vertrauensbrüchen, emotionalen Verletzungen, Entfremdung, Intimitätsproblemen.
3. Methoden: Paartherapeuten verwenden unterschiedliche therapeutische Ansätze und Techniken, um den Paaren dabei zu helfen, ihre individuellen Probleme zu identifizieren und zu lösen. Dazu gehören oft tiefgehende Gespräche, Reflexion, Aufarbeitung von vergangenen Erfahrungen und die Entwicklung neuer Kommunikations- und Interaktionsmuster. So wie für die Beratung die Tiefungsebene der Intimität in der Prozesssteuerung trotz des pragmatischeren Fokus integraler Bestandteil der Begleitung ist, ist die Regulationsebene integraler Bestandteil paartherapeutischer Begleitung.

Zusammenfassend lässt sich sagen, dass die Grundlagen für den beraterischen und den therapeutischen Kontext identisch sind, der Fokus jeweils jedoch mehr auf Pragmatik und Regulation (Beratung) oder Begegnung und Intimität (Paartherapie) liegt.

Beide Ansätze haben ihre eigenen Stärken und Anwendungen, und die Wahl zwischen Paartherapie und Paarberatung hängt von den individuellen Bedürfnissen und Zielen des Paares ab.

Um Lesbarkeit und Lesefluss zu erhalten, werde ich Beratung und Therapie, Berater*innen und Therapeut*innen nicht jedes Mal gesondert erwähnen, sondern vorwiegend von Therapie/Therapeut*innen schreiben und die Begrifflichkeiten von Zeit zu Zeit abwechseln.

1.5 Prozesssteuerungsverantwortung und die phänomenologische Grundhaltung

▪ Steuern: führen ohne zu bestimmen

Der Begriff der „Steuerung" bedarf einer genaueren Betrachtung und einer Verbindung mit einer geklärten therapeutischen Grundhaltung, um Missverständnisse und Fallstricke in der therapeutischen und beraterischen Arbeit zu vermeiden.

Prozesssteuerung ist in jedem therapeutischen Setting unabdingbar, aber in keiner therapeutischen Konstellation ist sie nach meiner Erfahrung so herausfordernd und zentral, wie im 2:1-Setting mit dem Paar: Die Paardynamik wirkt wie ein Katalysator auf den Prozess. Sie kann in kürzester Zeit dazu führen, dass der Prozess in einer unproduktiven Sackgasse versandet oder aber eskaliert und „aus dem Ruder läuft".

Jede Prozessbegleitung wird je nach Therapieschule und -stil und je nach Therapeut*innenpersönlichkeit einen Weg zwischen raumgebenden, hilfestellungs- oder impulsgebenden und kontrollierend-begrenzenden Interventionen wählen. In der Paarbegleitung gibt es dabei auch Phasen, in denen eine raumgebende Haltung unbedingt notwendig ist – diese raumgebenden Aspekte sind ganz expliziter Teil meines Prozesssteuerungsmodells. Dabei hilft zum einen eine klare Orientierung in der Prozesssteuerung um zu verstehen, was wann für wen notwendig und sinnvoll ist. Zum anderen ist vor allem unsere therapeutische Grundhaltung entscheidend, damit unsere steuernden Interventionen, seien sie raumlassend oder begrenzend, konstruktiv wirken. Die Grundhaltung entscheidet letztlich darüber, ob Steuerung konstruktive Führung in der Prozessbegleitung anbietet, oder ob sie dominiert oder durch zu wenig Steuerung das Gegenüber alleine lässt, nicht ausreichend begrenzt oder überfordert.

Wenn wir davon ausgehen, dass der Prozess in der Paartherapie notwendigerweise besonders aktiv, wachsam und bewusst gesteuert werden muss, um zu gelingen, sollten wir uns etwas Zeit nehmen, uns mit unserer Grundhaltung auseinanderzusetzen und diese fein zu justieren. Sie ist wie das Fundament eines komplexen und beweglichen Gebildes: Wenn der Artist im Zirkus eine Balancenummer vorführt, wird er zuerst dafür sorgen, dass er gut steht.

▪ Man kann nicht nicht manipulieren

Ich glaube, dass es nicht ein notwendiges Übel ist, dass wir handeln, Impulse setzen und den Beratungs- und Therapieprozess auf diese Weise beeinflussen, sondern dass es im Gegenteil unsere Verantwortung ist, dies zu tun – und es zu reflektieren. Wie können wir aber vermeiden, dass die Prozesssteuerung durch den Therapeuten den Prozess des Patienten oder des Paares vereinnahmt, blockiert, entfremdet, manipuliert?

Die Antwort ist: Wir können es nicht (gänzlich) vermeiden. Wir sollten es anerkennen und dazu stehen und es uns bewusst machen, dass es geschieht. Sonst erliegen wir der eigentlich gefährlichen Selbsttäuschung und der Gefahr, unsere Motivationen unbewusst auszuagieren. Was bewusst ist, kann explizit werden und wir können dann damit umgehen.

Was wir also tun können, ist dafür zu sorgen, dass unser Blick für den Patienten oder das Paar offen bleibt und wir nicht so sehr mit unseren Ideen und Konzepten beschäftigt sind, dass wir diese Ideen mit dem Prozess des Paares verwechseln. Es ist also wichtig, unsere Methoden und Konzepte als das zu verstehen was sie sind: Orientierungshilfen in der Begleitung von Menschen. Der Finger, der auf den Mond deutet ist nicht der Mond. Der Mond ist der Mond.

Eine phänomenologische Grundhaltung einzunehmen, hilft uns dabei, den Blick offenzuhalten und den Menschen, die zu uns kommen, mit Respekt und Neugier zu begegnen, ohne unsere fachliche Expertise und unsere Prozesssteuerungskompetenz beiseitezulegen.

Die phänomenologische Grundhaltung geht ursprünglich auf ein philosophisches Konzept von Husserl aus dem vorletzten Jahrhundert zurück (vgl. Emmanuel et al., 2023) und wurde von Petzold als psychotherapeutische Grundhaltung ausformuliert (Petzold & Orth, 2007). Die Philosophie der Phänomenologie zielt darauf ab, Phänomene oder Erfahrungen so zu betrachten, wie sie sich dem individuellen Bewusstsein präsentieren, ohne sie mit den vorgefassten Annahmen, Urteilen oder Interpretationen *zu verwechseln*, also im wachen Bewusstsein dafür, dass wir sie immer durch die Brille dieser Interpretationen auffassen. Hieraus erwachsen ein *Respekt und eine Achtung* gegenüber des Soseins und des Andersseins des Anderen.

Manchmal fühlen wir etwas in der therapeutischen Begleitung sehr wahrhaftig und es ist gut, wenn wir diesen Impulsen und inneren Bildern vertrauen lernen. Aber dieses Vertrauen fußt in der sokratischen Grundhaltung des „Ich weiß, dass ich nichts weiß" in dem Sinne, dass alles, was ich weiß, da ist, um auf die Wirklichkeit zu deuten, dass ich der Wirklichkeit aber den Raum lasse, sich unabhängig von meinem Wissen zu gestalten. Wenn wir dieser Dialektik folgen können, kommen wir in Verbindung mit unserer Intuition, ohne unser Wissen dabei aufzugeben:

Statt „Lose your mind and come to your senses" (Fritz Perls) können wir sagen: „Keep your mind and come to your senses".

Wenn die Theorien und unsere persönlichen Vorannahmen eine Brille sind, die wir unachtsam aufziehen, sind unsere unbewussten Motive und Übertragungen oft der eigentliche Grund dafür, dass wir es tun. Wollen wir dafür sorgen, dass wir diese Brille ablegen, ist es meistens nicht ausreichend, dass wir das Problem anerkennen und uns vornehmen, die Brille ab jetzt beiseitezulegen. Dieses Vorhaben gleicht dann eher einem guten Vorsatz, den wir zu Neujahr fassen: Er trägt vielleicht ein kleines Stück, aber seine Halbwertszeit ist absehbar. Nachhaltiger ist es aus meiner Sicht, sich mit den Motiven für unsere Kontrollbedürfnisse wirklich intensiv auseinanderzusetzen. Es sollte daher Teil jeder beraterischen oder therapeutischen Tätigkeit sein, sich die Frage zu stellen, was wir damit für uns selbst erreichen oder wovor wir uns möglicherweise schützen wollen.

Anleitung V1: Phänomenologische Abschlussfrage für die Sitzung

Eine konkrete Technik, die phänomenologische Qualität der Beziehung zu unseren KlientInnen und PatientInnen zu erhöhen, ist die abschließende Frage, mit der ich in Anlehnung an eine Empfehlung von Irving D. Yalom (2016) fast jede Sitzung beende: „Wie gehen Sie heute aus dem Gespräch, was nehmen Sie für sich mit?"

Zunächst ist diese Frage eine elegante Steuerungsfrage, um den Abschluss der Sitzung einzuleiten. Darüber hinaus ermöglicht sie neben der Integration des Sitzungsinhaltes für die Angesprochenen vor allem auch den Abgleich zwischen meinen Erwartungen und dem Erleben des Paares oder Patienten. Es gibt häufiger eine kleinere oder größere Diskrepanz zwischen dem, was ich als besonders wertvoll oder wichtig erachtet habe, und dem, was für meine Patient*innen wichtig war. Nicht zuletzt erhalte ich hieraus immer wieder überaus wertvolle Hinweise für die weitere Therapie.

▪ Den inneren Co-Therapeuten kennenlernen

Um nichtdominierend und nichtversagend zu führen und dabei phänomenologisch offen zu bleiben, müssen wir unablässig eine entsprechende Haltung einüben und einnehmen, aus der heraus wir therapeutisch hilfreich handeln können.

Wenn wir die Verantwortung für die Prozesssteuerung übernehmen wollen, müssen wir dafür sorgen, dass wir immer wieder in den eigenen Selbstkontakt zurückkehren. Dieser Prozess ist niemals fertig und abgeschlossen, niemals statisch und passiv, sondern beschreibt, bei aller Ruhe, die er ausstrahlen kann, einen sehr aktiven Zustand.

▪ Reflexion

An dieser Stelle möchte ich Sie bitten, sich eine Frage zu stellen: Warum sind Sie Berater*in/Psychotherapeut*in? Welche Motive spielen für Sie eine wichtige Rolle, wenn Sie in Ihrer Arbeit andere Menschen begleiten?

Ich bin sicher, dass Sie eine Reihe sehr positiver und konstruktiver Motivationen finden werden, wie Mitgefühl und Neugier und wahrscheinlich speist sich Ihr Engagement für Ihre Arbeit aus der eigenen Erfahrung von innerer Entwicklung. Oder Sie spüren schlicht Talent und Berufung, Freude am Menschsein und an menschlichen Entfaltungsprozessen. Ich finde es sehr wichtig, diese positiven Motivationen nicht zu pathologisieren (Neugier könnte man zum Voyeurismus abstempeln, Engagement als Helfersyndrom). Und dennoch sollten wir als Berater und Therapeuten in der Lage sein, zu erkennen, wann sich diese Motivationen verselbstständigen und unser therapeutisches Handeln leiten … wie innere Co-Therapeuten.

Bitte nehmen Sie sich einmal in einer ruhigen Minute (oder in Ihrer Selbsterfahrung oder in Ihrer Intervisionsgruppe) Zeit, diese Motivationen zu reflektieren und nachzuspüren, wann sie zu Fallstricken in Ihrer Arbeit werden können. Bitte versuchen Sie, dieses Thema nicht nur akademisch zu reflektieren, sondern konkret auf die Suche zu gehen, in welchen Momenten Sie tatsächlich an Ihre Grenzen gestoßen sind. Wie hat sich das angefühlt? Was hat es so schwierig gemacht? Und was hat Ihnen möglicherweise weitergeholfen?

Es sind an dieser Stelle nicht nur die Momente gemeint, in denen wir ganz offensichtlich durch den Prozess des Patienten an eigene biografische Themen stoßen, sondern auch die kleineren „Stolpermomente", in denen wir in irgendeiner Weise unter Druck geraten.

Die erste wichtige Voraussetzung für eine hilfreiche Grundhaltung ist also, sich selbst zu kennen und um die eigenen Fallstricke zu wissen.

Wir können die unbewussten Motive, die sich manchmal in unser therapeutisches Tun einschleichen, auch als innere Anteile verstehen, die uns helfen wollen, die innere und äußere Situation zu bewältigen.

Ihre Absichten sind dabei eigentlich positiv. Leider behindern sie eine gelingende therapeutische Prozessarbeit jedoch, solange wir sie nicht bewusst wahrgenommen und die dahinterliegenden Ängste, Sorgen und Nöte in uns verstanden und beantwortet haben. Ich nenne diese Anteile meine „inneren Co-Therapeuten". Häufig sind diese „inneren Co-Therapeuten" schon wesentlich älter, als unser berufliches Wirken und bei den meisten von uns kommt ein ganzes inneres Co-Therapeuten-Team zusammen, das mit tieferliegenden biografischen Erfahrungen in Verbindung steht. In der Regel sind es aber nur ein oder zwei aus diesem Team, die uns am meisten zu schaffen machen. Zumindest mit *ihnen* sollten wir uns also auseinandersetzen.

Im Paarsetting sind die inneren Co-Therapeuten besonders aktiv, weil die hohe affektive Dynamik des Settings uns immer wieder an Grenzen bringt und uns herausfordert. Und manchmal sind es auch andere Co-Therapeuten als im Einzelsetting. Deshalb widme ich ihnen in meinen Seminaren gerne eine Übung, die immer wieder als sehr hilfreich und intensiv erlebt wird: „Den inneren Co-Therapeuten entlasten".

Die Übung „Die phänomenologische Grundhaltung stärken" hilft dabei, die eigene Grundhaltung zu reflektieren.

Sie finden beide Übungen am Ende dieses Kapitels (► 1.9 Übungsteil).

1.6 Das Paarsetting – 2:1 oder 2:2?

Um es vorweg zu nehmen: Ich werde mich in diesem Buch aus zwei Gründen auf das Arbeiten im 2:1-Setting (Paar + 1 Therapeut*in) konzentrieren: Zum einen ist es in der Praxis schon aus Kostengründen am weitesten verbreitet. Die wenigsten Paare können sich das doppelte Honorar pro Sitzung leisten, bzw. die wenigsten Therapeuten, auf die Hälfte ihres Honorars zu verzichten. Zum anderen gibt es inhaltliche Gründe, aus denen ich dieses Setting bevorzuge. Aus meiner Sicht ist das 2:2-Setting eher in bestimmten Ausnahmesituationen sinnvoll und angebracht.

In meiner Ausbildung zum systemisch-integrativen Paartherapeuten am Hans-Jellouschek-Institut wurde auch fast ausschließlich das 2:1-Modell vermittelt und ich selbst habe später nur sehr vereinzelt mit einer Kollegin zusammen mit Paaren gearbeitet.

Ich möchte kurz die Vorzüge und Schwachpunkte der beiden möglichen Settings betrachten.

Die Entscheidung, ob in einer Paartherapie ein oder zwei Therapeuten eingesetzt werden sollen, hängt von verschiedenen Faktoren ab und kann unterschiedliche Vorteile haben. Hier sind einige potenzielle Vorteile, wenn in der Paartherapie mit zwei Therapeuten gearbeitet wird:

1. Verschiedene Perspektiven: Mit zwei Therapeuten erhalten sie unterschiedliche Blickwinkel und Herangehensweisen. Jeder Therapeut bringt seine eigene Expertise, Erfahrungen und Perspektiven ein, was dazu beitragen kann, ein breiteres Verständnis für die Dynamik des Paares zu entwickeln.
2. Ausgewogenheit und Neutralität: Manchmal können Paare das Gefühl haben, dass ein einzelner Therapeut parteiisch oder voreingenommen ist. Mit zwei Therapeuten besteht eine größere Chance, eine ausgewogene Situation zu schaffen, in der beide Partner sich gleichermaßen gehört und verstanden fühlen.
3. Aufteilung der Aufmerksamkeit: In einer Paartherapie mit zwei Therapeuten kann der gerade nicht aktive Therapeut leichter die Aufmerksamkeit auf beide Partner gleichzeitig richten. Dies ermöglicht eine genauere Beobachtung der Interaktionen und Kommunikationsmuster zwischen den Partnern, was zu einem besseren Verständnis der Probleme führen kann.
4. Verstärkte therapeutische Allianz: Die Anwesenheit von zwei Therapeuten kann dazu beitragen, eine stärkere therapeutische Allianz aufzubauen. Beide Partner können das Gefühl haben, dass sie von einem Team von Fachleuten unterstützt werden, was das Vertrauen in den Therapieprozess stärken kann.
5. Regulation bei Konflikten: Bei Paaren, die schnell in eskalierende Streits geraten, können zwei Therapeuten dabei helfen, die Gespräche zu moderieren und Eskalationen zu verhindern. Die Therapeuten können gegebenenfalls effektiver intervenieren, um das Gespräch auf Kurs zu halten und das Paar bei der Konfliktlösung zu unterstützen.
6. Modellfunktion: Wenn die Therapeuten selbst ein gut funktionierendes Team sind, kann dies den Partnern ein Modell für effektive Kommunikation und Zusammenarbeit in einer Beziehung bieten.
7. Techniken: Es kann außerdem leichter mit verschiedenen Techniken gearbeitet werden, wie eine Variante des „Reflecting Teams“, bei der das Paar gebeten wird, zuzuhören, während beide Therapeutinnen miteinander über das Paar und den Sitzungsprozess reflektieren. Oder einer der Therapeuten kann den „Advocatus Diaboli“ übernehmen, während der andere eine unterstützend-verständnisvolle Haltung beibehält.
8. Intervision: Die Therapeutinnen können sich vor und nach den Sitzungen intensiv austauschen.

Die Entscheidung, zwei Therapeuten in der Paartherapie einzusetzen, kann zwar viele Vorteile bieten, birgt jedoch auch potenzielle Nachteile. Hier sind einige der möglichen Nachteile:

1. Verwirrung und Uneinheitlichkeit: Die Anwesenheit von zwei Therapeuten könnte zu Verwirrung führen, insbesondere, wenn sie unterschiedliche Ansätze oder Empfehlungen haben. Dies könnte zu Uneinigkeit zwischen den Therapeuten führen und das Vertrauen der Paare in den Therapieprozess beeinträchtigen.
2. Kosten und Ressourcen: Die Inanspruchnahme von zwei Therapeuten ist entweder deutlich teurer für das Paar oder deutlich unrentabler für die Therapeuten (oder den Kostenträger, der gegebenenfalls für die Beratung aufkommt). Außerdem kann manchmal die Koordination von Terminen und die Planung der Verfügbarkeit von zwei Therapeuten kompliziert werden. Die eben gelobten Vorteile der Intervisionsmöglichkeit führen in der Praxis tendenziell dazu, dass für die Therapeuten ein zusätzlicher zeitlicher Aufwand entsteht. Schließlich ist es ja

nicht nur so, dass man sich in der Doppelungssituation besprechen *kann,* sondern dass man sich auch besprechen *muss,* um die Sitzungen vor- und gegebenenfalls auch nachzubereiten. Insgesamt bedeutet das 2:2 Setting also eine hohe Investition an Ressourcen und Energie.

3. Teilung der Verbindung: Manche Paare könnten Schwierigkeiten haben, eine tiefe emotionale Verbindung zu beiden Therapeuten herzustellen. Dies kann dazu führen, dass sie sich zurückhalten oder weniger offen über ihre Gefühle sprechen.
4. Unausgewogene Beziehung zwischen den Therapeuten: Wenn einer der Therapeuten dominanter ist als der andere oder wenn es Spannungen zwischen den Therapeuten gibt, kann dies die Qualität der Therapie beeinträchtigen und negative Auswirkungen auf das Paar haben.
5. Mögliche Spaltung der Paare: Eine aus meiner Sicht häufige Gefahr ist, dass die Paare gespalten werden, wobei jeder Partner sich eher mit einem der Therapeuten verbunden fühlt.
6. Stagnation in der Dynamik: Das 2:2-Setting kann u. a. aus den beiden letztgenannten Gründen leicht in eine stagnierende Dynamik führen, die den Entwicklungsprozess eher behindert. Hans Jellouschek, bei dem ich als systemisch-integrativer Paartherapeut ausgebildet wurde, hat diesen Aspekt sehr betont und kam selbst, obwohl er mit beiden Settings intensiv experimentiert hatte, zu dem Entschluss, fast ausschließlich im 2:1 Setting zu arbeiten.

Damit komme ich zu den wichtigsten Vorzügen des 2:1-Settings, die ich sehe:

1. Intime Beziehung: Kontakte knüpft man in Gruppen – Beziehungen entwickeln sich in 1:1-Situationen. Diese Regel ist (neben ihrer Wichtigkeit für Patchworksysteme) auch hier gültig, wenn man „das Paar“ mit Einschränkung auch in gewissem Maß als Einheit verstehen kann. Die Intimität der Beziehung zu einer Therapeutin ist in aller Regel deutlich höher, und auch bindungstheoretisch kann man davon ausgehen, dass diese Konstellation zu einer höheren Bereitschaft führt, sich zu öffnen und einzulassen. Die intensiven, prägenden Bindungserfahrungen machen wir im Einzelkontakt mit einem Elternteil – ohne die Aspekte von Halt und Sicherheitserleben schmälern zu wollen, die durch die Anwesenheit zweier oder mehrerer Bindungspersonen gefördert werden können.
2. Beweglichkeit: Das Gegenüber eines Therapeuten ist letztlich einheitlicher und kann nicht aufgespalten und gegeneinandergestellt werden. Im Gegensatz zum Viereck ist das Dreieck in Beziehungen ständig in Bewegung. Wenn sich im Viereck zwei Zweierbeziehungen stabilisieren können, ist das Dreieck – negativ ausgedrückt – schneller der Gefahr des Zerfalls ausgesetzt, dass nämlich zwei Personen sich verbünden und eine ausgeschlossen wird. Um das zu vermeiden, sind, wie beim Balancieren, immer wieder kleinere oder größere Ausgleichsbewegungen notwendig, die den Prozess aber insgesamt beleben und befördern. Stagnation ist jedenfalls im 2:1-Setting in aller Regel ein Fremdwort. Es kommt uns dabei entgegen, dass die therapeutische Rolle den Prozess tendenziell stabilisiert und, wenn wir wachsam sind, die therapeutischen Ausgleichsbewegungen und Interventionen in ihrer Wirksamkeit unterstützt. Durch die Rollenaufteilung können wir sozusagen ein stabileres, gleichschenkliges Dreieck bilden, wobei die Therapeutin die Verbindung der beiden längeren gleichen Schenkel darstellt. Dieses Beziehungsdreieck ist zwar in Bewegung, aber doch stabiler, als wenn die Nähe-Distanz-Regulation zwischen allen drei Personen gleichwertig wäre: wenn bereits ein kleins-

ter Unterschied in der Nähe bedeutet, dass das Gleichgewicht eines gleichseitigen Dreiecks gefährdet ist.

3. „Zeit ist Geld und Geld ist knapp“: Schließlich sticht in der Praxis häufig – ganz profan – das Ressourcenargument, das ich weiter oben bereits ausführlich dargestellt habe.

Fazit

Wenn ich die Vorzüge und Schwächen der jeweiligen Settings insgesamt betrachte, sticht für mich vor allem das höhere Potenzial des 2:1-Settings auf Beziehungs- und Bindungsebene hervor, und das ist für mich neben den pragmatischen Aspekten letztlich entscheidend. Ausnahmen von dieser Regel im begründeten Fall sind natürlich denkbar: Voraussetzung wäre zunächst eine wirklich gut funktionierende und erprobte TherapeutInnenteambeziehung. Auf Seiten des Paares kann sich vor allem das höhere Regulationspotenzial eines TherapeutInnenteams konstruktiv auswirken. Wenn ein Paar z. B. bereits bei mehreren TherapeutInnen „erfolgreich“ weitergestritten hat oder wenn multiple äußere Komplikationen eine Rolle spielen, sehe ich gute Argumente für einen Rückgriff auf das erweiterte 2:2-Setting.

Letzten Endes ist es jedoch eine Stilfrage und eine persönliche Entscheidung, wie man arbeiten möchte und welche Arbeitsweise jedem am meisten liegt. Es gibt natürlich Behandler in beiden Settings, die hervorragende und gute Arbeit machen und jeweils gute Ergebnisse erzielen. Es gilt auch hier: Wer heilt, hat recht. Es war mir jedoch wichtig, mein Verständnis und meine Entscheidung für das 2:1-Setting zu erklären und als Orientierung zur Verfügung zu stellen. Das Prozesssteuerungsmodell ist auf beide Settings anwendbar. Dennoch werde ich mich in den Methoden zur Einübung und in der Darlegung des Modells auf das 2:1-Setting beziehen und es muss vom Leser gegebenenfalls auf das 2:2-Setting transferiert werden.

1.7 Die Rolle des Therapeuten in der Paartherapie

▪ Führung durch gleichwertige Zuwendung

Nehmen wir das Bild des gleichschenkligen Dreiecks als Metapher für unsere Rolle im 2:1-Setting, dann ist die Position der Therapeutin an der Spitze des Dreiecks. Sie sollte dafür sorgen, dass 1. die Distanz zwischen dem Paar kleiner ist, als die Distanz zwischen ihr und dem Paar, und dass 2. die Distanz zwischen ihr und den einzelnen Partnern ungefähr gleich bleibt.

Das erreicht sie nicht etwa durch Neutralität, Unparteilichkeit, Zurückhaltung oder die gerecht in zwei möglichst genau gleichgroße Hälften aufgeteilte Aufmerksamkeit, sondern durch *All*parteilichkeit und gleichberechtigte Zuwendung aus einer Haltung des Mitgefühls, der Verbundenheit und Offenheit für beide Partner.

Parteilichkeit für die Anliegen der jeweiligen Partner meint im Kern eine Stärkung der Beziehung des einzelnen Klienten zu sich selbst. Parteilichkeit ist in diesem Sinne nicht die direkte und schon gar nicht die uneingeschränkte Solidarität mit einem der Partner, sondern sie unterstützt die Weiterentwicklung (Klärung, Differenzierung, Vertiefung, Stärkung) der Beziehung der einzelnen Partner zu sich selbst. Sie setzt sich dafür aktiv ein und ergreift hierfür quasi „Partei“. Gleichwertige Zuwendung ist also keine Beliebigkeit oder eine letztlich desinteressierte „Ist doch alles gleich viel wert"-Haltung. Es ist eine wertegeleitete Neugier und Offenheit beiden Partnern gegenüber. Die Werteorientierung einer modernen Psychotherapie in einer pluralistischen, demokratischen Kultur ist letztlich in einem humanistischen Menschenbild verankert und bedeutet hier eine Orientierung an der Entwicklung von Beziehung und zwar nach dem Grundsatz, dass die Entwicklung der Beziehung zu uns selbst die Grundlage für die Entwicklung unserer Beziehung zu Anderen und auch zu anderen Aspekten unseres Lebens bildet.

Wenn das Anliegen eines Partners oder beider Partner in den Augen der Therapeutin dieser Entwicklung entgegensteht, sie blockiert oder in destruktiver Weise bekämpft, kann sie dieses Anliegen respektieren, als Schutz verstehen, und sich aber auch davon abgrenzen. Diese klare Haltung ermöglicht es uns, dem Paar Orientierung zu geben und das Nähe-Distanz-Verhältnis zu klären, zu begründen und transparent zu vertreten.

Im Fall, dass einer der Partner z. B. in einer destruktiven Haltung gegenüber dem Ziel handelt, eine bessere Beziehung zu sich selbst und auf dieser Grundlage potenziell eine bessere Beziehung zum Anderen zu entwickeln, indem er oder sie beispielsweise auf dem „Recht" besteht, den anderen abzuwerten („So sehe ich es halt: Du kriegst nichts hin! Und wenn ich es so empfinde muss ich das auch sagen dürfen, sonst wäre es doch nicht authentisch!"), dann besteht unsere Rolle darin, hier klar Stellung zu beziehen. Das gleichschenklige Dreieck gerät dadurch natürlich scheinbar in Gefahr und droht aus dem Gleichgewicht zu geraten. Wir sollten daher deutlich machen, dass wir uns mit beiden Partnern in ihrem Anliegen für eine bessere Beziehung zu sich verbünden, und dass wir davon ausgehen, dass Handlungen, die diese Beziehung angreifen, auch den Angreifenden selbst vor etwas schützen sollen. Eine gute Frage wäre hier zum Beispiel: „Was wäre die Sorge desjenigen Anteils von Ihnen, der so vehement auf dem Recht besteht, Ihren Partner abzuwerten, was passieren würde, wenn er damit aufhört zu tun was er tut?" Vielleicht kann es dann gelingen, sich gemeinsam dem zuzuwenden, was hier geschützt werden soll. Aber auch wenn das nicht möglich ist, weil vielleicht das Vertrauen dafür (noch) fehlt, können wir zumindest deutlich machen, dass wir vom Grundsatz der gleichberechtigten Zuwendung nicht abweichen, auch wenn wir uns von einem destruktiv handelnden Anteil eines Partners distanzieren. Wir machen also einen Unterschied zwischen dem jeweiligen Partner und dem Anteil sichtbar, aus dem heraus er gerade agiert, indem wir deutlich machen, dass wir angreifende oder auch passivaggressive oder autodestruktive Anteile als Beschützeranteile verstehen.

Wenn wir Partei *für* die konstruktive Entwicklung von Beziehung ergreifen, macht unsere Haltung der *orientierenden Führung bei gleichwertiger Zuwendung* den Unterschied zu einer dominierenden Führung, die moralisch konnotierte Vorschriften macht, was im Therapieraum wie gesagt werden darf und was nicht.

■ Das gleichschenklige Dreieck

Das gleichschenklige Dreieck mit der Therapeut*innenposition an der Spitze spiegelt sich auch in der Sitzpositionierung in meiner Praxis wider: Mein Sessel ist etwas weiter von den Sesseln des Paares entfernt, als die Entfernung zwischen den beiden Partnern. Manchmal verrücken Partner ihren Sessel, sodass sie z. B. näher oder weiter weg zum Therapeutensessel positioniert sind. Ich würde in diesem Fall immer meine eigene Sitzposition nachkorrigieren, da die Position des gleichschenkligen Dreiecks ganz wesentliche Aspekte einer hilfreichen Rollenverteilung und das Prinzip der gleichwertigen Zuwendung zum Ausdruck bringt.

▪ Affektive Rahmung

Die Bedeutung der affektiven Rahmung hat Rosemarie Welter-Enderlin für die systemische Paartherapie betont und ausführlich beschrieben (2007). Was ist damit gemeint? Unsere Rolle als Paartherapeut*in ist auch auf affektiver Ebene keineswegs „neutral", sondern höchst emotional: Spürbarkeit und Greifbarkeit, Engagement für eine positive Gegenseitigkeit im Miteinander sind wesentliche und unabdingbare Aspekte unserer therapeutischen Rolle und Grundhaltung als Paartherapeut*innen! Friederike von Tiedemann betont, dass Paare heutzutage nicht mehr so sehr durch äußere soziale und wirtschaftliche Zwänge zusammengehalten werden (Tiedemann, 2018). Dadurch gewinnt die subjektive Befindlichkeit und damit die Notwendigkeit einer positiven Gegenseitigkeit und das Herstellen einer freundlichen Atmosphäre zwischen den Partnern zusätzlich an Bedeutung, da sie nicht nur ein „Sur-Plus" einer v. a. sozioökonomisch funktionierenden Verbindung, sondern den wesentlichen Kit der Paarbeziehung ausmachen. Und das ist ja auch im Grunde sehr gut so. Es bedeutet aber auch, dass wir als Paartherapeut*innen nicht nur dem Paar erklären müssen, wie das geht, sondern dass wir zuallererst selbst eine positive Kommunikation und wertschätzende Atmosphäre einführen müssen. Wir müssen uns klar machen, dass wir an den wunden Punkten eines Bindungssystems laborieren und dass es daher von grundlegender Bedeutung ist, dass die Struktur des therapeutischen Beziehungsangebots dem einer sicheren Bindungssituation entspricht; dass die therapeutische Beziehung also Freundlichkeit, Neugier, Zuversicht, Annahme, Spiegelung (Feedback und emotionale Spürbarkeit des Therapeuten), ein Engagement für eine gelingende Beziehung, Trost und Beruhigung und auch die Begrenzung beziehungsdestruktiver Aspekte anbietet.

Insbesondere im Erstgespräch müssen wir vor allem zwei Dinge im Blick behalten: Durch Zugewandtheit, Offenheit und Betonung der Entwicklungsorientierung, durch eine ressourcenorientierte und wertschätzende Kommunikation, durch Strukturierung der Gesprächssituation und eine Ordnung und Strukturierung der Informationen, Anliegen und Themen des Paares sind wir herausgefordert, eine Atmosphäre der positiven Gegenseitigkeit zu schaffen und ein entwicklungsfreundliches Klima zu erzeugen, welches die Entwicklung der Paarbeziehung fördert.

▪ Anliegen und Entwicklungsperspektive

Schließlich ist die Rolle der Therapeutin in der Paartherapie, die Anliegen zu ordnen, ein gemeinsames Problemverständnis zu entwickeln und darauf aufbauend eine attraktive Entwicklungsperspektive zu formulieren. Idealerweise gelingt dies im Erstgespräch.

Das Anliegen zu klären, ist äußerst wichtig: Dazu müssen die impliziten Anliegen beider Partner erst einmal expliziert und formuliert werden. Es kommt immer wieder vor, dass die Anliegen zueinander im Konflikt stehen. Beispielsweise kann es das Anliegen eines Partners nach seinem Seitensprung sein, möglichst schnell wieder zum Status quo ante zurückzukehren, während der betrogene Partner sich Aufmerksamkeit für seine Verletzung und Wiedergutmachung wünscht. Einige Aspekte der Anliegen könnten auch unbewusst sein oder tabuisiert werden (z. B. Rachewünsche oder unerfüllte sexuelle Bedürfnisse).

Grundsätzlich ist die therapeutische Aufgabe, diese Anliegen besprechbar zu machen und zu sortieren. Dazu gibt es ein paar Grundsätze für die therapeutische Herangehensweise, die zur Orientierung helfen können:

- Alle Anliegen sind grundsätzlich in Ordnung.
- Es besteht kein Anspruch darauf, dass sie erfüllt werden.
- Unbewusste oder tabuisierte Anliegen herausarbeiten und ansprechen.
- Konflikte in den Anliegen thematisieren: Das ermöglicht die Suche nach einem Weg, der diesen Konflikt aktiv angeht.
- Die Anliegen aufeinander beziehen: Z. B. kann im Beispiel des Paares nach einem Seitensprung der Wunsch nach der raschen Wiederherstellung eines positiven Paarlebens und der Wunsch nach Ausdruck der Verletzung zu einem gemeinsamen Anliegen formuliert werden: miteinander ehrlich hinzuschauen und einen Weg zur Versöhnung zu suchen.
- Herausarbeiten, welches gemeinsame Anliegen in der Paartherapie (als erstes) gemeinsam angegangen werden kann.
- Daraus eine positive und attraktive Entwicklungsperspektive formulieren.

1.8 Das Paargespräch in der Einzeltherapie

Eine besondere Situation ist die Hinzuziehung des Partners zu einer Einzeltherapie. Da dieses Fachbuch sich auch bewusst an Psychotherapeut*innen richtet, möchte ich kurz auf die Gestaltung des Rahmens in diesem besonderen Setting eingehen.

Zunächst ist es wichtig, den Prozess der Hinzuziehung des Partners zu einer Einzeltherapie von einer Paartherapie klar abzugrenzen. Sie sind als Einzeltherapeut*in für Ihren Patienten da und sollen das auch bleiben.

Im einfachsten Fall kann ein einzelnes Gespräch zum Austausch dienen und dazu, dass vor allem der behandelnde Einzeltherapeut und der Partner des Patienten ein besseres Bild erhalten. Der Einzeltherapeut bekommt die Gelegenheit, den Blick auf den Patienten zu erweitern, indem er eine andere Perspektive erhält und den Patienten in der sozialen Interaktion mit dem Partner erlebt. Der Partner erhält die Gelegenheit, im besten Fall zu erleben, dass die Therapie nicht gegen ihn arbeitet und besser zu verstehen, auf welchen inneren Entwicklungsprozess sich der Patient eingelassen hat. Schließlich kann der Gewinn des Patienten sein, dass er davon entlastet wird, diese Dinge zu vermitteln.

Ich halte es aber auch darüber hinaus für angemessen und in vielen Fällen für überaus fruchtbar, dass der Einzeltherapeut für eine bis maximal drei Sitzungen (das ist meine eigene persönliche Faustregel!) einen mit dem Paar vorher klar besprochenen Themenfokus vertieft, der sich für das Paar möglicherweise im Zusammenhang mit dem Entwicklungsprozess aus der Einzeltherapie ergeben hat. Klassischerweise kann eine Therapie zu mehr Autonomieentwicklung führen. Oder es können z. B. sexuelle Traumata bearbeitet werden, die die partnerschaftliche Intimität verändern und herausfordern. Oder es kann wichtig sein, dass der therapeutische Raum als Übungsraum für den Selbstausdruck genutzt werden kann, um Themen zur Sprache zu bringen oder zu formulieren, die ohne diesen Rahmen nicht so klar zum Ausdruck kommen würden.

Wenn deutlich wird, dass der angestoßene Prozess über den Rahmen der drei Sitzungen hinausgehen soll, dann ist es wichtig, zu einer Kollegin zu überweisen. Und zwar auch, wenn die Partner beteuern, dass sie nun Vertrauen gefasst haben und nur ungern wechseln würden. Genau um so eine Situation zu vermeiden, halte ich es daher für wichtig, den Rahmen von Beginn an zu benennen (maximal drei Sitzungen!) und gut vorzubereiten.

Vor dem Paargespräch sollte der Therapeut mit dem Einzelpatienten besprechen, worum es aus seiner Sicht gehen soll. Außerdem sollte der Therapeut unbedingt fragen: „Gibt es etwas, das unter uns bleiben soll?", denn der Vertrauensraum der Einzeltherapie hat Vorrang! Schließlich sollte die Haltung gleichberechtigter Zuwendung beiden Partnern gegenüber erklärt werden, die einen Rollenwechsel bedeutet. Es sollte vor und nach dem Paargespräch reflektiert werden, ob das zu Enttäuschungsgefühlen oder Verlustängsten führen könnte/geführt hat.

Zu Beginn der Sitzung wird dann auch der Partner noch einmal über die Doppelrolle und das Prinzip der gleichberechtigten Zuwendung aufgeklärt, dass der Therapieraum dennoch ein geschützter Raum bleibt und welches Anliegen im Vorfeld besprochen wurde. Natürlich wird der Partner dann ebenfalls nach seinem Anliegen für das Gespräch gefragt.

1.9 Übungsteil Einführung

Übung V1: Den inneren Co-Therapeuten entlasten

Die Übung „Den inneren Co-Therapeuten entlasten" adressiert einen der wichtigsten Aspekte zur Entwicklung der eigenen Therapeutenpersönlichkeit und hilft uns dabei, besser für uns und das Gelingen des therapeutischen Prozesses zu sorgen.

Wenn wir mit dieser Übung vertraut sind, können wir sie verinnerlichen. Ich führe sie im Stillen während meiner Arbeit mehrfach täglich durch, da es (wahrscheinlich) nie aufhört, dass sich beim therapeutischen Arbeiten innere Co-Therapeuten auf den Plan gerufen fühlen. Wir merken das eigentlich immer daran, dass in irgendeiner Weise als Reaktion auf das Geschehen Druck in uns entsteht. Wenn wir diese Übung verinnerlicht haben, gleicht die innere Bewegung dem Aufnehmen und Ableiten der Energie eines Angreifers in fernöstlichen Kampfsportarten: Statt gegen die Energie des Gegenübers zu gehen, nehmen wir sie auf und führen sie weiter, ohne unsere Mitte zu verlieren. Wir betrachten das Gegenüber dann auch nicht mehr als Feind, sondern als jemanden, der uns etwas Wichtiges zeigt und als Möglichkeit, zu lernen, bei uns zu bleiben.

Diese Übung ist eine Partnerübung, die am besten zu zweit, bzw. in Gruppen paarweise, funktioniert. Sie können die Übung aber auch modifizieren und für sich machen oder in die Einzelselbsterfahrung einbringen; sie ist in jedem Fall sehr wirksam und wesentlich für die Ausbildung und Weiterentwicklung der therapeutischen Persönlichkeit.

Vorbereitung:

Sie können diese Übung wechselweise durchführen. Partner A arbeitet zunächst mit seinem Co-Therapeutenanteil, während Partner B ihn spiegelt und unterstützt. Dann kann die Übung nach einem kurzen Austausch mit vertauschten Rollen wiederholt werden. Bestimmen sie also zunächst, wer beginnt.

Schritt 1: Selbstkontakt herstellen

Bei dieser Übung stehen sich beide Übungspartner gegenüber. Beide nehmen Sie sich zunächst einen Moment Zeit, um durchzuatmen. Nutzen Sie den Atem als Brücke nach innen und nehmen Sie Kontakt zu dem Ort in sich auf, an dem Sie mit sich und ihrer Kraft verbunden sind.

Schritt 2: den inneren Co-Therapeuten einladen

Partner A vergegenwärtigt sich nun eine Situation, in der in ihm/ihr in der Arbeit mit KlientInnen Druck und Stress entstanden ist. Machen Sie sich bitte bewusst, dass diese Reaktion nicht Ihre gesamte Persönlichkeit ausmacht, sondern dass es ein *Anteil* von Ihnen ist, der so reagiert. Laden Sie diesen Zustand in Gedanken als inneren Anteil in Ihr Bewusstsein ein und stellen Sie sich vor, ihm innerlich zu begegnen, indem Sie ihm Ihre Aufmerksamkeit schenken.

Schritt 3: den inneren Co-Therapeuten verkörpern und spiegeln

Nehmen Sie einen Moment wahr, welche körperliche Resonanz Sie erleben: Wo und wie genau können Sie diesen Ich-Zustand wahrnehmen? Nehmen Sie diese Resonanz auf und gehen Sie (zunächst noch ohne Worte!) in eine Körperhaltung oder Bewegung, die diesem Zustand Ausdruck verleiht. Partner B fühlt sich in den Anteil von A ein und spiegelt die Körperhaltung oder Bewegung möglichst genau wider.

Schritt 4: die Aussage des Co-Therapeuten aussprechen

Wenn diese Spiegelung ausreichende Übereinstimmung erreicht hat, versuchen Sie eine Aussage zu finden, die der Co-Therapeut an uns richtet, und diese Aussage laut auszusprechen. Wiederholen Sie diesen Satz zusammen mit der Bewegung mehrfach. Nach einigen Wiederholungen durch A wiederholt B die Aussage mehrmals.

Schritt 5: die gute Botschaft der Entlastung finden

Partner A tritt nun einen halben Schritt zurück, um aus der Rolle des Co-Therapeuten herauszutreten, und nimmt die Bewegung und Aussage seines Co-Therapeuten (gespiegelt durch B) bewusst wahr. Nehmen Sie sich einen Moment Zeit, die Szene auf sich wirken zu lassen. Wie erleben Sie das? Welche Resonanz löst das in Ihnen aus?

Dann nehmen Sie noch einmal ganz bewusst Kontakt zu sich selbst auf. Nehmen Sie einen Atemzug und kommen Sie ganz in Verbindung mit Ihrer Mitte (B wiederholt noch immer die Aussage und Bewegung des Co-Therapeuten). Lassen Sie nun von Herzen eine gute/entlastende Botschaft an den Co-Therapeuten aufsteigen – der sich in der Regel ja sehr angestrengt und hart arbeitet. Verbinden Sie diese Botschaft mit einer körperlichen

Geste und sprechen Sie sie aus, indem Sie zu Partner B treten und ihn/sie gegebenenfalls (nach Rücksprache, ob das in Ordnung ist) berühren.

Schritt 6: B empfängt die gute Botschaft

Partner B nimmt die innere Reaktion auf die gute Botschaft wahr und verleiht ihr Ausdruck. B meldet Ihnen zurück, wenn er/sie sich etwas anders wünscht oder um eine Wiederholung bitten möchte.

Schritt 7: A empfängt die gute/entlastende Botschaft

Dann wird noch einmal gewechselt: Gehen Sie nun in die Rolle Ihres inneren Co-Therapeuten und wiederholen Sie dessen Bewegung und Aussage. Partner B überbringt Ihnen dann die gute Botschaft. Sie melden gegebenenfalls zurück, wenn Sie sich etwas anders wünschen oder um eine Wiederholung bitten möchten.

Schritt 8: Verankerung

Nehmen Sie sich ausführlich Zeit, die gute Botschaft wahrzunehmen und in jede Zelle Ihres Körpers aufzunehmen. Atmen Sie dabei ruhig und tief und gehen Sie mit Ihrer Aufmerksamkeit ganz nach innen. Lassen Sie das Gefühl der Entlastung tief in sich einsinken. Finden Sie eine kleine Verankerungsgeste (eine Selbstberührung mit der Hand, die Kontaktaufnahme der Füße mit dem Boden, das Zusammenführen von Daumen und Zeigefinger o. ä.). Schreiben Sie anschließend die gute Botschaft auf eine Karteikarte, die Sie z. B. in Ihrer Praxis an einem guten Ort deponieren können.

Schritt 9: Verabredung mit dem Co-Therapeuten treffen

Bedanken Sie sich mit dieser Geste bei Ihrem inneren Co-Therapeuten, dass er sich gezeigt hat und das Vertrauen aufgebracht hat, mit Ihnen in einen heilsamen Kontakt zu treten. Erklären Sie dem inneren Co-Therapeuten, dass Sie sich außerdem für seine Mühe bedanken, mit der er sich bisher für seine guten Ziele eingesetzt hat. Teilen Sie ihm mit, dass Sie diese Ziele in Zukunft aus dem Selbstkontakt heraus umsetzen möchten. Beschreiben Sie ihm genau, wie das möglich sein wird. Das ist wichtig, weil es eine wahrhaftige und damit bedeutsame Erfahrung schafft, dass ein anderer Weg wirksam ist. Zum Beispiel können Sie einem inneren Co-Therapeuten, der Ihren Selbstwert stabilisieren möchte, sagen: „Aus dem Selbstkontakt heraus kann ich klar und deutlich spüren, dass es nicht notwendig ist, sich anzustrengen, klug und intelligent zu erscheinen. Ich möchte einfach da sein, offen und vertrauensvoll und so aus der natürlichen Quelle meiner Kreativität und Neugier heraus präsent und wirksam sein. Du kannst mir vertrauen. Wenn dir das nicht gelingt, melde dich bitte so, dass ich die Möglichkeit habe, dich bewusst wahrzunehmen und dir auf deine Fragen zu antworten."

Verabreden Sie mit ihm, in bewusstem Kontakt bleiben zu wollen und dass die Verankerungsgeste eine Möglichkeit ist, sich gemeinsam an die Entlastung zu erinnern.

Schritt 10: Abschluss und Wechsel

Tauschen Sie sich kurz über die Übung aus und tauschen Sie dann die Rollen.

Übung V2: Die phänomenologische Grundhaltung stärken

Mit der folgenden Übung möchte ich Sie einladen, weniger darauf zu achten, was Sie möglicherweise falsch machen, sondern darauf zu achten, wann etwas gelingt. Sie werden diese Momente emotional daran erkennen, dass Sie sich gut im Kontakt mit sich selbst erlebt haben. Wichtige Erlebensqualitäten eines guten Selbstkontakts sind: Aspekte von Verbundenheit, Offenheit, Ruhe, Mitgefühl, Kreativität und Intuition.

Bitte vergegenwärtigen Sie sich eine konkrete Therapiesitzung, die Ihnen noch gut in Erinnerung ist und die Sie in irgendeiner Weise positiv berührt und bewegt hat. Sie sollte nach Möglichkeit nicht länger als ein paar Monate zurückliegen.

Gehen Sie dann die folgenden Punkte durch und überlegen Sie, ob Ihnen Handlungen, Impulse, nonverbale Signale oder Interventionen in den Sinn kommen, in denen Sie den beschriebenen Aspekt wiedererkennen.

In der Arbeit mit Paaren können wir konkret auf folgende Aspekte achten, die eine phänomenologische Grundhaltung befördern und zum Ausdruck bringen:

1. Offenheit: „Ich habe eine offene Haltung gegenüber den Erfahrungen und Berichten des Paares eingenommen. Ich habe war frei von geschlossenen Annahmen darüber, was die beiden Partner jeweils fühlen oder denken. Ich konnte offen den authentischen Ausdruck erfassen."

Paare leben ihre Partnerschaft manchmal nach Maßstäben, die diametral zu unseren eigenen Vorstellungen und Wünschen an eine „gute Partnerschaft" kontrastieren können. Wirkliche Offenheit bedeutet nicht, diese Vorstellungen des Paares nicht zu hinterfragen und kritisch zu reflektieren, aber sie beweist sich gerade dann, wenn hier eine echte Diskrepanz zu unseren Vorstellungen entsteht und wir in der Lage zu echtem Respekt gegenüber dieser Andersartigkeit sind.

2. Einfühlendes Zuhören: „Es ist mir gelungen aktiv und einfühlsam zuzuhören, um die subjektive Sichtweise des Paares zu verstehen. Ich konnte eigene Vorstellungen zurückstellen und mich wirklich mit neugierigem Blick darauf einlassen, die Welt meines Gegenübers besser zu begreifen. Was mir fremd und unverständlich vorkam, musste ich nicht zurückweisen, sondern ich konnte Interesse dafür spüren."

3. Fokussierung auf die Gegenwart: Die phänomenologische Grundhaltung betont die Bedeutung der gegenwärtigen Erfahrung, um eine Entfremdung vom seelischen Kontakt zu sich selbst und den Anderen zu vermeiden. „Ich habe dem Paar/einem der Partner geholfen, auf die gegenwärtigen Gefühle, Gedanken und Empfindungen zu achten, statt ausschließlich „über" etwas zu reden. Ich habe während des Gesprächs meine eigenen Empfindungen wahrgenommen und direkt oder indirekt in Kontakt gebracht."

4. Bewusstheit für die eigene Voreingenommenheit: „Ich bin einer Irritation begegnet und statt mich von ihr zu distanzieren, habe ich die Unterschiedlichkeit ausgehalten und wahrgenommen, mit welcher Tendenz ich die Situation versuche zu filtern, zu bewerten und meinem Bedürfnis z. B. nach Sicherheit, Orientierung und Selbstbestätigung nachzukommen. Ich konnte dadurch den Raum für die Andersartigkeit und Eigenart meiner Patient*innen offenhalten und eine tiefere Begegnung ermöglichen."

Literatur

Emmanuel, A., Emanuele, C., & Breyer, T. (Hrsg.). (2023). *Handbuch Phänomenologie*. Mohr Siebeck.
Petzold, H., & Orth, I. (Hrsg.). (2007). *Die neuen Kreativitätstherapien: Handbuch der Kunsttherapie*. Aisthesis.
Tiedemann, F. (Hrsg.). (2018). *Versöhnungsprozesse in der Paartherapie*. Junfermann.
Yalom, I. D. (2016). *Theorie und Praxis der Gruppenpsychotherapie*. Klett-Cotta.

Prozesssteuerung – das Modell im Überblick

Prozesssteuerung bedeutet die Verschränkung von Themenfokus und Tiefungsfokus. Während der Themenfokus eher den Rahmen für die Tiefung darstellt, findet die wesentliche Navigation der Prozesssteuerung in Bezug auf den Tiefungsfokus statt. Die drei Dimensionen der therapeutischen Tiefung - Regulation, Klärung und Intimität - bilden zusammen mit der Navigationsformel den Kern des Prozesssteuerungsmodells.

Inhaltsverzeichnis

Prozesssteuerung

Inhaltsverzeichnis

W. Kunstleben, *Paare im Therapieprozess*, Psychotherapie: Therapiegestaltung & Praxismanagement,
https://doi.org/10.1007/978-3-662-70722-7_2

„Nicht woher der Wind weht, sondern wie wir das Segel setzen, bestimmt die Richtung unserer Reise."
Seemannssprichwort

2.1 Das Prozesssteuerungsmodell: Navigationstool auf hoher See

Das Modell der Prozesssteuerung ist keine Technik und kein Verlaufsmodell, sondern dient als ***Navigationstool*** für die therapeutische Arbeit mit Patient*innen und Paaren.

Der therapeutische Prozess kann als die Verschränkung von Thema und Tiefung verstanden werden:

Es ist wichtig, dass wir als Therapeut*innen, wenn wir uns mit dem Paar auf den Weg machen wollen, zunächst das übergreifende Entwicklungsthema des Paares erfassen, das sich in den inhaltlichen Themen indirekt ausdrückt. Es ist unsere Aufgabe, den Prozess an diesem Entwicklungsthema auszurichten. Als Ausrichtung auf das Entwicklungsthema bildet der Themenfokus einen unabdingbaren Zielrahmen für die Arbeit.

Während der Themenfokus also den Zielrahmen absteckt, beschreibt die Arbeit mit dem Tiefungsfokus den Kern der Prozesssteuerung:

Eine gute Prozesssteuerung ermöglicht eine gelingende Navigation auf der „Sea of Love", auf den emotionalen Wogen des Paarprozesses, sprich: einen gelingenden Umgang mit der emotionalen Tiefung. Hierin liegen der Kern und die wesentliche Stärke des Prozesssteuerungsmodells – und mithilfe der Navigationsformel (s. ► Kap. 4) und der drei Dimensionen Regulation, Klärung und Intimität können wir lernen, den Wind geschickt zum Segeln zu nutzen.

Das Modell verschränkt also den Fokus auf das Entwicklungsthema des Paares (Worum geht es wirklich?) mit dem Fokus auf die emotionale Tiefung (Regulation/Klärung/Intimität) und gibt dazu praxisnahe Methoden und Techniken an die Hand.

Themenfokus und Entwicklungsthema

Der Themenfokus verbindet das interaktionelle Problem des Paares mit einem Hintergrundverständnis dieser Probleme und formuliert daraus eine Idee, wo und wie sich das Paar entwickeln könnte. Dieses Entwicklungsthema leitet – wie bei der Seefahrt die Sterne – die grundsätzliche Richtung an, in die die Reise gehen soll. Der Themenfokus stellt damit gewissermaßen den Zielrahmen der Prozesssteuerung dar.

▪ Tiefungsfokus: Navigation auf der Sea of Love

Der Tiefungsfokus hilft uns im Prozess selber, während wir also auf hoher See unterwegs sind, Kurs zu halten und nicht unterzugehen. Er stellt damit den Kern der Prozesssteuerung dar. Die drei Dimensionen Regulation, Klärung und Intimität helfen bei der Orientierung, und ihr Verhältnis lässt sich in der Navigationsformel beschreiben (Ausreichende Regulation ist die Voraussetzung für Klärung. Ausreichende

Klärung ist die Voraussetzung für Intimität.). Um den Tiefungsfokus gut zu verstehen, muss der Begriff der Tiefung, wie er im Prozesssteuerungsmodell Anwendung findet, geklärt und erläutert werden:

■ Erläuterung des Tiefungsbegriffs im Modell der Prozesssteuerung

Häufig wird Tiefung im therapeutischen Prozess als Grad emotionaler Involviertheit beschrieben. Das ist durchaus sinnvoll. Es ergibt sich ein zweidimensionales Bild mit einer beschreibbaren linearen Funktion: keine Involviertheit – leichte – mittlere – starke Involviertheit. Die von mir beschriebenen drei Dimensionen sind jedoch nicht einfach drei unterschiedliche Intensitätsstufen von Emotionalität, sondern gehen in ihrer Differenzierung darüber hinaus. Meine Konzeptualisierung des Tiefungsfokus spannt einen dreidimensionalen Raum auf, indem die *Qualität* des Erlebens als drei unterschiedliche *Modi* des Erlebens, Verarbeitens und Ausdrucks von Emotionalität beschrieben werden. Diese drei Dimensionen Regulation, Klärung und Intimität werden aufeinander bezogen wie die drei Raumdimensionen und in ihrem vorbedingenden Verhältnis zueinander in der Navigationsformel beschrieben. Sie haben jeweils eine unterschiedliche *Qualität* im Erleben der emotionalen Involviertheit. Die Qualität der emotionalen Tiefung und der Grad der Involviertheit haben dabei in jeder der drei Dimensionen unterschiedliche Bedeutungen. Die drei unterschiedlichen *Modi* können sowohl in Bezug auf die Patient*innen oder das Paar beschrieben werden, als auch in Bezug auf die therapeutische Rolle. Es gibt also auch drei unterschiedliche *therapeutische Modi*, mit denen wir bei der Tiefung arbeiten (vgl. Teil III).

■ Der Grad emotionaler Involviertheit

Der Grad emotionaler Involviertheit ist in allen drei Dimensionen variabel. In der Regulationsdimension, wenn also keine ausreichende Regulation besteht, sind die Gefühle entweder so intensiv, dass sie als überflutend wahrgenommen werden, oder sie sind wie ausgeknipst und abgespalten (und somatisieren sich als Spannungen im Körper). In der Klärungsdimension ist der Grad der emotionalen Involviertheit in einem mittleren Bereich. In der Intimitätsdimension wiederum ist die Emotionalität intensiv und wird im Vordergrund wahrgenommen.

Die Qualitäten der emotionalen Tiefung, die von den Patient*innen oder Paaren in den drei Dimensionen erlebt werden, können folgendermaßen beschrieben werden:

Regulationsdimension: Emotionen werden eher als Spannung erlebt, sind entweder bewusst und stark im Vordergrund oder ganz ausgeblendet und unbewusst. Das Gefühlsbild ist weniger farbig, eher schwarz-weiß und in Graustufen, das heißt die Gefühlsspannung überwiegt in der Wahrnehmung die Gefühlstönung. Der Grad der Involviertheit ist entweder sehr hoch und oft schwer erträglich, oder wie abgeschaltet im Sinne eines „Nicht-Spürens".[1] Vorherrschend sind Emotionen aus dem Fight-

---

1 „Nichts-Spüren" ist kein entspannter, sondern im Gegenteil ein hoch angespannter Zustand, und damit genau genommen eben gerade kein gefühlsloser Zustand, da die Gefühlsspannung sehr hoch ist. Die Person könnte möglicherweise behaupten: „Ich spüre nichts. Ich bin überhaupt nicht angespannt.", während wir als Gegenüber die Spannung kaum aushalten können, die wir im Zusammensein mit der Person wahrnehmen: Die abgespaltene Spannung, die intrapersonell nicht erlebt werden kann, wird interpersonell spürbar.

Flight-Freeze-Spektrum wie Wut-Angst-Taubheit, aber auch Scham, Schuld oder Ekel können auftreten. Die Emotionen werden im Fight-/Flight-Bereich als stark aversiv und anstrengend erlebt. Im Freeze-Bereich können aversiv oder nicht-aversiv erlebte Zustände aus dem Dissoziationsspektrum von leichter Abwesenheit bis ausgeprägter Depersonalisierung/Derealisierung auftreten. Die Gefühle sind identitätsschwächend, weil sie entweder als überflutend oder als abgespalten erlebt werden (das Gefühl bestimmt mich oder ich spüre mich nicht mehr richtig, in beiden Fällen wird das Ich-Erleben geschwächt).

Klärungsdimension: Emotionen werden vorbewusst bis bewusst, aber eher im Hintergrund des Erlebens wahrgenommen. Der Grad der Involviertheit ist leicht bis mittelgradig. Das Gefühlsbild ist „farbig", das heißt die Gefühlstönung überwiegt in der Wahrnehmung tendenziell die Gefühlsspannung. Die Gefühle sind identitätsstiftend, weil sie teilnehmend (nicht überflutend) erlebt werden (ich habe ein Gefühl/eine Stimmung, sodass mein Ich-Erleben deutlich wird). Es treten gemischte Gefühle aus dem ganzen Spektrum auf, die teils als aversiv, teils als angenehm erlebt werden.

Intimitätsdimension: Emotionen werden mit einer erhöhten Bewusstheit wahrgenommen und ganzheitlich erlebt. Sie stehen deutlich im Vordergrund des Erlebens. Der Grad der Involviertheit ist hoch, die Intensität kann von sanft bis überwältigend reichen. Die Gefühle werden als angenehm, belebend oder auch beglückend empfunden. Auch intensive schmerzhafte Emotionen werden positiv erlebt (z. B. als lösend und befreiend). Das Gefühlsbild zeichnet sich durch warme Farben und eine hohe Sättigung aus: Die Gefühlstönung überwiegt in der Wahrnehmung, die Gefühlsspannung wird in der Tendenz als lösend/öffnend, fließend und lebendig erlebt. Die Gefühle sind von Selbstqualitäten, wie Verbundenheit, Offenheit, Neugier, Zentriertheit, innerer Ruhe u. a. unterlegt. Die Identitätserfahrung ist eindeutig stärkend. Die Erfahrung ist: Ich erlebe meine Gefühle als in der Tiefe zu mir gehörend.

▪ Wie sind die drei Dimensionen aufeinander bezogen?

3-D-Kino

Ein Bild, das die Art und Weise gut beschreibt, wie die drei Tiefungsdimensionen aufeinander bezogen sind und ineinandergreifen, ist das 3-D-Kino: In diesem Bild ist die Regulation die Helligkeit. Wenn sie zu gering ist, werden wir kaum ein Bild auf der Leinwand wahrnehmen. Wenn die Helligkeit zu intensiv ist, verschwinden die Formen ebenfalls. Die emotionale Involviertheit ist dann entweder wie abgedimmt und taub oder überfordernd intensiv. Wenn die Regulation der Helligkeit in einem mittleren Bereich gelingt, entsteht die Klärungsdimension und es werden Formen und Farben sichtbar. Um diese zu erkennen – zu klären – müssen wir das Bild scharf stellen. Welche Formen, Farben, Konturen werden deutlicher, was ist im Vordergrund und was im Hintergrund? Die emotionale Involviertheit ist in einem leichten bis mittleren Niveau. Erst wenn eine ausreichende Klarheit und Schärfe des Bildes erreicht ist, entsteht der 3-D-Effekt und das Bild tritt uns in der Intimitätsdimension mit einem Mal räumlich entgegen. Die emotionale Involviertheit ist intensiv und kann fein und leicht sein oder intensiv und überwältigend.

2.2 Was ist Prozesssteuerung?

Das Modell der therapeutischen Prozesssteuerung bezieht sich auf alle therapeutischen und beraterischen Prozesse, ob im Einzel-, Paar- oder Gruppensetting.

Paartherapie ist ein spezieller Kontext, in dem die Prozesssteuerung einen besonderen und zentralen Stellenwert einnimmt: Um den therapeutischen Prozess erfolgreich zu gestalten, müssen wir grundsätzlich das gesamte Spektrum der Tiefung zwischen Regulation, Klärung und Intimität nutzen können. Gleichzeitig tendiert der Prozess in der Arbeit mit Paaren dazu, sich aufgrund der Bedingungen des Bindungssystems des Paares hochdynamisch zu entwickeln. In der Begleitung von Paaren müssen wir als Therapeut*innen daher bezüglich der Prozesssteuerung besonders wach und präsent sein.

▪ Verantwortung für den therapeutischen Prozess

Wir tragen als Behandler die Verantwortung für den therapeutischen Rahmen und für die Prozesssteuerung. Diese beiden Säulen bilden ein wichtiges Fundament für unsere Rolle als Therapeut*innen.

Wenn wir dieser Verantwortung gerecht werden, liegt alles Weitere beim Gegenüber: Die Mitverantwortung des Paares oder Patienten beginnt dort, wo wir unseren Teil erfüllt haben. Die Verantwortung der Patienten für den Therapieprozess fußt auf unserer Verantwortung für denselben (für den therapeutischen Rahmen und die Prozesssteuerung). Die Reihenfolge dieser Verantwortungsarchitektur ist nicht umkehrbar.

Zum therapeutischen Rahmen gehören:

- die **äußeren Rahmenbedingungen der Therapie** wie Qualifikation, gegebenenfalls Supervision/Intervision, Berufsrecht, ethische Leitlinien, Dokumentationspflicht, Datenschutz, räumliche, zeitliche und persönliche Ressourcen (z. B. wann teilt eine Therapeutin mit, dass sie schwanger ist und die Therapie nicht fortführen wird? Das heißt, ab einem bestimmten Punkt gehören ganz persönliche Belange zum therapeutischen Rahmen).
- ein klarer Umgang bei Überschneidungen im privaten Leben.
- die Klärung und Aufklärung über **Finanzierungsgrundlagen**, Ausfallregelungen, gegebenenfalls Antragsstellung, gegebenenfalls Berichtspflicht, Behandlungsvertrag und Abrechnungsregelungen.
- die **Behandlungsplanung:** Auftragsklärung und Zielvereinbarung. Welcher Fokus soll mit welchen Mitteln in welchem zeitlichen Rahmen behandelt werden? Ist diese Behandlung zielführend, wirtschaftlich und ausreichend erfolgversprechend? Sind die Patienten/Paare im richtigen „Laden“ für das, was sie brauchen? Kann und möchte ich das anbieten, was sie suchen?

Wenn wir diese Verantwortung übernehmen können, liegt die weitere Verantwortung natürlich ebenso beim Hilfesuchenden, diesen Rahmen einzuhalten. Wir sind jedoch wieder am Zuge, es zu benennen und zu begrenzen, wenn das nicht geschieht.

Zur Prozesssteuerung gehören:

- **Themenfokus** (Worum geht es? Worum geht es *wirklich?*)
- **Tiefungsfokus** (Wie sind der Einzelne/das Paar in Beziehung zu sich und zueinander? Welche Tiefungsqualität/Tiefungsdimension (Regulation/Klärung/Intimität) kann und soll angesteuert werden?)

Definition Prozesssteuerung

Prozesssteuerung bedeutet:
- die Verschränkung von Themenfokus und Tiefungsfokus
- entlang den Bedingungen,[2] Bedürfnissen und dem interaktionellen Verhalten der Patient*innen/Klient*innen/Paare,
- mit dem Ziel der Gestaltung eines konstruktiven Entwicklungsprozesses im Sinne der gemeinsamen Ziele und des therapeutischen/beraterischen Auftrags.

Definition der Verantwortung für den therapeutischen Prozess

Als Therapeut*in tragen wir die Verantwortung für:
- den therapeutischen Rahmen
- die Verschränkung von Themenfokus und Tiefungsfokus,
- entlang der Resonanz des Paares/Patienten,
- zur Gestaltung eines konstruktiven Entwicklungsprozesses im Sinne der Therapieziele.

2.3 Prozesssteuerung als schulenintegratives Metamodell

Das Metamodell der Prozesssteuerung

Das vorliegende Buch beschreibt mit der Prozesssteuerung ein Metamodell, das wegweisend sein kann, um einen paartherapeutischen Prozess von Anfang bis Ende zu begleiten.

Gleichzeitig erhebt es nicht den Anspruch, den therapeutischen Prozess in allen Ablaufschritten auszuarbeiten und methodisch-technisch hinreichend zu vermitteln. Je nach Ausrichtung der paartherapeutischen Ausbildung wird sich dieses Vorgehen unterscheiden. Das Prozessmodell ersetzt diese Ausbildung nicht. Das Prozesssteuerungsmodell zeigt auf, wie wir grundsätzlich den Prozess steuern – unabhängig davon, welches Verfahren wir anwenden. Zum Erlernen einer differenzierten und methodisch umfassend fundierten Herangehensweise, die bestimmte typische Situationen in Paartherapien einübt, spezifische kritische Themen beleuchtet und den Aufbau des Rahmens mit Erstgespräch und Abschluss erarbeitet, empfehle ich entsprechend eine vertiefende paartherapeutische Ausbildung, wie ich sie etwa am Hans-Jellouschek-Institut genossen habe.

Schulenintegration als Chance – eine Einordnung

Wie im ► Abschn. 1.1 beschrieben, liegen meine eigenen therapeutischen Wurzeln vor allem in der humanistischen Psychotherapie (integrative Gestalttherapie u. a.), der Tiefenpsychologie und der systemischen Therapie. Diese Perspektiven und Hintergründe spiegeln sich in meinem Modell wider. Als Metamodell eignet es sich

2 Damit sind z. B. individuelle Ressourcen, kulturelle, körperliche oder psychische Besonderheit, aktuelle Stressoren etc. gemeint.

aber besonders für ein integratives Arbeiten, das nicht nur versucht, eklektisch das Beste verschiedener Methoden zusammen zu sammeln, sondern sowohl in Bezug auf den Themenfokus als auch auf den Tiefungsfokus deutlich macht, welche therapeutische Herangehensweise wann und warum für wen sinnvoll ist. Auch verhaltenstherapeutische Perspektiven und Methoden bilden sich in dem Modell ab und lassen sich damit im Rahmen eines integrativen, schulenübergreifenden Vorgehens in den therapeutischen Prozess einbinden.

Besonders eingehen möchte ich an dieser Stelle auf die Emotionsfokussierte Paartherapie (EFCT – emotionally focused couple therapy) (Johnson, 2009; Roesler, 2024). Aus meiner Sicht stellt sie einen bedeutenden Ansatz der letzten Jahre dar und proklamiert zurecht für sich, einen wichtigen Beitrag zu einer wirkungsvollen therapeutischen Arbeit mit Paaren zu leisten. Sie betont besonders das große Potenzial dieses Settings, das in der eingangs erwähnten Situation liegt, wenn sich zwei Menschen einander in ihren verletzlichsten Punkten begegnen. Partnerschaften sind Bindungssysteme und das Paarsetting bietet dem Paar die Möglichkeit einer heilsamen Bindungserfahrung. In der Terminologie meines Modells könnte man sagen, die EFCT lehrt, wie das Paar emotional zur Tiefungsdimension der Intimität begleitet werden und hier zu konstruktiver Interaktion angeleitet werden kann. Einige Autoren der EFCT erwecken dabei jedoch den Eindruck, dass sie das Arbeiten auf dieser Ebene erstmals in das therapeutische Agens eingeführt hätten. Bei näherem Hinsehen ist dieser Eindruck schlicht falsch. Integrativ-systemische Ansätze haben diese Ebenen von jeher mit einbezogen und sie sind z. B. explizit im Modell der affektiven Rahmung (Welter-Enderlin, 2007) enthalten.

Dennoch sind die Betonung der Bindungserfahrung als Potenzial und wichtiges Ziel innerhalb der Paartherapie und der methodische Beitrag der EFCT hierzu wertvoll. Ich habe selbst immer wieder erfahren, dass die inhaltlichen Themen und dysfunktionalen Interaktionsmuster des Paares durch eine solche Arbeit weitgehend an Bedeutung verlieren können, weil die Beziehung des Paares durch eine gemeinsame sichere und positive Bindungserfahrung immanent gestärkt wird und einen neuen Boden gewinnen kann, von dem aus die Alltagsprobleme sich oftmals wieder leichter lösen und angehen lassen.

Gleichzeitig erlebe ich den therapeutischen Raum auch als einen hochpotenten Raum und wir als Therapeuten sollten mit unserer Gestaltungsmacht sehr bewusst umgehen. Das heißt, wir können ein Paar auf die Ebene der Intimität begleiten, auch wenn es selbst (noch) nicht gut in der Lage ist, die so hergestellte Nähe auch zu integrieren und zu halten. Ich habe das schon vielfach erlebt und höre es in meinen Seminaren immer wieder in den Rückmeldungen und Supervisionsfragen. Das kann dazu führen, dass der therapeutische Prozess blockiert wird, das Paar in innere Widerstände gerät oder das Paar aus dem Prozess aussteigt. Im ungünstigen Fall entstehen Verletzungen, die nicht wieder aufgegriffen und bearbeitet werden können. Daher möchte ich das Vorgehen der EFCT durch die Perspektive der Prozesssteuerung erweitern und einbetten. So wird erstens ein vielleicht noch etwas genauerer und sorgsamerer Blick darauf genommen, wann und nach welchen Vorbereitungen wir mit welchem Paar ein solches Vorgehen wählen. Zweitens wird in meinem Modell die Grundhaltung der Gleichwertigkeit der Paarbegleitung auf verschiedenen Tiefungsebenen betont: Je nach Auftrag und Anliegen, Lebenskontext und psychisch-strukturellem Integrationspotenzial der Partner kann eine Beratung mit Fokus thematisch auf die Interaktionsebene und emotional auf rein regulierende Interventionen das Richtige und sehr wertvoll sein – während für ein anderes Paar derselbe Themen- und Tiefungsfokus zu kurz greifen würde und eine sehr tiefe Arbeit auf Bindungssystemebene hilfreich ist.

In diesem Sinne ist das Modell der Prozesssteuerung schulenübergreifend und schulenintegrativ – also anschlussfähig für unterschiedliche therapeutische Ausrichtungen. Es setzt jedoch auch die Offenheit und Bereitschaft für ein integratives Arbeiten und Denken und gegebenenfalls auch Überdenken und Erweitern der Annahmen und Konzepte der eigenen therapeutischen Schule voraus.

Fazit: Das Modell der Prozesssteuerung

- Das Modell der Prozesssteuerung dient als Navigationstool, nicht als Stufenmodell oder Methode zur Erreichung eines bestimmten Therapieziels.
- Prozesssteuerung bedeutet die Verschränkung von Themenfokus und Tiefungsfokus.
- Während der Themenfokus eher den Rahmen für die Tiefung darstellt, findet die wesentliche Navigation der Prozesssteuerung in Bezug auf den Tiefungsfokus statt.
- Die drei Dimensionen der therapeutischen Tiefung Regulation, Klärung und Intimität mit der Navigationsformel bilden den Kern des Prozesssteuerungsmodells.
- Tiefung wird in diesem Modell also in drei Dimensionen beschrieben. Diese sind nicht einfach drei Intensitätsstufen von Tiefung, sondern zeichnen sich durch je eigene Erlebens-, Verarbeitungs- und Ausdrucksqualitäten von Emotionalität aus.
- Zusammen mit der Verantwortung für den therapeutischen Rahmen bildet die Verantwortung für die Prozesssteuerung das Fundament der therapeutischen Rolle.
- Das Modell der Prozesssteuerung ist ein Metamodell. Es hilft den gesamten therapeutischen Prozess einer Paartherapie zu gestalten, ersetzt jedoch nicht die methodische und inhaltliche Auseinandersetzung mit den vielfältigen spezifischen Themen, die in Paartherapien relevant werden können.
- Das Modell der Prozesssteuerung ist schulenintegrativ und daher einerseits anschlussfähig, andererseits setzt es die Bereitschaft zu einem integrativen Denken und auch Überdenken voraus.

Literatur

Johnson, S. M. (2009). *Praxis der Emotionsfokussierten Paartherapie*. Junfermann.

Roesler, C. (2024). *Paarprobleme und Paartherapie – Theorien, Methoden, Forschung. Ein integratives Lehrbuch*. Kohlhammer.

Welter-Enderlin, R. (2007). *Einführung in die systemische Paartherapie*. Carl-Auer.

Themenfokus

Im Therapieprozess sind Thema und Tiefung miteinander verschränkt. Um den therapeutischen Prozess zu steuern, müssen wir uns an beidem orientieren und es in den Blick nehmen:

Das Thema: Die Frage nach dem „Was" und dem Prozessinhalt: *Worum geht es (eigentlich)?*

Beim ***Themenfokus*** geht es um die Klärung des konkreten Anliegens auf der Vordergrund- und Hintergrundebene.

Die Tiefung: Die Frage nach dem „Wie" und der emotionalen Qualität des Prozesses: *Wie ist der Einzelne in Beziehung zu sich und wie ist das Paar in Beziehung zueinander?*

Beim ***Tiefungsfokus*** geht es um die Prozesssteuerung auf emotionaler Ebene.

Prozesssteuerung ist – in einem Satz – die Verschränkung von Themenfokus und Tiefungsfokus. Beide bestimmen zusammen das Koordinatensystem des Therapieprozesses.

Die Themen in der Paartherapie lassen sich in eine Vordergrundebene (Interaktion) und drei Hintergrundebenen aufteilen (Paardynamik, Paargeschichte, Herkunftsgeschichte).

Ich werde im folgenden Teil II auf den Themenfokus und im Teil III dann ausführlich auf den Tiefungsfokus eingehen.

Inhaltsverzeichnis

Das Thema: Worum geht es? Und worum geht es *eigentlich*?

Inhaltsverzeichnis

W. Kunstleben, *Paare im Therapieprozess*, Psychotherapie: Therapiegestaltung & Praxismanagement, https://doi.org/10.1007/978-3-662-70722-7_3

„Man sieht nur mit dem Herzen gut. Das Wesentliche ist für die Augen unsichtbar."
Antoine de Saint-Exupéry, Der kleine Prinz

▪ **Das Entwicklungsthema des Paares**

Wenn wir verstanden haben, auf welcher Vordergrund- oder Hintergrundebene wir mit dem Paar thematisch arbeiten können, entwickeln wir hieraus den Themenfokus und formulieren das Entwicklungsthema – oder die Entwicklungsthemen – des Paares. (Selbstverständlich kann es jeweils mehrere relevante Themen geben. Zur Vereinfachung werde ich im Folgenden von „dem Entwicklungsthema" sprechen.)

Es muss sowohl in seinen Hintergründen verstanden werden, als auch inhaltlich mit der konkreten Form, wie es sich im Lebensvollzug des Paares zeigt, verbunden bleiben und darauf auch wieder konkret zurückgeführt werden (Alltagstransfer). Außerdem muss mit dem Paar ein expliziter oder implizierter, jedoch in jedem Fall *klarer Auftrag* dafür erarbeitet werden.

Prozesssteuerung bedeutet in Bezug auf den Themenfokus also, das Entwicklungsthema herauszuarbeiten und in seinen Hintergründen zu verstehen, die Hintergrundebenen im Therapieprozess aufzugreifen und durch die Prozesssteuerung weder den roten Faden dieses Themas, noch den konkreten Alltagsbezug dabei aus den Augen zu verlieren.

Themenfokus und Entwicklungsthema des Paares

Wir müssen das Entwicklungsthema des Paares sowohl in seinen Hintergründen verstehen als auch in seinem konkreten Kontext im Alltag des Paares. Das schematische Vorgehen beim Themenfokus ist daher folgendermaßen: Ausgehend vom Problem auf der Interaktionsebene wird das dahinterliegende Thema „x" fokussiert und die hierdurch erarbeitete Entwicklung anschließend wieder auf die Interaktionsebene bezogen.

Beispiel

Ein Paar will weniger streiten (Interaktionsebene) und es wird in der Paartherapie das dahinterliegende Entwicklungsthema „Umgang mit Nähe und Distanz" bearbeitet (Hintergrundebene). Die hierdurch gewonnene Weiterentwicklung gibt dem Paar die Möglichkeit, Konflikte offener anzugehen (Interaktionsebene).

Im Folgenden werden das Verhältnis von Vordergrund und Hintergrund und die Struktur der drei Hintergrundthemen dargestellt.

3.1 Vordergrund und Hintergrund

Paare können aus sehr unterschiedlichen Gründen in eine Paartherapie kommen. Hier beschreibe ich zur Veranschaulichung beispielhafte Themen, mit denen Paare häufig in die Therapie kommen – jeweils ergänzt durch ein paar beispielhafte Überlegungen, welchen Hintergrund diese eingebrachten Themen möglicherweise haben könnten. Es wird dabei deutlich das Verhältnis von Vordergrund- und Hintergrundthema sichtbar:

1. **Kommunikationsprobleme:** Schwierigkeiten, gut miteinander zu kommunizieren, Missverständnisse oder häufige Konflikte.
   Dahinter können z. B. unterschiedliche Erwartungen an die Paarbeziehung stehen, unaufgearbeitete gemeinsame Erlebnisse oder konfligierende Rollenverständnisse.
2. **Vertrauensprobleme:** Misstrauen, Unoffenheit oder Untreue, die das Vertrauen in die Beziehung erschüttert haben.
   Dahinter können z. B. tieferliegende Schwierigkeiten im Umgang mit Nähe und im direkten Umgang mit Bedürfnissen stehen.
3. **Sexuelle Probleme:** Intimitätsprobleme, Libidoverlust, sexuelle Unzufriedenheit oder unterschiedliche sexuelle Bedürfnisse.
   Hier könnten tiefliegende Ängste zu Blockaden führen oder etwa ein Mangel an persönlichen Grenzen und Autonomieräumen eine wichtige Rolle im Hintergrund spielen.
4. **Konflikte über Finanzen:** Auseinandersetzungen über Geld, Budgetierung, Schulden oder unterschiedliche finanzielle Ziele.
   Das zugrunde liegende eigentliche Thema von „Geben und Nehmen" könnte tief in den persönlichen Herkunftserfahrungen von Versorgung, Behütung oder Vernachlässigung liegen. Oder es könnte um verhinderte Autonomieentwicklung gehen, die sich in einem Macht-/Ohnmachtskampf widerspiegelt.
5. **Uneinigkeit über Lebensziele:** Unterschiedliche Vorstellungen über die Zukunft, wie Kinder, Wohnort, Karriereziele und Lebensstil.
   Wenn die Klärung auf pragmatisch-praktischer Ebene nicht gelingen will, liegt der eigentliche Knoten vielleicht in der Verflechtung von noch nicht in die eigene Verantwortung genommenen, unversorgten inneren Anteilen.
6. **Schwierigkeiten bei der Elternschaft:** Uneinigkeit über Erziehungsmethoden, Konflikte in der Erziehung der Kinder oder Schwierigkeiten im Umgang mit Pubertät oder Teenagerproblemen.
   Die Kinder spiegeln uns oft in unseren eigenen ungelösten Aufgaben, und dies besonders intensiv dort, wo diese eigenen Themen mit demselben Lebensalter verbunden sind, in dem die Kinder sich gerade befinden.
7. **Verblassende Gefühle füreinander:** Das Gefühl, dass die Beziehung stagniert oder dass die Partner sich voneinander entfremdet haben.
   Manchmal hat sich das Paar in der „Rushhour des Lebens" (z. B. in der Familiengründungsphase) auf einen Team- und Funktionsmodus geeinigt und die tieferliegenden eigenen und beziehungsbezogenen Bedürfnisse vernachlässigt.
8. **Eskalierende Konflikte**, emotionale Übergriffigkeit, psychischer oder physischer Missbrauch: Suche nach Unterstützung im Umgang mit schweren Regulationsschwierigkeiten in der Beziehung.
   Im Hintergrund könnten traumatische Erfahrungen in der Vergangenheit beider Partner eine zentrale Rolle spielen.

Wir sollten als TherapeutInnen in der Lage sein, diese Hintergrundaspekte zu erfassen und dem Paar helfen, diese besser zu verstehen und an ihnen zu arbeiten. Wichtig ist auch, zu sortieren, was im Rahmen der Paartherapie aufgegriffen werden kann, und wofür es noch andere Unterstützung braucht. Das kann klassischerweise eine

Psychotherapie für einen oder beide Partner sein, es können aber auch eine Mediation oder eine sozialrechtliche Beratung sein, oder ganz andere Entwicklungsräume im Alltag, die es zu schaffen gilt (von mehr Me-Time über den Salsakurs bis zur lang aufgeschobenen Reise, etc.).

■ Wann ist ein Fokus auf die Hintergrundebenen sinnvoll?

Die Frage nach dem vordergründigen Thema ist meist: Womit kommt das Paar? Denn die Anliegen des Paares gehen meist vom direkt erlebten Paaralltag, von der Paarinteraktion aus. Die Frage nach den Hintergrundebenen lautet: Worum geht es *eigentlich?*

Es kann jedoch sinnvoll sein, mit dem Paar nicht direkt an den Hintergrundthemen zu arbeiten. Gründe hierfür können sein, dass das Paar keinen Auftrag erteilt, also einen z. B. explizit rein beratenden Fokus wünscht, oder das Paar ist emotional von diesen Themen überfordert. Manchmal braucht es dann noch etwas Zeit und Vorbereitung, um Vertrauen in den gemeinsamen Prozess und die Person der Behandlerin oder des Behandlers zu entwickeln. Manchmal ist es aber auch sehr wichtig anzuerkennen, wenn die Überforderung so grundlegend ist (sei es aufgrund psychischer innerer Bedingungen oder angesichts bestimmter anhaltender und überfordernder Lebenssituationen), dass eine Begleitung des Paares auf diesen Ebenen sogar eher schaden könnte, als dass sie hilfreich wäre. Woran wir das erkennen und wie wir entscheiden können, ob es darum , die Überforderung anzuerkennen oder weiter an der Vertiefung des Prozesses zu arbeiten, wird ausführlich Thema in Teil II, insbesondere in ► Kap. 5 sein. Das gilt auch für den Fall, der gar nicht so selten auftritt, dass das Paar sogar darauf drängt, in bestimmte Konflikte hineinzugehen. Unsere Arbeit kann dann darin bestehen, dem Paar ein Gefühl und Verständnis für die eigenen Grenzen zu vermitteln.

Zusammenfassend lässt sich sagen, dass die direkte Arbeit an einem Hintergrundthema die Fähigkeit benötigt, sich emotional darauf einzulassen. Hier wird deutlich, wie Themenfokus und Tiefungsfokus miteinander verschränkt sind und nicht völlig unabhängig voneinander: Wir benötigen für ein tiefergehendes Thema die innere Fähigkeit und den äußeren Rahmen, um dieses Thema zu „halten“ und integrieren zu können. Es braucht ausreichende Regulation, um sich auf einen emotionalen Klärungsprozess oder emotionale Intimität einlassen zu können (siehe Teil II).

Es kann also sinnvoll sein, sich in der Paarberatung oder -therapie auf die Interaktionsebene zu beschränken. Es ist mir an dieser Stelle sehr wichtig zu betonen, dass eine solche Arbeit keine „minderwertige“ Behandlung oder etwa „keine richtige Therapie“ ist. Es ist im Gegenteil wichtig, dass wir die Menschen, die wir begleiten, mit ihren Grenzen und Fähigkeiten, ihren Lebenssituationen und Entscheidungen respektieren. Eine behutsame, auf Stabilisierung und kleine Schritte ausgerichtete Begleitung kann für viele Menschen sehr bedeutsam und wertvoll sein.

Dennoch ist aber ein Blick und Verständnis für die Hintergrundebenen seitens des Therapeuten für die Prozesssteuerung wichtig und unabdingbar, selbst wenn wir sie nicht als Fokus wählen! Es droht sonst ein „Lösungsagieren“ auf der Interaktionsebene: Wenn wir die Hintergrundebenen „auf dem Radar“ haben, wissen wir um die Entwicklungs- und Veränderungsgrenzen. Wir können dann sehen, dass rational sinnvoll erscheinende Interventionen vielleicht nicht fruchten können, weil die emotionalen Bedingungen dafür nicht bestehen. Wenn wir beispielsweise wissen, dass ein Paar gemeinsam eine Kränkung tabuisiert und vielleicht deutlich gemacht hat, dass beide dieses Thema nicht „aufmachen“ wollen, könnten wir etwa das Thema „Sexualität“ als Stellvertreterthema erkennen und mit dem Paar eher daran arbeiten, wie ein behutsamer Vertrauensaufbau im Bereich körperlicher Nähe gelingen kann. Im besten Fall kann die gelingende Arbeit auf der Interaktionsebene dennoch eine positive Wirkung auf das dahinterliegende Thema haben. Wenn wir dabei jedoch nicht sehen „worum es *eigentlich* geht“, könnten wir hingegen verführt sein, eine Intervention zu wählen (z. B. eine evozierende Methode wie „Das ideale sexuelle Szenario“ (vgl. Clemens, 2008)), die uns und dem Paar dann im schlechtesten Fall „um die Ohren fliegt“.

Im Teil II werde ich darauf eingehen, wie wir das Verständnis der Hintergründe eines Themas dazu nutzen können, dem Paar Orientierung und Halt zu geben, ohne es emotional zu überfordern.

3.2 Das 4-Ebenen-Modell

Modelle sind für die therapeutische Arbeit umso nützlicher, je einfacher und klarer sie uns dabei helfen, die Komplexität der Situation zu reduzieren. Der Themenfokus in der Paartherapie lässt sich in Anlehnung an das Problemdefinitonsmodell von Jellouschek und von Tiedemann (Jellouschek und Tiedemann 2000), wie in ◘ Abb. 3.1 dargestellt, in vier Ebenen einordnen:

Vordergrundebene:
- Interaktionsebene

Hintergrundebene:
- Paardynamik
- Paargeschichte
- Herkunftsthemen (und Unerledigtes aus vorausgegangenen Partnerschaften)

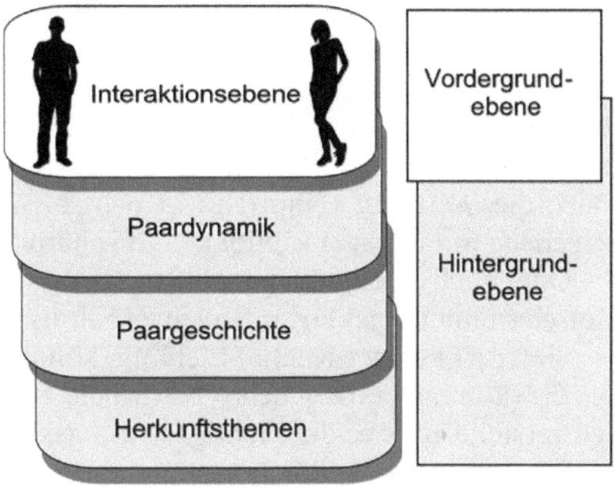

◘ Abb. 3.1 4-Ebenen-Modell: Themenfokus Vordergrund und Hintergrund. (© Wanja Kunstleben)

3.2.1 Interaktionsebene

Die Interaktionsebene ist die *Vordergrundebene* und meistens, wie in den oben beschriebenen Beispielen, das, womit die Paare in die Therapie kommen. Die acht genannten Themen beschreiben diese Interaktion, in der es Probleme gibt und für die Verbesserung gesucht wird. Es ist sehr wichtig, dass wir diese Ebene ernst nehmen und als Ausgangs- und Zielpunkt der gemeinsamen Arbeit betrachten. Die Verführung wäre, zu sagen: „Ja, ja, das sind natürlich die Themen und Probleme, die Sie sehen, aber das Eigentliche, um das es *wirklich* geht, liegt doch dahinter!". Das stimmt zwar in gewisser Weise, aber die Arbeit an den Hintergrundthemen ist nie Selbstzweck, sondern sie zielt auf die konkrete Veränderung ab, die im Leben stattfindet: auf die Interaktionsebene.

Es ist nicht verkehrt, auch einmal rein pragmatisch auf der Interaktionsebene zu arbeiten. Zum Beispiel kann man ganz konkret und verhaltenstherapeutisch orientiert sinnvolle Kommunikationsstrategien erarbeiten (mehr von sich zu sprechen, Bedürfnisse direkt formulieren, Vorwürfe in Wünsche verwandeln, einander achtsam spiegeln …) oder einfach einen ganz pragmatischen Kompromiss erarbeiten. Aber es ist wichtig, dass der Behandler zumindest für sich ein tieferes Bild von dem gewinnt, was im Hintergrund eine Rolle spielt. Sonst besteht die Gefahr, dass wichtige Themen übersehen werden und keine echte Tiefe und Nachhaltigkeit des Prozesses erreicht werden kann.

Zur Verdeutlichung hier noch ein humorvolles Beispiel, wie die Arbeit auch ohne die anstrengenden Bemühungen um ein Verständnis der Hintergrundebenen gelingen kann:

Loriots Szenen einer Ehe gehören wohl mittlerweile zum bundesdeutschen Kulturerbe und dürften den meisten von Ihnen geläufig sein. Mit dem ihm eigenen subtilen, trockenen Humor und seiner feinen und geistreichen Beobachtungsgabe für Alltagssituationen beschreibt er in dem Sketch „Das Ei", wie ein Ehepaar sich zunehmend leidenschaftlich darum streitet, warum das Frühstücksei mal zu hart und mal zu weich sei. Dabei dämmert dem Leser beim Lachen zunehmend, dass hier nicht nur die Tücken des Eierweichkochens verhandelt werden. (Sie können den Sketch im Internet finden oder in Loriots dramatischen Werken nachlesen (Bülow, 1981).)

Auf der Ebene der Interaktion ginge es nun minimal darum, zu klären, wie man das Eierkochergebnis optimieren kann und maximal, wie die beiden bei ihrem Disput die perfekten Ich-Botschaften anwenden können. Entweder schickt man dem Paar also einen Link zu einem High-End-Eierkocher (es gibt sprechende Eierkocher – kein Witz, die Werbung verspricht: „Kocht bis zu sechs Eier auf den Punkt, fünf verschiedene Sprachen einstellbar." – das hätte Loriot gefallen!).

Oder nach einer gelungenen Paartherapie könnte die Szene mithilfe perfekter Ich-Botschaften und geklärter Rollenverhältnisse so verlaufen:

Sie: (ruft aus der Küche) Liebling, könntest du bitte ein Ei für mich kochen?

Er: (kommt in die Küche) Natürlich, Schatz. Ich höre, dass du ein Ei möchtest. Ich verstehe, dass es dir wichtig ist, ein gekochtes Ei zu haben.

Sie: Ja, es wäre wirklich nett, wenn du mir eins machen könntest.

Er: Ich fühle mich bereit, dir zu helfen, indem ich ein Ei für dich koche. Aber bevor ich das mache, möchte ich dir sagen, dass ich heute Morgen nicht viel Zeit habe. Ich hoffe, du verstehst das.

Sie: Ich verstehe das. Vielen Dank, dass du mir trotzdem hilfst.

Er: Ich schätze deine Dankbarkeit. Ich werde mich jetzt um das Ei kümmern.

Er und Sie nutzen perfekte Ich-Botschaften, um ihre Bedürfnisse und Gefühle auszudrücken, anstatt in Missverständnisse und Kommunikationsprobleme zu geraten. Wie schön, zu erleben, wie das eine klarere und respektvollere Kommunikation in ihrer Beziehung fördert!

Wagen wir jedoch anhand dieses wunderbaren Lehrstücks partnerschaftlicher Kommunikation doch mal einen Blick auf die Hintergründe, dann wird bei genauerem Hinsehen überraschend viel erkennbar, was fruchtbarer Humus sein könnte für die gemeinsame Arbeit an der Entwicklung der Beziehung der beiden zu sich selbst und zum Anderen:

Über die Herkunftsthemen oder die Paargeschichte erfahren wir nichts, aber über die Paardynamik und Rollenorganisation können wir so einiges erschließen. So könnte es auf dieser Ebene darum gehen, wer dafür zuständig ist, das Ei zu kochen und wer den Anderen in seinem Tun bewerten darf und ob die Ehefrau anhand eines schlampig gekochten Eies womöglich subversiv an der Veränderung ihrer Rolle arbeitet (Hintergrundthemen: Autonomie und Abhängigkeit, Führen-Folgen, bzw. Macht und Kontrolle vs. Ohnmacht und Unterwerfung). Auf der Ebene der Paardynamik könnte es außerdem darum gehen, dass der Ehemann gerne besser von seiner Frau versorgt werden möchte, und was das eigentlich genau bedeutet nach geschätzten 25 Jahren Ehe (Hintergrundthema „Geben-Nehmen“), oder das „harte Ei“ symbolisiert vielleicht die vermisste Nähe (Hintergrundthema: Nähe-Distanz); und dass die Ehefrau gerne von ihrem Mann wertgeschätzt (vielleicht sogar begehrt) werden möchte (Hintergrundthema Wertschätzung und Intimität).

3.2.2 Paardynamik und Rollenorganisation

Die Paardynamik ist im 4-Ebenen-Modell die *erste Hintergrundebene*, wobei die Reihenfolge der drei Hintergrundebenen grundsätzlich austauschbar ist.

Die Rollenorganisation ist der alltagspraktische Niederschlag dieses Geschehens. Paardynamik und Rollenorganisation spiegeln einander so ähnlich, wie ein inneres Bild eine äußere Situation widerspiegelt und beschreibt.

In der Rollenorganisation schlägt sich die Paardynamik quasi als Struktur nieder, die das Paar miteinander in der Lebensorganisation entwickelt hat. Ich gehe hierauf weiter unten in diesem Kapitel noch näher ein (Grenzen und Räume: Rollenorganisation). Wenn wir uns nun zunächst mit der inneren Ebene der Paardynamik beschäftigen, ist es aber sinnvoll, die äußere Ebene der Rollenorganisation im Hinterkopf zu behalten. Die Veränderungen in der Paardynamik „wollen“ sich in die Alltagsstruktur und die Rollenorganisation des Paares übersetzen. Dieser Prozess läuft manchmal ganz selbstständig, braucht aber oft auch Begleitung und den Reflexionsraum der Paartherapie. Und natürlich ergeben sich die paardynamischen Konflikte und Entwicklungsthemen aus der konkreten alltagspraktischen Rollenorganisation des Paares und diese wird inhaltlich verhandelt. Dazu also später mehr.

Paardynamik ist das, was unsere Beziehungen manchmal so verdammt kompliziert macht: Da wirken Kräfte auf uns, die wir nur schwer zu fassen kriegen, weil uns die tieferen Motivationen unseres Handelns und die Hintergründe unserer Gefühle oft nicht ganz klar, nicht bewusst sind.

Aber wie entsteht eigentlich diese Dynamisierung der Gefühle, das beschleunigte Reaktionsgeschehen, das uns so leicht aus unserer Mitte bringen kann? Und was kann das Paar tun, um aus belastenden Dynamiken herauszufinden?

Unsere innere Beziehung zu uns selbst ist unablässig in Bewegung: Mehrmals täglich wechseln wir durch verschiedene Aspekte unserer Persönlichkeit. Und auch im Lebensverlauf ist diese Selbstbeziehung in ständiger Entwicklung und Veränderung. Wenn wir nicht „in unserer Mitte" oder in einem guten Selbstkontakt sind, dann tendieren wir dazu die ungeklärte Beziehung zu uns selbst zu „kompensieren". Das heißt: Wenn wir nicht in einer offenen, ruhigen, neugierig-entspannten, von Selbstmitgefühl getragenen Verbindung mit uns selbst sind, beginnen wir diese ungeklärte innere Situation auch nach außen hin auszuagieren. So entsteht in uns selbst der eigentliche Ansatzpunkt der Dynamik in unseren Beziehungen nach außen.

Wer hat also welchen Teil an der Dynamik?

Die Beziehungsdynamik ist intersubjektiv, das heißt, es sind *immer* beide Partner beteiligt. Die Verantwortung für das Reaktionsmuster tragen also beide gemeinsam.

Gleichzeitig kann die Dynamik sich nur dann entfalten, wenn sie sich in beiden Partnern „verfängt", wenn es also einen Ansatzpunkt in der Beziehung des Einzelnen zu sich selbst gibt. Dieser Ansatzpunkt ist der eigentliche eigene Anteil an der Dynamik. Die Verantwortung zur Klärung und Entlastung dieses Ansatzpunktes trägt jeder Partner für sich alleine.

Häufig werden die eigenen Anteile an der Dynamik mit dem interaktionellen Reaktionsmuster gleichgesetzt, ohne diese Differenzierung vorzunehmen. Der Versuch, diese Interaktionsmuster durch Einsicht und Erkenntnis zu ändern, misslingt jedoch meist: In einer konflikthaften Dynamik entsteht ein emotionaler Sog weg vom Selbstkontakt, der stärker ist als unsere kognitive Einsicht in die Reaktionsmuster. Wir können uns dann bisweilen beim Eskalieren selbst zusehen wie hilflos-erstaunte Beobachter beim Sandkastenstreit um das blaue Förmchen. Wenn solche konflikthaften Dynamiken das Gleichgewicht der Beziehung aus der Balance bringen und so das Verhältnis von negativen und positiven Interaktionen kippt, wird die Beziehung nachhaltig beschädigt und wir sprechen von destruktiven Dynamiken.

Die gemeinsame Verantwortung an einer konflikthaften, belastenden oder auch destruktiven Dynamik kann folgendermaßen wahrgenommen werden:

1. Regulation der Dynamik: Begrenzung von Eskalation
2. Gemeinsames Verständnis der Dynamik: *Wie* laufen die Reaktionen ab und warum.

Die Schlussfolgerung ist hier dann häufig: Wir müssen uns *fest vornehmen*, es anders zu machen. Diese Interaktionslösungen sind gut, aber noch nicht ausreichend. Vielmehr benötigt es auf Grundlage dessen, was sich in der Dynamik gezeigt hat, eine Verantwortung jedes Einzelnen für seinen *Ansatzpunkt* für die Dynamik.

Die Verantwortung des Einzelnen für den Ansatzpunkt einer belastenden Dynamik kann folgendermaßen wahrgenommen werden:

1. Verständnis dafür entwickeln, auf welche Weise die Beziehung zu sich selbst unter Druck geraten ist.
2. Innere Versorgung dessen, was in Not geraten ist.

Dieser Prozess kann natürlich sehr variieren in Bezug auf Komplexität und Intensität. Zusammengefasst könnte man es so ausdrücken:

Versuchen Sie nicht, die Dynamik nur über die Beziehung zu verändern. Jeder Partner sollte aus den eigenen Reaktionen Erkenntnisse über seine eigene Beziehung zu sich selbst gewinnen und versuchen, hier in Verantwortung für sich zu gehen.

Etwas zugespitzt können wir es so formulieren: Wir können nur so gut in Beziehung zu Anderen sein, wie wir in Beziehung zu uns selbst sind. Dieses Prinzip immer wieder mitzudenken, erlebe ich in meiner therapeutischen Arbeit als äußerst hilfreich und produktiv.

An dieser Stelle möchte ich ein Modell aus der inneren Anteilearbeit nach der Inneren Familiensystemtherapie (IFS) von Richard Schwartz (2003, 2022) einführen, das ich als sehr hilfreich erlebe: Wir kompensieren unintegrierte, unbeantwortete, nicht in Verantwortung genommene Anteile von uns (nach IFS: verletzte oder verbannte Anteile) durch Verhaltens- und Erlebensmuster, die die damit verbundene innere Spannung zu reduzieren versuchen (nach IFS: Manager- oder Fire-Fighter-Anteile). Wir kreieren in uns auf diese Weise ein Verhältnis zwischen beschützten Anteilen und Beschützeranteilen, zwischen unserem inneren Bedürfnis oder der inneren Not und einem Bewältigungsversuch (Vgl. Holmes und Holmes 2013).

Das Konzept der Konfiguration innerer Anteile in einem Verhältnis von Beschützeranteilen und beschützten Anteilen (s. ► Abschn. 6.3.5) eröffnet einen therapeutisch gut nutzbaren Zugang zum Verständnis und zur Bearbeitung innerer Konflikte und Dynamiken in einer Person. Wenn wir verstehen, dass unsere Beziehung zu uns selbst sich in unseren Beziehungen zu Anderen spiegelt, wird deutlich, wie hilfreich dieser Ansatz für das Verständnis von Paardynamiken ist.

Wenn wir es bei unserem Gegenüber mit einem Beschützeranteil zu tun haben, dann gibt es zwei Möglichkeiten: Entweder wir ruhen so sehr in unserer Mitte, dass wir uns nicht in die Dynamik des Anderen verstricken und so vielleicht sogar dem Gegenüber helfen können, das eigene innere Spannungsverhältnis zu lösen.[1] Oder wir verfangen uns darin, indem wir selbst mit unintegrierten, verletzten, nicht anerkannten inneren Anteilen und ihren entsprechenden inneren Beschützern (anders ausgedrückt: mit unseren Abwehr- und Kompensationsmustern) reagieren.

Wir sind soziale Wesen, unsere Biologie ist darauf ausgelegt, sozial zu reagieren. Beziehungen sind konfigurativ, das heißt, wir suchen automatisch nach einer passenden Rolle zum sozialen Angebot, auf das wir treffen. Diese Prozesse laufen meist in Sekundenbruchteilen und weitgehend ohne bewusste Entscheidungsprozesse ab. Unsere komplexesten sozialen Kompetenzen (Empathie, Verständnis, Mitgefühl) bauen hierauf auf. In der Regel reagieren wir daher auf den Beschützeranteil des An-

1 Hier wird auch ein Wirksamkeitsfaktor von Psychotherapie deutlich: Die künstliche Rollenverteilung zwischen Therapeut und Patient unterstützt diesen Prozess beispielsweise und hilft dem Therapeuten, sich im Idealfall nicht mit der Dynamik des Patienten zu verstricken, im Selbstkontakt zu bleiben und dem Patienten so zu helfen, selbst eine konstruktive Beziehung zu den aktivierten Anteilen zu entwickeln.

deren initial mit einem eigenen inneren Beschützer. Um jedoch das zu erfassen, was hinter einem Beschützeranteil steht, dabei wirklich bei uns zu bleiben, ohne die Not des Anderen „wegmachen" zu wollen und es auf diese Weise konstruktiv zu beantworten, müssen wir das damit verbundene Thema bereits in hohem Maß selbst integriert und in uns ins Reine gebracht haben. Wo das in einer Partnerschaft gelingt, werden wir sie als bereichernd und entwicklungsfördernd erleben. Aber jede langfristige Beziehung wird früher oder später die Konfigurationen zutage fördern, in denen sich das Paar neudeutsch ausgedrückt „triggert". Anders gesagt: Früher oder später verhaken wir uns unweigerlich in unseren wunden Punkten.

Fallbeispiel Paardynamik: Anna und André

Um ein praktisches Beispiel dafür zu entwerfen, wie ungeklärte Aspekte in der Beziehung zu sich selbst in der Beziehung zum Partner kompensiert werden, stellen wir uns vor, eine Person (nennen wir sie Anna) hat in ihrer Kindheit wenig Anerkennung und Liebe von ihren Eltern erhalten. Dies hat dazu geführt, dass Anna sich innerlich unsicher und ungeliebt fühlt. Diese ungeklärte Beziehung zu sich selbst, in der sie vielleicht das Gefühl hat, nicht wertvoll oder liebenswert zu sein, kompensiert sie nun in romantischen Beziehungen.

Der Beschützeranteil von Anna könnte eine innere Stimme oder ein inneres Muster sein, das versucht, sie vor emotionalen Schmerzen oder unangenehmen Gefühlen zu schützen. In ihrem Fall könnte der Beschützeranteil Strategien und Verhaltensweisen entwickelt haben, um mit ihrer Unsicherheit und ihrem Mangel an Liebe umzugehen. Der Beschützeranteil könnte beispielsweise dazu führen, dass Anna sich in Beziehungen distanziert oder unabhängig verhält, um nicht zu verletzlich zu erscheinen. Dieser Teil könnte ihr sagen, dass sie stark sein und ihre Gefühle verbergen sollte, um nicht verletzt zu werden. Der beschützte Anteil repräsentiert die verletzlichen und schutzbedürftigen Aspekte von Anna. Dieser Anteil trägt die emotionalen Wunden aus ihrer Kindheit, insbesondere das Gefühl der Unsicherheit und die Überzeugung, letztlich trotz all ihrer tapferen Bemühungen nicht liebenswert zu sein. Der beschützte Anteil sehnt sich nach Liebe, Anerkennung und Sicherheit. Es ist der Teil von Anna, der verletzlich und verängstigt sein kann, wenn sie in Beziehungen mit Menschen ist, die ihre Unsicherheiten triggern. In Annas Fall könnte der Beschützeranteil versuchen, den beschützten Anteil zu verbergen oder seine Aktivierung zu vermeiden, indem er nach außen Autonomie, Stärke und Distanz signalisiert. Dies geschieht, um die unangenehmen Gefühle zu vermeiden, die auftreten könnten, wenn der beschützte Anteil aktiviert wird. Häufig spielt hier die Angst vor Kontrollverlust und Überflutung mit den schmerzhaften und unangenehmen Gefühlen eine Rolle, die bereits in der Kindheit unbeantwortet geblieben waren und die Anna als kleines Mädchen daher verdrängt oder abgespalten hat.

In ihrer Jugend und den frühen Zwanzigern fühlte sich Anna zu Jungs und jungen Männern hingezogen, die emotional distanziert und wenig zuverlässig waren, da diese Dynamik ihre inneren Überzeugungen bestätigte, dass sie nicht liebenswert sei. Dann traf sie André und er schien anders zu sein, er schien tatsächlich für sie da zu sein.

Nach zwei Jahren treten jedoch nun vermehrt Schwierigkeiten in der Beziehung auf, wegen derer das Paar in die Therapie kommt. Anna fühlt sich von André bedrängt und hat sich auch sexuell deutlich zurückgezogen. André wiederum scheint von der Beziehung erschöpft zu sein und starke Angst zu haben, Anna zu verlieren.

André hat – wie jede andere Person – ebenfalls innere Beschützer- und beschützte Anteile, die seine Reaktionen in Beziehungen beeinflussen. In unserem Beispiel könnte Andrés innerer Beschützeranteil in der Beziehung eine Rolle spielen, indem er versucht, die Beziehung zu Anna zu stabilisieren und zu schützen. Dieser Teil von André versucht, Konflikte zu vermeiden und Harmonie aufrechtzuerhalten, um Anna nicht zu verletzen oder die Beziehung zu gefährden. Der Beschützeranteil von André neigt dazu, eigene Bedürfnisse und Gefühle zurückzustellen, um Anna glücklich zu machen. Dabei vernachlässigt André seine eigenen Bedürfnisse und Wünsche.

Andrés Beschützer hat aber nur vordergründig etwas mit Annas Unsicherheiten und ihrer Sehnsucht nach Liebe zu tun, immerhin ist es ja ein Anteil von André, den er bereits mit in die Beziehung gebracht hat. In Andrés eigenem Inneren hat dieser Beschützer seine eigentliche Aufgabe: Er beschützt einen Anteil von André.

In seiner Kindheit erlebte André mit, wie seine Eltern immer wieder heftig stritten, bevor sie sich trennten, als er vier Jahre alt war. Wenn die Stimmung angespannt war, nahmen die Eltern Andrés Befinden kaum wahr und reagierten angespannt und genervt auf ihn, was ihn mit einem Gefühl der Unsicherheit und dem Glaubenssatz zurückließ, nicht zu genügen. Sein Versuch, sich anzupassen, seine Mutter aufzumuntern und alles zu tun, um die Stimmung zu stabilisieren, spiegelt sich noch heute in seinem Beschützeranteil wider. Der beschützte Anteil wiederum hat in der Tiefe vor allem Angst vor Verlust und zeigt sich in einer hohen Kränkbarkeit und dem Gefühl der Zurückweisung, wenn Konflikte auftreten oder wenn Anna sich distanziert.

Das Beschützersystem von André könnte so aussehen, dass er einerseits versucht „lieb" zu sein und Anna zu versorgen, um Konflikte – und damit seine Verlustangst – zu vermeiden, und sich andererseits gekränkt zurückzieht und passiv-aggressiv reagiert, wenn seine Bemühungen nicht mit Zuneigung und Dankbarkeit beantwortet werden.

In der Beziehungsdynamik reagieren die inneren Beschützer- und beschützten Anteile von André und Anna aufeinander. Eine Zeitlang hat diese Dynamik die Beziehung der beiden stabilisiert, indem Konflikte unterdrückt wurden, anstatt sie gesund und konstruktiv zu lösen. Eine Weile funktioniert die Konfiguration (das Zusammenspiel) der inneren Beschützersysteme also scheinbar gut. Ich habe dieses Beispiel so gewählt, weil die wenigsten Paare in die Therapie kommen und sagen: „Bei uns lief es von Anfang an genauso wie jetzt, wir hatten von Beginn an dieselben Probleme." Meistens gibt es Phasen, in denen die beiden miteinander gut klar gekommen sind und wie in diesem Beispiel (wenn wir auf Annas vorherige wenig konstruktive Beziehungserfahrungen schauen) auch miteinander ein Stück weit gut aneinander gereift und gewachsen sind. Aber es gibt auch einen Teil der Konfiguration, in der die Beschützerinteraktion eher stagniert ist und sich festgefahren hat. Wir nennen das in der Paartherapie dann eine „stabile Kollusion" (Willi, 1999). Diese bezeichnet gleichsam eine stabile Verbindung von „Topf und Deckel", das Kompensationsmuster des

Einen unterstützt das Kompensationsmuster des Anderen. Aber da dies mittel- und langfristig die eigene innere Spannung zwischen Beschützer und Beschütztem tendenziell verstärkt, wird es früher oder später genau an dieser Stelle zu Konflikten kommen: Die Beschützeranteile kooperieren nicht mehr, sondern jeder versucht sich selbst vor dem Zugriff des Beschützers des Anderen zu schützen. Die Reiz-Reaktion-Schleife zwischen dem Beschützer und Beschützten des einen Partners und Beschützer und Beschützten des anderen Partners spielt sich mit der Zeit immer feiner ein und die Muster beider Partner greifen wie in einem Puzzle immer passgenauer ineinander, wie im Puzzlemodell in ◘ Abb. 3.2 veranschaulicht. Wenn Anna sich distanziert, wird André zunehmend verzweifelt und „verfolgt" Anna mit seinem Versuch, Nähe herzustellen, während Anna sich hiervon bedroht fühlt.

Das Puzzlemodell macht anschaulich, wie Beschützeranteile und beschützte Anteile in der Beziehungsdynamik ineinandergreifen: Je mehr Anna ihren Distanzierungsbeschützer aktiviert (im Bild: das Schild oben links), umso mehr „triggert" sie damit Andrés Verlustängste (das verletzte Herz oben rechts), sodass er einen immer zudringlicher werdenden Versorgeranteil aktiviert (das Schwert unten rechts), was wiederum Annas Angst vor Nähe aktiviert, da sie der Überzeugung ist, letztlich nicht liebenswert zu sein (das verletzte Herz unten links).

Es entwickelt sich bei Anna und André also eine Polarisierung im Thema Nähe – Distanz.

Die Lösung liegt darin, dass Anna und André anfangen, sich selbst besser zu verstehen, ihre inneren Anteile zu integrieren und an ihrer Selbstliebe und Selbstakzeptanz zu arbeiten. Indem sie ihre eigenen Bedürfnisse und Gefühle besser verstehen und akzeptieren und mehr in die eigene Verantwortung und Beantwortung nehmen, werden sie weniger anfällig dafür sein, in ungesunde Beziehungsmuster zu verfallen und können eine reifere, gesündere Beziehung aufbauen.

◘ **Abb. 3.2** Das Puzzlemodell: Beschützer und verletzte Anteile greifen ineinander. (© Wanja Kunstleben)

An dieser Stelle wird deutlich, dass die Paartherapie auf den Hintergrundebenen immer wieder die Bewegung der Partner hin zu sich selbst unterstützt, um die Spannung zu lockern, mit der sich der Beziehungsknoten zugezogen hat und den Knoten schließlich zu lösen. Das heißt aber nicht unbedingt, dass es darum geht, dass jeder der Partner für sich selbst an sich selbst arbeitet, auch wenn die angestoßenen Prozesse manchmal natürlich gut in einer Einzeltherapie fortgeführt werden können. Gerade das gemeinsame Teilhaben am Prozess des jeweils Anderen und das gegenseitige Bezeugen der inneren Schritte zu sich selbst in der Paartherapie können eine sehr positive Wirkung auf die Beziehung haben. Letztlich können sich hier durch die Paartherapie sehr heilsame und wichtige Bindungserfahrungen ergeben, die jeden einzelnen der Partner unterstützen und der Beziehung einen neuen, gesunden Boden verleihen.

■ Polaritäten

Am Fallbeispiel von Anna und André wird verständlich, wie in der Paartherapie die Dynamik der Polarität Nähe – Distanz als Hintergrundebene sichtbar wird und wir den Fokus darauf legen können: Es wird darum gehen, die Struktur der Dynamik zu verstehen und Anna und André zu helfen, die darin liegenden Entwicklungsimpulse aufzugreifen, um die Dynamik zu entlasten.

Polaritäten zu erkennen, hilft uns, die Struktur des Hintergrundthemas der Paardynamik zu erfassen und zu beschreiben. Wenn wir das eben erarbeitete innere System von Beschützer und Beschütztem in den Blick nehmen, verstehen wir die Polarität als die äußere Konfiguration der beiden inneren Systeme. Wir denken uns also unbedingt diese innere Ebene mit: Wenn Anna und André um das Thema Nähe und Distanz ringen, so sehen wir als Paartherapeuten immer auch, dass dieses Ringen nicht nur eine Lösung zwischen den beiden benötigt, sondern auch eine Lösung *in* den beiden.

Merke:

Die Entwicklung der Beziehung zum Anderen gelingt nur auf der Grundlage der Entwicklung der Beziehung zu sich selbst.

Polaritäten sind wichtige Strukturen, die uns helfen, die Komplexität der Beziehung in einem ihrer Aspekte auf ein greifbares Muster zu reduzieren. Wenn wir ihre Einbettung in das innere System mitdenken, können sie für uns sehr hilfreich sein, um das Thema des Paares zu greifen und zu beschreiben. Dabei lässt sich in Bezug auf die Polaritäten zwischen zwei Mustern unterscheiden, die beide eine Stockung und Blockade beschreiben und die Krise des Paares an dieser Stelle in ihrer Qualität verstehbar machen: komplementäre und unipolare Polarisierung.

Polarität ist in Beziehungen ständig vorhanden und hält sie in Bewegung und Balance. Das Polaritätsprinzip scheint uns Menschen inne zu wohnen und eine Grundkonstante unserer Psyche und ihrer Dynamik zu sein. Die psychische Entwicklung weist eine beständige Bewegung zwischen Polen auf und besteht in weiten

Tab. 3.1 Polaritäten

Wichtige Polaritäten in der Paardynamik:	
Bindung (Wir, Gemeinsames, Verantwortung etc.)	**Autonomie** (Ich, Unterschiede, individuelle Bedürfnisse)
Nähe (Verbundenheit, Bezogensein)	**Distanz** (Abgrenzung, nicht bezogen sein)
Geben (versorgen, unterstützen, beschützen)	**Nehmen** (Versorgung, Unterstützung, Schutz suchen)
Folgen (Hingabe, Unterwerfung)	**Führen** (Verantwortung, Dominanz)
Genuss (Leidenschaft, Entspannung, Spontanität)	**Pflicht** (Zuverlässigkeit, Verantwortung, Struktur)
Konfliktvermeidung	**Konfliktorientierung**

Teilen aus immer neuen Integrations- und Desintegrationsprozessen dieser Pole (vgl. Mentzos, 2013). Typische Polaritäten sind z. B.: Bindung – Autonomie, Geben – Nehmen, Dominanz – Anpassung, Lust – Pflicht, Nähe – Distanz, Konfliktorientierung – Konfliktvermeidung (**vgl.** Tab. 3.1). Wie ich eben aufgezeigt habe, bilden sich Polaritäten niemals nur innerpsychisch ab, sondern schlagen sich zwischenmenschlich in konfigurativen Mustern und Dynamiken nieder. Diese Konfigurationen sind manchmal sehr stabil und statisch, manchmal sehr instabil und dynamisch, und beides kann sich mit der Zeit verändern und manchmal sogar ins Gegenteil umschlagen.

Polaritäten und Rollenverteilungen sind in jeder Partnerschaft vorhanden. Sie sind also etwas völlig Normales und prinzipiell Gesundes. Sie machen die Beziehung lebendig und schaffen Verbindung. Sie sollten jedoch einerseits so flexibel sein und andererseits so stabil, dass sie Entwicklungen des Einzelnen und der Partnerschaft zulassen. Wenn das nicht (mehr) gelingt, kommt es zur Krise, die nach einer neuen Balance verlangt. Die Themen der Polaritäten werden von Paaren häufig im Hintergrund verhandelt, d. h. es gibt „Sachthemen", um die es aber eigentlich gar nicht geht. Die erdrückende Mehrheit von Paarkonflikten dreht sich z. B. um Haushaltsthemen. Das liegt aber sicher nicht daran, dass der Haushalt eine grundsätzlich kaum organisierbare Herausforderung darstellt.

Polaritäten können die dynamische Energie für Konflikte liefern und zu dauerhaften Hintergrundthemen werden, über die häufig – aber nicht immer – in Stellvertreterthemen verhandelt wird. Es lässt sich dann meist eine der folgenden beiden Strukturen erkennen, die sich in Bezug auf die betreffende Polarität herausgebildet und verfestigt hat:

Komplementäre Polarisierung – Gegensätze ziehen sich an

Wenn eine Polarität dadurch balanciert wird, dass jeder der Partner einen der Pole besetzt, ist das zunächst etwas Stabilisierendes: Der eine Partner „kümmert sich darum", dass es ausreichend Nähe gibt, der andere „kümmert sich darum", dass die Beziehung auch genügend Luft für Individualität und Eigenständigkeit lässt. Wenn sich diese Aufteilung – wie in unserem Beispiel von Anna und André – jedoch mehr

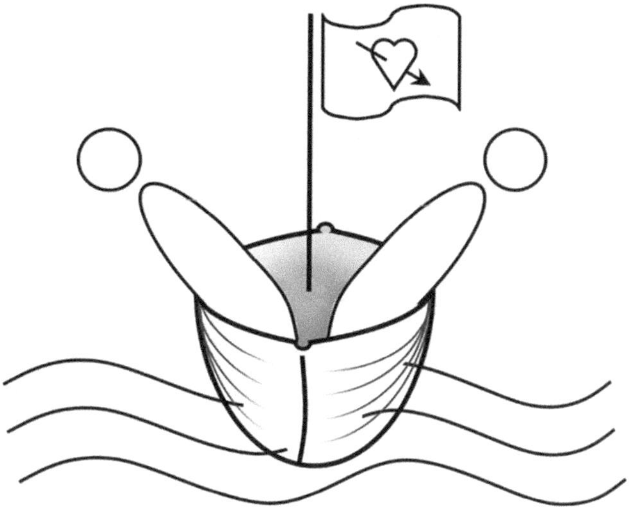

Abb. 3.3 Komplementäre Polarisierung. (© Wanja Kunstleben)

und mehr verstärkt, kommt es zur Polarisierung: Der eine Partner übernimmt immer mehr den einen Pol, der andere den anderen. Polarisierung ist ein Prozess: Sie stellt sich nicht einfach ein wie die Beantwortung einer Frage mit einer Gegenfrage, sondern sie entwickelt sich in kreisenden, exzentrischen Bewegungen hin zu einer sich mehr und mehr fixierenden Konfiguration. Eine zunehmende Polarisierung kann die Beziehung auch noch eine ganze Weile stabil halten, manchmal leben Partner Jahrzehnte in stark polarisierten Mustern. Allerdings steigen auch die Kosten für diese Stabilität mit der Zeit: Sie wird auf Dauer immer anstrengender. Spätestens dann stellt sich mehr und mehr die Frage, ob die Beziehung diese Spannung langfristig aushält. Wie in Abb. 3.3 dargestellt, bleibt das Boot stabil, aber mit der Zeit werden die beiden Passagiere im „Loveboat" Rückenschmerzen bekommen. Dennoch scheint es beiden kaum möglich, die Polarisierung aufzulösen, denn beide haben das Gefühl: „Wenn ich mich auf den anderen zubewege, kentert das Boot!". Die Arbeit der Therapeutin besteht dann darin, Vertrauen und Kooperation zu unterstützen – und ein Verständnis für das eigene innere Thema, das jeden der beiden dazu gebracht hat, die jeweilige Position einzunehmen.

Unipolare Polarisierung – Gleich und Gleich gesellt sich gern

Das zweite Muster, zu dem Polaritäten tendieren, sind gemeinsame Fixierungen auf einem Pol: Auch unipolare Fixierungen oder Polarisierungen sind normal und können phasenweise wichtig und stärkend sein. Beide Partner betonen gemeinsam einen Pol und leben diesen miteinander aus. Zum Beispiel können zwei Menschen, die sehr gewissenhaft und pflichtbewusst sind, miteinander prima als Team funktionieren und großartige Projekte, Familie und berufliche Karrieren managen. Auf Dauer jedoch kommt die Entwicklung ins Stocken (siehe Abb. 3.4: Die Beziehung bewegt sich im Kreis).

Besteht diese Fixierung im „Einrichten in der Komfortzone" (z. B. beide sind sich immer einig), wird es eher eine ruhige und zunehmend leidenschaftslose Kreisfahrt. Besteht sie dagegen in einer Konkurrenz (z. B. beide wollen führen), kommt es eher zu einer aufreibenden und kräftezehrenden Endloskonfliktschleife. Der Mangel an

Abb. 3.4 Unipolare Polarisierung: Fixierung auf einem Pol. (© Wanja Kunstleben)

Leidenschaft oder Emotionalität oder die Erschöpfung des Aneinander-Aufreibens führen irgendwann zur Krise – oder einer der beiden entdeckt den Gegenpol für sich, möglicherweise in Verbindung mit einer Außenbeziehung, und bringt das Boot gefährlich ins Wanken.

Auch wenn es in der Paartherapie darum geht, in Bewegung zu kommen, ist das Ziel nicht, dass beide Partner sich „in die Mitte" bewegen und so die Polarität an sich auflösen, sondern dass wieder mehr Beweglichkeit und Entwicklung möglich werden. Dadurch kann die Polarisierung bzw. die Fixierung auf einem oder beiden Polen wieder flexibilisiert und in den Fluss gebracht werden.

Vertikale und horizontale Kommunikation: Polaritäten im interpersonalen Modell

Es gibt verschiedene interpersonelle Modelle, die soziale Interaktion sehr erfolgreich anhand der Verschränkung verschiedener Polaritäten zu einem „Circumplexmodell", ähnlich einem Koordinatensystem, beschrieben haben.

Ein solches Modell ist beispielsweise das „Interpersonal Circumplex", das von Timothy Leary (1957) entwickelt wurde. Es setzt die Dimensionen von Kohäsion (oder Nähe – Distanz) und Status (Macht – Ohnmacht, Selbstwert – Selbstunsicherheit) miteinander in Beziehung. Das Interpersonal Circumplex kombiniert diese beiden Dimensionen in einem Kreisdiagramm. Es gibt verschiedene Versionen des Interpersonal Circumplex, aber im Allgemeinen können Beziehungen an verschiedenen Stellen auf dem Kreis positioniert werden, um ihre Charakteristiken in Bezug auf Nähe, Distanz, Macht und Selbstwert darzustellen.

Das Verständnis, dass Menschen ihre Beziehungen unterschiedlich in Hinblick auf Status/Rollenverhältnis und Nähe/Zugehörigkeit organisieren, erlebe ich immer wieder als hilfreich in der therapeutischen Arbeit. Besonders fruchtbar finde ich den Gedanken, dass jede Dimension einen eigenen „Code", eine eigene Ausdrucksform und eigene Bedeutungshintergründe für bestimmte soziale Interaktionen hat. Beispielsweise hat die Dimension der Nähe andere Codes als die Dimension des Status. „Statuskommunikation" könnte Selbstoffenbarung zum Beispiel als Schwäche verstehen, während „Nähekommunikation“ Selbstoffenbarung als Stärke und Stärkung dieser Dimension versteht. Insofern lassen sich manche destruktive Muster oder Missverständnisse in der Kommunikation durch einen Blick durch die Brille dieser Modelle besser entschlüsseln und aufklären.

Deborah Tannen (1998) prägte den Begriff der horizontalen und vertikalen Kommunikation und Peter Modler (2018) beschreibt sehr praxisnah und eindrücklich, über welche unterschiedlichen „Codes“ und Kommunikationsmuster die jeweilige Dimension bespielt wird und wie Macht, Raum, Rollenverhältnis, Zugehörigkeit und die damit verbundene Aggression verhandelt werden. Etwas verkürzt wird die vertikale Kommunikation häufig als vorwiegend männliche und die horizontale Kommunikation als vorwiegend weibliche Form beschrieben. Selbstverständlich gibt es hier immer auch deutliche Abweichungen und wir finden diese Muster bei Paaren in unterschiedlichsten geschlechtlichen Konstellationen.

▪ Grenzen und Räume: Rollenorganisation

Das Thema der Rollenorganisation ist bei genauerer Betrachtung sehr umfassend. Historische, gesellschaftliche und kulturelle Einflüsse prägen unser Verständnis, unsere Bewertung und Wahrnehmung der Geschlechterrollen und dessen, was zu einer Paarbeziehung gehört und was nicht. Klar ist: Die Fragestellungen sind bei aller begrüßenswerten Flexibilisierung und Öffnung eines starren patriarchal geprägten Familienbildes nicht weniger geworden, sondern müssen nun vielmehr jeweils neu individuell beantwortet und ausgehandelt werden (Stichwort Patchworkfamilien, polyamore Beziehungen uvm.).

Eine lesenswerte historische Einordnung der Entwicklung romantischer Paarbeziehungen und gesellschaftlicher Rollenbilder hat beispielsweise Roesler nachgezeichnet (2018).

Auch zu den zwei angedeuteten komplexen Themenfeldern Patchwork und polyamore Beziehungen möchte ich an dieser Stelle nur zwei Literaturempfehlungen geben, die ich persönlich sehr hilfreich fand: „Stieffamilien“ (Jellouschek et al., 2001) und „Die Macht der Affäre“ (Perel, 2019). Ausführlicher gehe ich darauf in ► Abschn. 5.3.5 ein.

Ohne den Anspruch zu erheben, einer vertieften Auseinandersetzung mit den vielen inhaltlichen Aspekten dieses Themas damit Genüge zu tun, möchte ich zwei wesentliche, aus meiner Sicht sehr hilfreiche Strukturen herausgreifen, die helfen können, Rollenorganisation als Metathema besser zu verstehen.

▪ Grenzen schaffen Räume

Grenzen sind im modernen Diskurs manchmal eher unbeliebt, sind sie doch unbequem und rufen schnell negative Gefühle der Ausgrenzung, Abwertung, Zurückweisung hervor. Das kann auch in vielen Fällen berechtigt kritisiert werden. Ich möchte den Begriff der Grenzen an dieser Stelle aber in seiner stacheldrahtbewerteten Bedeutung um das Bild des Rahmens und des Raums ergänzen: Wenn eine Grenze einen Rahmen darstellt, kann in diesem Rahmen ein Bild entstehen. Wenn sie einen Raum schafft, kann dieser Raum belebt werden.

Die strukturelle Familientherapie betont, dass entwicklungsförderliche Grenzen *klar, aber flexibel* sein sollten, wenn sich z. B. das Subsystem des Paares in der Familie gegenüber den Kindern abgrenzt (Minuchin, 1977).

Verdeckte Allianzen oder eine Verschiebung des Paarkonflikts auf ein „schwieriges“ Kind können zum Beispiel sehr mächtige Einflussvariablen auf das Paargeschehen sein.

Ähnlich wie Suchtthematik auch eine Arbeit an der Dynamik sabotiert, kann in so einem Fall die Klärung von Grenzen vor der Arbeit an der inneren Dynamik des Paares stehen.

Auch hier können wir wieder eine Parallele der Steuerung des Themas zur Steuerung der emotionalen Tiefung ziehen: Erst wenn die Grenzen (im Sinn von Raum- und Rahmengebung) ausreichend stabil sind, kann Klärung stattfinden.

Gesunde Grenzen, die die Verbindung zum Partner nicht negieren, sondern die Möglichkeit zum „Gegenüber“ schaffen, sind die Voraussetzung für das Erleben von echter Intimität und einer Verbindung, die Entwicklung und Wachstum zulässt. Dann finden an der Grenze Begegnung und Kontakt statt. So beschreibt Schellenbaum (1986) das Nein in der Liebe als Voraussetzung für ein offenes Ja.

▪ Mein Raum, Dein Raum, Unser Raum

Wenn wir die Rollenorganisation betrachten, sind diese drei Räume die wesentlichen Bezugspunkte, an denen wir uns klar und in wohltuender Weise strukturierend orientieren können. Wir können uns und dem Paar die Frage stellen: Lässt die Rollenorganisation diesen drei Räumen ausreichend Schutz und Ressourcen zukommen? Das können Zeit, Aufmerksamkeit, Intensität, materielle Güter und Exklusivität sein. Dieses Thema werde ich noch einmal ausführlich im ► Kap. 5 (Regulation) aufgreifen.

Eine alltagspraktische Stabilisierung der drei Räume „Mein Raum, Dein Raum, Unser Raum“ unterstützt die Arbeit an der Paardynamik und hilft, Entwicklungsräume zu ermöglichen. Sind diese Räume instabil, stellt das einen hohen Stressfaktor für die Paarbeziehung dar und lässt Dynamiken dazu tendieren, sich zu verschärfen und zu verfestigen.

Tipp

Eine ausreichende Stabilisierung der drei Räume „Mein Raum, Dein Raum, Unser Raum“ durch die Rollenorganisation des Paares, also die Art und Weise, wie es sich im Alltag organisiert, ist die Voraussetzung für eine gelingende Arbeit an der Paardynamik.

3.2.3 Paargeschichte

Es gibt in Bezug auf die Paargeschichte als Themenfokus zwei Situationen:

1. Es ist notwendig Vergangenheit zu bewältigen oder Zukunft zu klären.
2. Wir wählen den Fokus, um Ressourcen des Paares zu aktivieren.

Dabei umfasst die Paar*geschichte* als Fokusebene neben der Paarvergangenheit und -gegenwart auch die Paar*zukunft*.

1) Versöhnungsprozesse begleiten

Enttäuschungen und Verletzungen können eine so erhebliche Auswirkung auf die Gegenwart haben, dass das Paar ohne ihre Bewältigung nicht weiterkommt. Häufig kommen Paare ganz explizit mit diesem Anliegen in die Beratung. Manchmal ist es aber auch an der Therapeutin zu erkennen, wenn Verletzungen aus Scheu nicht angetastet werden, der Entwicklungsauftrag des Paares aber nicht erfüllt werden kann, ohne dass diese Verletzung zumindest anerkannt und gewürdigt wurde.

Versöhnung und der Umgang mit Verletzungen, die nicht aufhören zu schmerzen, kann den Partnern ein sehr hohes Maß an Mut, Ehrlichkeit und Fähigkeit zur Annahme abverlangen. Einerseits geht es darum, das Leid des Anderen wirklich zu verstehen und anzuerkennen und aus der Täterrolle in die Verantwortungsnahme zu gelangen, andererseits auch die versteckte Macht von Opferrollen aufzugeben. Wenn etwas (noch) nicht vergeben werden kann, ist die Frage, wie das Paar hiermit umgehen möchte.

Diese Prozesse benötigen oft ein hohes Maß an Sensibilität und Fingerspitzengefühl und auch ein gutes Verständnis für die Prozesssteuerung der emotionalen Tiefung: Wann ist ein Paar bereit, sich zu öffnen – und kann das, was schmerzhaft sichtbar wird, auch von beiden gemeinsam gehalten und integriert werden? Wenn wir hier zu schnell in die Klärung und die emotionale Öffnung gehen, kann das „nach hinten" losgehen und zu mehr Verletzung und manchmal zu einer retraumatisierenden Situation führen. Ausreichende Regulation ist in Bereichen, in denen ohnehin Verletzungen und Verunsicherungen der Bindungsebene bestehen, von ganz besonderer Bedeutung.

Wenn Paare mit Versöhnungsthemen in die Therapie kommen, sind das Gefühl der Verbundenheit und das Erleben positiver Bezogenheit häufig schwer erschüttert. Die Verletzungen, die einen oder beide Partner dazu bringen, unversöhnlich zu sein, blockieren die gelingende partnerschaftliche Kommunikation nachhaltig und oft schon über einen sehr langen Zeitraum. Manche Paare haben sich hieran regelrecht aufgerieben und fühlen sich nicht selten wund und erschöpft. Der Weg in der Versöhnungsarbeit beginnt daher häufig mit einer behutsamen Würdigung: Was war und ist dennoch gut? Die Therapeutin kann dabei helfen, dass es wieder möglich wird, diese Aspekte zu würdigen, ohne das Verletzte damit zuzudecken. Es ist oft sehr wichtig, vor der Versöhnung wieder damit zu beginnen, sich für das zu bedanken, was gut ist. Erst dann ist es oft möglich, die Anliegen zu ordnen, die Verletzungen wahrzunehmen und mitzuteilen, anzuerkennen und loszulassen. Dabei ist auch eine sorgsame Klärung von Grenzen und eventuell eine Bearbeitung von Paardynamiken notwendig, bevor das eigentliche Versöhnungsritual gelingen kann (hilfreich ist hier das Verständnis des Dramadreiecks der Täter-(Retter-)Opfer-Dynamik aus der Transaktionsanalyse (Karpman, 2016)). Didaktisch und technisch hervorragend legt Friederike von Tiedemann diesen Prozess in ihrem Buch „Versöhnungsprozesse in der Paartherapie" dar (2018).

Zukunftsthemen klären

Wenn ein Paar in die Beratung kommt, geht es auch darum, die gemeinsame Beziehungsidee neu zu verhandeln. Manchmal gibt es eine Beziehungsidee, die bisher gut funktioniert hat, nun aber nicht mehr trägt, oder die alte Vision war bereits vorher schon schwach und schlecht synchronisiert. Diese Ideen und Visionen reichen immer auch in die Zukunft. Die Frage, ob diese Zukunftsperspektive stark ist und Strahlkraft hat oder nicht, hat einen sehr starken Einfluss auf die aktuelle Krise und ihre Bewältigungskräfte.

Das wird unmittelbar deutlich, wenn man sich unterschiedliche Aussagen zur Zukunftsvision vor Augen führt:

„Ich möchte mit dir zusammen alt werden und unsere aktuellen Schwierigkeiten betrachte ich als Hindernisse auf dem Weg zu diesem Ziel!“ vs. „Ich habe im Moment gar keine richtige Idee, wie das mit uns in Zukunft funktionieren soll!“ oder „Du wünschst dir irgendwann Kids, aber mit mir wird das wohl eher nichts!“

Klärung der Zukunftsperspektive bedeutet, das Paar darin zu unterstützen, die eigenen Vorstellungen zu explizieren und miteinander offen auszutauschen. Manchmal kann es sinnvoll sein, einen konkreten Zeitrahmen auszuhandeln, innerhalb dessen eine bestimmte Frage beantwortet werden soll – und welche Rahmenbedingungen es braucht, damit dieser Klärungsprozess gelingt. Beispielsweise kann es sinnvoll sein, sich im nächsten halben Jahr bewusst Wochenenden alleine zu gönnen, um der Frage nachzugehen, was man noch braucht, bevor man wirklich bereit ist für eine gemeinsame Familienplanung. Oder ein Partner sucht sich eine Therapie, um ein bestimmtes Thema zu bearbeiten, etc.

▪ 2) Paargeschichte als Ressource

Die zentralen Fragen, die den Blick auf die Paarressourcen richten, sind: „Was verbindet uns? Was war gut und wofür bin ich Dir dankbar?“ Ich habe es immer wieder als hilfreich erlebt, das konkret zu symbolisieren: Z. B. kann das Paar eingeladen werden, abwechselnd für alles, was man als verbindend erlebt, ein Seil zu wählen, und wenn der Partner das ebenfalls so empfindet, kann er „den Faden aufgreifen“ (Weber, 2008). Es kann sehr berührend sein, die Verbindungen, die oft stärker und zahlreicher sind als erwartet, sichtbar und spürbar zu machen.

Grundsätzlich können Ressourcen aus der Vergangenheit und Gegenwart natürlich Zeiten darstellen, in denen die Partnerschaft positiv erlebt und genossen werden konnte, die „guten Zeiten“, die man miteinander verbracht hat. Aber gerade auch gemeinsam gemeisterte Krisen und Schwierigkeiten haben einen hohen verbindenden Wert. Gerade in älteren Partnerschaften, die schon länger in der Krise sind, ist das gemeinsam Bewältigte häufig die wichtigste Ressource, aus der die Kraft für die notwendige Veränderung geschöpft werden kann. Neben dem gemeinsam Geschaffenen gibt es häufig wichtige Einzelsituationen, in denen einer der Partner oder beide etwas Besonderes geleistet haben, die noch weit in die Zukunft hinein Strahlkraft besitzen. In Bezug auf die Zukunft sind es die gemeinsamen Projekte und Visionen, die eine sehr wichtige Grundlage für die Partnerschaft darstellen können.

3.2.4 Herkunftsthemen

Die Ebene der Herkunftsthemen ist oftmals die intimste und heikelste. Sie umfasst natürlich unsere Erfahrungen in der Kindheit, aber auch spätere Erfahrungen, die wir mit in die Beziehung bringen, vor allem Partnerschaftserfahrungen – also potenziell den gesamten Zeitraum vor dem Beginn der aktuellen Partnerschaft.

Wir können also zwei sehr wichtige Bereiche unterscheiden: erstens die **Kindheitserfahrungen** inklusive der **Bindungserfahrungen** und der Beziehungen zu den ersten Bindungspersonen, v. a. den Eltern, die ganz wesentlich in die heutige Paarbeziehung hineinwirken können; und zweitens **Unerledigtes aus früheren Paarbeziehungen**. Von Tiedemann unterscheidet Letzteres neuerdings als eigene Ebene, da dieser Bereich doch sehr andere Bedarfe aufwerfen kann als die Themen aus der Herkunftsfamilie, sodass sich aus dem 4-Ebenen-Modell ein 5-Ebenen-Modell ergibt (Tiedemann 2025). Hierbei geht es häufig um Schuldthemen, unverarbeitete Trauer oder Verletzungen, die das Vertrauen in die neue Bindung erschweren.

Es kann eine sehr wichtige und heilsame Erfahrung sein, in der Paartherapie auf eine tiefe und intensive Art zu sehen, ‚woher' der andere kommt.

Die Arbeit an den Herkunftsthemen in der Paartherapie ist nicht zu verwechseln mit Einzeltherapie im Paarsetting. Es geht weniger um das Durcharbeiten von Konflikten und Themen, als um das „Einander-sehen". Die Erfahrung, einen Blick in die Hintergründe dessen zu erhalten, was sich an der Oberfläche zeigt, macht häufig einen „milden Blick" aufeinander möglich, der als sehr stärkend für die Paarbindung erlebt wird. Das Setting der Paarsitzung hat hier auch ein Potenzial und eine eigene Kraft, die über die Möglichkeiten des Einzelsettings hinausgehen: wenn zum Beispiel durch Verletzungen in der Partnerschaft alte Bindungsverletzungen wiederholt und aktualisiert wurden und diese nun gemeinsam angeschaut und verstanden werden. Durch das gemeinsame Sichtbarmachen und Sehen kann eine sehr kraftvolle, korrigierende Bindungserfahrung gemacht werden. Der Kern von Bindungsverletzungen ist auf die eine oder andere Art ein Mangel an annehmender Spiegelung (siehe auch ► Kap. 5), der hier gemeinsam korrigiert bzw. zumindest entlastet werden kann.

Die Arbeit an Herkunftsthemen nimmt die verletzten, unakzeptierten, unintegrierten inneren Anteile in den Blick, wie ich sie für das Thema der Paardynamik bereits beschrieben habe. Auch hier gilt es wieder, die inneren Anteile nicht isoliert zu verstehen, sondern als Anteile eines inneren Systems. Um eine solche Tiefung und Intimität im Rahmen der Paartherapie auf sichere und heilsame Weise zu ermöglichen, braucht es daher sowohl ein klares Verständnis vom inneren System (der inneren Konfiguration von Beschützer und Beschütztem) als auch ein klares Verständnis von den Bedingungen der Prozesssteuerung der emotionalen Tiefung (Teil III). Um Wiederholungen zu vermeiden, verweise ich hier auf die Techniken der Arbeit mit dem Drei-Felder-Schema und die Body-Talk-Methode (► Abschn. 7.7, ÜI3) sowie die Innere-Teile-Arbeit mit Paaren (► Abschn. 6.3).

Das Besondere an diesem Themenfokus ist, dass der Fokus stärker als bei jeder anderen Arbeit auf einem der beiden Partner ruht. Daher ist hier die saubere Arbeit am Rahmen und am Commitment beider Partner besonders wichtig. Wir nennen diese Art des Arbeitens „asymmetrisches Arbeiten". Wir müssen an dieser Stelle das Miteinander und Nacheinander in der Paarsitzung in besonderem Maße im Blick haben und technisch wirklich sauber organisieren (vgl. ► Abschn. 6.3, Anleitung K6: Das Nacheinander organisieren).

Es ist dabei wichtig zu verstehen, dass wir beim asymmetrischen Arbeiten zwar die Herkunftsebene eines der beiden Partner fokussieren, der andere, beobachtende Partner ist dabei jedoch in keiner Weise passiv: Wenn es dem Therapeuten gelingt, diesen Raum herzustellen und zu öffnen, dann „hält" der beobachtende Partner diesen Raum mit und ist innerlich häufig selbst ebenso intensiv am Arbeiten wie der Partner im Fokus.

Fazit: Themenfokus

- Der Themenfokus bedeutet innerhalb der Prozesssteuerung, das Entwicklungsthema des Paares herauszuarbeiten und den Prozess daran zu orientieren.
- Wir können die Vordergrundebene der Interaktion von den Hintergrundebenen Paardynamik, Paargeschichte und Herkunftsthemen (inkl. Unerledigtes aus vergangenen Partnerschaften) unterscheiden.
- Das Entwicklungsthema (die Entwicklungsthemen) des Paares sollte herausgearbeitet, verstanden und mit seinen Hintergrundbezügen bearbeitet werden.
- Die Prozesssteuerung sollte weder den roten Faden des Entwicklungsthemas noch den konkreten Alltagsbezug auf der Interaktionsebene aus den Augen verlieren.
- Die Interaktionsebene ist Ausgangs- und Zielpunkt der Therapie: D. h. , die Probleme zeigen sich im Alltag und sollen durch die Arbeit mit den Hintergründen auch konkret im Alltag Veränderungen erfahren.

Literatur

Bülow, V. (1981). *Loriots dramatische Werke*. Diogenes.

Clemens, U. (2008). *Guter Sex trotz Liebe*. Ullstein.

Holmes, T., & Holmes, L. (2013). *Reisen in die Innenwelt*. Kösel.

Jellouschek, H., & Tiedemann, F. (2000). Systemische Paartherapie – Ein integratives Konzept. *Psychotherapie im Dialog, 001*(02), 37–44.

Jellouschek, H., Kohaus-Jellouschek, M., & Krähenbühl, V. (2001). *Stieffamilien. Struktur, Entwicklung, Therapie*. Lambertus.

Karpman, S. (2016). *Ein Leben ohne Spiele: das definitive Buch über das Drama-Dreieck und das Mitgefühls-Dreieck*. Process Training and Consulting e.K.

Leary, T. (1957). *Interpersonal diagnosis of personality*. Ronald Press.

Mentzos, S. (2013). *Lehrbuch der Psychodynamik – Die Funktion der Dysfunktionalität psychischer Störungen*. Vandehoeck & Ruprecht.

Minuchin, S. (1977). *Familie und Familientherapie. Theorie und Praxis struktureller Familientherapie*. Lambertus.

Modler, P. (2018). *Das Arroganzprinzip: So haben Frauen mehr Erfolg im Beruf*. Fischer.

Perel, E. (2019). *Die Macht der Affäre. Warum wir betrügen und was wir daraus lernen können*. HarperCollins.

Roesler, C. (2018). *Paarprobleme und Paartherapie: Theorien, Methoden, Forschung – ein integratives Lehrbuch*. Kohlhammer.

Schellenbaum, P. (1986). *Das Nein in der Liebe. Abgrenzung und Hingabe in der erotischen Beziehung*. dtv.

Schwartz, R. (2003). *Systemische Therapie mit der inneren Familie*. Klett-Cotta.

Schwartz, R. (2022). *Kein Teil von mir ist schlecht*. Arbor.

Tannen, D. (1998). *Du kannst mich einfach nicht verstehen: Warum Männer und Frauen aneinander vorbeireden*. Goldmann.

Tiedemann, F. (Hrsg.). (2018). *Versöhnungsprozesse in der Paartherapie*. Junfermann.

Tiedemann, F. (2025). *Paare wirkungsvoll begleiten. Kompetenz!Box Therapie & Beratung*. Jungfermann.

Weber, R. (2008). *Paare in Therapie. Erlebnisintensive methoden und Übungen*. Klett-Cotta.

Willi, J. (1999). *Die Zweierbeziehung. Spannungsursachen, Störungsmuster, Klärungsprozesse, Lösungsmodelle*. Rowohlt.

Tiefungsfokus

Während der Themenfokus die Frage nach dem „Was?“ stellt, richtet sich der Tiefungsfokus auf das „Wie?“. Diese Frage entfaltet sich auf zwei Ebenen:

„Wie tief?“

Welche Qualität hat die emotionale Tiefung, in der das Paar miteinander in Kontakt und Beziehung steht? Welche der drei Tiefungsdimensionen – Regulation, Klärung oder Intimität – prägt das aktuelle Geschehen? Und ist es für den therapeutischen Prozess hilfreicher, diese emotionale Tiefe zu stabilisieren oder zu verändern – hin zu mehr oder weniger Tiefung?

„Wie gelingt die Navigation?“

Je nach Tiefungsdimension unterscheidet sich das methodisch-technische Vorgehen. Die Wahl einer passenden Interventionsstrategie ergibt sich aus dem Verstehen und Erfassen der jeweiligen Dimension. Beide Leitfragen – die Einschätzung der Tiefe und die Navigation im Prozess – bilden die Grundlage für die folgenden Kapitel, in denen die drei Dimensionen des Tiefungsfokus ausführlich dargestellt werden.

Inhaltsverzeichnis

Die drei Dimensionen des Paarprozesses

W. Kunstleben, *Paare im Therapieprozess*, Psychotherapie: Therapiegestaltung & Praxismanagement,
https://doi.org/10.1007/978-3-662-70722-7_4

„In der Liebe und auf hoher See … brauchen wir ein gutes Navigationstool."
(frei nach einem alten Seemannssprichwort)

Emotionale Tiefung als Dimension des therapeutischen Prozesses ist wie für den Fisch das Wasser im Aquarium: Sie ist so selbstverständlich, dass wir sie meist kaum bewusst wahrnehmen. Wir begleiten und gestalten diese emotionale Tiefung in der Regel als Therapeut*innen intuitiv und auf diese Weise auch meistens sehr erfolgreich.

Wenn wir uns das Geschehen jedoch bewusst machen, werden wir feststellen, dass wir drei unterschiedliche therapeutische Modi wahrnehmen können: Es lassen sich drei manchmal in Mischformen auftretende, aber im Kern sehr klar voneinander unterscheidbare „Aggregatzustände" des emotionalen Bezugs erkennen. Um den fließenden und aufeinander bezogenen Charakter zu betonen, bezeichne ich sie als *Dimensionen* der Tiefung.

Diese Tiefungsdimensionen sind hier in Bezug auf das Paar und seinen emotionalen Kontakt beschrieben. Sie sind allerdings auch allgemein als „drei Dimensionen des therapeutischen Prozesses" zu verstehen. Der Unterschied zwischen Tiefung in der Paarsitzung im Vergleich zum Einzelprozess besteht im Wesentlichen im Setting und darin, dass die Tiefung miteinander quasi co-regulativ organisiert werden muss. Dieser co-regulative Aspekt ist es, der der Prozesssteuerung in der Paararbeit ihren besonderen Stellenwert zukommen lässt. Im einzeltherapeutischen Prozess sind diese Dimensionen jedoch inhaltlich und von den inneren Prozessen her deckungsgleich. Auch die Prozesssteuerung unterscheidet sich in beiden Settings zwar in den Interventionen, aber nicht in Grundsatz und Prinzip.

Es war mir ein Anliegen, die Bezeichnungen der drei Dimensionen so zu wählen, dass sie sowohl griffig als auch differenziert genug ausdrücken, worum es in der jeweiligen Dimension geht, damit es gelingt, die Komplexität des Geschehens auf eine handhabbare und für den Therapiealltag wirksame Art und Weise zu reduzieren, ohne unscharf oder ungenau zu werden. Nachdem ich nun etwa ein Jahrzehnt mit den Begriffen von Regulation, Klärung und Intimität in meiner Arbeit und in der Lehre umgegangen bin, kann ich feststellen, dass sie wunderbar „funktionieren".

Regulation ist dann notwendig, wenn der emotionale Bezug droht, verloren zu gehen – in die eine oder andere Richtung: entweder, weil die emotionale Spannung zu hoch ist, oder wenn das emotionale Engagement zu weit absinkt.

Klärung bedeutet, Orientierung, Differenzierung und Verständnis herzustellen.

Intimität bezeichnet einen tiefen, ganzheitlichen emotionalen Bezug, ein Raum, in dem man sich selbst und dem Anderen auf eine ganzheitliche Weise[1] begegnet. Es ist also keine undifferenzierte, symbiotische Nähe, keine „falsche Harmonie" gemeint, sondern ein Raum der Stimmigkeit, der sowohl harmonische Resonanz als auch Unterschiedlichkeit, sowohl Freude als auch Schmerz gleichermaßen umfassen kann. Die wesentliche Qualität der Intimitätsdimension spiegelt sich im Erleben wider, sich gegenseitig auf eine ganzheitliche Weise zu sehen: „Ich sehe dich und ich fühle mich von dir gesehen."

---

1 Ganzheitlich bedeutet hier ein erhöhtes Bewusstsein und eine intensivierte gegenseitige Wahrnehmung auf körperlicher, emotionaler und geistiger Ebene.

Die drei Dimensionen

- Die drei Dimensionen der emotionalen Tiefung im Therapieprozess sind Regulation, Klärung und Intimität.
- Wie die drei Raumdimensionen sind sie klar voneinander unterscheidbar und dennoch nicht als getrennt voneinander zu betrachten, da sie immer ineinandergreifen.
- Sie stellen kein Stufenmodell, sondern ein integriertes Modell zur Orientierung im therapeutischen Raum dar.
- Obwohl die Dimension der Intimität das größte integrierende und transformierende Wachstumspotenzial birgt, sind alle drei Dimensionen in eigenem Recht wichtig und wir können auf jeder der drei Ebenen wichtige und wertvolle therapeutische Ergebnisse erreichen.

Die Tiefungsdimensionen sind ein *Prozessgeschehen*, das sich im emotionalen Bezug der Patient*innen bzw. des Paares zu sich selbst und zueinander zeigt: regulierend (als Begrenzung, Beruhigung, Haltfinden, Zentrierung, Kontaktherstellen), klärend (als Wahrnehmung, Differenzierung, Erkennen, Erklären, Auseinandersetzung, Verständnis) oder intimitätsbezogen (als Integration, Öffnung, Berührung, Begegnung, Transzendenz).

Die drei Dimensionen als therapeutische Modi

Im therapeutischen Arbeiten spiegeln die drei Tiefungsdimensionen außerdem drei unterschiedliche *therapeutische Modi* wider, die sich sehr deutlich unterscheiden sowohl in der Rolle, die die Therapeutin einnimmt, als auch in den Interventionen und im Erleben.

Der Modus des regulierenden Arbeitens erfordert viel Klarheit, Direktheit und Zentrierung. Das Arbeiten ist häufig anstrengender und fordert uns darin heraus, eine klare Führung, Orientierung und Haltgebung anzubieten.

Der Modus des klärenden Arbeitens reicht von hoch konzentrierter geistiger Wachheit bis hin zu spielerisch kreativer Explorationsfreude und offen zugewandter Neugier. Mitunter geht es durchaus auch um klares Benennen und Konfrontieren. Es ist meistens „leichter", im besten Fall spielerisch und kann dann anstrengend werden, wenn wir zu „kopfig" agieren und uns in einer rationalisierenden oder intellektualisierenden Abwehr verfangen.

Der Modus des intimitätsorientierten Arbeitens geht auch für die Therapeutin mit einem deutlich vertieften Selbstkontakterleben einher: mit einer tiefen inneren Ruhe, Berührtheit, Öffnung und oft einer ehrfürchtig-dankbaren Begleitung dessen, was sich in diesem Raum ereignet. Die therapeutische Arbeit wird in dieser Dimension meist als besonders befriedigend und sinnstiftend erlebt. Wir können selbst dann auf eine Art gestärkt und doch mit dem Gefühl, intensiv gearbeitet zu haben, aus der Sitzung gehen.

Die drei Dimensionen der emotionalen Tiefung sind also keine bloßen theoretischen Formeln, die wir auswendig lernen, sondern sie spiegeln deutlich greifbare und konkrete Erfahrungen aus unserer täglichen Arbeit wider und helfen, diese besser zu ordnen und zu verstehen. Sie sind insofern auch keine neuen Erkenntnisse oder neue methodische Zugänge, die wir erst erlernen müssen, sondern stellen vielmehr eine Sprache für das zur Verfügung, was wir bereits ständig tun und erleben.

Sie sind wie die drei Raumdimensionen immer miteinander verbunden und jede der drei Dimensionen ist immer mit anwesend. Wir können niemals nur regulierend, klärend oder intimitätsorientiert handeln, so wie wir – auch wenn wir uns in eine bestimmte Richtung im Raum bewegen – uns immer als dreidimensionale Körper in einem dreidimensionalen Raum bewegen. Auch wenn wir unsere Prozesssteuerung gerade auf eine der drei Dimensionen ausrichten und fokussieren, sind die anderen Dimensionen also anwesend und wirksam. Wir können in jeder der drei Dimensionen wichtige und wertvolle therapeutische Ergebnisse erzielen.

Es ist wichtig zu verstehen, dass das Modell der drei Dimensionen kein Stufenmodell ist. Es beschreibt nicht das quantitative Maß der emotionalen Involviertheit, sondern drei qualitativ unterschiedliche Dimensionen. In der Navigationsformel wird beschreiben, wie sie aufeinander bezogen sind: ausreichende Regulation als Voraussetzung für Klärung und ausreichende Klärung als Voraussetzung für Intimität. Es gibt uns Orientierung bei der Begleitung von Menschen in einer jeweils einzigartigen Situation und stellt keine Therapiemethode oder Beschreibung von Therapiezielen dar. Wir wollen also nicht „Intimität" als die höchste Stufe „wahrer Veränderung" erreichen – auch wenn sich hier oft sehr tiefgreifende Entwicklungen ereignen und Paare wertvolle Bindungserfahrungen machen können. Wohin es in der Therapie letztendlich geht, orientiert sich vielmehr an der Schnittmenge von Bedürfnis, Bereitschaft und Möglichkeiten der beiden Menschen, die uns als Paar gegenüber sitzen – natürlich vor dem Hintergrund der Bedingungen des therapeutischen Rahmens und des Behandlers.

Die *therapeutische Grundregel der Tiefungsabstinenz* macht dieses Verhältnis klar und ist essenziell für eine respektvolle und offene therapeutische Grundhaltung.

Die therapeutische Grundregel der Tiefungsabstinenz

- Nicht jeder Patient und nicht jedes Paar muss auf allen drei Ebenen an sich arbeiten, um einen „erfolgreichen" Therapieprozess zu erleben.
- Intimität ist ***nicht*** automatisch das Ziel jeder Therapie.
- Es geht um die Frage: „Wo steht das Paar und was braucht es zu welchem Zeitpunkt?"

Außerdem lässt sich eine wichtige grundsätzliche Beziehung der drei Dimensionen Regulation, Klärung und Intimität beschreiben, die uns hilft, Entscheidungen bei der Prozesssteuerung bewusster, achtsamer, klarer und zielgerichteter zu treffen. Ich habe die ausformulierte Regel dieser Beziehung daher als *Navigationsformel* bezeichnet, denn sie ist es, die es uns ermöglicht, das vertiefte Verständnis der drei Dimensionen für die Prozesssteuerung zu nutzen und es somit zu einem Navigationstool zu verbinden.

Die Navigationsformel

- Ausreichende Regulation ist die Voraussetzung für Klärung.
- Ausreichende Klärung ist die Voraussetzung für Intimität.

Das Entscheidungskriterium „*ausreichend*" ist damit entscheidend für die Art und Weise, wie wir die therapeutische Prozesssteuerung handhaben. Das bedeutet, dass wir uns damit auseinandersetzen müssen, wann ein Prozesszustand bezüglich Regulation oder Klärung stabil genug ist und woran wir das erkennen. Und wenn ausreichende Regulation hergestellt ist, sollten wir in der Regel auch weiter gehen und den therapeutischen Raum zur Klärung nutzen und wenn ausreichend Klärung erreicht ist, zur Entfaltung der Intimitätsdimension. Diese Kipp- und Wechselpunkte werden uns im Folgenden noch ausführlich beschäftigen.

Ausgestattet mit dieser „Don't push the river"-Grundhaltung und der Navigationsformel können wir uns nun in den folgenden drei Kapiteln gemeinsam an die Vertiefung und Erforschung der einzelnen Dimensionen machen (▶ Kap. 5, 6 und 7), um sie dann noch einmal zu integrieren und aufeinander zu beziehen (▶ Kap. 8).

Fazit: Die drei Dimensionen

- Die drei Dimensionen der emotionalen Tiefung im Therapieprozess sind Regulation, Klärung und Intimität.
- Sie stellen kein Stufenmodell, sondern ein integriertes Modell zur Orientierung im therapeutischen Raum dar.
- Intimität ist ***nicht*** automatisch das Ziel jeder Therapie.
- Es geht um die Frage: Wo steht das Paar und was braucht es zu welchem Zeitpunkt?
- Die Grundregel der Tiefung lautet: Nicht jeder Patient und nicht jedes Paar muss auf allen drei Ebenen an sich arbeiten, um einen „erfolgreichen" Therapieprozess zu erleben.
- Die Navigationsformel lautet: Ausreichende Regulation ist die Voraussetzung für Klärung. Ausreichende Klärung ist die Voraussetzung für Intimität.
- Den drei Tiefungsdimensionen entsprechen drei konkret erlebbaren therapeutischen Modi, die sich im eigenen Erleben des/der Therapeut*in, in den Interventionen und in der therapeutischen Rolle unterscheiden.

Regulation

Inhaltsverzeichnis

W. Kunstleben, *Paare im Therapieprozess*, Psychotherapie: Therapiegestaltung & Praxismanagement, https://doi.org/10.1007/978-3-662-70722-7_5

„Die eigene Grenze ist der Anfang aller Beziehung – ihr Verlust das Ende."
Wanja Kunstleben

Die erste der drei Dimensionen der therapeutischen Tiefung ist ein Handlungsraum. Da wir davon ausgehen müssen, dass ein Mensch, der Regulationsschwierigkeiten hat, nicht angemessen auf seine innerpsychischen Verarbeitungsfunktionen zurückgreifen kann, liegt der Fokus der Regulation nicht auf Verstehen, Ausdrücken und Fühlen, sondern auf dem Handeln. Tun statt reden, steuern statt Raum geben, halten statt öffnen, zentrieren statt explorieren.

Zunächst hat das Thema der Regulation etwas unmittelbar Einleuchtendes: Wenn wir emotional nicht ausreichend reguliert sind, kann Kommunikation nicht mehr gut gelingen. Wir verlieren die Fähigkeit, unsere Emotionen, unsere Motivation und unsere psycho-physische Energie zu steuern. Mit anderen Worten: Wir verlieren die Beziehung zu uns selbst und damit die Voraussetzung für die Beziehung nach außen – zum Anderen und letztlich zu unserer Umwelt und unserem Leben insgesamt.

Ich möchte einen genaueren Blick auf das Thema werfen, um unsere Klienten, Patienten, aber auch uns selbst in diesen Zuständen und vor allem an den Übergängen besser zu verstehen und dadurch besser „abholen" zu können. Denn das ist unsere Aufgabe: die Person, die nicht mehr ausreichend reguliert ist, abzuholen und ihr den Weg zurück zu sich selbst aufzuzeigen – gehen muss sie diesen Weg dann immer noch selbst.

Dazu werde ich zunächst auf den innerpsychischen Prozess der Regulation eingehen und dann auf Regulation als Interventionsfokus in der therapeutischen Praxis.

Ich betrachte den innerpsychischen Prozess der Regulation (► Abschn. 5.1) aus drei wichtigen Perspektiven (Emotionsregulation, Persönlichkeitsentwicklung und Grenzen und Räume des Paares im Paaralltag).

Im Abschnitt über Regulation als Interventionsfokus (► Abschn. 5.2) leite ich daraus konkrete Techniken und Methoden für die Paartherapie ab.

5.1 Regulation als innerpsychischer Prozess (Das Erleben der Patient*innen/des Paares)

Definition Regulation als innerpsychischer Prozess

- Regulation bedeutet, aus einem unintegrierten/emotional deregulierten Zustand wieder in die „eigene Mitte" zu kommen (Stichwort: „Window of Tolerance"). Regulation wird notwendig, wenn Emotionen als überflutend oder überbordend erlebt werden und die Beziehung/den Kontakt zu sich selbst und dem Anderen behindern (zum Beispiel Angst, Wut, Spannung, Abwesenheit, Dissoziation, Haltlosigkeit).
- Was auf der inneren Bühne nicht mehr gehalten werden kann, wird atmosphärisch im zwischenmenschlichen Raum spürbar. Übertragungs- und Gegenübertragungsgefühle werden intensiver.

5.1.1 Perspektive 1 – Emotionsregulation

Aus nahe liegenden Gründen hat sich im psychotherapeutischen Kontext besonders die Traumatherapie mit dem Thema der Emotionsregulation beschäftigt: Durch die traumatypische Ausprägung von Hyper- und Hypoarousal müssen Menschen mit Traumaerfahrungen sich besonders intensiv mit Emotionsregulation beschäftigen, um zu lernen, mit ihrer Symptomatik, sich selbst und ihrem Leben besser zurecht zu kommen. Als besonders gut geeignet, um das Thema verständlich zu machen, erlebe ich das in diesem Kontext von der Polyvagaltheorie aufgegriffene Bild des „Window of Tolerance". Natürlich begegnen auch andere Personengruppen, wie etwa von ADS und ADHS betroffene Menschen, diesem Thema im Rahmen ihrer Problematik.

Gleichzeitig möchte ich betonen, dass Regulationsfähigkeit ein ganz normales Thema der psychischen Entwicklung ist. Alle Menschen müssen im Laufe ihrer Entwicklung lernen, ihre emotionale Spannung zu regulieren und zu modulieren, indem sie Emotionen wahrnehmen, begreifen, einordnen und lernen, sie nach innen wie nach außen zu kommunizieren. Jeder Mensch wird seine Geschichte dazu erzählen können. Und wer selbst Kinder großgezogen oder in Kita, Schule oder Vereinen in ihrer Entwicklung begleitet hat, wird auch aus dieser Perspektive nachvollziehen können, wie kleinschrittig, kurvenreich, intensiv, heikel und schwierig dieser Weg manchmal sein kann. An den Rändern des „Window of Tolerance" sind wir besonders verletzlich, erleben ein gewisses Maß an Kontrollverlust, dessen Entgrenzungserfahrung aber auch eine andere, eine lustvolle und manchmal auch für die Entwicklung wichtige Seite hat. Ohne Grenzerfahrungen sind Veränderung und Transformation von Grenzen nicht denkbar.

Ich möchte diese Überlegungen teilen, um der Gefahr einer lustfeindlichen, rigiden, letztlich Über-Ich-geleiteten Perspektive mit erhobenem Zeigefinger auf das Thema der Emotionsregulation vorzubeugen. Es muss uns gelingen, beim Thema Emotionsregulation in Beziehung zu kommen mit den Kindern, Jugendlichen, Klienten, Patienten. Dazu müssen wir selbst uns spürbar mit dem inneren Erleben unseres Gegenübers verbinden können. Daher möchte ich im Folgenden nun ein wenig die Ränder des „Window of Tolerance" erkunden:

■ Das „Window of Tolerance"

Das Konzept des „Window of Tolerance" (WOT), zu Deutsch „Fenster der Toleranz", ist ein zentrales Konzept insbesondere in der Arbeit mit Menschen, die traumatische Erfahrungen gemacht haben. Dieses Konzept wurde von Dr. Daniel Siegel, einem bekannten Neurowissenschaftler und Psychiater, entwickelt (Siegel, 2012). Das „Window of Tolerance" beschreibt das Fenster eines mittleren emotionalen Spannungsniveaus, innerhalb dessen wir mit uns selbst und der Umwelt und damit verbundenem Stress umgehen können, ohne den Zugriff auf unsere emotionalen und kognitiven Verarbeitungskompetenzen einzubüßen. Der Begriff der Toleranz kann in diesem Zusammenhang also als Stresstoleranz verstanden werden. Ich verwende den Begriff aber auch gerne, weil er uns emotional anspricht und – quasi auf limbischer Ebene – ein Bild von einer guten und gelingenden Beziehung zu uns selbst und zu unserem Gegenüber impliziert. Denn genau das ist in Bezug auf die Arbeit mit einem dyadischen System (Paaren) der wesentliche Aspekt: Wenn beide Partner sich innerhalb des „Window of Tolerance" bewegen, sind sie in der Lage, eine Beziehung zu sich selbst und zum anderen herzustellen. Außerhalb dieses emotionalen

Spannungsniveaus verlieren wir diese Fähigkeit zunehmend – und wie ich später noch ausführen werde – im Sinne eines Kipppunktes relativ abrupt.

Das „Window of Tolerance" ist eine Metapher für das ideale Aktivierungsniveau des autonomen Nervensystems einer Person. Innerhalb dieses Fensters fühlt sich eine Person sicher, relativ entspannt und in der Lage, effektiv auf die Anforderungen des Alltags zu reagieren. Dieses Konzept beruht auf dem Verständnis des autonomen Nervensystems, das in zwei Hauptzustände unterteilt werden kann: den sympathischen (Aktivierungs-) und den parasympathischen (Beruhigungs-) Zustand. Das „Window of Tolerance" liegt zwischen diesen beiden Zuständen, ohne dass also einer der beiden Aktivierungsmodi „übernimmt", und ermöglicht es einer Person, angemessen auf stressige Situationen zu reagieren, ohne in einen übererregten (kampf- oder fluchtähnlichen) Zustand oder einen untererregten (kraftlosen, gelähmten oder dissoziierten) Zustand zu geraten.

Dabei kann das „Window of Tolerance" bei verschiedenen Menschen unterschiedlich groß sein. Dies hängt von individuellen Faktoren wie genetischer Veranlagung, früheren Traumata und Erfahrungen ab. Einige Menschen haben ein breiteres „Fenster" und können eine größere Bandbreite von Stressoren bewältigen, während andere ein schmaleres „Fenster" haben und schneller in einen dysregulierten Zustand geraten. Außerdem können Menschen auf dem Hintergrund ihrer Erfahrungen, Bindungsstruktur und psychophysiologischen Reizverarbeitungskonstitution durch sehr unterschiedliche Kontexte oder Triggerreize aus dem „Window of Tolerance" geraten. Das Verständnis des individuellen „Window of Tolerance" ist entscheidend für die Traumatherapie, da es hilft, angemessene Interventionen zu wählen und die Über- oder Unterforderung zu vermeiden (Levine, 1998, 2011)

In der Traumatherapie ist die Bedeutung deshalb besonders groß, weil Menschen mit Traumaerfahrungen ein besonders labiles WOT aufweisen. Eine Folge von Traumatisierung ist, dass das autonome Nervensystem schnell in übermäßige (Hyperarousal) oder zu geringe (Hypoarousal) Aktivierungszustände gerät. Grundsätzlich ist es allerdings in jeder Form von Therapie und therapeutischer Kommunikation wesentlich, dass Menschen möglichst weitgehend innerhalb ihres „Windows of Tolerance" bleiben, beziehungsweise dahin ausgesteuert werden können. Denn nach innen, intrapsychisch, können Integration und psychoemotionales Lernen nur stattfinden, wenn ein ausreichender Selbstkontakt besteht. Nach außen, interpersonell, kann zwischenmenschliche Kommunikation nur gelingen, wenn die Fähigkeit zur Empathie ausreichend gegeben ist, und diese wird außerhalb des „Window of Tolerance" quasi „abgeschaltet". Man kann das als psychosystemische Energiesparmaßnahme verstehen: Im Kampf- und Fluchtmodus kann ich mir die hochkomplexe Integration von Ich-Funktionen schlichtweg nicht erlauben, die für eine Empathieleistung notwendig ist. Und auch im parasympathischen Modus, wenn es darum geht den Organismus von innerem Stress und äußeren Reizen abzuschirmen, ist der Empathiemodus ebenfalls eine störende Variable, die ausgeschaltet wird.

Dies bedeutet, dass die therapeutischen Interventionen darauf ausgerichtet sind, die Person in ihrem optimalen Aktivierungsbereich zu halten. Einerseits kann es zu einer erneuten Aktivierung traumatischer Reaktionen führen, wenn eine Person überfordert wird und ihr „Window of Tolerance" verlässt. Andererseits kann eine Person, die in einen unterregulierten Zustand gerät, Schwierigkeiten haben, neue Informationen zu verarbeiten und so weder den Partner / die Partnerin in der therapeutischen Situation adäquat wahrnehmen und beantworten, noch selbst von der Therapie profitieren.

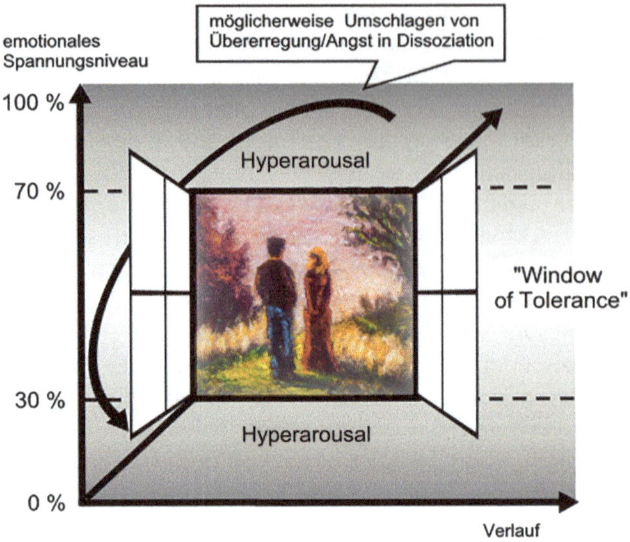

Abb. 5.1 „Window of Tolerance". (© Wanja Kunstleben)

In **Abb.** 5.1 ist das „Window of Tolerance" als ein Bereich auf einer hypothetischen Verlaufslinie zwischen 0 und 100 % emotionalem Spannungsniveau dargestellt. Tatsächlich entspricht es einem stabilen Erfahrungswert in meiner Arbeit mit Patienten, dass sie in der Selbsteinschätzung ihres emotionalen Spannungsniveaus auf einer Skala von 0–10 das Öffnen des WOT bei „3" ansiedeln und das Schließen bei „7" – mit einer maximalen Abweichung von 1 Punkt nach unten oder oben. Wenn man davon spricht, dass das WOT für Menschen mit entsprechender (z. B. traumabedingter) Disposition enger ist als für andere, so bleiben diese Grenzwerte nach meiner Erfahrung auch bei Traumapatienten dennoch stabil. Es scheint eher so zu sein, dass manche Menschen schneller aus dem WOT geraten als andere, der Weg durch die „40 stabilen mittleren Prozent" ist, bildhaft gesprochen, unterschiedlich gut strukturiert: Bei manchen Menschen ist der Untergrund rutschig wie Glatteis.

Innerhalb des WOT können wir Gefühle als zu uns gehörige Qualität des Erlebens wahrnehmen – als etwas, das mit uns selbst in Beziehung steht –; außerhalb des WOT erleben wir unser Emotionalität eher als ängstliche, wütende oder unruhige Spannung oder als Taubheit und Leere. Bildlich gesprochen wird die innere Bühne innerhalb des WOT bunt und es entstehen Szenen und bewegte Bilder. Außerhalb des WOT geraten die inneren Bilder eher schwarz-weiß und starr.

Im unteren Bereich emotionaler Spannung, dem Hypoarousal finden wir zunächst leichte Formen wie eine kaum wahrnehmbare Alltagstrance, ein Nicht-Ganz-Da-Sein, einen sehr „kopfigen", wenig emotionalen Modus. Wenn wir weiter in das Hypoarousal absinken, erleben wir Taubheit, Rückzug, innere Verschlossenheit, psychophysischen Druck, Schwere, Müdigkeit, Depression, Leeregefühle, Eingefrorensein, Dissoziation, Derealisation, Depersonalisation oder Katatonie (Freeze-Response).

Im oberen Bereich des überhöhten Spannungsniveaus, dem Hyperarousal, finden wir zunächst leichte Formen, wie Gereiztheit, eine Einschränkung der Wahrnehmung auf diejenigen Aspekte der Situation, die Wut oder Angst begründen, erhöhte psychophysische Anspannung, erhöhte Wachsamkeit und Stresserleben. Wenn das

Hyperarousal sich weiter verstärkt, verlieren wir zunehmend die Kontrolle über die Dynamik unserer Emotionen und über das Agieren dieser Reaktion nach außen. Angst steigert sich zur Panik, Ärger zur blanken Wut (Fight-and-Flight-Response). Wir werden laut, ausfällig, agieren chaotisch, reagieren zunehmend körperlich bis hin zur Gewalt. Wenn die Angstspannung weiter ansteigt und v. a. wenn eine Fluchtreaktion innerlich oder äußerlich inhibiert wird, kann sie auch unvermittelt in die Freeze-Response und einen dissoziativen Zustand umschlagen.

Warum aber entstehen insbesondere am oberen Rand des „Window of Tolerance" in Paarkonflikten immer wieder Kipppunkte, die die Regulation erschweren?

Zum einen liegt das an wechselseitigen Triggereffekten, durch die sich ein Paar schnell aneinander hochschaukeln kann. Durch Wiederholungsschleifen kann dieses gegenseitige „triggern" so eingespielt sein, dass wir als Paartherapeut*innen kaum mitkommen. Manchmal reicht eine minimale Veränderung der Stimme und der Mikromimik, um eine solche Schleife auszulösen. Es gibt jedoch noch weitere Hintergründe, die es lohnt, näher zu betrachten.

Das „Window of Tolerance" im Paarkonflikt

Zunächst möchte ich verdeutlichen, wie sich das Modell des „Window of Tolerance", bei dem wir ja zunächst den Einzelnen und seine emotionale Spannungsregulation betrachten, auf der Ebene des Paarsystems abbildet. Regulation bedeutet im Kontext des Paarkonflikts die Regulation des Kontakts zwischen den Polen Kontaktvermeidung und Grenzüberschreitung, oder – anders ausgedrückt – zwischen Konfliktvermeidung und Eskalation. Zwischen diesen Polen befindet sich – innerhalb des „Window of Tolerance" – der Bereich konstruktiver Auseinandersetzung und zwar auf sachlicher *und* auf emotionaler Ebene. Dies bedeutet – neben dem Wissen und den Fähigkeiten, sich konstruktiv mitzuteilen, auszudrücken und zuzuhören, also gut zu kommunizieren – für den Einzelnen vor allem: Spannungs- oder Affektregulation. Wenn ein Paar in einem Konfliktthema die Affekte im Kontakt miteinander nicht regulieren kann, kann es aus oben ausführlich dargestellten Gründen nicht klären, um welche Bedürfnisse, Nöte und Motivationen es eigentlich geht und wie diese versorgt und verhandelt, wie Kompromisse oder Lösungen gefunden werden können.

„Tendenz nach oben"

Um zentrale Paarkonflikte miteinander zu lösen, braucht es außerdem ein höheres emotionales Engagement als in normalen Alltagssituationen. Das Paar muss also zur Lösung von Beziehungsthemen lernen, sich dem oberen Rand des WOT ein Stück weit anzunähern, ohne darüber hinaus zu geraten:

Wenn es um Alltagsprobleme geht, die tatsächlich nur auf der Interaktionsebene gelöst werden müssen, mag ein rationaler Zugang noch sehr hilfreich sein. Wenn es um Beziehungsthemen geht, kommen wir ohne Emotionalität bei der Lösung nicht wirklich weiter.

Beispiel:

Wenn der Arzttermin für das Kind während der üblichen Kitazeiten ansteht und beide Partner ihre Arbeit dafür umorganisieren müssen, lässt sich mit einem rationalen Gespräch vielleicht eine pragmatische Lösung finden. Wenn es aber darum geht, das tieferliegende Thema von Ressourcenverteilung, von Geben und Nehmen zu verhandeln, wird das ohne einen inneren Zugang zu den eigenen Bedürfnissen nicht gelingen können. Und Bedürfnisse vermitteln sich über Emotionen.

Wir können also festhalten: Der Versuch zur Klärung eines Paarkonflikts tendiert naturgemäß zum oberen Rand des „Window of Tolerance". Vielleicht können wir das optimale emotionale Spannungsniveau ungefähr zwischen der Mitte und dem oberen Rand des WOT ansiedeln, also ungefähr bei 60 %.

▪ Affektlogik

Hinzu kommt, dass die emotionale Spannung bei der Annäherung an den oberen Rand (oder an die „7" auf der Skala von 0-10), zunehmend dazu tendiert, sich selbst zu verstärken. Dies liegt daran, dass wir ab einem bestimmten Spannungsniveau in einen Zustand geraten, den der Schweizer Psychiater Luc Ciompi (1982) innerhalb seines Konzepts der Affektlogik sehr treffend beschrieben hat: Wir nehmen das Geschehen zunehmend durch die Brille des Affektes wahr, in dem wir uns befinden. Unsere Bewertung der Situation ist folglich verzerrt. Ab einem gewissen Affektspannungsniveau sind wir nicht mehr in der Lage, adäquat wahrzunehmen und zu agieren.

Wie ich im nächsten Unterkapitel (▶ Abschn. 5.1.2) ausführen werde, können wir diesen Effekt mit der Tendenz des Integrationsniveaus unserer Ich-Funktionen zur Desintegration bei hoher emotionaler Spannung erklären – dass also unsere Fähigkeit, unsere Ich-Funktionen der kognitiven und emotionalen Reizverarbeitung und -beantwortung sinnvoll aufeinander zu beziehen, ab einem bestimmten Cut-Off-Wert relativ sprunghaft nachlässt.

Ich erlebe es oft als hilfreich, das Konzept der Affektlogik psychoedukativ in den Sitzungen zu erklären, da es einen sehr hohen Wiedererkennungswert hat und nah am Erleben der Paare ist. Dafür nutze ich gerne die Brillenmetapher:

▪ Die Brillenmetapher

Unsere Wahrnehmung wird immer auch von unseren Emotionen eingefärbt. Wenn wir verliebt sind, beschreibt der Volksmund das als „rosa Brille". Ab einer gewissen Intensität (über der „7") tendiert diese Verfärbung immer mehr zur Selbstverstärkung. Wenn wir die rosa Brille aufhaben, nehmen wir zunehmend nur noch das wahr, was unser Gefühl bestätigt, dass das Objekt unserer Verliebtheit großartig, inspirierend, erfüllend, liebenswert, begehrenswert ist. Wenn wir die rote Brille der Wut aufhaben, nehmen wir zunehmend die Dinge und Aspekte der Situation wahr, die bestätigen, dass wir das Recht haben, wütend und verletzt zu sein. Wenn wir die graue Brille der Depression tragen, dann werden wir wahrnehmen, wie viele Menschen schlecht drauf sind. Und wenn jemand lächelt, werden wir wahrnehmen, dass da jemand was zu lachen hat und wir nicht.

Das Knifflige an der Affektlogik ist, dass die Brille ja tatsächlich einen Aspekt der Realität abbildet. Es ist ja keine wahnhafte Brille, die uns eine gefälschte virtuelle Realität vorspiegelt. Sie filtert nur das Lichtspektrum. Wenn wir beispielsweise mit der roten Brille auf eine weiße Wand schauen und unser Therapeut fragt uns, welche Farbe die Wand hat, werden wir antworten: „Sie ist rot! (Das sieht man doch!)". Dann weist unser Therapeut uns vielleicht darauf hin: „Schauen Sie, Sie haben recht, da ist auch ein rotes Lichtwellenspektrum, aber es gibt noch andere Aspekte der Realität: violett, blau, grün …", – aber wir werden antworten: „Ok, vielleicht theoretisch, aber ‚in echt' ist diese Wand eben rot!"

Wenn wir nun also die Realität durch die Brille der Affektlogik hindurch betrachten, nehmen wir umso mehr die Informationen wahr, die bestätigen, dass es richtig und angemessen ist, dieses Gefühl zu haben. Gesellschaftlich zeigt sich dieses Phänomen beispielsweise in den Echokammern der Logarithmen sozialer Medien. Als logische Folge daraus färbt sich die Brille immer weiter ein. Affektlogik ist ein hirnphysiologischer Prozess, sie hat also zunächst nichts mit Engstirnigkeit und Ignoranz zu tun, sondern entspricht der conditio humana, also unseren neuronalen Gegebenheiten.

Wenn wir nun darüber hinaus bedenken, dass unsere Selbststeuerungskompetenzen im Sinne der Integration unserer Ich-Funktionen (also das Aufeinander-beziehen von Wahrnehmung, Verarbeitung und Beantwortung von Reizen) an den Rändern des „Window of Tolerance“ zur Desintegration tendiert, wird deutlich, dass wir es mit einem Kipppunkt zu tun haben und nicht mit einem linearen Prozess. Da unsere Fähigkeit, eine Situation sinnvoll zu beantworten und ein Problem zu lösen, natürlicherweise mit unserer Fähigkeit korreliert, die Realität angemessen und umfänglich wahrzunehmen, nimmt unsere Lösungskompetenz – wie in ◘ Abb. 5.2 dargestellt – bezüglich des partnerschaftlichen Konflikts beim Überschreiten dieses Kipppunktes rapide ab. Sie nähert sich in einer exponentiellen Kurve der Nulllinie an. Gleichzeitig treibt uns unsere Emotion jedoch motivational weiter in den Konflikt hinein: Die Wut möchte das Problem mit aller Gewalt lösen, möchte mit dem Kopf durch die Wand! Um uns also an dieser Stelle zu regulieren, benötigen wir entweder eine Unterstützung von außen, die uns hilft, uns in dieser Situation auszulenken, oder gute Vorbereitung, die uns Handlungsregeln für diesen Notfall mit an die Hand gibt.

Die Lösungskompetenzkurve eignet sich gut zur Psychoedukation. Dieses Wissen kann helfen, eine Motivation zu schaffen, sich auf eine Regulation einzulassen. Die Grafik zeigt auf, dass der Bereich einer hohen Lösungskompetenz für partnerschaft-

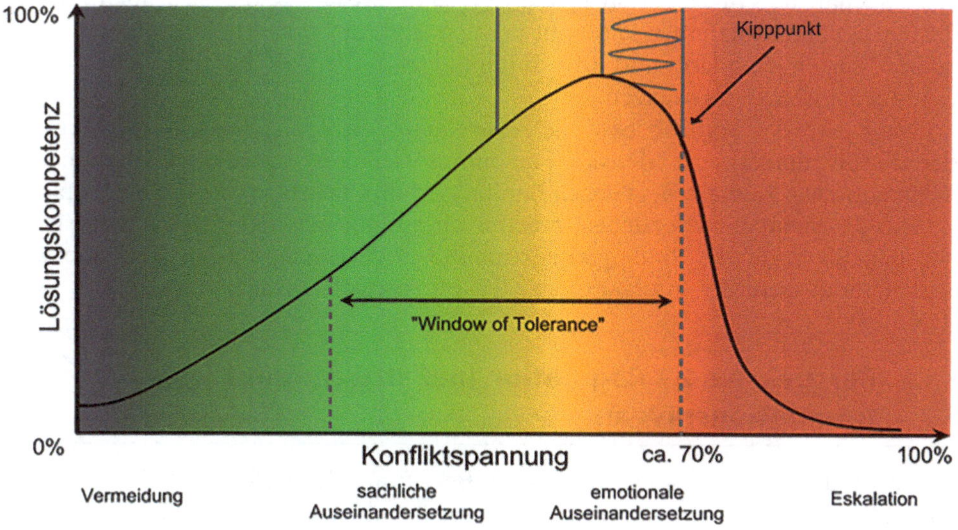

◘ **Abb. 5.2** Lösungskompetenzkurve. (© Wanja Kunstleben)

liche Konflikte relativ eng ist und der Bereich zwischen der höchsten Lösungskompetenz und dem Kipppunkt besonders schmal. Man muss in der Paartherapie also lernen, in diesem Bereich die „emotionale Welle zu surfen".

Die Kurve von Alltagsproblemen, die sich rein auf der Interaktionsebene verhandeln lassen – also ohne hohe emotionale Involviertheit – ist breiter und hat ihren Höhepunkt weiter links.

Um die emotionale Spannung einzuschätzen, lässt sich klassischerweise die „0-10-Skala" verwenden. Gut geeignet ist aber auch die Ampelmetapher: Ganz links im grauen Bereich (Hypoarousal) ist die Beziehungsampel abgeschaltet. Im grünen (sachlich-rationalen) und orangenen (emotionalen) Bereich kommt man gut miteinander voran. Sobald die Beziehungsampel auf Rot schaltet (Hyperarousal, Eskalation), geht nichts mehr voran. Der Vorteil der Metapher ist, dass unter Anspannung die Einschätzung einer Farbskala intuitiver ist, als eine Zahlenskala. Ich frage das in Situationen, in denen die Spannung zu kippen droht, dann entsprechend ab: „Herr X., wie würden Sie es gerade einschätzen, sind Sie noch im orangenen Bereich, oder schon im Roten?"

Insgesamt ist das Konzept des „Window of Tolerance" in der Traumatherapie von entscheidender Bedeutung, da es eine klare Richtlinie für die therapeutische Arbeit mit traumatisierten Menschen bietet. Indem Therapeuten und Klienten zusammenarbeiten, um das individuelle „Fenster" zu verstehen und zu erweitern, können traumatische Erfahrungen besser verarbeitet und bewältigt werden, und die Betroffenen können ihre Fähigkeit zur Selbstregulation und zum Umgang mit Stressoren verbessern. Diese Konzepte können auf das paartherapeutische Setting übertragen werden.

Nun ist natürlich leicht verständlich, dass der Interventionsfokus der Regulation für Paare mit Traumaerfahrungen besonders wichtig ist. Das ist sicher eine nicht zu vernachlässigende Gruppe der Paare, die therapeutische Hilfe in Anspruch nimmt. Sicherlich wird aber immer noch der Großteil der Paare in unserer Praxis nicht schwer traumatisiert sein, sondern auch ohne diese Prädisposition im Rahmen ihrer Partnerschaft an Grenzen stoßen. Ich gehe aber davon aus, dass wir auch mit den Paaren ohne Traumahintergrund gut beraten sind, uns mit dem „Window of Tolerance", seinen Rändern und den Implikationen für die therapeutischen Interventionen auseinanderzusetzen.

Wenn also der Verbleib bzw. die Aussteuerung in den „Window-of-Tolerance"-Bereich für traumatisierte Menschen besonders wichtig ist, so ist es dies auch in allen therapeutischen Kontexten, in denen Bindungserfahrungen eine wichtige Rolle spielen.

Um das genauer zu verstehen, möchte ich im folgenden Kapitel etwas ausholen und den Blick auf die Bindungsstruktur und die Entwicklung der Persönlichkeit, speziell die strukturelle Integration der Ich-Funktionen lenken.

5.1.2 Perspektive 2 – Regulation und strukturelles Integrationsniveau

Das strukturelle Integrationsniveau ist ein Begriff aus der Tiefenpsychologie und beschreibt, wie gut eine Person verschiedene Aspekte ihrer Persönlichkeit in ein einheitliches Ganzes integriert hat (vgl. Kernberg, 1988). Es zeigt, wie stabil und kohärent zunächst einfache Ich-Funktionen wie Fühlen, Denken, Wahrnehmen, psychomotorische Steuerung und später komplexere Ich-Funktionen wie Realitätsprüfung,

Selbstwahrnehmung, Objektwahrnehmung, Selbstwertsteuerung, Empathiefähigkeit usw. aufeinander bezogen sind. Ein hohes strukturelles Integrationsniveau bedeutet, dass eine Person ihre Gedanken, Gefühle und Verhaltensweisen gut steuern und flexibel auf verschiedene Situationen reagieren kann. Ein niedriges Niveau führt zu Schwierigkeiten, die Ich-Funktionen sicher sinnvoll und kohärent aufeinander zu beziehen, was letztlich die Kohärenz des Selbstbildes und der Beziehung zu sich selbst und damit auch die Beziehung zu anderen beeinträchtigen kann.

Wir können zwar zwischen verschiedenen Integrationsniveaus unterscheiden (z. B. gering, mäßig und gut), dürfen uns diese aber nicht wie klar voneinander getrennte Stufen vorstellen, sondern eher wie mehr oder weniger integrierte komplexe Netzwerke, mit individuell unterschiedlich gut oder schwach vernetzten Bereichen.

Gerd Rudolf, Mitautor der OPD (operationalisierte psychodynamische Diagnostik), geht etwa davon aus, dass es zwar eine große Bandbreite bezüglich der Stabilität der strukturellen Integration bei Menschen gibt (von einem geringen Integrationsniveau über ein mäßiges, bis hin zu einem guten Integrationsniveau), dass allerdings davon auszugehen ist, dass alle Menschen auch brüchige, labile und zur Desintegration neigende „Stellen" in ihrer strukturellen Integration aufweisen (Rudolf, 2004). Diese im Hier und Jetzt im Erwachsenenalter erlebten Brüche und Risse verweisen nach der psychodynamischen Theorie der Persönlichkeitsentwicklung auf Risse und Brüche in der Bindungsstruktur.

(Ich vereinfache an dieser Stelle die Differenzierung des Strukturniveaus etwas und konzentriere mich auf die wesentlichen, in der praktischen Arbeit in aller Regel besonders relevanten Stufen. Genau genommen wird in der operationalisierten psychodynamischen Diagnostik neben dem gering integrierten noch ein desintegriertes Strukturniveau unterschieden, das in psychotisches Erleben übergeht.)

Da wir es beim Paarsystem mit einem Bindungssystem zu tun haben und Paare in einer Langzeitbeziehung früher oder später– und ganz besonders in den Krisensituationen, die eine Therapie begründen – an ihre wunden Punkte stoßen, ist es nicht erstaunlich, dass wir in der Paartherapie eine ähnliche Aufmerksamkeit auf das Thema der emotionalen Regulation richten sollten, wie es in der Traumatherapie üblich ist. Denn nicht selten sind es diese wunden Punkte, an denen die beschriebenen Risse und Brüche der Bindungsstruktur angesprochen werden.

Wenn wir an Bindungsverletzungen stoßen, steigt die Wahrscheinlichkeit, dass wir das WOT verlassen und unsere Ich-Funktionen nicht mehr angemessen zur Selbststeuerung nutzen können. Denn eine nicht gelingende Bindungssituation schwächt oder verhindert die Integration der Ich-Funktionen, also das stimmige Synchronisieren und Aufeinanderbeziehen von inneren psychischen Prozessen.

Diese Integration von Ich-Funktionen wird in der tiefenpsychologischen Psychotherapie mit dem Konzept des Strukturniveaus beschrieben. Während Heinz Kohut den Begriff in den 1970er-Jahren im Rahmen seiner Selbstpsychologie erstmals verwendete (Kohut, 1979), ergänzte Otto Kernberg ihn um die Unterscheidung in hohes, mittleres und niedriges Strukturniveau. Mit der Ausdifferenzierung der sogenannten Strukturachse in der OPD (operationalisierte psychodynamische Diagnostik) durch Rudolf (Arbeitskreis OPD, 1996, 2006) wurde die heute allgemeine Verwendung der Einteilung des Strukturniveaus in (desintegriert), gering, mittel und gut integriert ausformuliert und ihre diagnostische Erfassung operationalisiert. Es stellt aus meiner Sicht den wichtigsten Beitrag der Tiefenpsychologie zur modernen Psychotherapie dar.

Das Konzept des Strukturniveaus ist komplex und es bedarf einer intensiven Auseinandersetzung damit, um es in all seinen Implikationen für Diagnostik und Therapie zu verstehen. Dennoch kann es nach meiner Überzeugung in seiner Grundstruktur auf einfache und – wie ich finde sehr hilfreiche – bildhafte Weise dargestellt und so für den Kontext der Prozesssteuerung nutzbar gemacht werden. Um therapeutische Prozesse erfolgreich zu steuern, benötigen wir Bilder und Modelle, die intuitiv handhabbar sind. Das Prinzip der strukturellen Integration zu verstehen, hilft uns, uns in unsere Patienten an den Rändern des WOT besser einfühlen und sie für eine gelingende Regulation folglich besser „abholen" zu können.

Die Entstehung der inneren Bühne

Das Strukturniveau bezieht sich wie oben bereits beschrieben darauf, wie gut ein Mensch seine psychischen Funktionen nutzen und miteinander koordinieren kann. Das ist sehr wichtig für unsere Fähigkeit, eine funktionierende Beziehung zu uns selbst und zu anderen zu führen. Dies gilt ganz besonders für nahe Beziehungen, in denen wir eine Bindung aufbauen. Deshalb kann ein einfaches Verständnis des Konzepts aus meiner Sicht sehr hilfreich für die Arbeit mit Paaren sein.

Grundlegende Ich-Funktionen wie Denken, Fühlen, Wahrnehmen, motorische Intention (Handeln) sind am Anfang des Lebens noch recht unverbunden (siehe ◘ Abb. 5.3).

Es braucht gute Situationen und funktionierende Interaktionen mit der Umwelt, damit der heranwachsende Mensch anfangen kann, die einzelnen Funktionen zu entwickeln und die verschiedenen Funktionen sinnvoll aufeinander zu beziehen. Die grundlegende Eigenschaft einer guten Situation können wir uns als einen von Mitgefühl und wahrnehmender Bewusstheit geprägten Kontakt vorstellen. Als die beiden wesentlichen auf die Integration der Ich-Funktionen einflussnehmenden Eigenschaften dieses Kontakts möchte ich Annahme und Spiegelung herausgreifen. Es braucht die beiden Informationen: „Du bist ok" und „Deine Wahrnehmung ist stimmig." Dann kann das kleine Wesen, das die ersten Male Kontakt zu den Wahrnehmungen der Welt und seiner selbst hat, diese neugierig und in Ruhe (in einem mittleren emotionalen Spannungsniveau) sinnvoll aufeinander beziehen, wie in ◘ Abb. 5.4 dargestellt. Wiederholen sich diese guten Situationen, entstehen Schritt für Schritt neuronal organisierte Integrationsstrukturen.

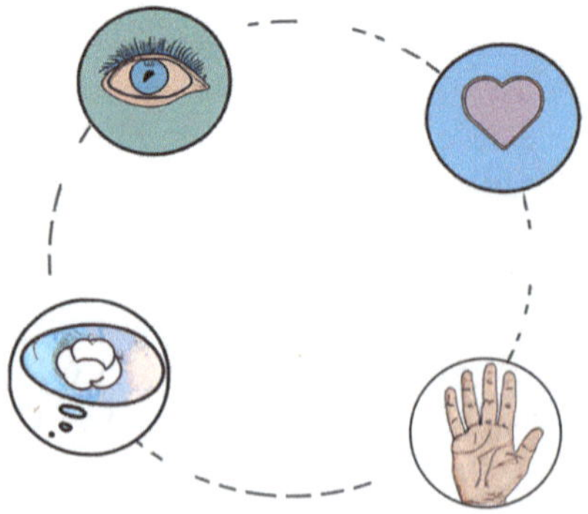

◘ **Abb. 5.3** Noch unverbundene Ich-Funktionen. (© Wanja Kunstleben)

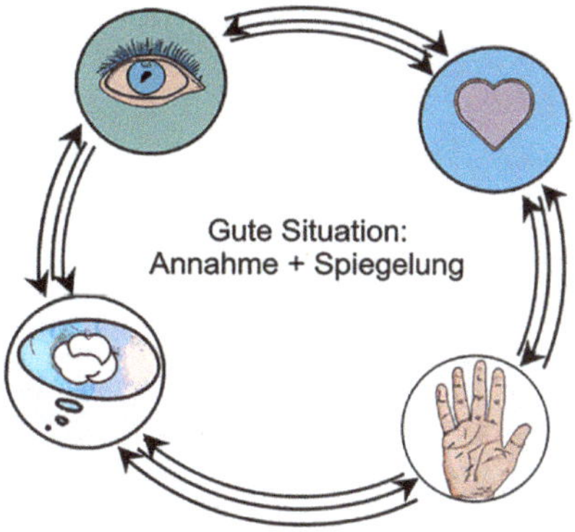

Abb. 5.4 Beginnende Integration: Die Ich-Funktionen können sinnvoll aufeinander bezogen werden und beginnen sich zu integrieren. (© Wanja Kunstleben)

Abb. 5.5 Die innere Bühne. (© Wanja Kunstleben)

Das Niveau dieser Integration ist das Niveau der Struktur des Selbst. Wir unterscheiden zwischen primären, sekundären und tertiären Ich-Funktionen, je nachdem, wie komplex die Integrationsprozesse sind, die diese Funktionen möglich machen. Ein Beispiel: Die einfache sensomotorische, präverbale Wahrnehmung ist eine primäre Ich-Funktion: die Weichheit der Wange, die ich mit der Hand berühre. Ein sprachlicher Gedanke („weich"), bei dem einer Wahrnehmung eine abstrakte, auf ähnliche Wahrnehmungsgegenstände übertragbare Bedeutung zugeordnet wird, ist eine sekundäre Ich-Funktion. Empathie, die eine „Theory of Mind" voraussetzt, die es notwendig macht, mir vorzustellen, dass mein Gegenüber mit eigenen Motiven und Gefühlen ausgestattet ist, ist eine tertiäre Ich-Funktion („Mein Vater mag es, wenn ich seine Wange streichle, wenn er angespannt wirkt, ich kann ihn beruhigen und fühle mich selbst dann wieder sicher.")

Erst wenn die Integration ausreichend gelingt, können komplexere Prozesse, die sekundäre und tertiäre Ich-Funktionen umfassen, gelingen: Empathie, Nutzung positiver Introjekte, Aushalten, dass der Andere anders fühlt als ich, Konflikte in mir zu verhandeln und nicht ungefiltert auszuagieren. So entsteht Schritt für Schritt, Integrationsschleife um Integrationsschleife, eine innere Bühne (s. ◘ Abb. 5.5).

Die „innere Bühne" als integratives Geschehen tertiärer Ich-Funktionen steht uns zur Verfügung, solange wir uns in einem mittleren emotionalen Spannungsniveau befinden (vgl. „Window of Tolerance"). Sie stellt uns die Möglichkeit zur Verfügung, unsere Wahrnehmung und Beziehungen zur Umwelt und die zugehörigen Gefühle in uns zu repräsentieren und innerlich zu verhandeln. Auf diese Weise

Abb. 5.6 Schwachstellen in der Ich-Struktur: Stresssituation triggert einen „wunden Punkt“. (© Wanja Kunstleben)

können wir Geschehnisse „verdauen“ und „verarbeiten“, integrieren und eine komplexe, bezogene Antwort darauf entwickeln: Wir lernen und entwickeln uns, wir können verdichtete Erfahrungen als positive Introjekte oder innere Anteile nutzen. Wir entfalten auf der inneren Bühne die Beziehung zu uns selbst als Grundlage unserer Beziehung zu Anderen.

Wir können diese Fähigkeiten zeitlebens weiterentwickeln, aber die wichtigsten Grundlagen werden in den ersten drei Lebensjahren gelegt. Wir alle haben größere und kleinere Lücken in dieser Integration: vor allem da, wo die guten Situationen gefehlt oder die schlechten Situationen uns überfordert haben, durch Defizite, Konfliktspannungen und Traumata.

In bestimmten Stresssituationen im späteren Leben stoßen wir wieder auf eine solche Lücke, wie in Abb. 5.6 dargestellt. Wir dürfen davon ausgehen, dass die Paare, die zu uns in die Praxis kommen, sich mit hoher Wahrscheinlichkeit in einer Stresssituation befinden und folglich solche Reaktivierungen leicht ausgelöst werden können.

Wenn wir in einer Konfliktsituation auf unsere strukturellen Defizite treffen, erleben wir diesen Konflikt ganz grundlegend anders, als wenn wir einen Konflikt erleben, ohne dass es zu einer graduellen strukturellen Desintegration kommt. Der Konflikt wäre etwas, was uns vielleicht sehr herausfordert, aber was wir auf unserer inneren Bühne verarbeiten könnten. Wenn wir mit dem strukturellen Defizit zu tun haben, haben wir keinen guten Zugriff mehr auf diese innere Bühne. Es ist dann vielmehr so, als ob die inneren Prozesse, die vorher noch wie Zahnräder gut ineinandergegriffen haben, plötzlich nicht mehr richtig funktionieren und nicht mehr rund laufen. Wir können uns das vorstellen wie in einem komplexen Uhrwerk, wenn einige der zentralen Zahnräder voneinander entkoppelt werden: Manche Zahnräder greifen vielleicht noch ineinander, andere nicht mehr. Manche drehen durch, andere bewegen sich gar nicht mehr. Gefühle werden dann eher diffus, als Spannung (Angst, Wut, Druck, Lähmung, Derealisation) erlebt, Beziehungen zu uns selbst und Anderen extremer und angstverbundener wahrgenommen, eher schwarz-weiß gesehen.

Um den Unterschied zwischen einem inneren Konflikt und einer graduellen strukturellen Desintegration zu verstehen und auch ihr Verhältnis zueinander begreifbar zu machen, können wir uns einen Menschen mit Selbstwertproblemen vorstellen. Seine Selbstzweifel sind zunächst einmal konflikthafter Natur: „Kann ich das, oder kann ich das nicht?" – bestimmte Situationen verunsichern ihn, bestimmte Dinge traut er sich nicht zu, obwohl er sie eigentlich ganz gut hinbekommen könnte. Jetzt stellen wir uns vor, dieser Mensch hat in seinen ersten Lebensmonaten aufgrund einer schweren Erkrankung und einem mehrtägigen Krankenhausaufenthalt mit Isolation von seinen Bindungspersonen ein Verlassenheitstrauma erlebt. Wenn er nun in einer paartherapeutischen Sitzung aufgrund der Aussage seiner Frau „Wenn es so weiter geht, dann kann ich irgendwann einfach nicht mehr!" an diese alte Wunde stößt, kann es passieren, dass sein psychisches System mit massiver Angst und Anspannung reagiert. In dieser Situation können möglicherweise seine üblichen Strategien, sich selbst zu beruhigen und seinen Selbstwert zu stabilisieren, nicht mehr richtig funktionieren. Es kommt zur partiellen Desintegration der Ich-Funktionen: Er könnte etwa von tiefer Scham überflutet werden und in einen nur noch schwer zugänglichen Zustand abrutschen. An dieser Stelle zeigen sich zwar dieselben Aspekte und ähnliche Emotionen, wie auf Konfliktebene (Selbstzweifel, Scham, Selbstvorwürfe), da jedoch die innere Struktur nicht mehr so gut ineinandergreift, sind die regulierenden Fähigkeiten des psychischen Systems deutlich reduziert. Die emotionalen Zustände einschließlich der kognitiven Bewertungen und der physiologischen Erregungsmuster sind daher extremer und weniger gut, oder überhaupt nicht mehr auslenkbar und entziehen sich stärker der Selbststeuerung.

Das ist für uns als Begleiter sehr wichtig zu verstehen: Von außen sehen wir sehr wahrscheinlich eher den Konflikt, als das Drama auf der inneren Bühne. Wir könnten vielleicht verstehen, dass der Mann von der Aussage seiner Frau gekränkt ist und sich nun schämt. Wir könnten versucht sein, diesen Konflikt zu klären, anstatt zu erkennen, dass keine ausreichende Regulation besteht. Was wir von außen als Bild, als Szene, erkennen können, sieht von innen vielleicht anders aus und es gelingt dem Mann gar nicht, dieses Bild richtig zusammenzusetzen: Der Zugang zur inneren Bühne ist gestört. Da der Patient sich nicht mehr regulieren kann, stoßen ihn die klärenden, reflektierenden Interventionen nur noch mehr in ein ohnmächtig erlebtes Versagensgefühl. Und weil es ihm nicht mehr gelingt, selbstberuhigende Introjekte zu nutzen und die Affektlogik die Wahrnehmung dahingehend filtert, dass er kaum andere Aspekte der Situation wahrnehmen kann, als diejenigen, die sein Versagen und sein Unvermögen bestätigen, gerät er weiter in eine sich selbst verstärkende Negativspirale der Ohnmacht und Scham. Die klärende Intervention verschlimmert die Situation des Patienten also mit hoher Wahrscheinlichkeit noch.

▪ Die Schlaglochmetapher

Ein weiteres Bild, das sich nach meiner Erfahrung sehr gut zur Veranschaulichung in der Arbeit mit Patienten eignet, ist die Schlaglochmetapher: Wir alle haben in unserer Lebensstraße unsere Schlaglöcher, in die wir immer einmal geraten können. Normalerweise fährt unser Wagen recht gut auf der Lebensstraße, bis wir auf dieses Loch stoßen (s. ◘ Abb. 5.7). So ist es auch mit den Brüchen und Rissen in der strukturellen Integration: Ein klarer Hinweis in der klinischen Arbeit ist das Moment des plötzlichen Einbruchs, der unvermittelten Eskalation bestimmter Symptome.

Die schlechte Nachricht ist: Wenn wir nichts tun, wird das Schlagloch immer tiefer, je öfter wir hineinfahren. Die gute Nachricht ist: Wenn unsere Straße keine zerlöcherte Piste ist, können wir gute Situationen dazu nutzen, diese Schlaglöcher mit

Abb. 5.7 Strukturbezogene Psychotherapie: Schlaglöcher in der Lebensstraße ausbessern. (© Wanja Kunstleben)

kleinen Steinen aufzufüllen, und dafür sorgen, dass unser Wagen wenigstens nicht jedes Mal zusammenbricht, wenn wir drüberfahren. Diese Steinchen können wir in der Therapie durch die zwei beschriebenen wesentlichen Merkmale eines guten Kontakts ansammeln, die wir oft früher gebraucht hätten, um unsere Ich-Funktionen gut miteinander integrieren zu können: Spiegelung und Annahme. Das wird im Umgang mit diesen Defiziten in der Paartherapie für den Abschnitt „Regulation als Interventionsfokus" sehr wichtig werden. Es ist ein allmählicher Prozess, in dem man kleine Steine in das Schlagloch füllt, Steinchen für Steinchen. Nach meiner Erfahrung ist das in keiner Weise entmutigend, denn die Betroffenen erleben ja selbst seit Jahren oder Jahrzehnten, wie schwierig es ist, ihre Regulationsprobleme zu beeinflussen. Wenn wir ihnen erklären, es sei alles ganz einfach, wenn sie einmal verstanden haben, welches innere Kind sie versorgen müssen, verstärken wir eher ein Versagenserleben anstatt Hoffnung zu geben. Die Schlaglochmetapher hilft nach meiner Erfahrung sehr dabei, die Patient*innen sowohl in ihrem Erleben abzuholen, eine realistische Einordnung des kleinschrittigen, allmählichen Veränderungsprozesses zu schaffen, und damit Hoffnung und eine Perspektive anzubieten, die klinisch hinreichend valide ist und zum Erleben und den Erfahrungen der Betroffenen passt.

■ Zwischenfazit

Was können wir nun aus den Bildern des „Window of Tolerance", der Affektlogikbrille und des Schlaglochs für die Arbeit mit Paaren mitnehmen?

Psychoedukativ können die Bilder genutzt werden, um zu verstehen, was am Rand des „Window of Tolerance" geschieht. Wenn wir zum Bild des Schlaglochs das Bild der Affektlogikbrille mit hinzuziehen, können wir dem Paar ein Gefühl dafür vermitteln, dass reine Klärungsversuche an dieser Stelle nicht weiterführen.

Wir können unterscheiden zwischen „Erster Hilfe" und „Straßenbaumaßnahmen":

Wenn der Wagen im Graben liegt, bringt es nichts, wenn wir versuchen, weiterzufahren. Die Räder werden durchdrehen und sich weiter eingraben. Wir brauchen zunächst Erste Hilfe: Wir müssen erst einmal lernen, rückwärts wieder heraus zu rangieren, oder vielleicht braucht es einen Wagenheber oder auch Hilfe von außen. Bei aller Vermeidung von Abhängigkeit sollte erkannt werden, wann jemand einfach überfordert damit ist, es alleine zu schaffen.

Mittelfristig sind Straßenbaumaßnahmen sinnvoll (Steinchen ins Schlagloch füllen), auch wenn wir nicht davon ausgehen können, dass wir damit schnelle Veränderung erreichen. Das gilt für die strukturbezogene Psychotherapie ebenso wie für die Paartherapie.

Für das Paar geht es nun um drei Fragen:

1. Wie können wir lernen, die Schlaglöcher zu umfahren und besser vorherzusehen? Es ist fast immer möglich, hier konstruktive Ideen zu entwickeln und das Paar damit oft schnell und spürbar zu entlasten (einiges davon fällt in den Bereich des folgenden Abschnittes: Stabilisierung der Beziehungsräume). Außerdem können wir durch die Paartherapie selbst dafür sorgen, dass Konflikte geklärt werden, sich beruhigen und dadurch das Stressniveau insgesamt niedriger ist – sodass auch das „Window of Tolerance" gestärkt wird.
2. Was können wir in der Situation tun, wenn der Wagen droht, ins Schlagloch zu rutschen oder bereits in den Graben gefahren ist? (s. ► Abschn. 5.3)
3. Wenn der Wagen wieder stabil auf der Straße steht, wenn das Paar wieder ins „Window of Tolerance" gefunden hat, können wir in Abhängigkeit von den Ressourcen des Paares gegebenenfalls mit dem Paar zusammen die Chance nutzen, dass das Schlagloch einen Blick in die Tiefe eröffnet. Auf der Ebene der Prozesssteuerung wäre also nun die Frage, ob Klärung möglich ist und dann die Eröffnung des Intimitätsraumes, um gemeinsam zu verstehen, worin genau die Not und die dahinterliegende Heilungssehnsucht besteht, auf die das Chaos der Schlaglocherfahrung wie ein Schlaglicht fällt (► Kap. 6 und 7). Annahme und Spiegelung sind Aspekte des Mitgefühls und damit Aspekte der Intimitätsdimension. Wie bereits beschrieben hat das Paarsystem als Bindungssystem hier ein besonders hohes Heilungspotenzial (wohlgemerkt nicht im überhöhten Sinne einer schnellen Auflösung aller Probleme, sondern im Sinne des Hinzufügens eines heilen Steinchens ins Schlagloch).

5.1.3 Perspektive 3 – Regulation und Stabilisierung der Beziehungsräume: Mein Raum, Dein Raum, Unser Raum

Regulation als **Emotionsregulation** und als Frage der Integration der Ich-Funktionen (Struktur der Persönlichkeit) bezieht sich auf den *situativen Aspekt* von Regulation.

In der Paartherapie kommt jedoch ein sehr wichtiger *situationsübergreifender Aspekt* hinzu: der Aspekt der Alltags- und Lebensorganisation des Paares. Wir haben gesehen, dass Regulationsschwierigkeiten sich in einem Verlust der Ich-Grenze zeigen (Kontrollverlust, Entgrenzung, Grenzüberschreitung) und einem Verlust der Beziehung zu sich selbst. Es ist für uns als Begleiter*innen von Paaren wichtig, den Blick zu weiten und die Frage zu stellen, was diese Grenze in der Alltags- und Lebensorganisation des Paares insgesamt belastet und was sie stabilisiert.

Diese Fragen können wir an die Partner als Einzelpersonen stellen, wie auch an das Paar gemeinsam. Unser Blick richtet sich dabei auf die Stabilisierung der konkreten Beziehungsräume im Alltag, in der die Beziehung des Einzelnen zu sich selbst stattfinden kann, beziehungsweise die Beziehung des Paares zueinander. Ziel ist es, mit dem Paar ein Bewusstsein für die drei Räume „Mein Raum, Dein Raum, Unser Raum" zu erarbeiten, diese Räume nach Möglichkeit zu stabilisieren und auszubalancieren (s. ◘ Abb. 5.8). Dabei können wir einerseits auf zeitliche, materielle, qualitative Ressourcen schauen, andererseits auf innere und äußere Stressoren, beschränkende Bedingungen und Entwicklungssituationen (Schwellensituationen, Entwicklungskrisen).

Die *Qualität* von Ressourcen meint hier: Wie ungestört widmet sich die Person z. B. der eigenen Selbstfürsorge, wie kreativ ist sie dabei und wie hoch ist die Priorisierung? Wird der Wunsch nach Zeit für sich z. B. durch das geringfügigste Bedürfnis des Partners oder der Familie sofort wieder aufgegeben?

Es gibt typischerweise drei Muster, in denen sich Paare mit Regulationsschwierigkeiten organisieren:

▪ Unterregulierte Paare

Diese Paare sind nicht ausreichend reguliert und es kommt schnell zu chaotischer, eskalativer Kommunikation, oder zu Rückzug, Depression, kommunikativem Zusammenbruch. Sie sind also tendenziell im oberen Bereich des WOT, darüber oder dar-

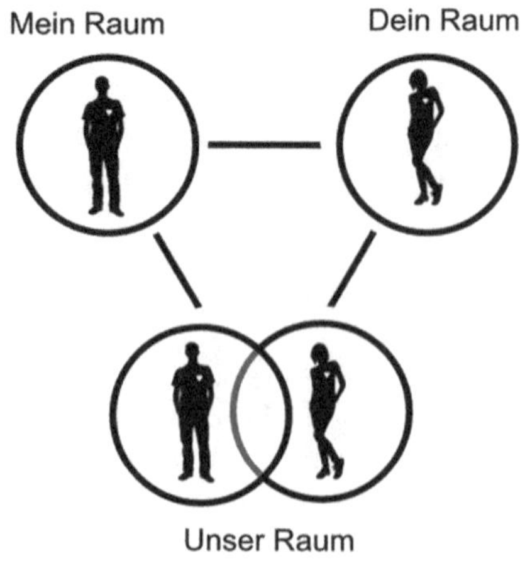

◘ Abb. 5.8 Balance der Beziehungsräume – Mein Raum, Dein Raum, Unser Raum. (© Wanja Kunstleben)

unter organisiert. Hier sind die Ich-Räume meistens zu sehr überlagert, wenig klar abgegrenzt und unterschieden und manchmal auch in einem sogenannten „Trauma-Bond" miteinander verwoben. Hier ist es oft besonders wichtig, die Räume der Einzelnen zu stärken.

- **Überregulierte Paare**

Diese Paare sind eher im unteren Bereich des „Window of Tolerance" organisiert, haben wenig emotionalen Austausch, es kommt gelegentlich mal zu kurzen Eskalationen. Es geht eher um „Up-Regulation" als um „Down-Regulation". Entsprechend lohnt es sich mit diesen Paaren, die gemeinsamen Räume zu stärken und miteinander zu vertiefen und auch in den jeweiligen Eigen-Beziehungsräumen das Potenzial der Selbsterfahrung zu unterstützen. Beispielsweise kann mit diesen Paaren die Technik der Zweigespräche (Möller, 1988) eingeübt und im Alltag implementiert werden.

- **Regulativ polarisierte Paare**

Bei diesen Paaren gibt es einen Partner, der augenscheinlich stärkere Regulationsschwierigkeiten hat, und einen Partner, der eher die Rolle hat, den Anderen zu stabilisieren und zu regulieren und der selbst stabiler wirkt (das ändert sich manchmal, wenn sich seine Rolle auflöst!). Diese Paare sind diametral um den oberen und unteren Rand des WOT herum organisiert. Auch hier sind die eigenen Räume meist instabil und es lohnt sich, diese in den Blick zu nehmen. Der Raum des „stabileren" Partners stabilisiert sich häufig durch die „Retterrolle" oder co-abhängige Strukturen. Dieser Selbstraum ist aber zu sehr von dieser Rolle und dem Bezug zum „instabileren" Partner abhängig und besteht kaum eigenständig und unabhängig. Der Raum des „instabileren" Partners stabilisiert sich über die Strukturgebung durch den „stabileren" Partner und er selber übernimmt keine eigene Verantwortung dafür, bleibt daher abhängig und unselbstständig. Diese Aspekte zu erkennen ist wichtig, um auf Interventionsebene wirklich beide Partner in ihrer Selbstständigkeit zu unterstützen und nicht in die Retterdynamik mit einzusteigen, die sich immer nur um den „instabileren" Partner dreht.

- **Mein Raum, Dein Raum, Unser Raum: Ressourcen und Stressfaktoren**

Ich möchte die wichtigsten Fragen herausstellen, die wir an das Paar stellen können:

Wie ist es um die körperliche, seelische und geistige Selbstfürsorge der Einzelnen und die eigene Verantwortungsübernahme für diese Bereiche bestellt?

Wie sind die Bereiche soziale Einbindung (außerhalb der Partnerschaft), Beruf, Freizeit, materielle Situation und individuelle Werte/Sinnerfüllung aufgestellt (vgl. 5 Säulen der Identität nach Petzold (Petzold & Sieper, 1996), Eremit und Weberer (2016))?

Welche Entwicklungskrise oder Schwellensituation stellt sich derzeit dem Individuum (z. B. Ausbildungsabschluss, Berufswechsel/Karriereschritt, Tod eines Elternteils, Berentung)?

Welche Entwicklungskrise oder Schwellensituation stellt sich derzeit dem Paar? Zum Beispiel: Geburt des ersten Kindes, Heirat, Umzug etc. Wechsel der „Jahreszeiten der Liebe" (Jellouschek 2005): vom Frühling zum Sommer (Verliebtheit zum Alltag), vom Sommer zum Herbst (z. B. nach der Familienphase), vom Herbst zum Winter (z. B. Übergang zum Alter).

Welche Stressoren belasten das Paar derzeit (z. B. materielle Schwierigkeiten, Arbeitsplatzverlust, Krankheit eines Familienmitglieds, Hausbau etc.)?

Wie können individuelle Grenzen und die Grenzen des Anspruchs an den Anderen als konstruktive Aspekte der Partnerschaft wahrgenommen werden (vgl. Jellouschek & Jellouschek-Otto, 2013)?

■ Besondere Herausforderungen an die Beziehungsräume: Sucht, Außenbeziehungen, polyamore Beziehungen, Trennungsdrohung, Patchworksituationen

Schließlich möchte ich noch auf vier besondere Herausforderungen an die Beziehungsräume eingehen, die in Paartherapien immer wieder eine Rolle spielen.

Sucht: Wenn einer oder beide Partner ein Suchtproblem haben, ist dies ein Hinweis auf eine nicht ausreichende Regulation, die ein klärendes therapeutisches Vorgehen verhindert, bzw. unterläuft. In der Richtlinienpsychotherapie gilt die Regel, maximal zehn Sitzungen darauf zu verwenden, um Abstinenz zu erreichen oder die Motivation zu einer Suchtbehandlung zu stabilisieren. Ich rate in der Paarbegleitung dazu, maximal drei Sitzungen hierfür zu verwenden, um der Gefahr vorzubeugen, dass das therapeutische System selbst zum co-abhängigen Teil der Suchtstruktur wird.

Außenbeziehung: Wenn eine bestehende Außenbeziehung die Bindungssicherheit der Partnerschaft unterminiert, kann ebenfalls kein Klärungsprozess gelingen. Es braucht hier sichere Absprachen als Regulation, bevor in einen Paarprozess eingetreten werden kann. Die Paartherapie kann natürlich sinnvoll dazu genutzt werden diese ausreichende Regulation auszuhandeln. Die Außenbeziehung ohne sichere Absprachen stellt jedoch zunächst einmal grundsätzlich eine Belastung des Beziehungsraumes dar, die eine ausreichende Regulation erfordert (Perell, 2019). Aus der Perspektive der Prozesssteuerung sind klärende Interventionen (Wie geht es Ihnen damit? Was steht dahinter? …) solange kontraproduktiv, bis es ausgehandelte und klare Absprachen gibt.

Polyamore Beziehungen: In polyamoren Beziehungsstrukturen sind die Herausforderungen an die Regulation der Beziehungsräume oft besonders komplex, da mehrere Beziehungsebenen gleichzeitig miteinander ausgehandelt werden müssen. Dabei stehen Fragen der Kommunikation, des Umgangs mit Eifersucht und der Gestaltung klarer Absprachen im Mittelpunkt. Polyamore Konstellationen können nur dann stabil funktionieren, wenn alle Beteiligten sich in ihrer Beziehungssicherheit gesehen und respektiert fühlen. In der Paartherapie ist es dann essenziell, nicht nur die primäre Beziehung, sondern auch die Dynamiken mit weiteren Beziehungspartner*innen zu berücksichtigen. Ein häufiger Stolperstein ist der Versuch, Konflikte zu vermeiden, indem wichtige Themen – wie Bedürfnisse, Grenzen oder Zeitverteilung – nicht offen angesprochen werden. Hier bietet die Paartherapie einen geschützten Raum, um solche Themen aufzugreifen und tragfähige Vereinbarungen zu treffen. Zudem sollte der therapeutische Fokus darauf liegen, zwischen den Partner*innen eine Kultur der Wertschätzung und Transparenz zu etablieren, die das Potenzial hat, alle beteiligten Beziehungsräume zu stärken. Ausführlicher gehe ich auf den Sonderfall polyamorer Beziehungen in ► Abschn. 5.3.5 ein.

Trennungsdrohung: Trennungsambivalenz ist ein häufiges Phänomen von Partnerschaften in der Krise. Wenn die Trennung jedoch als Damoklesschwert über der Beziehung schwebt und Trennungsdrohungen ausgesprochen werden, ist die Bindungssicherheit in der Partnerschaft ebenfalls unmittelbar bedroht. Daher benötigen wir in solchen Situationen einen ausgehandelten Rahmenvertrag: Welchen Zeitraum sind beide Partner angesichts ihrer Trennungsambivalenz noch bereit, für ein konstruktives Arbeiten an der Partnerschaft zu investieren? In diesem Zeitraum verzichten dann beide Partner nach diesem Rahmenvertrag auf die Drohung mit der Trennung (Tiedemann, 2018). Die Trennungsdrohung wird damit für einen sicheren Zeitraum außer Kraft gesetzt und so ausreichend reguliert, um dann klärend arbeiten zu können.

Patchworksituationen: Eine weitere besondere Herausforderung der Beziehungsräume können Patchworksituationen darstellen, in denen Vorrang, Qualität und Ressourcenverteilung der verschiedenen Beziehungsräume beachtet werden müssen. Gegebenenfalls sollte sich die Paartherapie erst einmal darauf konzentrieren, hier Ordnung zu schaffen, bevor es möglich wird, sich klärend auf die Beziehungsebene des Paares zu konzentrieren (Vgl. Krähenbühl et al., 1986).

Fazit: Regulation als innerpsychischer Prozess

Regulation mag oberflächlich betrachtet eine recht pragmatische Angelegenheit sein: Es geht darum, praktische und oft auch pragmatische Strategien zu finden, die Spannung nach Möglichkeit auf ein mittleres Niveau zu regulieren. Bei genauerer Betrachtung ist es hilfreich, die komplexen Hintergründe zu verstehen, die der Dynamik von Regulationsprozessen zugrunde liegen, gerade weil es wichtig ist, unsere Klienten und Patienten für eine gelingende regulierende Intervention „abzuholen". Die Konzepte des „Window of Tolerance" und des strukturellen Integrationsniveaus helfen uns hier, unsere Interventionen klar und zielgenau auszugestalten. Außerdem können uns bildhafte Metaphern wie das WOT, die Affektlogikbrille, die Lösungskompetenzkurve oder die Schlaglochmetapher helfen, dem Paar ein Verständnis für das Geschehen und die Notwendigkeit der Prozesssteuerung zu vermitteln. Außerdem ist es hilfreich, neben der situativen Regulation der Emotionalität, auf die Regulation der Beziehungsräume im Alltag und in der Lebensorganisation des Paares zu blicken. Wenn wir Schwierigkeiten auf dieser Ebene übersehen oder außer Acht lassen, kann es leicht geschehen, dass wir uns an der situativen Regulation abarbeiten ohne recht voranzukommen.

Die zwei wichtigsten Erkenntnisse aus dem Abschn. 5.1 für die Regulation als Interventionsfokus (► Abschn. 5.2) in der Arbeit mit dem Paar sind: Wir müssen das Paar darin unterstützen, zu lernen, in schwierigen Situationen die emotionale Spannung zu regulieren und auf zweiter Ebene, mittelfristiger, die „Räume" zu stabilisieren: den eigenen und den Beziehungsraum.

5.2 Regulation als therapeutischer Interventionsfokus

Definition Regulation als therapeutischer Interventionsfokus

a) **Interventionen, die auf die aktuelle Situation in der Sitzung bezogen sind.** Diese Interventionen dienen dazu, emotionale Dynamiken zu begrenzen, Ängste und Wut zu beruhigen, Halt und Rahmen zu geben, zu orientieren, zu symbolisieren, annehmend zu spiegeln und die Selbstwahrnehmung sowie Zentrierung durch körperorientierte Ansätze zu unterstützen.
b) **Interventionen, die auf den Alltag des Paares bezogen sind.** Ziel dieser Interventionen ist die Förderung von Selbstfürsorge und Stabilisierung. Dabei wird das Selbstwirksamkeitserleben gestärkt, eigene und gemeinsame Ressourcen und Räume werden unterstützt, und die Wahrnehmung, Klärung und konstruktive Kommunikation eigener Grenzen wird gefördert („Mein Raum, Dein Raum, Unser Raum-Stabilisierung").

Die ► Abschn. 5.1 und 5.2 bauen insofern aufeinander auf, dass das vertiefte Verständnis von Regulationsschwierigkeiten in Paarkonflikten und psychischen Verarbeitungsprozessen uns hilft, unsere Interventionen zielgenau zu gestalten. Um ein vertieftes Verständnis und einen möglichst hohen Transfereffekt für die eigene therapeutische Arbeit zu ermöglichen, werde ich den Interventionsteil entlang praktischer Übungen darstellen.

Die Konzepte Regulation, Klärung und Intimität beschreiben ja grundlegende Modi des therapeutischen Prozesses. Insofern hat das Prozesssteuerungsmodell in keiner Weise den Anspruch, etwas Neues zu beschreiben. Vielmehr geht es darum, das, was wir sowieso schon machen, besser zu verstehen, zu ordnen und bewusster zu organisieren. In diesem Sinne ist es das Ziel dieses Kapitels, darzustellen, wie wir Regulationsschwierigkeiten sicher erkennen und souverän beantworten.

Definition Up-Regulation und Down-Regulation

Regulation als Interventionsfokus ist ein therapeutischer Modus, der darauf abzielt, den Patienten/das Paar darin zu unterstützen, in den Bereich eines mittleren emotionalen Spannungsniveaus („Window of Tolerance") zu gelangen, in dem ein gelingender Kontakt zu sich selbst und zum Anderen auf kognitiver und emotionaler Ebene möglich ist.

Das bedeutet, dass die Intervention entweder darauf abzielt, die emotionale Involviertheit zu erhöhen (Up-Regulation) oder zu beruhigen und herunterzuregulieren (Down-Regulation).

Da sich Up- und Down-Regulation in ihrer Interventionsausrichtung unterscheiden, werde ich sie im Folgenden getrennt voneinander darstellen.

5.2.1 Up-Regulation

Up-Regulation ist eine Interventionsrichtung, die auf mehr emotionale Involviertheit abzielt.

Wir können dabei zwei Situationen unterscheiden:

1. Die Lösung von emotionaler Abschottung und Blockade: Regulation eines emotionalen Spannungsniveaus von unterhalb des „Window of Tolerance" in das WOT hinein. Die Interventionen sind regulierende Interventionen.
2. Ein überkontrolliertes Paar in den emotionalen Kontakt bringen: Die Regulation findet genau genommen innerhalb des WOT vom unteren Bereich in den oberen Bereich statt. Die Intervention zielt auf die Herstellung von Nähe ab und wir versuchen daher, genau betrachtet, die Dimension der Intimität zu befördern. Von der Interventionsrichtung her können wir das als Up-Regulation beschreiben, die Interventionstechniken sind jedoch nur zum Teil regulierend (v. a. Sicherheit und Vertrauen vermitteln), zum Teil aber auch klärend (Verständnis generieren) und intimitätsfördernd/erlebniszentriert und öffnend (Nähe, Begegnung, emotionales Erleben herstellen).

   Wenn wir ein überkontrolliertes Paar oder einen der beiden Partner in den emotionalen Kontakt bringen möchten, dann geschieht das nicht zum Selbstzweck, weil uns als Therapeuten ein emotionaler Zugang zu uns selbst eben wichtig und wertvoll erscheint. Vielmehr ist es deshalb sinnvoll, das emotionale Engagement zu intensivieren, um in einen verbesserten Problemlösebereich für den Paarkonflikt zu kommen (siehe ◘ Abb. 5.2: Lösungskompetenzkurve).

   Auf der Ebene der Bindungsmuster sind überkontrollierte Patienten tendenziell vor allem in ambivalent-vermeidenden Bindungsmustern organisiert. Das bedeutet, dass ihre Bindungserfahrung wenig die Erfahrung ermöglicht hat, dass Aufmerksamkeit und Wertschätzung (annehmende Spiegelung), Trost und Beruhigung ohne Bedingung verfügbar sind, sondern tendenziell mit der Erfüllung von Funktion, Leistung und Erwartung verknüpft sind. Die wesentliche Grundlage der Up-Regulation ist daher die affektive Rahmung (vgl. ► Abschn. 1.7). Positive Gegenseitigkeit durch Aufmerksamkeit, Wertschätzung und annehmende Spiegelung herzustellen, können wir sowohl von der Interventionsrichtung her als auch technisch als Regulation beschreiben. Kontrollierende, rationalisierende Anteile des Paares werden sich nur entspannen können, wenn sie die Situation als sicher und die Aufmerksamkeit, Annahme und Spiegelung als „unbedingt" – also nicht an Leistungs-, Versorgungs- oder Anpassungsbedingungen geknüpft – erleben. Die weitere Up-Regulation geschieht jedoch klärend und erlebniszentriert/intimitätsorientiert: Auf klärende Weise wird ein Verständnis für emotionale Dynamiken des Paares und emotionale Bedeutungen für den Einzelnen erschlossen. Auf erlebniszentrierte Weise wird Begegnung mit der eigenen Emotionalität und der Emotionalität des Partners angeregt. Anders formuliert fokussieren wir neben der affektiven Rahmung vor allem auf klärende und intimitätsorientierte Interventionen.

Da es in diesem Kapitel vor allem um regulationsorientierte Interventionen geht, wird an dieser Stelle nur kurz auf diese Variante der „Up-Regulation" eingegangen und sie wird später wieder in den Kapiteln zur Klärungs- und Intimitätsdimension aufgegriffen. Die meisten der im Folgenden beschriebenen Regulationstechniken sind vor allem für die erste Variante der „Up-Regulation“ bestimmt, wenn es darum geht, eine depressiv, ängstlich, bzw. dissoziativ geprägte emotionale Blockade zu lösen.

Up-Regulation

Up-Regulation ist eine Interventionsrichtung, die auf mehr emotionale Involviertheit abzielt. Technisch gesehen geht es jedoch nur dann vorwiegend um regulierende Interventionen, wenn sich das emotionale Spannungsniveau unterhalb des WOT befindet.

Es kann jedoch im Sinne der Prozesssteuerung auch als Up-Regulation verstanden werden, wenn es darum geht, *innerhalb* des WOT das emotionale Engagement zu intensivieren, um in einen verbesserten Problemlösebereich für den Paarkonflikt zu kommen (siehe ◘ Abb. 5.2: Lösungskompetenzkurve), also ein eher überkontrolliertes Paar in den emotionalen Kontakt zu bringen. Technisch gesehen kommen neben regulierenden Interventionen hierbei auch klärende und intimitätsorientierte Interventionen zum Tragen.

5.2.1.1 Regulationsschwierigkeiten erkennen (Überregulation)

Für eine souveräne Prozesssteuerung ist es von großer Bedeutung, dass wir erkennen, wo wir uns mit dem Paar gerade befinden. Bevor ich nochmal auf die Interventionen und Techniken bei der Up-Regulation eingehe, möchte ich Sie daher zu einer Reflexion darüber einladen, woran wir Regulationsbedarf im Sinne der Up-Regulation erkennen. Sie werden sicher feststellen, dass uns dabei viele Aspekte bewusst werden können, die wir sonst eher intuitiv und vorbewusst wahrnehmen.

Übung R1: Up-Regulationsbedarf erkennen

Es geht nun um Situationen, in denen ein Partner oder beide Partner entweder emotional blockiert und abgeschottet erscheinen (unterhalb des WOT) oder so überkontrolliert sind, dass der Paarkonflikt nicht wirklich angegangen werden kann, (das *emotionale Spannungsniveau liegt innerhalb, aber fixiert im unteren Bereich* des WOT), sodass die Prozesssteuerung Richtung Up-Regulation sinnvoll erscheint.

Sie können diese Übung gut in einer Kleingruppe durchführen, in der jeder für sich die Frage beantwortet, um sie dann gemeinsam zu besprechen.

Frage: Woran erkennen Sie, dass ein Paar oder einer der Partner überkontrolliert ist, also im unteren Bereich des WOT fixiert bleibt, sodass eine emotionsfokussierte Bearbeitung des Paarkonflikts behindert wird?

Nehmen Sie sich – einzeln oder in der Lerngruppe – 10 min Zeit, um Stichworte zu dieser Frage zu notieren.

Achten Sie auf

- interaktionelle und individuelle Anzeichen
- verbale und non-verbale/psychomotorische Anzeichen

- Anzeichen, die sie beim Paar/Patienten wie auch an sich selbst beobachten
- Welche möglichen Gegenübertragungsgefühle könnten bei Ihnen entstehen?
- Notieren Sie außerdem mögliche Symptome und Verhaltensweisen, von denen Sie typischerweise während der Behandlung erfahren, die aber nicht direkt in der Sitzung auftreten, und die ebenfalls auf Blockaden und Rückzug, bzw. eine tendenziell überkontrollierte Beziehungsgestaltung hinweisen.

Im Folgenden finden Sie eine Liste an Stichworten. Sie erhebt keinen Anspruch auf Vollständigkeit. Vergleichen Sie danach die Liste mit ihren eigenen Stichworten.

Am Paar oder Patienten beobachtbar:

Reduzierte Gestik, Mimik, „Versteinerung", abwehrende Körperhaltung, sachliche Sprache, Verallgemeinerung („man" statt „ich"), Intellektualisierung, wenig Blickkontakt, Abwesenheit, Verlangsamung, Anspannung, reduzierte Schwingungsfähigkeit, insgesamt kontrollierte, tendenziell ängstliche Affekte, subtile Abwertung, „kalte" Aggressivität, wenig Selbstoffenbarung, keine direkte Formulierung eigener Bedürfnisse, …

An sich selbst wahrnehmbar/mögliche Gegenübertragungsgefühle:

Anspannung, Anstrengung, Langweile, Müdigkeit, inneres Abschweifen, Abwesenheit/„nicht ganz präsent sein"/Derealisation, eigenes Intellektualisieren und Rationalisieren, Unsicherheit, Ärger, Angst vor Versagen/Unterlegenheit/Abwertung …

Berichtete Symptome und Verhaltensweisen:

Entfremdung, gutes Funktionieren als Team, relativ „stabile" Verhältnisse, wenig emotionale Nähe als Paar, wenig Leidenschaft, wenig Raum als Paar („Unser Raum"), Berichte über Dissoziationen, innerer und äußerer Rückzug, Depressivität …

5.2.1.2 Interventionen

Wie bereits beschrieben, ist für die Up-Regulation zunächst die affektive Rahmung (s. ► Abschn. 1.7) und damit die Schaffung eines vertrauensvollen Beziehungsraumes wichtig. Dies geschieht durch nicht-verurteilende, annehmende Spiegelung, emotionale Zugewandtheit, Vermittlung von Zuversicht, Geduld, Neugier, Offenheit und das Eintreten für eine positive, nicht-verletzende, kooperationsorientierte Gegenseitigkeit.

Up-Regulation unterhalb des WOT wird dann notwendig, wenn ein Partner entweder depressiv, ängstlich, schamhaft-verschlossen oder in dissoziativer Weise emotional abgespalten ist. Manchmal wird sich eine emotionale Blockade sanft auflösen und die emotionale Schwingungsfähigkeit wieder herzustellen sein. Da die emotionale Blockade oder Abspaltung (bei der Dissoziation) in gewisser Weise ein Gefühlsüberlastungsschutz ist, kann es aber auch sein, dass eine Up-Regulation dazu führt, dass die dysregulierten Gefühle spürbar werden und wir dann unmittelbar in die Down-Regulation übergehen (s. ► Abschn. 5.2.2).

5

Innere Blockade lösen

Der Umgang mit solchen Blockaden kann als „Arbeit am Widerstand, mit dem Widerstand" (und nicht: *gegen* den Widerstand) beschrieben werden. Wie im folgenden Fallbeispiel beschrieben, ist es wichtig, die Blockade nicht direkt infrage zu stellen und verändern zu wollen, sondern sie zunächst einfach wahrzunehmen und in ihrer (Schutz-)Funktion zu würdigen.

Anleitung R1: „Up-Regulation – emotionale Blockade auflösen"

Therapeut: „Tjerg, ich bemerke, dass du heute emotional sehr blockiert wirkst. Es ist, als ob da eine Barriere ist. Kannst du das spüren?"

Tjerg: „Ja, ich fühle mich irgendwie wie eingefroren, kann meine Gefühle nicht wirklich wahrnehmen."

Therapeut (an Partner von Tjerg): „Tom, wäre es in Ordnung, wenn wir uns etwas Zeit nehmen, um die Blockade von Tjerg etwas genauer zu erkunden?"

Tom: „Ja, gerne ... Ich kenne das bei Tjerg und ich wünsche mir sehr, dass er da wieder rauskommt."

Therapeut: „Gut Tom, dann schaue, dass du dich in eine Haltung begibst, in der du dich mit mir zusammen entspannt Tjergs Thema zuwenden kannst. Bitte melde dich, wenn du Unterstützung brauchst oder es dir nicht mehr gut möglich ist, dabei zu sein."

Tom: „In Ordnung."

Therapeut (zu Tjerg): „Nimm dir einen Moment und spüre in dich hinein. Unser Körper ist wie ein Resonanzraum für unsere Seele. Vielleicht kannst du einmal versuchen, genau wahrzunehmen und zu beschreiben, wie sich dieses Blockiertsein in dir anfühlt?"

Tjerg: „Es fühlt sich an, als ob da eine Schwere auf meiner Brust liegt, als ob alles grau und trüb wäre. Ich kann nichts Positives fühlen."

Therapeut: „Das ist wichtig, dass du das benennst. Lass uns einen Schritt weitergehen. Vielleicht kannst du wahrnehmen, dass diese Blockade ein Anteil von dir ist – es ist nicht dein ganzes Selbst – und er ist aus einem bestimmten Grund da. Kannst du versuchen, wahrzunehmen, was dieser blockierende Anteil schützen oder wovor er dich bewahren möchte?"

Tjerg: „Es ist, als ob er mich vor Enttäuschung schützen möchte. Ich habe Angst davor, dass nichts besser wird, dass ich immer wieder diese Ohnmacht in der Beziehung erlebe und dass ich in diesem trüben Zustand feststecke."

Therapeut: „Danke, dass du das Vertrauen hast, das hier mit uns zusammen anzuschauen. Das ist ein verletzliches Gefühl und es ist wichtig, dass du das wahrnehmen kannst. Du fühlst dich von dieser depressiven Blockade geschützt vor der möglichen Enttäuschung und Hilflosigkeit. Was kannst du noch über diese Angst sagen?"

Tjerg: „Es ist die Angst, dass ich es nicht schaffe, aus diesem Zustand herauszukommen, dass es keine Hoffnung gibt."

Therapeut: „Jetzt, da du verstanden hast, welche Gefühle unter der depressiven Schwere stecken, spüre mal in dich hinein. Kannst du bemerken, ob sich etwas verändert hat?"

Tjerg: „Es ist seltsam, aber die Schwere fühlt sich etwas gelockert an. Als ob da ein bisschen Licht durchkommt."

Therapeut: „Das klingt gut!"

Tjerg: „Es ist immer noch schwer, aber es fühlt sich nicht mehr ganz so ausweglos an. Ich bin überrascht, dass allein das Sprechen darüber schon etwas verändert hat."

Therapeut: „Prima. Tom, wie fühlt sich das für dich an?"

Tom: „Es ist gut zu sehen, dass sich etwas bewegt. Das erleichtert mich ehrlich gesagt total."

Anmerkung: In der Prozesssteuerung geht der Therapeut hier erstmal nur soweit auf Tjergs depressive Gefühlsvermeidung ein, dass wieder eine ausreichende Schwingungsfähigkeit wahrnehmbar ist, um wieder besser miteinander in Beziehung zu treten. Das Ziel der Intervention ist innerhalb der Paartherapie zunächst nicht, Tjergs depressive Muster zu bearbeiten. Das wäre ein einzeltherapeutischer Fokus. Dagegen ist der Fokus im Paarsetting, eine ausreichende Stabilisierung des emotionalen Spannungsniveaus herzustellen, ihn also ins WOT zu holen, dass eine weitere Klärungsarbeit im Paarsetting möglich wird. Nachdem der Therapeut also den Eindruck hat, dass Tjerg sich wieder selbst besser wahrnehmen kann, versucht er daher nicht, diese Gefühle weiter zu bearbeiten, sondern steuert wieder auf die Paarebene zurück, indem er Tom mit einbezieht.

Es geht also darum, die Blockade anzusprechen, bewusst zu machen und ihre Funktion zu verstehen. Dadurch lässt sie sich oftmals bereits ausreichend lösen. Wenn sie sich nicht lösen lässt, bleibt uns nur die Möglichkeit, sie zunächst zu akzeptieren und den Umgang damit zu besprechen. So übergeben wir dem Patienten auch seine Verantwortung dafür.

▪ Blockaden sichtbar machen (Symbolisieren)

Wenn wir uns bewusst machen, dass an den Rändern des WOT unsere Ich-Funktionen zur Desintegration tendieren, ist der starke positive Effekt erklärbar, den die Externalisierung innerer Zustände durch Symbole auf die Stabilisierung des WOT hat. Die Symbolisierung hilft unseren Ich-Funktionen, psychische Aspekte wahr-zunehmen, zu be-greifen, sich auf sie zu beziehen und sie dadurch auf der inneren Bühne abzubilden.

So kann das einfache Herausgreifen eines Steines aus einer Steinesammlung ein kleines Wunder bewirken:

Anleitung R2: „Sichtbarmachen durch Verwendung von Symbolen"

Therapeut: „Lisa, du wirkst irgendwie verschlossen. Möchtest du darüber sprechen?"

Betroffener Partner: „Es ist schwer, es zu sagen … Ich fühle mich irgendwie schrecklich."

Therapeut: „Schau mal, ich habe hier eine Steinesammlung, und ich frage mich, ob einer dieser Steine vielleicht repräsentiert, was du fühlst." (Der Therapeut bietet Lisa an, aus einer Schale mit Steinen einen Stein auszuwählen).

Lisa: (nimmt einen Stein und legt ihn vor sich auf den Tisch) „Ja, das fühlt sich irgendwie so an. Wie dieser Stein hier auf meinem Herzen. Ich hab Angst, nicht gut genug zu sein. Ich schäme mich … Tut gut, das so zu sehen und hier abzulegen." (zu ihrem Partner) „Wenn ich in meinem Schneckenhaus verschwinde, dann kann ich gar nicht mehr hören, was du mir sagst. Ich habe einfach Angst, dass du mich siehst und dass ich dir nicht genug bin."

Umgang mit dissoziativen Symptomen

Dissoziative Symptome sind geprägt von einem „Nicht-Ich-Erleben“. Das, was gerade passiert, passiert nicht wirklich, bzw. es passiert nicht wirklich mir (Derealisierung und Depersonalisierung).

Manche Patienten können diese Zustände gut an sich wahrnehmen und darauf hinweisen, manche rutschen einfach unbewusst hinein und bemerken sie erst, wenn sie darauf angesprochen werden. Bei manchen Patienten werden Sie bemerken, dass sie z. B. verzögert oder sogar apathisch reagieren, nicht ganz anwesend scheinen und der Blick unlebendig erscheint. Manche Patienten schalten jedoch in einen hochfunktionalen Autopilotmodus und wir können das dann nicht immer mit bekommen. Daher ist es wichtig, auch ein eigenes Sensorium dafür zu entwickeln, um sensibler auf die vorbewussten, subtilen, über die Mikromimik vermittelten Wahrnehmungen anzusprechen. Dissoziation beginnt mit einer leichten Alltagstrance, die wir alle kennen. Ein typisches Beispiel ist der Autopilotmodus beim Autofahren. Auch das leicht veränderte Zeitempfinden werden die meisten von dort kennen. Wenn wir in der therapeutischen Sitzung einen leichten Anflug von Alltagstrance, von nicht ganz da sein, vielleicht auch einer leichten Müdigkeit, Taubheit oder „nebelartigen“ Wahrnehmung erleben, ist es gut, die Hypothese zu überprüfen, ob das Gegenüber vielleicht gerade dissoziiert.

Es gibt zwei Möglichkeiten, mit der Dissoziation zu arbeiten: Reorientierung und den Beschützeranteil herausarbeiten.

Bei der **Reorientierung** hilft uns der Umstand, dass der Abwehrmechanismus der Dissoziation – vor allem mit etwas Übung – sehr gut der Eigenkontrolle und der Regulation zugänglich ist.

Reorientierungsübungen bei dissoziativen Symptomen wie Derealisation und Depersonalisierung können helfen, die Verbindung zur Realität zu stärken.

Anleitung R3: Reorientierungsübungen

Zunächst ist es wichtig, dass Sie selbst sich zentrieren und die Situation normalisieren:

„Wenn Sie nicht ganz im Hier und Jetzt sind, ist das meist ein Zeichen dafür, dass ein Anteil von Ihnen überfordert ist. Ich möchte Ihnen helfen, zunächst wieder etwas mehr in Kontakt mit sich zu kommen.

Beginnen Sie mit bewusster Atmung, indem Sie tief ein- und ausatmen, um sich zu erden. Fokussieren Sie sich auf Sinnesreize, wie das Spüren von Texturen oder das Hören von Umgebungsgeräuschen. Benennen Sie bewusst Gegenstände in Ihrer Umgebung, um die Wahrnehmung zu schärfen.“

Am geläufigsten ist wahrscheinlich die 5-4-3-2-1-Methode:

„Nennen Sie fünf Dinge, die Sie sehen, vier Dinge, die Sie hören, drei Dinge, die Sie fühlen, zwei Dinge, die Sie riechen, und einen Geschmack, den Sie wahrnehmen. Dies refokussiert und aktiviert die Aufmerksamkeit und lenkt von dissoziativen Empfindungen ab.“

„Berühren Sie bewusst Ihren Körper, um die Verbindung zu spüren. Klopfen Sie sanft auf Ihre Arme oder Beine, um das Gefühl der Realität zu stärken. Nutzen Sie auch den Kontakt zum Boden, Sie können Ihre Schuhe ausziehen und die Zehen spreizen, um sich wie ein Gekko mit dem Boden zu verbinden. Legen Sie Ihre Handflächen auf feste Oberflächen."

„Affirmationen sind hilfreich, um sich selbst zu versichern. Wiederholen Sie positive Sätze wie ‚Ich bin im Hier und Jetzt' oder ‚Ich bin hier gerade gut aufgehoben und ich darf in Kontakt mit mir selbst sein'. Das kann helfen, die innere Anspannung zu beruhigen."

Kaltes Wasser verwenden

„Sie können sich an meinem Waschbecken die Hände unter kaltes Wasser halten oder ein Glas kaltes Wasser trinken. Dies kann dazu beitragen, die Aufmerksamkeit auf die physischen Empfindungen zu lenken und die Dissoziation zu unterbrechen."

Taktiler Druck

„Verwenden Sie taktilen Druck, um das Gefühl der Realität zu verstärken. Dazu können Sie fest auf eine feste Oberfläche drücken. Oder Sie können in die Hände klatschen oder ein Kissen fest umarmen. Umfassen Sie mit der linken Hand fest das Handgelenk Ihrer rechten Hand und drehen Sie die Hände dann gegeneinander. Der Druck und Hautkontakt kann als stabilisierend empfunden werden."

Sinnesstimulation

„Nutzen Sie intensive Sinnesreize, um die Wahrnehmung zu schärfen. Dies könnte das Riechen an stark duftenden ätherischen Ölen, das Halten von Textilien mit unterschiedlichen Texturen oder das Hören von Musik beinhalten. Diese Reize können dazu beitragen, die Aufmerksamkeit auf die gegenwärtige Realität zu lenken."

Körperübung zur Erdung

„Lassen Sie uns gemeinsam aufstehen und zunächst tief ein- und ausatmen. Beginnen Sie dann, leicht mit den Fersen auf und ab zu wippen. Verstärken Sie die Bewegung, wenn Sie mögen, bis zum Hüpfen oder etwas weniger intensiv. Schütteln Sie dabei die Arme und Hände aus. Wenn Sie mögen, nehmen Sie Atem und Stimme dazu und stoßen Sie die Luft geräuschvoll aus. Bringen Sie die Bewegung dann wieder langsam zur Ruhe. Ergänzen können Sie diese Übung, indem Sie die Füße schulterbreit auseinandersetzen, die Knie leicht beugen, sodass Sie im „Reiterstand" stehen, als würden Sie auf einem imaginären Pferd sitzen. Dann heben Sie mit mir zusammen die Arme nach oben, Handflächen zueinander und lassen die Handkanten dann auf die Oberschenkel fallen. Dabei atmen wir gemeinsam mit einem lauten „Ha!"-Ruf aus. 1–2–3 …"

Sanfte Körperübung

„Lassen Sie uns gemeinsam aufstehen und eine sanfte Dehnungsübung machen. Atmen Sie zunächst tief ein und aus. Heben Sie dann Ihre Arme seitlich bis auf Schulterhöhe, Handflächen nach unten. Die Mittelfinger ziehen mit sanftem Zug nach außen. Beginnen Sie dann, die Arme in Richtung der Daumen zu drehen, bis die Handflächen nach oben und die Daumen nach hinten zeigen. Stellen Sie sich dann noch einmal vor, dass die Mittelfinger mit sanftem Zug nach außen ziehen. Lösen Sie die Drehung wieder auf und drehen Sie dann noch etwas sanft in die gegensätzliche Richtung. Diesmal sind die Schultern geöffnet und die Handflächen zeigen wieder nach oben. Lösen Sie die Übung dann wieder auf und schütteln Sie die Hände aus."

Es ist wichtig zu beachten, dass nicht alle Techniken für jeden Menschen gleich wirksam sind. Individuelle Präferenzen und die Reaktion des Einzelnen auf verschiedene Reize sollten berücksichtigt werden.

5

Professionelle Hilfe von einem Therapeuten kann auch bei der Entwicklung individuell angepasster Bewältigungsstrategien hilfreich sein. Sie können auch für die mittelfristige Unterstützung zur Bewältigung von Dissoziationsneigung Anregung geben:

„Erstellen Sie einen Notfallkoffer mit beruhigenden Objekten, wie einem Lieblingsbuch oder einem Duft, um in Momenten der Dissoziation Stabilität zu finden."

„Engagieren Sie sich in sanften körperlichen Aktivitäten, um die Wahrnehmung Ihres Körpers zu stärken. Dies könnte Yoga, Tai Chi oder einfache Dehnübungen beinhalten. Durch die bewusste Bewegung wird die Verbindung zwischen Körper und Geist gefördert."

„Routinen sind wichtig. Entwickeln Sie eine Struktur im Alltag, um Sicherheit und Normalität zu fördern. Planen Sie regelmäßige Pausen und achten Sie auf ausreichenden Schlaf."

„Arbeiten Sie mit einem Therapeuten an Bewältigungsstrategien und Techniken zur Selbstregulierung. Akzeptieren Sie die Symptome, ohne sich von ihnen überwältigen zu lassen, und entwickeln Sie gemeinsam mit Ihrem Therapeuten individuelle Reorientierungsstrategien."

▪ Übungen zur Regulation des Vagusnervs

Übungen zur Regulation des Vagusnervs, basierend auf der Polyvagaltheorie, zielen darauf ab, das autonome Nervensystem zu beeinflussen und emotionale Spannung zu regulieren. Die Polyvagaltheorie wurde von Dr. Stephen Porges entwickelt. Dr. Porges, ein amerikanischer Psychophysiologe, präsentierte die Theorie erstmals in den 1990er-Jahren. Die Polyvagaltheorie beschäftigt sich mit der Rolle des Vagusnervs im autonomen Nervensystem und wie er in Reaktion auf verschiedene Umweltreize und soziale Interaktionen agiert. Die Theorie betont insbesondere die Bedeutung des Vagusnervs bei der Regulation von Emotionen, sozialen Bindungen und dem Stressniveau. Sie findet viel Beachtung im Rahmen des körperorientierten Traumatherapieansatzes des Somatic Experiencing. Zur Up-Regulation dienen Bewegungs- und Atemübungen, wie langsames, tiefes Atmen, Augenbewegungen, sanfte Dehnübungen, um die Aktivität des Parasympathikus zu erhöhen. Durch gezielte Meditation kann zudem der Vagustonus gesteigert werden.

Wichtig ist die Individualisierung der Übungen, da Menschen unterschiedlich auf Reize reagieren. Durch regelmäßiges Training kann die Vagusnervfunktion langfristig verbessert werden, was positive Auswirkungen auf die emotionale Regulation, Stressbewältigung und soziale Bindungen haben kann. Hierfür lohnt es sich für Therapeut*innen, sich vertieft mit der Theorie und den möglichen Übungen auseinanderzusetzen. Ich möchte mich daher hier auf den Hinweis auf weiterführende Literatur beschränken (Rosenberg, 2018; Hintringer, 2021).

Anleitung R4: Dissoziation gemeinsam bewältigen – Partnerübung

Wenn ein Partner im Paaralltag immer wieder dissoziiert, löst dies oft Hilflosigkeit beim anderen Partner aus. Es kann sehr hilfreich sein, dies in einer Paarsitzung aufzugreifen und gemeinsam eine pragmatische Anleitung zum Umgang mit diesen Zuständen zu erstellen. Es ist dabei wichtig, das Setting so aufzubauen, dass der dissoziative Zustand in einem sicheren und begrenzten Rahmen erlebbar ist. Dazu ist es hilfreich z. B. einen Kreis mit einem Seil im Therapieraum auf dem Boden auszulegen.

Therapeut: „Juliane, dieser Kreis symbolisiert Ihren dissoziativen Zustand, so wie er in Ihrer Auseinandersetzung am letzten Wochenende aufgetreten ist. Können Sie sich vorstellen, jetzt einmal in diesen Kreis zu treten und den Zustand ein wenig zuzulassen, wie ein entferntes Echo? Sollten Sie merken, dass es Ihnen zu intensiv wird, können Sie jederzeit wieder heraustreten."

Juliane: „Ja das kann ich machen." (stellt sich in den Kreis) „Das ist echt krass, ich spüre sofort ein leichtes Kribbeln in den Händen … so wie es immer anfängt."

Therapeut: „Karim, können Sie sich einmal ihrer Frau gegenüberstellen? Prima. Juliane, was könnte Ihr Mann tun, was hilfreich für Sie wäre?"

Juliane: „Könntest du mich einmal fest um die Handgelenke fassen?"

Karim: „Ja gerne. So?"

Juliane: „Ruhig noch ein bisschen fester." … „Ja, so. Das tut gut. Das beruhigt mich direkt. Danke."

Therapeut: „Gibt es noch etwas, was Ihr Mann zu Ihnen sagen könnte?"

Juliane: „Du könntest mir sagen: ‚Ich bin da.'"

Karim: „Ja, ich bin da, Juliane. Ich bin da."

Juliane: „Danke. Ich bin jetzt wieder in Kontakt mit mir. Und mit dir."

Therapeut: „Wie geht es Ihnen jetzt damit, Karim?"

Karim: „Das ist großartig. Vielen Dank, das hilft mir sehr!"

Die zweite Möglichkeit, mit Dissoziation zu arbeiten, ist, den Beschützeranteil herauszuarbeiten.

Das Vorgehen ist von der Grundstruktur her dasselbe wie die oben geschilderte Arbeit mit den emotionalen Blockaden. Allerdings gibt es bei Dissoziation eine Besonderheit: Wenn wir auf die Körperwahrnehmung fokussieren, ist es bei der Dissoziation häufig so, dass sich die dissoziative Wahrnehmung, also die Derealisationstendenz, noch verstärkt. Um den dissoziativen Beschützer zu identifizieren, müssen wir einen kleinen Trick anwenden:

Anleitung R5: Dissoziative Beschützeranteile herausarbeiten

Therapeut: „Ist es Ihnen möglich, sich vorzustellen, dass ein Teil von Ihnen die Dissoziation ‚macht', um Sie vor Überforderung und Überflutung durch ein negatives Gefühl zu schützen? Versuchen Sie bitte, den Teil, der den „Nebel im Kopf" macht, direkt anzusprechen. Vielleicht können Sie ihm sagen: ‚Ich sehe, dass du meine Wahrnehmung vernebelst, um mich zu schützen.' ... Wie ist das?"

Der Trick ist also, nicht den Nebel, die Leere, das Unwirklichkeitsgefühl zu fokussieren, sondern den Anteil, der den Nebel etc. macht. Das weitere Vorgehen ist wie in der Übung „Up-Regulation: Emotionale Blockade lösen".

▪ In Bewegung kommen: Körperorientierte Up-Regulation

Um die innere Erstarrung zu lösen, kann es häufig hilfreich sein, körperlich in Bewegung zu kommen. Vielleicht müssen Sie eine gewisse Scheu oder ein Gegenübertragungsgefühl von eigener Blockade oder Erstarrung überwinden. Es kann hilfreich sein, die Intervention kurz zu erklären:

Fallbeispiel R6: Körperorientierte Up-Regulation

„Ich habe den Eindruck, dass Sie sich gerade innerlich blockiert/erstarrt/eingefroren fühlen. Und ich könnte auch etwas Bewegung gebrauchen. Ich lüfte zunächst einmal etwas durch, wenn das für Sie in Ordnung ist." Auf die Zustimmung des Paares hin geht die Therapeutin zum Fenster und öffnet es.

„Vielleicht stehen Sie einmal beide auf und machen mit mir eine kurze Bewegungsübung, bevor wir uns weiter über [das Thema] unterhalten."

Nun kommen die verschiedensten einfachen Bewegungen, Yoga-, Chi-Gong-, Atem- oder Gymnastikübungen infrage. Hilfreich ist es auch, die Atmung zu vertiefen:

„Atmen Sie einmal gemeinsam mit mir tief ein ... Und geräuschvoll aus. Heben Sie nun mit mir die Arme ... und beim Ausatmen lassen wir den gesamten Oberkörper und die Arme fallen ... und beim nächsten Mal atmen wir dabei mit einem lauten und tiefen Seufzer aus ... und nun heben wir die Arme so hoch wir können und stoßen die Luft laut mit einem „Ha!"-Ruf aus, wenn wir die Arme und den Oberkörper fallen lassen ... Ich mache es einmal vor: ...(usw.)."

Diese Atemübung ist aktivierend aufgebaut und führt das Paar in Schritten aus der Unteraktivierung wieder in einen besseren Selbstkontakt. Natürlich können wir die Übung variieren und an die Situation anpassen. Wir sollten darauf achten, das Paar nicht zu überfordern, uns aber auch trauen, es ein wenig aus der Komfortzone zu locken.

5.2.2 Down-Regulation

Wenn wir von Regulation als Interventionsfokus sprechen, meinen wir damit meistens Down-Regulation. Sie zielt auf die Reduzierung der emotionalen Spannung beim Einzelnen und zwischen dem Paar ab, wenn diese droht, zu eskalieren oder bereits eskaliert ist.

Von uns als BeraterInnen und TherapeutInnen verlangt Down-Regulation, dass wir aktiv als klares Gegenüber auftreten. Wir müssen Halt und Orientierung geben, begrenzen und den Prozess aktiv steuern. Diese Rolle unterscheidet sich deutlich von der raumgebenden Rolle im Bereich von Klärung und Intimität.

In der modernen Psychotherapie ist es mittlerweile allgemein anerkannt, dass es nicht nur nicht hilfreich sein kann, dysregulierte psychische Prozesse „laufen zu lassen", sondern sogar schädlich sein und zu Behandlungsabbrüchen führen kann.

Dennoch gibt es, etwa durch einen undifferenziert verstandenen psychoanalytischen Abstinenzbegriff oder der Katharsis in der Gestalttherapie, nach meiner Beobachtung unter TherapeutInnen immer wieder die Idee, dass Therapie nur dann echte Therapie ist, wenn der Therapeut in seiner Grundhaltung unbedingt raumgebend ist und wenn Emotionen aktiv und „authentisch" ausgedrückt werden. Das Prozesssteuerungsmodell mit den drei Dimensionen hilft hier sehr bei der Differenzierung weiter: Die Frage ist, was wann für wen hilfreich ist – und wann eben nicht.

In der Paarbegleitung ist es aufgrund der potenzierenden Dynamik eskalierender emotionaler Spannungen im Bindungssystem des Paares noch augenfälliger und noch bedeutender, dass wir dysregulierte Prozesse begrenzen und regulieren.

Definition Down-Regulation

Down-Regulation zielt auf die Reduzierung der emotionalen Spannung beim Einzelnen und zwischen dem Paar ab, wenn diese droht, zu eskalieren oder bereits eskaliert ist.

Das erfordert eine aktive Rolle des Therapeuten als klares, haltgebendes, steuerndes und begrenzendes Gegenüber. Diese Rolle unterscheidet sich deutlich von der raumgebenden Rolle im Bereich von Klärung und Intimität.

5.2.2.1 Regulationsschwierigkeiten erkennen (Dysregulierung)

Wie bei der Up-Regulation möchte ich zunächst anhand einer Übung das Bewusstsein für die Anzeichen schärfen, an denen wir Down-Regulationsschwierigkeiten in der therapeutischen Situation erkennen.

Übung R2: Down-Regulationsbedarf erkennen

Woran erkennen Sie, dass ein Paar oder einer der Partner emotional dysreguliert ist oder eine emotionale Dysregulation droht? Das bedeutet, dass sich das emotionale Spannungsniveau am oberen Rand oder oberhalb des WOT befindet.

Sie können diese Übung gut in einer Kleingruppe durchführen, in der jeder für sich die Frage beantwortet, um sie dann gemeinsam zu besprechen.

Überschreiben Sie die Stichwortliste mit **„Down-Regulation"**.

Nehmen Sie sich – einzeln oder in der Lerngruppe – 10 min Zeit, um Stichworte zu dieser Frage zu notieren.

Achten Sie auf:

- Interaktionelle und individuelle Anzeichen
- Verbale und non-verbale/psychomotorische Anzeichen
- Anzeichen, die sie beim Paar/Patienten wie auch an sich selbst beobachten
- Welche möglichen Gegenübertragungsgefühle könnten bei Ihnen entstehen?
- Notieren Sie außerdem mögliche Symptome und Verhaltensweisen, von denen Sie typischerweise während der Behandlung erfahren, die aber nicht direkt in der Sitzung auftreten, und die ebenfalls auf Blockaden und Rückzug, bzw. eine tendenziell unterregulierte Beziehungsgestaltung hinweisen (z. B. deutliche symbiotische Tendenzen, vereinnahmendes und übergriffiges Verhalten etc.).

Vergleichen Sie danach die folgende Liste mit ihren eigenen Stichworten (sie erhebt keinen Anspruch auf Vollständigkeit).

Am Paar oder Patienten beobachtbar:

Nicht ausreden lassen, laut werden, nicht zuhören, kein Blickkontakt, nicht-aushalten-können, wenn der Andere etwas anders sieht/empfindet, agitierte Gestik und Mimik, abrupte emotionale Umschwünge, assoziative Sprünge, stark emotional eingefärbte Interpretation der Interaktion, Du-Botschaften, Anschuldigungen, Täter-Opfer-Bilder, Verallgemeinerungen („immer", „alle", „sowieso"…), Abwertungen, gewaltvolle Sprache, konsequenzlose Trennungsdrohungen, krankhafte Eifersucht, penetrantes übereinander reden statt miteinander, atmosphärische Spannungen, Anzeichen körperlicher Übererregung (Atem, Hautrötung, Wippen, Kniezittern …), dissoziative Phänomene: „Ich bin benebelt/gar nicht mehr richtig da.", „Mein Kopf ist ganz leer.", abwesender Blick, brüchiger Gesprächsfaden, Patient scheint nicht alles mitzubekommen, was gesagt wird …

An sich selbst wahrnehmbar/mögliche Gegenübertragungsgefühle:

Physiologisch deutlich wahrnehmbarer Stress, Anstrengung, Anspannung, Überforderung, Erschöpfung, Druck/Schwere/Schmerzwahrnehmungen in der körperlich-emotionalen Resonanz, Wut, Angst, Ohnmachtsgefühle, Rettungsimpulse, Taubheit, emotionale Erstarrung, Resignation, Abwertung, Fluchtimpulse, das Paar loswerden wollen, Insuffizienzerleben, Gefühle, die mit eigenen unversorgten, oft auch frühkindlichen Anteilen verbunden sind …

Berichtete Symptome und Verhaltensweisen:

Eskalierende Streits, vermehrte Konflikte und Streits im Nachgang von Nähe-Erleben/nach Therapiefortschritt (das bedeutet, dass die erreichte Nähe nicht „gehalten“ und integriert werden kann), wenig eigene Räume der Partner („Mein Raum, Dein Raum“), starker Rückzug, vermehrte abgebrochene, ungeklärte Konflikte, ausgeprägte Konfliktvermeidung, symbiotische Beziehungsstrukturen, Abhängigkeiten auch in anderen Beziehungen (weitere Familie, Arbeit etc.), körperliche, emotionale oder sexuelle Gewalt, PTBS-Symptomatik, Sucht, exzessive Verhaltensweisen, ausgeprägtes Vermeidungsverhalten, „instabile“ Verhältnisse …

▪ Interventionen Down-Regulation

Die Schlaglochmetapher (▶ Abschn. 5.1.2) für die Situation der emotionalen Dysregulation hilft uns, vier Interventionsansätze zu verdeutlichen:

1. **Prävention** (▶ Abschn. 5.2.2.2): Wie können wir dem Einzelnen und dem Paar helfen, die Schlaglöcher zu umfahren und besser vorherzusehen?
2. **Erste Hilfe** (▶ Abschn. 5.2.2.3): Was können wir tun, wenn das Paar im Schlagloch festhängt?
3. **Aufarbeitung** (▶ Abschn. 5.2.2.5): Wenn der Wagen wieder stabil auf der Straße steht, wie können wir die Chance nutzen, dass das Schlagloch einen Blick in die Tiefe eröffnet? Indem wir kleine Steinchen der korrigierenden Erfahrung in das Schlagloch legen, beginnen wir mit der Ausbesserung der Straße.
4. **Makroperspektive** (▶ Abschn. 5.2.2.6): Wie können wir die Straßen- und Verkehrsbedingungen allgemein mit in den Blick nehmen und verbessern? Das wären, um im Bild zu bleiben, die notwendigen Infrastrukturmaßnahmen.

5.2.2.2 Interventionen zur Prävention

▪ Der sichere Rahmen

Das wichtigste und wirkungsvollste Tool zur Regulation ist der sichere Rahmen, den wir dem Paar anbieten. Die affektive Rahmung und gleichwertige Zuwendung (vgl. ▶ Abschn. 1.7) helfen dem Paar, sich sicher, angenommen und unterstützt zu fühlen. Alle weiteren Interventionen können nur auf dieser Grundlage wirksam werden.

▪ Selbstkontakt herstellen als Prävention

Im nächsten Unterkapitel wird als „Erste-Hilfe-Intervention“ das Herstellen des Selbstkontakts ausführlich beschrieben. Eine weitere Vertiefung dazu findet sich im Klärungskapitel bei der Arbeit mit inneren Anteilen (▶ Abschn. 6.3.9: Selbstqualitäten und ▶ Abschn. 6.3.10: Selbstkontakt herstellen).

Aus didaktischen Gründen sind die ausführlichen Beschreibungen in diesen folgenden Kapiteln gut aufgehoben und ich verweise an dieser Stelle schon einmal auf sie.

Die Herstellung des Selbstkontakts als Prävention kann durch ein Anfangsritual eingeführt werden. Spätestens, wenn Sie aus der ersten Sitzung wissen, wie Sie das Paar ansprechen können, und welche Probleme mit der Regulation eventuell bestehen, können Sie die Sitzung damit beginnen, beide Partner zu einer zentrierenden Achtsamkeitsübung einzuladen.

■ **Modelle vermitteln**

Die Vermittlung von Modellen wie z. B. dem „Window of Tolerance" kann in der Paartherapie insbesondere bei Down-Regulationsschwierigkeiten äußerst sinnvoll sein. Ich werde im Folgenden einige Anleitungsbeispiele beschreiben, wie ich dem Paar die Modelle und Metaphern vermittele, die ich für besonders hilfreich in der Arbeit mit Regulationsproblemen erlebe. Die Anleitungsbeispiele sind etwas ausführlicher dargestellt, als ich sie in den Sitzungen meistens ausführe und sollen als Anregung für eigene Formulierungen und Ausführungen verstanden werden. Sie können die Grafiken aus diesem Buch ausdrucken und zur Illustration dem Paar vorlegen (Gratis-Download zur individuellen Verwendung unter: ► https://www.praxis-kunstleben.de/grafiken-paare-im-therapieprozess/). Oder Sie skizzieren das jeweilige Modell an der Flipchart.

► https://www.praxis-kunstleben.de/grafiken-paare-im-therapieprozess/

5

Die vier Modelle und Sprachbilder, die ich hier vorstelle, bauen in gewisser Weise aufeinander auf. Eine Vermittlung in der dargestellten Reihenfolge kann daher Sinn machen, ist aber nicht zwingend notwendig.

Modelle und Sprachbilder helfen Paaren, ihre individuellen Reaktionen auf Stress und Konflikte besser zu verstehen. Durch das Verständnis und die innere Visualisierung erkennen sie, warum bestimmte Situationen zu emotionalen Überreaktionen oder Rückzugsverhalten führen können. Die Vermittlung solcher Modelle fördert die Selbstreflexion und das gegenseitige Verständnis bei den Partnern. Indem sie lernen, ihre eigenen emotionalen Zustände zu erkennen und zu verstehen, können sie bewusster mit Konflikten umgehen und sich selbst sowie den Partner besser regulieren und verstehen. Beziehungsdynamiken sind oft sehr unübersichtlich, wenn man selbst darin steckt. Die Bilder und Modelle helfen dabei, selbst Strukturen und Reaktionsmuster besser zu verstehen, präventiv darauf einzugehen und destruktive Muster zu durchbrechen.

Die Modelle dienen uns außerdem als Grundlage für unsere therapeutischen Interventionen. Durch die Vermittlung der Modelle entsteht eine Augenhöhe und ein Gefühl beim Paar, „abgeholt" zu werden. Die Therapeutin kann dann gezielt darauf verweisen.

Wenn die Therapeutin dann z. B. eine Selbstregulierungstechnik einführt, mit dem Verweis, dass diese das Paar darin unterstützt, innerhalb ihres „Windows of Tolerance" zu bleiben, wird sich möglicherweise weniger Widerstand gegen die Begrenzung des emotionalen Ausdrucks zeigen.

Anleitung R7: Das „Window of Tolerance" einführen

Therapeut: „Heute möchte ich euch ein wichtiges Konzept vorstellen, das uns helfen kann, eure emotionalen Reaktionen und die Interaktionen in eurer Beziehung besser zu verstehen. Es nennt sich das „Window of Tolerance" oder auf Deutsch „Fenster der Toleranz". Dieses Konzept beschreibt einen Bereich mittlerer emotionaler Spannung, in dem wir in der Lage sind, angemessen auf Stress zu reagieren, ohne den Zugang zu unseren emotionalen und kognitiven Fähigkeiten zu verlieren. Stellt es euch vor wie ein Fenster, das euch erlaubt, in einer sicheren und entspannten Weise mit euch selbst und eurem Partner umzugehen.

Innerhalb dieses Fensters könnt ihr effektiv auf die Anforderungen des Alltags reagieren. Es basiert auf dem Verständnis des autonomen Nervensystems, das in zwei Hauptzustände unterteilt wird: den aktivierenden (sympathischen) und den beruhigenden (parasympathischen) Zustand. Das „Window of Tolerance" liegt zwischen den Extremausprägungen dieser Zustände und ermöglicht euch, stressige Situationen angemessen zu bewältigen.

Jeder von euch hat sein eigenes ‚Fenster der Toleranz', das beeinflusst wird von genetischen Faktoren, früheren Erfahrungen und individuellen Merkmalen. Manche Menschen haben ein breiteres Fenster und können mehr Stressoren bewältigen, während andere ein schmaleres Fenster haben und schneller in einen dysregulierten Zustand geraten.

In Paarkonflikten ist es besonders wichtig zu verstehen, dass das „Window of Tolerance" nicht nur individuell, sondern auch als Paar betrachtet wird. Wenn beide Partner innerhalb ihres ‚Fensters' bleiben, können sie eine konstruktive Beziehung aufbauen. Außerhalb dieses Bereichs verlieren wir jedoch die Fähigkeit zur effektiven Kommunikation.

Jetzt schaut euch die Abbildung an. Hier seht ihr das „Window of Tolerance" als einen Bereich zwischen 0 % und 100 % emotionalem Spannungsniveau. Innerhalb dieses Fensters könnt ihr eure Gefühle als etwas wahrnehmen, das mit euch selbst in Beziehung steht. Außerhalb des Fensters erlebt ihr eure Emotionen eher als ängstliche, wütende Spannung oder als Taubheit und Leere. Diese Zustände sind dann jeweils sehr intensiv und vereinnahmend.

In der Paartherapie ist es unser Ziel, euch innerhalb eurer optimalen Aktivitätsbereiche zu halten. Wenn einer von euch überfordert wird und sein ‚Fenster der Toleranz' verlässt, kann das in die Eskalation oder innere Blockade und manchmal auch zu einer erneuten Aktivierung traumatischer Reaktionen führen. Andererseits kann jemand, der in einen unterregulierten Zustand gerät, Schwierigkeiten haben, neue Informationen zu verarbeiten oder von der Therapie zu profitieren.

Unsere Arbeit wird daher zu einem Teil darin bestehen, euer Verständnis für eure individuellen ‚Fenster der Toleranz' zu vertiefen und euch Werkzeuge an die Hand zu geben, um innerhalb dieses Bereichs zu bleiben. Das wird uns helfen, konstruktivere Konfliktlösungen zu finden und eure Beziehung zu stärken. Habt ihr Fragen dazu?"

Anleitung R8: Die Lösungskompetenzkurve erklären

Therapeut: „Warum ist Regulation überhaupt sinnvoll? Wenn wir wütend sind, haben wir oft das Gefühl, dass wir im Gegenteil noch nachdrücklicher unseren Standpunkt klar machen müssen! Wir haben also erstmal gar keine Motivation zur Selbstregulation. Das gesamte Motivationssystem der Wut zielt darauf ab, den Wutausdruck eher zu verstärken als ihn abzumildern. Um uns zu helfen, eine Motivation für die Selbstregulation zu entwickeln, ist es sehr hilfreich zu verstehen, dass das eigentliche Problem nicht darin besteht, dass wir wütend sind, sondern dass wir ab einer gewissen Intensität der Wut unsere Problemlösungskompetenz einbüßen. Ich möchte euch dazu diese Grafik zeigen, die schematisch darstellt, wie die ‚Lösungskompetenzkurve' in Paarkonflikten verläuft (s. ◘ Abb. 5.2). Ihr seht, dass der Bereich mit hoher Lösungskompetenz für partnerschaftliche Konflikte ziemlich eng ist, und der Bereich zwischen der höchsten Lösungskompetenz und dem Kipppunkt besonders schmal. Für praktische Probleme liegt die höchste Lösungskompetenz weiter links, eher im grünen, rational-logischen Bereich. Sobald aber Beziehungsaspekte in die zu lösenden Problem mit hineinspielen, geht es immer auch um Bedürfnisse und Motivationen. Da Gefühle die Sprache der Bedürfnisse sind, können wir tiefer gehende Partnerschaftskonflikte nicht rein rational behandeln. Bei Paarkonflikten wird sich daher die Lösungskompetenzkurve wie dargestellt nach links in den orangenen Bereich verschieben. Das bedeutet, dass es wichtig ist, in der Paartherapie zu lernen, in diesem schmalen Bereich die ‚emotionale Welle zu surfen'.

Stellen wir uns vor, wir bewegen uns auf einer Skala von 0 bis 10, wobei 0 für eine völlige emotionale Leere steht und 10 für eine maximale, kaum erträgliche emotionale Spannung. Alternativ können wir auch die Ampelmetapher verwenden. Im grauen Bereich ganz links (Hypoarousal) ist die Beziehungsampel quasi abgeschaltet. Im grünen (sachlich-rationalen) und orangenen (emotionalen) Bereich können wir gut miteinander kommunizieren und vorankommen. Sobald die Beziehungsampel auf Rot schaltet (Hyperarousal, Eskalation), geht nichts mehr voran. Diese Metapher bietet den Vorteil, dass sie intuitiver ist als eine Zahlenskala. In Situationen, in denen die Spannung zu kippen droht, könnt ihr euch fragen: ‚Bin ich noch im orangenen Bereich oder schon im roten?'

Unser Ziel in der Paartherapie ist es, gemeinsam Strategien zu entwickeln, um im Bereich hoher Lösungskompetenz zu bleiben oder dorthin zurückzukehren. Wir wollen verhindern, dass die Beziehungsampel auf Rot schaltet, denn das ist der Punkt, an dem der Konflikt nur noch eskalieren kann und Fortschritt ins Stocken gerät. Oder auch, dass die Auseinandersetzung zu rational verläuft und wichtige Bedürfnisse nicht angeschaut und ausgedrückt werden. Versteht ihr, wie die Lösungskompetenzkurve funktioniert? Habt ihr Fragen dazu?"

Anleitung R9: Affektlogik erklären – Die Brillenmetapher

Das Anleitungsbeispiel bezieht sich auf den direkten Anschluss an die Vermittlung der Lösungskompetenzkurve.

Therapeut: „Aber woran liegt es, dass die Lösungskompetenz so rapide abnimmt, sobald wir das „Window of Tolerance" verlassen? Das liegt daran, dass sich Emotionen ab einem bestimmten Spannungsniveau selbst verstärken. Wir beginnen, unsere Wahrnehmung zu filtern und selektiv nur noch das wahrzunehmen, was bestätigt, dass es angemessen und richtig ist, die entsprechende Emotion zu empfinden: Wenn wir wütend sind, haben wir sozusagen die ‚rote Brille' auf, die unsere Wahrnehmung rot färbt und uns bestätigt, dass es richtig ist, verletzt und wütend zu sein.

Wenn wir depressiv sind, haben wir die ‚graue Brille' auf, die uns zeigt, dass es angemessen und realistisch ist, alles als sinnlos, leer und deprimierend zu empfinden. Haben wir die ‚rosa Brille' auf, kann unser Schatz auch die seltsamsten Dinge tun, wir werden alles mit hoher Wahrscheinlichkeit als wunderbar, verheißungsvoll und liebenswürdig empfinden.

Mit anderen Worten, ab einem gewissen Punkt verarbeiten wir die Situation im Sinne einer bestimmten Affektlogik. Wenn die emotionale Spannung steigt (etwa ab der ‚7' auf einer Skala von 0-10), werden wir die Welt durch die Brille unserer vorherrschenden Emotion betrachten. Das Knifflige daran ist, dass wir nicht wissen, dass wir eine Brille auf haben. Und dass die Brille dazu tendiert, sich stärker und stärker einzufärben, je intensiver wir die Realität durch sie wahrnehmen.

Da wir nicht wissen, dass wir die Brille tragen, werden wir diese Wahrnehmung auch mit Klauen und Zähnen gegen die Versuche unserer Umwelt verteidigen, diese Wahrnehmung zu korrigieren. Und in gewissem Sinne haben wir ja auch Recht: Wir nehmen tatsächlich einen real existierenden Aspekt und eine valide Interpretationsmöglichkeit der Realität wahr. Es geht ja nicht um Wahnvorstellungen, selbst wenn ein Außenstehender unser Interpretation als abwegig oder übertrieben bezeichnen würde.

Wenn wir durch eine rote Brille auf eine weiße Wand schauen, was uns ja im Fall der emotionalen Anspannung in der Regel nicht voll bewusst ist, und unser Therapeut fragt uns ‚Welche Farbe hat diese Wand?' werden wir ihm antworten: ‚Diese Wand ist rot!'. Und damit haben wir sogar Recht. Wir sehen das rote Spektrum des weißen Lichts, die anderen Farben sind nur herausgefiltert. Wenn unser Therapeut dann also antwortet: „Ja schon, aber schau mal, es gibt da ja auch Blau und Gelb und Grün …", dann werden wir im Brustton der Überzeugung antworten: „Erzähl mir keinen Quatsch, die Wand ist eindeutig rot, das sehe ich doch! Das ist die Realität!"

Wenn wir aber nur einen Aspekt der Realität wahrnehmen, diesen objektivieren und mit der ganzheitlichen Realität verwechseln und dieser Prozess sich selbst verstärkt, sinkt unsere Fähigkeit rapide und kipppunktartig, auf diese Realität adäquat zu antworten – sprich unsere Lösungskompetenz sinkt rasch und bedenklich gegen Null.

Die Affektlogik hat einen physiologischen Hintergrund und ist keine Absicht oder Ignoranz. Wenn wir also in einen Konflikt geraten und die Spannung steigt, neigen wir dazu, die Realität verzerrt wahrzunehmen.

Wenn unsere Fähigkeit, die Realität adäquat wahrzunehmen, an den Rändern des „Window of Tolerance" nachlässt, ist das auch der Punkt, an dem unsere Ich-Funktionen zur Desintegration tendieren. Ich-Funktionen sind die Fähigkeiten, die uns helfen, uns selbst und die Verarbeitung unsere Erfahrungen zu steuern und unsere Reaktionen auf unsere Umwelt zu organisieren: zum Beispiel zu denken, unsere Gefühle wahrzunehmen und zu deuten, Entscheidungen zu treffen, die andere Person mit ihren Motiven zu interpretieren. Wenn die Ich-Funktionen zur Desintegration tendieren, kann man sich das so vorstellen wie Zahnräder, die bisher ineinander gegriffen haben und sich nun entkoppeln. Das eine Rad dreht hohl, das andere bewegt sich überhaupt nicht mehr. Wir denken vielleicht rasend schnell, können aber kein Wort formulieren. Typisch ist häufig das Erleben von Lähmung und gleichzeitig starker innerer Unruhe oder Spannung, Angst oder Wut („hohl drehen").

Um uns in solchen Situationen zu regulieren, brauchen wir entweder externe Unterstützung, die uns hilft, unsere Emotionen zu beruhigen, oder wir müssen gut vorbereitet sein und Handlungsregeln für diesen Notfall haben.

Nochmal zusammengefasst:

Das Besondere an der Affektlogik ist, dass die Brille sich selbst verstärkt. Je mehr wir durch die Brille unserer Emotion schauen, desto mehr sehen wir das, was unsere Gefühle bestätigt. Das ist wie eine Art Filter, der uns davon überzeugt, dass unsere Emotion die einzig richtige Perspektive ist. Wenn wir kein Bewusstsein dafür entwickeln, dass wir eine Brille auf haben, ist es sehr schwierig, uns selbst von innen zu steuern oder von außen konstruktiv zu beeinflussen.

Versteht ihr, wie die Affektlogik funktioniert? Habt ihr Fragen dazu?"

Anleitung R10: „Löcher" in der Ich-Struktur 1 – die Uhrwerkmetapher

Therapeut: „Was Sie beschreiben ist ja, dass diese heftigen Gefühlszustände immer wieder sehr unvermittelt und plötzlich auftreten [z. B. dass die Ängste/die Eifersucht/die Wut/die Selbstvorwürfe so eskalieren]. Dass das wie so ein Kippen von einem recht stabilen in einen instabilen Zustand ist, liegt daran, dass unsere Fähigkeit, unsere psychischen Prozesse sinnvoll aufeinander zu beziehen, manchmal Schwachstellen aufweist. Das kennt wirklich jeder, es ist aber sehr unterschiedlich und individuell, wann und unter welchen Bedingungen diese Schwachstellen unter Druck geraten.

Unter Normalbedingungen greifen unsere psychischen Funktionen, wie Sinneswahrnehmung, Gedanken, Gefühle, Bedürfnisimpulse ineinander wie Zahnräder in einem Uhrwerk. Und wir können dann so komplexe Dinge bewerkstelligen, wie Selbstreflexion und Empathie. Wenn aber die Schwachstellen der Integrationsfähigkeit in Stress geraten, dann verlieren wir diese Fähigkeiten zwar nicht wirklich, aber wir können sie nicht mehr sinnvoll aufeinander beziehen. Als ob die Zahnräder nicht mehr ineinander greifen: Das eine Rad dreht dann vielleicht hohl, das andere bewegt sich gar nicht mehr. Wenn wir dafür sorgen können, dass es uns wieder besser geht, nähern sich die Zahnräder wieder an und das Uhrwerk funktioniert wie vorher. Deshalb kommt es uns manchmal so vor wie ein unvermitteltes Kippen in einen instabilen, desintegrierten Zustand – und wieder zurück in einen stabilen Zustand."

Anleitung R11: „Löcher" in der Ich-Struktur 2 – die Schlaglochmetapher

„Wir können uns diese Einbrüche auch vorstellen wie Schlaglöcher in der Lebensstraße [Der Therapeut nimmt die Grafik mit der Schlaglochmetapher zur Hand (s. ◘ Abb. 5.7) oder malt eine Skizze dazu an der Flipchart]. Unser Wagen fährt eigentlich stabil auf der Straße und plötzlich taucht ein Schlagloch auf. Das Schlagloch stellt Brüche und Risse in unserer strukturellen Integration dar.

Wenn der Wagen im Schlagloch steckt, versuchen wir meist, erstmal mehr Gas zu geben. Das Ergebnis ist eher, dass wir uns tiefer hineingraben.

Das Problem an diesen Schlaglöchern ist, dass sie deshalb oft zu Hilflosigkeitserleben führen. Wenn wir verstanden haben, wie wir mit ihnen richtig umgehen, können aber wieder Zuversicht und Ideen entstehen, wie wir uns an dieser Stelle weiterentwickeln können.

Wir können unterscheiden zwischen Prävention, erster Hilfe und Straßenbaumaßnahmen: Wie können Sie lernen, die Schlaglöcher zu umfahren und besser vorherzusehen? Was können Sie tun, wenn der Wagen im Schlagloch festhängt? Und wenn Ihr Wagen wieder stabil auf der Straße steht, wie können Sie die Chance nutzen, dass das Schlagloch einen Blick in die Tiefe eröffnet?

Wenn wir nichts tun, wird das Schlagloch tiefer, jedes Mal, wenn wir hineinfahren. Anders als z. B. einen Konflikt, den wir klären und lösen, ist das Schlagloch leider nicht gleich weg, nur weil wir verstanden haben, worum es auf emotionaler Ebene eigentlich geht.

Aber die gute Nachricht ist: Wir können diese Schlaglöcher mit kleinen Steinen auffüllen. Jedes Mal, wenn wir den verletzten Anteil, der uns im Schlagloch begegnet, besser verstehen, annehmen und innerlich versorgen können – z. B. mit therapeutischer Hilfe, oder weil es uns gelingt, uns selbst mit liebevoller Zuwendung zu begegnen – füllen wir ein Steinchen ins Schlagloch. Und mit der Zeit füllt es sich auf – und wenn wir wieder hineingeraten, wird es mit der Zeit weniger heftig und wir kommen leichter wieder heraus."

- **Techniken zur Konfliktprävention**

Teufelskreisanalyse

Die Teufelskreisanalyse ist eine spezifische Methode zur präventiven Konfliktbewältigung in der Paartherapie. Hierbei werden mit dem Paar zusammen Konfliktsituationen Schritt für Schritt analysiert und Exit-Strategien entwickelt, um zu einem möglichst frühen Zeitpunkt der Eskalation entgegenzuwirken.

5

Anleitung R12: Teufelskreisanalyse

Ich empfehle, eine Flipchart zu verwenden, um den Teufelskreis in Stichworten aufzuschreiben. Jeder Schritt in die Eskalationsspirale wird mit einem Pfeil zum nächsten Schritt verbunden. Die Exitstrategien werden mit einer anderen Farbe als Pfeile nach außen weg von der Spirale dargestellt. Die Teufelskreisanalyse als Präventionstechnik eignet sich nicht als „Erste Hilfe"-Maßnahme, d. h. das Konfliktbeispiel sollte zwar möglichst typisch sein, das Paar aber aktuell nicht so akut beschäftigen, dass es direkt wieder anfängt zu streiten.

1. Identifikation des Konflikts: Es wird mit dem Paar zusammen klar definiert, worum es in der Konfliktsituation geht, womit sie typischerweise beginnt und wie sie typischerweise endet.
2. Der Auslöser wird links oben auf der Flipchart als Beginn der Eskalationsspirale notiert, das Ende in der Mitte als Zentrum der Eskalationsspirale.
3. Abwechselnd werden Verhaltensweisen und Reaktionen von Partner A und Partner B abgefragt.
4. Wichtig ist, dass das beobachtbare äußere Verhalten notiert wird. Innere Reaktionen können dazugeschrieben werden, allerdings nicht geäußerte Gedanken und Gefühle.
5. Entwicklung von Exitstrategien: Beide Partner sollen möglichst früh in der Eskalationsdynamik Stellen benennen, an denen sie hätten konstruktiver handeln können. Die Strategien können gemeinsam entwickelt werden und dann als Exitstrategien auf der Flipchart notiert werden. So entwickeln die Paare alternative Handlungsmöglichkeiten für die Zukunft. Dies könnte z. B. das Üben neuer Kommunikationswege, das Festlegen von Grenzen oder das Finden von Kompromissen beinhalten.
6. Umsetzung und Rückblick: Die entwickelten Exitstrategien sollen in der Praxis möglichst konkret umgesetzt werden. Die Flipchartaufzeichnung kann dann in einer späteren Sitzung helfen, um die Erfahrungen zu reflektieren und gegebenenfalls die Strategien anzupassen.

▪ Triggeranalyse und Triggertransformation

Die Triggeranalyse ist quasi die Untersuchung des Beginns der Eskalationsdynamik mit der Lupe. Es wird herausgearbeitet, um welche Bedürfnisse es hinter der inhaltlichen Ebene eigentlich geht, um dann Wege zu erarbeiten, diese in der Therapiesituation und später auch im Alltag direkter und konstruktiver zu kommunizieren (Triggertransformation). Ein Beispiel:

Anleitung R13: Triggeranalyse und Transformation

Stellen wir uns vor, ein Paar, Sarah und Tom, sucht Unterstützung in der Paartherapie wegen wiederkehrender Konflikte über die Aufteilung von Haushaltsaufgaben. Die Therapeutin untersucht mit beiden gemeinsam die genauen Trigger und ihre Hintergründe für diese Konfliktsituation.

1. Identifikation des Konflikts: Die Therapeutin bittet das Paar, den spezifischen Konflikt zu benennen. In diesem Fall lautet die Beschreibung: „Wir streiten uns ständig über die Aufteilung der Haushaltsaufgaben."
2. Triggeranalyse 1 (Vordergrund): Die Therapeutin erkundet, welche spezifischen Situationen oder Handlungen den Konflikt auslösen. Sarah könnte feststellen, dass sie besonders frustriert wird, wenn Tom die vereinbarten Aufgaben nicht rechtzeitig erledigt, während Tom möglicherweise frustriert ist, wenn er das Gefühl hat, dass seine Bemühungen nicht ausreichend geschätzt werden.
3. Triggeranalyse 2 (Hintergrund): Die Therapeutin würdigt die jeweiligen Angriffs-, Verteidigungs- oder Schutzreaktionen auf den Trigger und fragt danach, was genau dahinterliegt: Was wird geschützt? Wofür kämpft die Wut eigentlich? Was schützt der Rückzug, was versucht das Ablenken zu vermeiden? Sarah könnte zum Beispiel erklären, dass sie sich überfordert und nicht respektiert fühlt (Wünsche nach Bewältigungserleben und Respekt), während Tom betont, dass er sich missverstanden und bevormundet fühlt (Wünsche nach Annahme und Autonomie). Die Wünsche werden von der Therapeutin als im Kern legitime, wichtige Bedürfnisse gewürdigt.
4. Direktere Kommunikation einüben: Das Paar wird aufgefordert, diese grundlegenden Bedürfnisse sich einmal ganz konkret und direkt mitzuteilen. Der andere Partner wird aufgefordert, diese Bedürfnisäußerung annehmend zu spiegeln:

   Sarah: „Ich wünsche mir, dass der Haushalt für mich nicht zum Stress wird und ich mich nicht überfordert fühle."

   Tom: „Ich sehe, dass du nicht überfordert sein möchtest und kann das gut verstehen. Ich kann deinen Wunsch anerkennen."

   Oft kann diese einfach erscheinende Übung starke Verbundenheitsgefühle ermöglichen.

   Schließlich wird besprochen, wie Sarah und Tom sich in der nächsten Stresssituation ausdrücken könnten. Zentral ist die direkte Kommunikation der Not, die hinter dem Ärger von Sarah entsteht, wenn die Spülmaschine nicht ausgeräumt ist:

   Sarah: „Tom, die Spülmaschine ist nicht ausgeräumt. Ich fühle mich überfordert."

   Tom: „Das tut mir leid. Ich hatte alle Hände voll mit den Kindern zu tun und habe es dann (mal wieder) vergessen. Ich mache es gleich."

Um den Umgang mit Triggerreizen zu erleichtern, kann auch mit inneren Anteilen gearbeitet werden (vgl. ► Kap. 6). Wenn die „getriggerten“ Anteile herausgearbeitet worden sind, können diese sehr differenziert verstanden und angesprochen werden: Welche Geste, welche Ansprache hilft einem getriggerten Anteil, sich zu beruhigen?

▪ Stoppzeichen vereinbaren

Bei eskalierenden Streits ist es häufig ausgesprochen schwierig, die Dynamik zu begrenzen und sich und den Partner vor Überlastung und Verletzung zu schützen. Das Dilemma ist, dass das Signal an den Partner zu einer Unterbrechung fast zwangsläufig als Aggression verstanden wird und die Eskalationsspirale weiter anheizt.

Die Idee ist nun, ein „friedfertiges“ nonverbales Zeichen zu vereinbaren, das in seiner konstruktiven Absicht außerhalb der Streitsituation vordefiniert wird. Die Botschaft des Stoppsignals sollte miteinander genau besprochen werden. Z. B.: „Bitte lass uns beide versuchen uns zu beruhigen, um Verletzungen und Überforderung zu vermeiden.“

Anleitung R14: Stoppzeichen vereinbaren

Eine solche Geste könnte etwa darin bestehen, etwas Neutrales als Symbol zwischen sich auf den Tisch zu legen (z. B. das Handy, einen Schlüssel, den Salzstreuer, einen Stift), oder in einer „friedfertigen“ körperlichen Geste. Defensive Gesten wie beispielsweise eine wegschiebende Handbewegung wirken schnell kontraproduktiv. Ganz anders kann es z. B. wirken, die flache Hand auf den eigenen Brustkorb zu legen.

Besprechen und üben Sie diese Geste zusammen mit dem Paar und lassen Sie beide Partner die Geste und ihre Wirkung wechselweise ausprobieren.

▪ Time-Out-Regelung

Entscheidend für die erfolgreiche Umsetzung von Time-Out-Regelungen ist, dass das Paar ein Verständnis dafür entwickelt hat, dass ausreichende emotionale Regulation die Voraussetzung für erfolgreiche Klärung ist.

Eine Time-Out-Regelung unterscheidet sich vom türenschlagenden Verlassen des Raumes insbesondere durch die Ankündigung, das Gespräch nach der Auszeit wieder aufzunehmen. Wenn diese Ankündigung fehlt, richtet sich der Kontaktabbruch in der Wahrnehmung des zurückgelassenen Partners unmittelbar gegen ihn selbst und wird leicht als Bestrafung erlebt. Eine Auszeit, die von einer Time-Out-Regelung gerahmt wird, ist dahingegen eine Handlung *für* die Beziehung.

Deshalb ist es sinnvoll, die Time-Out-Regelung nicht im Konflikt, sondern im Vorfeld zu besprechen. Menschen verfügen über verschiedene emotionale Regulationsgeschwindigkeiten: Es kann von Person zu Person sehr unterschiedlich sein, wieviel Zeit sie benötigt, um sich ausreichend zu beruhigen. Diese unterschiedlichen Zeiten sollten beachtet werden, wenn der konkrete Rahmen der Auszeit besprochen wird.

Anleitung R15: Time-Out-Regelung vereinbaren

Die Auszeit kann ganz unterschiedlich gestaltet werden:

- „Gib mir kurz einen Moment, um mich zu sammeln."
- „Ich merke, dass wir beide gerade nicht mehr gut in der Lage sind, konstruktiv zu sein. Lass uns eine Pause machen und in einer halben Stunde weiter sprechen, ok?"
- „Ich gehe jetzt erstmal eine große Runde mit dem Hund. Ich bin spätestens in zwei Stunden wieder da."
- „Wir müssen jetzt erstmal das Familienfest am Wochenende miteinander hinbekommen. Ich glaube, wir kriegen das davor nicht mehr gut geklärt. Lass uns zusammen in den Kalender schauen, wann wir uns in der nächsten Woche in Ruhe Zeit nehmen können. Und lass uns besprechen, was jeder von uns braucht, damit wir das miteinander hinbekommen, obwohl das Thema noch offen ist."

Wenn die Emotionen hochkochen, kann ein neutrales Symbol helfen, um die Notwendigkeit einer Auszeit anzukündigen. Statt einer abwehrenden oder genervten nonverbalen Geste könnte z. B. als Zeichen vereinbart werden, die gespreizte rechte Hand flach auf den Tisch zu legen und ein Codewort zu sagen, das vorher vereinbart wurde und das nicht „triggert".

Merke:

- Der Partner mit der höheren Impulskontrolle ist am besten in der Lage, die Auszeit vorzuschlagen.
- Ein neutrales, sichtbares Stoppsignal und ein neutrales Codewort können helfen, konstruktiv an die Time-Out-Regelung zu erinnern und diese einzuleiten.
- Der Partner, der sich eine Auszeit nimmt, übernimmt auch die Verantwortung für die Wiederaufnahme des Gesprächs und kündigt diese an.

5.2.2.3 Erste-Hilfe-Interventionen

Ziel der „Erste-Hilfe-Maßnahmen" ist ein Dreischritt:

- Die Eskalationsdynamik unterbrechen
- Den Adrenalinspiegel senken
- Die Konfliktdynamik verlangsamen

▪ Die Eskalationsdynamik unterbrechen

Wenn eine Konfliktsituation in der Paarsitzung eskaliert, ist es wichtig, rechtzeitig einzuschreiten. Es kann manchmal günstig sein, es kurz zuzulassen, dass die Emotionen hochkochen, damit deutlich werden kann, welche Spannung gerade in dem Thema liegt und wie das Paar möglicherweise gewohnt ist, damit umzugehen. Ein ausreichend frühes Stoppen ist jedoch gleichzeitig wichtig, weil sonst die Eskalationsspirale beginnt, die Spannung exponentiell in die Höhe zu treiben. Wenn es dann zu verletzenden Interaktionen gekommen ist, brauchen wir umso mehr Zeit und Energie, diese wieder aufzuarbeiten. Timing is the answer to success!

Wir sollten außerdem unterscheiden zwischen der Intensität der Emotionalität und verletzenden Interaktionen.

Die Intensität der Emotionalität äußert sich zum einen in erregter Gestik, Mimik und Psychomotorik und in Lautstärke, zum anderen auf der Ebene der Situationsverarbeitung in der bereits ausführlich beschriebenen Affektlogik (z. B. Wutbrille, Opferbrille).

Je höher die Intensität der Emotionen, desto wahrscheinlicher sind verletzende Interaktionen und Angriffe unter der Gürtellinie. Diese können manchmal aber auch in einer Art „kalter Eskalation" auftreten, wenn ein(e) Partner*in die eigene Emotionalität stark kontrolliert, aber innerlich „kocht".

Angriffe unter der „Gürtellinie" müssen wir als Therapeut*innen, wenn wir sie erkennen, unbedingt sofort beantworten. Dabei sollten wir sie nicht moralisch verurteilen, sondern einfach darauf hinweisen, dass sie den Regeln des therapeutischen Raumes zuwider laufen. Hierzu gehören manchmal nonverbale Gesten wie Abwinken, Augenrollen, verächtliche Blicke sowie Abwertungen, Beleidigungen und verallgemeinernde Schubladen.

Ich habe es auch schon erlebt, dass ich eine derartige Abwertung begrenzt habe und mit einem Mal das Paar sich gemeinsam darüber empört hat: Das sei normal, so würden sie halt miteinander reden. Ich erkläre in solchen Fällen, dass es gar nicht um eine moralische Bewertung geht, sondern dass Therapie die Verbesserung und Entwicklung der Beziehung zu sich selbst und zum Anderen zum Ziel hat. Und der therapeutische Raum muss vor allem, was diesem Ziel zuwider läuft, geschützt werden. Da beziehungsdestruktive Impulse zu jedem Menschen gehören, geht es nicht darum, diese dogmatisch zu verbannen, sondern vielmehr darum, sie aufzugreifen und zu versuchen, die dahinterliegenden Anliegen in einer anderen Form zu vertreten, die weniger destruktive Auswirkungen hat.

Oft reicht es, das eskalierende Verhalten klar und bestimmt anzusprechen und darum zu bitten, es zu unterlassen.

In manchen Fällen müssen wir deutlicher werden, laut „Stopp!" sagen, eventuell aufstehen.

Um eskalierendes Verhalten zu begrenzen, eignet sich zum Beispiel folgende Formulierung:

Anleitung R16: Eskalationsverhalten begrenzen

Therapeut*in: „Stopp, ich möchte Sie an dieser Stelle kurz unterbrechen. Ich denke die Auseinandersetzung ist gerade kurz davor zu eskalieren. Wenn ich Sie richtig verstanden habe, kennen Sie das ja schon von zu Hause. Ich würde vorschlagen, dass wir versuchen es hier anders zu machen. Wären Sie damit einverstanden?"

In aller Regel erhält man an dieser Stelle Zustimmung und kann dann je nach wahrgenommener emotionaler Spannung Regulationstechniken mit Fokus auf die psychophysische Entspannung einsetzen, die im Folgenden beschrieben werden.

Anleitung R17 Rücken an Rücken

Es kann manchmal sehr hilfreich sein, vorübergehend (solange, bis ausreichende Regulation erreicht werden kann) die Sitze der Partner Rücken an Rücken zu stellen, sodass sich beide Partner nicht sehen und nur noch hören können. Anschließend „interviewt" die Therapeutin beide Partner und geht moderierend und wiederholend vom Einen zum Anderen. Damit wird das nonverbale gegenseitige Triggern unterbrochen. Wenn ausreichende Regulation erreicht werden kann, kann das Paar sich (versuchsweise) wieder einander gegenüber setzen.

Den Adrenalinspiegel absenken

Um den Adrenalinspiegel abzusenken, eignen sich körperorientierte Interventionen. Aus der Gesprächssituation in Bewegung zu gehen, bedeutet für das Paar meist zunächst ein Stück weit eine Verunsicherung. Es ist deshalb wichtig, dass wir selbst uns mit den Übungen vertraut fühlen und sie gemeinsam mit dem Paar machen. Es ist auch hilfreich, den Sinn und Zweck der Übung ganz klar zu benennen: „Lassen Sie uns einmal kurz gemeinsam aufstehen, um das Adrenalin etwas aus dem Körper zu bekommen. Dafür ist Bewegung gut …"

Anleitung R18: Interventionen zum Spannungsabbau

Hier ein paar Beispiele für einfache Interventionen zum Spannungsabbau:

- gemeinsames Aufstehen,
- gemeinsames Heben und Senken der Arme zusammen mit dem Atemrhythmus,
- leichtes Wippen auf den Fußballen langsam stärker werden lassen, gegebenenfalls bis zum Hüpfen und dann wieder langsam abschwächen und zur Ruhe kommen,
- gemeinsames kräftiges Aufstampfen
- mit den Außenkanten der Hände im leichten Reiterstand auf die Oberschenkel schlagen und dabei scharf oder mit einem „Ha!"-Ruf ausatmen,
- zwei Minuten Lüftungspause,
- eine einfache Dehnübung anleiten,
- ausschütteln,
- die Hände kneten,
- die Handgelenke reiben,
- den Körper abklopfen/ausstreichen (gegebenenfalls auch die Partner gegenseitig),
- einige tiefe Atemzüge nehmen,
- beim Ausatmen die Lippen spitzen und so den Atemfluss leicht abbremsen,
- dabei leicht nach vorne und hinten Schaukeln,
- den Kiefer kraftvoll ausdehnen,
- tief in beide Hände atmen, um ein Gähnen zu provozieren,
- usw.

In einer zweiten Stufe können Sie eine meditative Konzentration auf die Atmung und die Wahrnehmung der Schwerkraft und der Verbundenheit mit dem Boden anleiten.

Wenn das gelingt, ist es in einer dritten Stufe vielleicht sogar möglich, den Selbstkontakt zu intensivieren. Es kann hilfreich sein, sich die Selbstqualitäten hierzu noch einmal zu vergegenwärtigen. Hier eine Übersicht – ausführlicher und differenzierter werden diese nochmals im ► Abschn. 6.3.9 dargestellt:

Selbstqualitäten (Auswahl)

- Ruhig, gelassen
- Präsent, zentriert
- Verbunden
- Neugierig, offen
- Wohlwollend
- Absichtslos

Eine kleine meditative Anleitung zur Stärkung des Selbstkontakts könnte so aussehen:

Anleitung R19: Stärkung des Selbstkontakts

Um die Intimität der Übung zu verstärken, nutze ich meistens das „du" in der Ansprache, kündige das aber vorher an.

„Nimm dir ein paar Atemzüge Zeit, bei dir selbst anzukommen … für einen Moment alles loszulassen, alles ruhen zu lassen, was gerade noch wichtig war … nimm wahr, wie wohl das tut: … nichts müssen, nichts sollen, nichts wollen … nimm deinen Atem wahr und nutze ihn als Brücke nach innen … tief einatmen … und aus …. zur Ruhe kommen, in Verbindung kommen … mit dir selbst … mit dem Ort in dir, der friedlich ist … und kraftvoll … verbunden, ruhig … wohlwollend, hell, warm und fließend … sanft und offen …

Nimm dir Zeit, dich in diesem Kontakt zu dir selbst einzubetten, zu verwurzeln und zu verankern.

Nimm dann ein paar Atemzüge, um langsam, ganz langsam und behutsam deine Aufmerksamkeit wieder mehr auf die Umgebung auszuweiten … und achte darauf, dabei mit diesem tiefen Kontakt mit dir selbst verbunden zu bleiben … lege die Zungenspitze leicht an den Gaumen, als Anker für deine Präsenz und deinen Selbstkontakt. Mit dieser Berührung kannst du dich, wenn du es möchtest, immer wieder sanft an diesen Ort in dir erinnern, der immer da ist, so wie die Sonne immer da ist, auch wenn wir sie manchmal nicht sehen können …"

Weitere vertiefende Übungen zur Stärkung des Selbstkontakts finden sie in ► Abschn. 6.3.10: Selbstkontakt herstellen.

▪ Die Konfliktdynamik verlangsamen

Checks and Balances

Bei der Prozesssteuerung in dieser heiklen Phase einer paartherapeutischen Sitzung sollte erhöhte Aufmerksamkeit auf die Ausbalancierung der Kommunikation und eine ausgewogene Gesprächsführung gerichtet werden.

Einzelne Dialoge zwischen einer der Partnerinnen und der Therapeutin sollten nicht zu lange dauern (Balances) oder, wenn es wichtig erscheint sich einem Partner intensiver zuzuwenden, die Therapeutin sollte sich beim zuhörenden Partner rückversichern, ob das gerade für ihn in Ordnung ist (Check-Back). Dabei ist darauf zu achten, sorgfältig und nicht überhastet vorzugehen. Diese Technik ist ein sehr wichtiges Element der Prozesssteuerung auf der Ebene der Regulation.

Anleitung R20: Check-Back

Therapeutin: „Wir sind hier offenbar an einen sehr heiklen Punkt gestoßen. Stefan, ich würde mich an dieser Stelle gerne zunächst Ihrer Partnerin zuwenden. Es ist mir wichtig, dass wir uns danach auch noch Raum für Ihr Erleben nehmen. Wäre es Ihnen möglich sich gemeinsam mit mir für einen Moment aufmerksam Ihrer Frau zuzuwenden?"

Stefan: „Na gut."

Therapeutin: „Bitte melden Sie sich mit einem Handzeichen, wenn Sie merken, dass Sie nicht mehr gut dabei sein können."

Stefan: „Ja, alles klar, das passt."

Therapeutin: „Vielen Dank."

Die Formulierung „gemeinsam mit mir …" signalisiert dem zuhörenden Partner dabei deutlich, dass es nicht das Anliegen der Therapeutin ist, sich mit dem anderen Partner zu solidarisieren, sondern dass er die Therapeutin weiterhin im Sinne der Allparteilichkeit an seiner Seite wissen kann.

▪ Das Paar mit in die Verantwortung einbinden

Die Verlangsamung der Konfliktdynamik gelingt durch einen stark regulierten und von der Therapeutin gesteuerten Klärungsprozess.

Manchmal kann sich das anfühlen, wie auf dem Kutschbock zwei wilde Pferde an den Zügeln zu halten oder wie ein Löwendompteur in der Zirkusarena. Um der Dynamik „Führen – Folgen – Opponieren" entgegenzuwirken, ist es hilfreich, die Verantwortung des Paares für einen konstruktiven Konfliktverlauf anzusprechen:

Anleitung R21: Das Paar in die Verantwortung einbinden

„Ich habe den Eindruck, dass Sie beide wie auf einem Pulverfass sitzen, das jederzeit explodieren könnte. Ich denke wir sind uns einig, dass das nicht günstig wäre und wir die kostbare Zeit hier darauf verwenden sollten, den Konflikt konstruktiv anzugehen. Ich kann Ihnen dabei helfen, aber ich brauche Sie auch beide dafür, damit es gelingt."

▪ Konsequentes Paraphrasieren

Die Anwendung dieser Technik hat drei Wirkrichtungen: Die Spiegelung beruhigt den gespiegelten Partner, die Paraphrasierung übersetzt wichtige Botschaften auf konstruktive Weise für den anderen Partner und die Therapeutin übernimmt in dieser Phase der Sitzung die Kommunikationsführung. Statt dem Paar Raum zu lassen, um miteinander zu streiten, lenkt sie die Kommunikation wie bei einer Pendeldiplomatie über sich: Dabei wendet sie sich abwechselnd den Partnern zu. Sie sollte an dieser Stelle darauf achten, dass die einzelnen Dialoge zwischen ihr und einem Partner nicht zu lange dauern und optimaler Weise nach jeder Paraphrasierung den anderen Partner einladen, darauf zu reagieren.

Die konsequente Anwendung des Paraphrasierens im Paardialog ist im Grunde eine Vorstufe zum kontrollierten Dialog (Anleitung R23). Beim kontrollierten Dialog ist das Zusammenfassen des Gehörten Rolle der Partner, während hier die Therapeutin dies zunächst noch als Modell übernimmt, indem sie hilft, das Gesagte zusammenzufassen, zu strukturieren, die verschiedenen Botschaften (Informations-, Appell-, Beziehungs- und Selbstoffenbarungsbotschaft) und den Subtext zu explizieren sowie diese Inhalte in einer annehmenden Art und Weise zu spiegeln.

Anleitung R22: Paraphrasieren

Der Therapeut paraphrasiert jeden Beitrag der Partner und überprüft, ob er/sie sich richtig verstanden fühlt, bevor der andere Partner antwortet („Habe ich Sie richtig verstanden, dass … ?“).

Beim kontrollierten Dialog lernt das Paar dann, diese Aufgabe (mit Unterstützung) selbst zu übernehmen.

Kontrollierter Dialog

Beim kontrollierten Dialog handelt es sich um eine strukturierte Kommunikationstechnik, die darauf abzielt, gegenseitiges Verständnis zu fördern, die Konfliktdynamik zu verlangsamen und Konflikte konstruktiv anzugehen. Sie ist besonders geeignet für Paare, die grundsätzliche Schwierigkeiten haben, einander wirklich zuzuhören und zu spiegeln.

Anleitung R23: Kontrollierter Dialog

Besprechen Sie mit dem Paar die grundlegenden Regeln für den kontrollierten Dialog. Dazu gehören Respekt, aktives Zuhören, das Vermeiden von Unterbrechungen und das Sprechen aus der eigenen Perspektive.

Erklären Sie die beiden Rollen im kontrollierten Dialog: den Sprecher und den Zuhörer. Der Sprecher wird gebeten, seine Gedanken und Gefühle auszudrücken, während der Zuhörer aktiv zuhört, ohne zu unterbrechen oder zu urteilen.

Anschließend bitten Sie den Zuhörer, wiederzugeben, was er vom Sprecher verstanden hat. Dann überprüfen Sie das Feedback mit der Frage an den Sprecher: „Fühlen Sie sich ausreichend verstanden?“

Wenn die Antwort positiv ist, kommt es – wie in ◘ Abb. 5.9 skizziert – zum Rollenwechsel. Wenn nicht, bitten Sie den Sprecher, zu ergänzen, was ihm/ihr noch wichtig ist, wo er/sie sich noch nicht verstanden gefühlt haben.

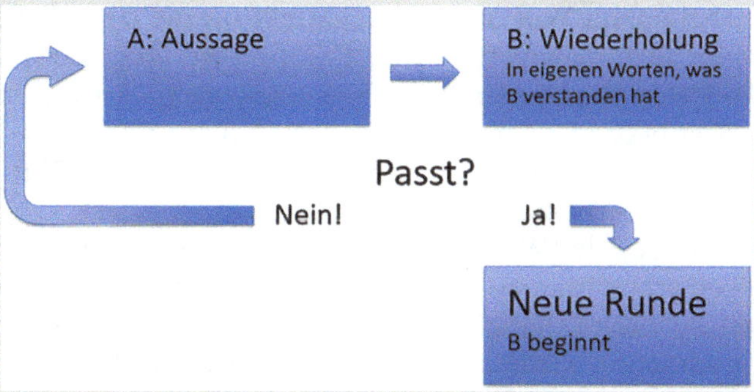

Abb. 5.9 Kontrollierter Dialog. (© Wanja Kunstleben)

Vorwürfe in Wünsche verwandeln

Bei dieser Technik wird durch das Umwandeln von Vorwürfen in Wünsche der Fokus im Außen von der Schuldzuweisung weg hin zu konstruktiven Lösungen gelenkt und im Inneren weg von der Bedürftigkeit hin zum Bedürfnis.

Anleitung R24: Vorwürfe in Wünsche verwandeln

Zum Beispiel könnte Carla zu Maya sagen: „Du bist immer so egoistisch und denkst nur an dich selbst." Wir unterstützen den Partner dann dabei, die darunterliegenden Gefühle zu verstehen und auszusprechen, die zu dem Vorwurf geführt haben. In diesem Fall könnte Carla erklären, dass sie sich vernachlässigt oder unbedeutend fühlt.

Carlas Vorwurf wird dann in einen konkreten Wunsch umformuliert. Anstatt zu sagen „Du bist immer so egoistisch", könnte sie stattdessen sagen: „Ich wünsche mir, dass wir mehr Zeit miteinander verbringen können, weil ich mich dann näher mit dir verbunden fühle."

Maya wird ermutigt, empathisch zuzuhören und den Wunsch anzuerkennen, anstatt sich verteidigend zu verhalten oder die Schuld abzuweisen.

Die Technik „Vorwürfe in Wünsche verwandeln" zielt so darauf ab, eine Atmosphäre des Verständnisses, der Empathie und der Zusammenarbeit zu schaffen.

Anliegenorientierte Arbeit mit Wut

Ganz ähnlich funktioniert das anliegenorientierte Arbeiten mit Emotionen. Dabei ist die Erfahrung, dass sich unsere Anteile, die mit viel Energie und Emotionalität für ihre Anliegen kämpfen, deutlich und spürbar entspannen, wenn sie sich gesehen, verstanden und anerkannt fühlen.

Natürlich ist uns diese Denkweise und dieser Ansatz als Therapeut*innen sehr vertraut und unmittelbar verständlich. In der partnerschaftlichen Kommunikation besteht die erste Reaktion auf starke Gefühle des Anderen aber meist aus Verteidigung, Gegenangriff, Beschwichtigung oder (gut gemeinten) Ratschlägen.

Bei Wut und Aggressivität ist es aus meiner Sicht besonders wichtig, sehr genau und präzise zu arbeiten, da Wut oft ein Deckaffekt für die eigentliche, ursprünglich mit dem bedrohten Bedürfnis verbundene Emotion ist. Zum Beispiel können sich hinter einer geäußerten Wut folgende Gefühle verstecken: Angst, weil sich jemand ungeschützt, unbeantwortet oder unsicher fühlt, Scham, weil eine Kränkung den Selbstwert bedroht oder Traurigkeit, weil jemand sich verlassen fühlt.

Wir müssen also die richtigen Fragen stellen.

Wenn wir direkt nach der Wut fragen, wird die Wut sich kaum beruhigen. Meist stoßen wir lediglich erneut die Kaskade an, in der die Wut sich selbstreferenziell bestätigt und weiter befeuert: „Ich glaube, du bist wütend … was ärgert dich?“ – „Es ärgert mich, dass ich schon wieder alleine sein muss, während Tom sich um seine Projekte kümmert! Das ist ja schließlich nicht das erste Mal ….“ Und so weiter und so fort. Natürlich ist es gut, wenn Ärger auch ausgedrückt, vielleicht erstmals gespürt werden kann und verständlich wird. Wenn wir allerdings anliegenorientiert arbeiten wollen, damit sich die Wut beruhigen kann, müssen wir anders herangehen:

Anleitung R25: Anliegenorientierte Arbeit mit Wut

Wenn wir die Frage stellen: „Wofür kämpft deine Wut?“ Erhalten wir oft nach einer kurzen nachdenklichen Pause ganz erstaunliche Antworten: „Meine Wut kämpft dafür, dass wir uns nicht verlieren. Ich hab solche Angst davor, dass du mich gar nicht mehr wirklich liebst.“

Mit dieser Antwort wird eine ganz andere Ebene eröffnet. Da sich die Intensität einer Emotion erst dann verringern lässt, wenn das dahinterliegende Bedürfnis wahrgenommen wurde (und das meist auch, wenn es nicht unmittelbar befriedigt werden kann), ist die Entschlüsselung von Deckaffekten besonders wichtig.

Differenzierung von Mischaffekten

Dasselbe gilt für Mischaffekte: ein „Gefühlsknoten“ aus Ohnmacht und Angst, eine Mischung aus Kränkung und Trauer, eine Gleichzeitigkeit von Freude und Schuldgefühl … Die undifferenzierte Exploration des Gefühlsamalgams führt meist kaum zu einer Entlastung. Wenn wir aber die verschiedenen Gefühle differenzieren, benennen und wahrnehmen, lösen sich die unangenehmen Spannungszustände meist unmittelbar auf. Das folgende Fallbeispiel verdeutlicht das, wie ich finde, sehr anschaulich.

Fallbeispiel R26: Mischaffekte differenzieren

Peter und Sarah sind ein Paar Anfang 30 ohne Kinder. Peter ist Krankenpfleger, Sarah ist Pharmareferentin. In dem Fallbeispiel wird deutlich, wie hilfreich es ist, wenn das gleichzeitige oder ambivalente Auftreten von Gefühlen wahrgenommen und differenziert werden kann. Hierzu ist es notwendig, zunächst einen Rahmen zu schaffen, in dem der Therapeut sich mit Einverständnis beider Partner intensiver dem betreffenden Partner und seinen gemischten Gefühlen zuwenden kann.

Therapeut: Guten Morgen, Peter. Guten Morgen, Sarah. Schön, dass Sie beide hier sind. Wie geht es Ihnen heute?

Peter: Guten Morgen. Es geht so, ehrlich gesagt. Ich fühle mich irgendwie … durcheinander.

Sarah: Guten Morgen. Mir geht es ganz gut, danke. Aber zwischen uns ist es seit ein paar Tagen schwierig.

Therapeut: Ok, haben sie eine Idee, was da gerade los ist?

Sarah: Ich weiß es nicht genau, aber nach meinem Empfinden ist das seit dieser Firmenfeier letzte Woche. Ich hatte einen sehr guten Jahresabschluss und das wurde vor allen vom Chef erwähnt. Ich war ziemlich stolz und wir haben alle ausgelassen gefeiert an diesem Abend. Peter war anfangs dabei, aber dann ist er später verschwunden, weil es ihm nicht gut ging. Seitdem ist die Stimmung zwischen uns schlecht.

Peter: Es war nicht einfach für mich. Ich wollte mich für dich freuen, Sarah, wirklich. Aber ich habe mich so fehl am Platz gefühlt.

Therapeut: Und seitdem sind Sie durcheinander Peter?

Peter: Ja, genau. Es ist wie ein Knoten im Bauch.

Therapeut: Können Sie das genauer beschreiben, was Sie an dem Abend erlebt und wie Sie sich gefühlt haben?

Peter: Es ist schwierig zu beschreiben. Es war eine Mischung aus Stolz auf Sarah und einem Gefühl von Niedergeschlagenheit und Überforderung. Als käme ich einfach nicht mehr mit ihr mit. Ich glaube, irgendwie schäme ich mich.

Therapeut: Sarah, ich glaube, weil die Gefühle bei Peter gerade etwas verwirrend und unklar für ihn sind, wäre es gut, wenn wir uns das etwas genauer miteinander anschauen. Wäre das für Sie in Ordnung?

Sarah: Ja klar, absolut, ich fände es gut, wenn das für Peter klarer wird.

Therapeut: Prima. Dann bitte ich Sie, Sarah, offen und zugewandt dabei zu sein und sich zu melden, falls das aus irgendeinem Grund nicht mehr möglich ist. Peter, wenn Sie einmal zu Ihrem Knoten im Bauch hin fühlen, können Sie versuchen, zu beschreiben, wie sich das genau anfühlt?

Peter: Hm, das ist schwierig. Es ist irgendwie eine Mischung. Ich glaube, ich fühle mich ehrlich gesagt ein bisschen neidisch, weil Sarah alles so toll hinkriegt und bei allen so beliebt ist. Aber gleichzeitig schäme ich mich dafür, dass ich neidisch bin … und dafür, dass ich es nicht schaffe, so toll dazustehen wie sie.

Therapeut: Sie erleben also mehrere Gefühle gleichzeitig – Neid, Scham, und ich habe den Eindruck, dass auch so etwas wie Überforderung und Einsamkeit anklingt, kann das sein?

Peter: Ja … ja, das stimmt. Das ist alles da und bildet diesen unguten wirren Knoten in mir …

Therapeut: Können wir das vielleicht etwas genauer aufschlüsseln? Beginnen wir mit dem Neid. Was löst den Neid in Ihnen aus?

Peter: Ich denke, es ist diese Leichtigkeit, mit der Sarah alles schafft. Sie hat Erfolg, ihre Freunde bewundern sie … Ich finde das ja auch toll und freue mich und bewundere sie dafür, aber ich wünsche mir auch mehr das Gefühl von Anerkennung. In meinem Job gibt es auch mal dankbare Patienten, aber es ist insgesamt echt meist zu viel zu tun, um allen gerecht zu werden und oft sind die Patienten einfach nur gestresst und anspruchlich.

Therapeut: Das kann ich gut verstehen, Peter. Neid ist ein Gefühl, das nicht leicht ist, sich einzugestehen und ich finde es mutig und wichtig, dass Sie sich trauen, das hier zu zeigen. Und der Neid zeigt Ihnen letztlich, was Sie sich in Ihrem Leben wünschen und was gerade zu kurz kommt.

Peter: Ja. Es tut gut, das etwas klarer zu sehen.

Therapeut: Nun zur Scham. Können Sie beschreiben, warum Sie sich schämen?

Peter: Ich schäme mich dafür, dass ich diese negativen Gefühle überhaupt habe. Ich sollte mich doch für Sarah freuen. Außerdem schäme ich mich, weil ich das Gefühl habe, nicht so toll und bewundernswert zu sein. Und ich habe Angst, dass Sarah mich dann nicht mehr attraktiv findet. Es fühlt sich an, als ob ich versage, weil ich nicht auf einem Level mit ihr bin.

Therapeut: Ja, das kann ich verstehen, Peter. Ihr Selbstwert fühlt sich wackelig und unsicher an, und das ist ein richtig schwieriges Gefühl. Was ist denn Ihre Reaktion auf diese Gefühle? Wie gehen Sie damit um? Wie versuchen Sie, die Situation zu bewältigen?

Peter: Meistens ziehe ich mich zurück. Ich will Sarah nicht zeigen, dass ich neidisch bin. Gleichzeitig fühle ich mich so schlecht über mich selbst, dass ich mich fast schuldig fühle, in ihrer Nähe zu sein.

Therapeut: Ok, wow, das ist sehr offen und ehrlich, wie Sie sich hier damit zeigen und ich kann mir vorstellen, dass Sie sich dabei ganz schön verletzlich fühlen. Danke für das Vertrauen, Peter. Die Mischung aus Neid und Scham führt also dazu, dass Sie sich isolieren. Sarah, wie erleben Sie es, wenn Peter sich zurückzieht?

Sarah: (hat feuchte Augen) Mich berührt das gerade sehr, Peter, dass du das hier so offen zeigst. Wenn du dich so zurückziehst, ist das schwer für mich. Ich merke, dass etwas nicht stimmt, aber ich weiß nicht, wie ich dir helfen kann. Und dann macht mich das halt auch ungeduldig und ärgerlich.

Therapeut: Sarah, vielleicht können Sie Peter noch einmal mit einer körperlichen Geste zeigen, dass es Ihnen gut tut, dass er sich nun öffnet.

Sarah: (beugt sich zu Peter und legt ihm die Hand auf den Arm) Danke, Peter.

Peter: (gerührt, lächelt) Ja, Mist. Ich komm da schlecht aus mir raus, wenn ich selbst nicht richtig verstehe, was los ist. Und dann weiß ich nicht, was ich dir sagen soll. Ich denke, es ist jetzt einfach klarer und das tut gut.

Anmerkung zur Prozesssteuerung: Diese Technik ist vor allem klärend. Ich führe sie hier an, insofern Dysregulation manchmal deshalb besteht, weil sich Gefühle „verknotet“ haben und die Technik daher dem Ziel der „Öffnung des WOT“, also der Regulation, dient. In diesem Beispiel geht es um notwendige Up-Regulation. Die Prozesssteuerung zielt auf Regulation und geht technisch über die Klärung zur Intimität, da sich die Regulationsfähigkeit von beiden Partnern als ausreichend erweist: Sarah kann Peter den Raum geben und Peter schafft es in der haltgebenden Situation, sich zu öffnen und zu zeigen. Als Sarah sich berührt zeigt, greife ich das auf und öffne den Intimitätsraum durch die Einladung zur körperlichen Geste (s. ► Abschn. 7.1.5 und ► Abschn. 7.7 Übung I2: „Früchte pflücken“).

5.2.2.4 Interventionen zur Aufarbeitung

Im Bild der Schlaglochmetapher gesprochen geht es in dieser Phase der Arbeit mit Regulationsschwierigkeiten darum, den Umstand zu nutzen, dass ein Schlagloch immer auch einen Blick in die Tiefe ermöglicht. Das bedeutet, dahinter und zugrunde liegende Strukturen, Verletzungen etc. werden sichtbar – und damit auch der therapeutischen Bearbeitung zugänglich. Dieser Blick in die Tiefe kann sinnvoller Weise erst stattfinden, wenn das Paar wieder aus dem Schlagloch herausmanövriert ist. Dann kann versucht werden, zu erfassen und zu verstehen, welche emotionalen Prozesse hier beteiligt sind (Klärungsdimension) und eine emotionale Tiefung für die Versorgung daran beteiligter bedürftiger Anteile eröffnet werden (Intimitätsdimension).

Um Verwirrung zu vermeiden, ist es mir wichtig, noch einmal zu erklären, warum klärende und intimitätsbezogene Interventionen trotzdem als Teil eines Regulationsprozesses verstanden werden können und der Bogen der Regulation sinnvollerweise auch diese Phase der Bearbeitung von Regulationsschwierigkeiten umspannt. Dazu ist es an dieser Stelle hilfreich, sich nochmals vor Augen zu führen, dass die drei Dimensionen Regulation, Klärung und Intimität wie die drei Raumdimensionen in der Praxis nicht unabhängig voneinander existieren und alle drei Dimensionen immer anwesend sind. Wenn wir uns in Relation zu einer dieser Dimensionen bewegen, schließt das eine Bewegung in Relation zu den beiden anderen Dimensionen nicht aus. In dieser Weise gehört der Schritt der Aufarbeitung einer Dysregulationserfahrung zum Gesamtbogen, den wir in der Regulationsarbeit vollziehen – gleichzeitig nutzt der Prozess der Aufarbeitung die Klärungs- und Intimitätsdimension.

Wenden wir uns also dem „Blick in die Tiefe" zu: Es geht hier zunächst um eine Wahrnehmung der Not, die hinter der Dysregulation steht. Voraussetzung hierzu ist, dass der dysregulierte Zustand ausreichend stabilisiert werden konnte – ausreichende Regulation ist die Voraussetzung für Klärung!

Es geht nun darum, den getriggerten, in Not geratenen Anteil auch unabhängig von der aktuellen Situation wahrzunehmen: Welche Geschichte hat er und womit ist er im inneren Erleben verbunden?

Wenn dieses Verständnis erreicht wurde (ausreichende Klärung), können wir den Blick darauf werfen, welche Beziehung der getriggerte Partner selbst zu diesem Anteil hat (Intimitätsdimension) und wie diese Beziehung verstärkt, unterstützt und entwickelt werden kann, damit eine Versorgung und Integration des Anteils möglich wird. Auf diesem Weg erreichen wir eine innere Erfahrung von annehmender Spiegelung oder Selbstmitgefühl, die zu einem Erleben von Integration führt, da die damit verbundenen Erfahrungen in diesem Moment sinnvoll aufeinander bezogen werden können. Im Bild des Schlaglochs gesprochen legen wir auf diese Weise ein Steinchen ins Schlagloch. Bei diesen strukturellen Aspekten ist es wertvoll und wichtig zu verstehen, dass eine Erkenntnis noch keine unmittelbare Heilung bedeutet, aber dennoch einen bedeutsamen und bleibenden Fortschritt ermöglichen kann.

Diese Aufarbeitung hat den Charakter einer einzeltherapeutischen Sequenz im Paarsetting. Die Anwesenheit des Partners hat hierbei eine mehrfache Funktion: Zum einen intensiviert die Anwesenheit einer Bindungsperson das Integrationspotenzial enorm. Zum anderen ermöglicht sie ein vertieftes Verständnis beim bezeugenden Partner für die emotionalen Hintergründe der Paarkonflikte und -dynamiken.

Die Techniken, mit denen wir die Wahrnehmung, Versorgung und Integration eines bedürftigen Anteils im Paarsetting unterstützen können, werden ausführlich im ► Abschn. 6.3 und 6.3.12 ausgeführt.

5.2.2.5 Makroperspektivische Interventionen

5

Dysregulation und eskalierende Konflikte lassen uns automatisch ganz nah ans Geschehen heranzoomen, sie saugen unseren Fokus geradezu in die Mikroperspektive. Spätestens wenn das Paar nach einer turbulenten Sitzung die Praxis verlassen hat, ist daher ein guter Zeitpunkt gekommen, um sich einen Moment zurückzulehnen und zu versuchen, das „big picture" in den Blick zu nehmen, die Infrastruktur zu betrachten, innerhalb der sich das Schlagloch aufgetan hat.

- **Mein Raum, Dein Raum, Unser Raum**

Der erste Fokus kann sich dabei auf die Frage lenken, wie das Paar seine Beziehungsräume organisiert (vgl. ► Abschn. 5.1.3). Welche Räume sind unter Druck, welche sind gut ausgebaut? Was müsste passieren, damit sich hier grundlegend etwas ändert? Darf es das? Und wenn nein, warum nicht? Welche Fortschritte in welchem Tempo sind vor dem Hintergrund dieser Überlegungen erwartbar und realistisch? Welche Prozesse außerhalb des paartherapeutischen Settings könnten diese Fortschritte unterstützen?

- **Schwellensituationen und Entwicklungsaufgaben**

Eine weitere Makroperspektive ist der Blick auf individuelle und paarbezogene Schwellensituationen und Entwicklungsaufgaben.

Typische individuelle Schwellensituationen sind zum Beispiel: Umzug, Ausbildungsabschluss, Berufseinstieg, Arbeitsplatzwechsel, Berentung, Hausbau und Hauskauf, Menopause, Einschulung, Pubertät und Auszug der Kinder, Krankheitsbewältigung etc.

Klassische paarbezogene Schwellensituationen, Lebensübergänge und Krisen in der Paarbeziehung beschreibt Hans Jellouschek im Bild der vier Jahreszeiten (Jellouschek, 2002). Während das Paar im Frühling herausgefordert ist, nach dem Abklingen der Verliebtheit in die Alltagsbeziehung zu finden (ein Paar werden), muss es im Sommer, der „Rush-Hour des Lebens", viele Herausforderungen gleichzeitig bewältigen (z. B. Berufseinstieg, Kleinkinder versorgen, Immobilie erwerben), ohne sich dabei aus dem Blick zu verlieren (ein Paar bleiben). Im Herbst der Liebe (wenn die Kinder z. B. aus dem Haus sind), ist eher die Frage: Was wollen wir noch voneinander und vom Leben (wieder ein Paar werden)? Im Winter der Liebe, im Alter, stellen sich Herausforderungen wie Krankheit, Verlust einer Partnerschaft auf Augenhöhe in Pflegesituationen und Abschied (einander begleiten und loslassen).

Als Entwicklungsaufgabe schauen wir diese Situationen mit Blick auf den Menschen an, der mit ihr konfrontiert ist. Was bedeutet das für den Einzelnen, seine Möglichkeiten, Ressourcen und seine Art und Weise, mit Problemen umzugehen? Was darf er oder sie lernen?

Um uns selbst und das Paar weder zu überfordern noch zu unterschätzen, sollten wir die Ziele darauf hin überprüfen, wie realistisch sie sind.

Und selbstverständlich sind die Ziele, die wir in einer Reflexion entwerfen, erstmal nur unsere eigenen Arbeitshypothesen. Die Ziele für die Paartherapie müssen natürlich immer gemeinsam mit dem Paar entwickelt werden.

Allgemeine Interventionen zur Regulation

5.2.3 Allgemeine Interventionen zur Regulation

Arbeit mit Symbolen als Stabilisierungsanker

Die Verwendung von Symbolen, um Themen, Gefühle und Anteile zu externalisieren und im Therapieraum sichtbar zu machen, gehört für mich zu den Standardinterventionen insbesondere bei Regulationsschwierigkeiten, hoher Konfliktdynamik und strukturellen Defiziten.

Die Verwendung von Symbolen hat mehrere Effekte:

- Sie unterstützt den Mentalisierungsprozess von innerem Erleben. Das ist besonders hilfreich, wenn strukturelle Defizite dazu führen, dass inneres Erleben nur schwer wahrgenommen, erfasst und benannt werden kann.
- Sie entlastet sowohl die intrapersonelle wie auch die interpersonelle Spannung, da Affekte weniger stark im Inneren gehalten werden müssen, wenn sie im Außen symbolisch sichtbar sind.
- Es erleichtert die Besprechbarkeit komplexer psychischer Prozesse.
- Die Darstellung von eigenem inneren Erleben in Form eines Symbols erleichtert demjenigen, der das Symbol gewählt hat, dazu in Beziehung zu treten. Es unterstützt also die Entwicklung der Beziehung desjenigen zu seinem inneren Erleben, zu seinen Anteilen und zu sich selbst. Dadurch werden der Aufbau und die Stärkung der eigenen Struktur und Integration unterstützt.

Grenze und Inhalt

Bei der Symbolisierung gibt es zwei wichtige Ebenen: Grenzen/Raum/Sphären und Inhalte. Das Thema der Grenze ist insbesondere für die strukturelle Integration sehr wichtig, da sie das „Ich" abgrenzt und projektive und symbiotische Prozesse begrenzt. Ich führe die Grenze auf symbolischer Ebene entweder durch ein Seil ein, oder durch ein Filzpad, das den Ich-Raum symbolisiert und begrenzt. Die Filzpads, die ich verwende, sind runde Tischsets, etwa 40 cm im Durchmesser, die es z. B. in großen Drogeriemärkten günstig in vielen verschiedenen Farben gibt.

Bei Paaren mit strukturellen Defiziten, hoher Konflikt- und Beziehungsdynamik und starken symbiotischen Tendenzen lege ich als eine zentrale Intervention regelmäßig entweder ein Seil als Grenze zwischen das Paar auf den Boden oder zwei Seile als Halbkreis um jeden Partner, um die jeweilige persönliche Grenze zum anderen hin zu markieren.

Anleitung R27: Arbeit mit Symbolen – ein Seil als Ich-Grenze und Kontaktlinie legen

Therapeut: „Bevor wir weitermachen, lege ich hier zunächst mal dieses Seil zwischen Ihnen aus, als Symbol dafür, dass jeder von Ihnen ein eigener Mensch ist. Dieses Seil ist keine Trennungslinie, sondern vielmehr eine Kontaktlinie, an der Sie sich begegnen können, die aber auch die simple Wahrheit zum Ausdruck bringt, dass jeder von Ihnen eine eigenständige Persönlichkeit und eine eigene persönliche Grenze besitzt."

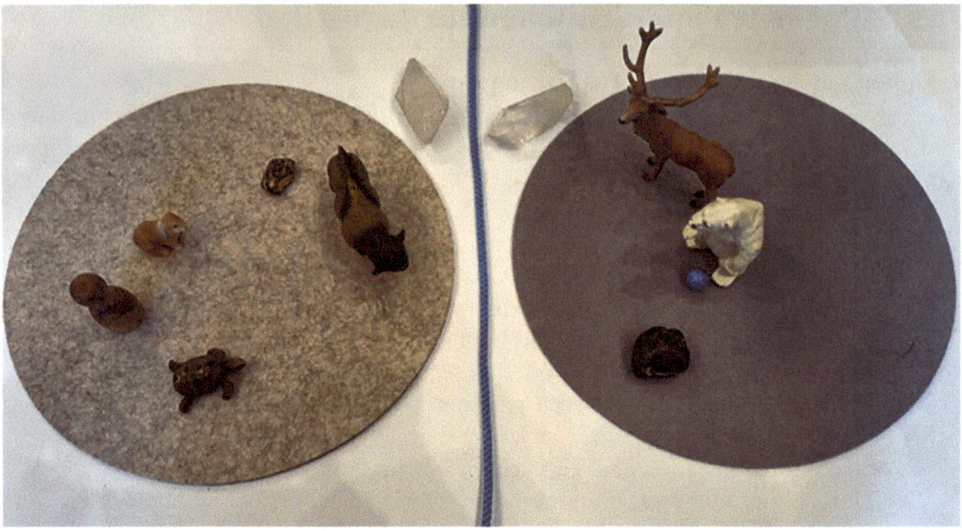

Abb. 5.10 Aufstellung von inneren Anteilen mit Symbolen. (© Wanja Kunstleben)

Die Wirkung dieser einfachen Intervention ist häufig sehr deutlich spürbar und fast immer entlastend.

Die Filzpads eignen sich z. B. dann als Markierung des eigenen Raums, wenn darauf Symbole wie Steine, Tierfiguren oder Ähnliches als eigene innere Anteile platziert werden sollen (s. Abb. 5.10). Sie können aber auch – in Kombination mit den Seilen als Ich-Grenze – als je eigener Anteil ausgelegt werden, mit dem Vorteil, dass man sich zu ihnen oder auf sie stellen und damit in Kontakt mit einem Anteil gehen kann.

Als Symbole verwende ich gerne eine Sammlung mit kleineren und größeren Steinen, Tierfiguren, Playmobil- oder Holzfiguren. Hier ist der Fantasie grundsätzlich keine Grenze gesetzt.

Mir persönlich ist es wichtig, die Bedeutung der Symbole als Therapeut nicht zu sehr zu interpretieren. Sie entfalten meist von selbst eine Projektionskraft und es entsteht ein innerer Dialog/eine innere Beziehung mit der Person, die das Symbol gewählt und aufgestellt hat. Dafür ist es aus meiner Sicht eher hilfreich, wenn ich Raum für die eigene Projektion lasse, mich mit Interpretationen tendenziell zurückhalte und es für weniger wichtig erachte, ob ein Stein grün, blau oder gelb, zackig oder glatt ist.

Ich möchte den spielerischen, leichten und mutigen Umgang mit Symbolen sehr empfehlen. Symbole erleichtern den Ausdruck von innerem Erleben und Prozessen, die verbal (noch) nicht ausgedrückt werden können. Ähnlich wie innere Bilder stellen sie eine Ebene dar, die emotionale und kognitive Verarbeitung gut miteinander integrieren kann und damit zu einer ganzheitlicheren therapeutischen Arbeit beiträgt.

5.3 Sonderfälle der Regulation

In diesem Unterkapitel werfe ich einen Blick auf einige wichtige Sonderfälle, die dazu führen, dass der Rahmen der Paartherapie gefährdet ist: Sie stellen Stressoren für das Paarsystem dar, die dazu führen, dass die Regulation brüchig wird, zur Dysregulation tendiert oder ganz einfach nicht mehr ausreichend hergestellt werden kann. Daher ist es wichtig, diese den Rahmen betreffenden Themen zu sehen, um nicht daran herum zu laborieren, Regulation herzustellen, wenn es eigentlich darum geht, diese Themen zu adressieren. Das gilt für die paarbezogenen Themen Trennungsambivalenz und Außenbeziehung und für individuelle Themen wie Sucht, Suizidalität, Manie und Psychosen. Auch auf Aspekte der Neurodiversität (AD(H)S und Autismusspektrumsstörung) möchte ich kurz eingehen. Außerdem gehe ich etwas ausführlicher auf polyamore Beziehungen als Sonderfall der Regulation ein, auch weil dieses Thema als Thema der jüngeren Generation derzeit sehr präsent ist und folglich auch in Paartherapien zunehmend relevant wird.

5.3.1 Trennungsambivalenz und Außenbeziehungen

Trennungsambivalenz und Außenbeziehungen stellen einen Sonderfall dar, der in Paartherapien naturgemäß häufig vorkommt und immer wieder dazu führt, dass der therapeutische Raum keine ausreichende Sicherheit bietet, um Themen und Konflikte konstruktiv zu klären.

Der gemeinsame Raum ist dann nicht ausreichend stabil, die Grenze nicht ausreichend klar, um eine Grundlage zur Regulation zu bieten. Wenn keine ausreichende Regulation besteht, sollten wir nicht versuchen, zu klären (siehe Navigationsformel: Ausreichende Regulation ist die Voraussetzung für Klärung …).

▪ Einen Rahmenvertrag aushandeln

Um einen ausreichend sicheren Rahmen zu schaffen, als Voraussetzung für ausreichende Regulation, muss in beiden Fällen eine Art Rahmenvertrag entwickelt werden.

▪ Rahmenvertrag bei Außenbeziehungen

Da das Thema Außenbeziehung sehr komplex ist, sei an dieser Stelle auf weiterführende Literatur verwiesen (Perell, 2020; Jellouschek, 2003; Tiedemann, 2018). In Grundzügen geht es hierbei um das Aushandeln, ob und wie die Außenbeziehung beendet werden kann. Wenn das nicht gelingt, kann an der Paarbeziehung nicht weitergearbeitet werden. Strittig ist die Frage, inwieweit eine Öffnung der Partnerschaft den Entwicklungsraum des Paares untergräbt. Nach meiner Erfahrung ist dies jedoch kaum möglich, solange der Bindungsschock durch eine heimlich eingegangene Außenbeziehung noch nicht verarbeitet werden konnte. Für die Situation, dass eine Außenbeziehung das Agreement der Partner gebrochen hat, stellt der Versuch, diese dann für die Außenbeziehung zu öffnen, meiner Erfahrung nach eine Überforderung der Bindungsbedürfnisse des betrogenen Partners dar.

▪ Rahmenvertrag bei Trennungsambivalenz

Wenn wiederholt von einem oder beiden Partnern mit Trennung gedroht wurde, stellt das eine ständige Bedrohung der Bindungssicherheit für beide Partner dar. Die Trennung schwebt dann wie ein Damoklesschwert über der Beziehung. Das macht ein Sich-Öffnen und Einlassen auf einen konstruktiven Prozess der Auseinandersetzung unmöglich.

Gleichzeitig sind Trennungsambivalenzen bei Paarkonflikten etwas ganz Normales. Sie reichen von „Manchmal habe ich den Gedanken, dass es so nicht weitergeht – ich würde mich aber nie trennen.“, bis hin zu „Der Trennungsgedanke begleitet und quält mich täglich.“

Das Problem ist nicht die eigentliche Trennungsambivalenz. Es ist sogar bis zu einem gewissen Grad gesund, wenn man nicht bereit ist, alles mitzumachen, eine eigene Grenze spüren kann und sich grundsätzlich in der Lage sieht, eine Bindung auch zu lösen. Das Problem ist die Unentschiedenheit, ob ich im Hier und Jetzt wirklich ganz da bin. Wenn wir uns auf das Glatteis der Auseinandersetzung einlassen wollen, müssen wir darauf vertrauen können, dass der Andere zumindest für diesen Schritt verlässlich da ist.

Der Rahmenvertrag hat daher nicht das Ziel, die Trennungsambivalenz aufzulösen oder zu verleugnen. Es ist wichtig, das deutlich zu machen, damit keine unter moralischem Druck errungene Scheinlösung geschaffen wird, die bei der ersten Belastung wieder einbricht.

Es geht darum, beide Partner*innen dazu einzuladen, zu prüfen, wieviel Zeit sie unter den gegebenen Umständen noch bereit sind, in die Beziehung und den Prozess der Klärung zu investieren. Und welche Bedingungen gegebenenfalls dafür notwendig sind.

Zum Beispiel könnte eine Bedingung sein: „Wenn du es schaffst, nicht mehr zu trinken, kann ich zusagen, es noch mindestens ein halbes Jahr lang miteinander zu versuchen.“

Als Zeitraum wird dann der kleinste gemeinsame Nenner genommen. Es kann außerdem ein bestimmter terminlicher Rhythmus für die Paarsitzungen in diesem Zeitraum vereinbart werden. Der Paartherapeut verpflichtet dann beide Partner auf die Zusage, im vereinbarten Zeitraum die Trennung weder auszusprechen noch mit ihr zu drohen. Natürlich kann der Zeitraum später verlängert werden oder es ergibt sich im besten Fall eine Situation, in der die Trennungsambivalenz nicht mehr besteht oder nicht mehr bedrohlich ist.

Anleitung R28: Aushandeln eines Rahmenvertrags bei Trennungsambivalenz

Therapeutin: Ich möchte Ihnen einen Rahmenvertrag vorschlagen, der Ihnen helfen kann, mit der Trennungsambivalenz umzugehen, die in Ihrer Beziehung präsent ist.

Lisa: Ja, das klingt gut. Wir sind wirklich an einem Punkt, an dem wir nicht wissen, wie es weitergehen soll.

Therapeutin: Ich möchte Ihnen erklären, warum wir überhaupt diesen Rahmenvertrag brauchen. Ich glaube, dass Sie beide immer wieder Drohungen mit einer Trennung ausgesprochen haben, schafft eine ständige Unsicherheit, die wie ein Damoklesschwert über der Beziehung schwebt.

Josa: Ja, absolut. Es ist unglaublich anstrengend und kräftezehrend.

Therapeutin: Und es hindert Sie letztlich auch in diesem Rahmen hier daran, wirklich konstruktiv miteinander umzugehen. Trennungsambivalenz ist im Grunde ganz normal, wenn es in einer Partnerschaft kriselt, aber es ist wichtig, dass wir einen Weg finden, die Unsicherheit zu reduzieren, die sie auslöst. Dafür möchte ich Ihnen einen Rahmenvertrag vorschlagen, einen „Deal" sozusagen.

Lisa (etwas unsicher): Was genau meinen Sie damit?

Therapeutin: Der Rahmenvertrag hat nicht das Ziel, die Trennungsambivalenz völlig aufzulösen oder zu verleugnen, sondern vielmehr, eine stabile Basis für die weitere Arbeit an Ihrer Beziehung zu schaffen. Es geht darum, eine gewisse Verlässlichkeit und Sicherheit zu gewährleisten, damit wir uns auf den Prozess der Auseinandersetzung einlassen können. Es geht darum, einen Zeitraum zu bestimmen, in dem Sie sich sicher fühlen und auf den gemeinsamen Prozess einlassen können.

Josa: Okay, das klingt grundsätzlich ganz gut. Aber wie lange sollten wir uns verpflichten?

Therapeutin: Das hängt von Ihnen beiden ab. Ich möchte Sie jetzt einladen, einmal – jeder für sich – zu überprüfen, wieviel Zeit Sie bereit wären, noch in die gemeinsame Beziehung zu investieren.

Josa: Grundsätzlich möchte ich so viel Zeit investieren, wie notwendig!

Therapeutin: Das ist ja schon mal gut, aber Sie haben ja selbst immer mal wieder mit Trennung gedroht.

Josa: Ja, aus Verzweiflung, weil es mich ohnmächtig macht, wenn Lisa einfach nicht aufhört zu diskutieren.

Therapeutin: Wenn Sie sich vorstellen, dass Lisa es nicht schafft, sich wirklich zu verändern, wie lange glauben Sie jetzt, hier und heute, dass Sie trotzdem noch mit im Boot sind?

Josa: Wenn sich das nicht ändert?

Therapeutin: Genau.

Josa: Puh … ja, also mindestens noch ein Jahr würde ich sagen.

Therapeutin: Und Sie, Lisa?

Lisa: Ich weiß nicht, ich bin so erschöpft. Josa, ich glaube, wenn sich nichts daran ändert, dass ich gefühlt mit allem alleine da stehe … höchstens noch ein halbes Jahr.

Therapeutin: Und mindestens?

Lisa: …

Therapeutin: Lassen Sie sich Zeit. Es ist wichtig, dass Sie ein klares Gefühl dazu entwickeln.

Lisa: Ich glaube, ich bräuchte deine Zusage, dass wir das hier fortführen.

Josa: Ja, auf jeden Fall. Das will ich auch.

Lisa: Gut. Dann kann ich mich auf ein halbes Jahr festlegen. Das ist mir unsere Beziehung auch definitiv wert.

Therapeutin: Prima. Wir können gerne weiterhin monatliche Termine vereinbaren. Die Vereinbarung ist, dass Sie beide sich verpflichten, in dieser Zeit die Trennung weder auszusprechen, noch damit zu drohen. Sind Sie einverstanden.

Lisa: Ja. Gut.

Josa: Ja. Das fühlt sich gut an und ich bin erleichtert.

5.3.2 Sucht, Suizidalität, Manie, Psychosen, schwere Depressionen

Die Ausführungen zu den folgenden drei Themen sind jeweils nur sehr grobe Einordnungen mit dem Fokus auf das Regulationsthema, da jedes Thema für sich ein eigenes Buch füllen könnte.

▪ Sucht

Das Vorliegen einer Suchterkrankung, eines schädlichen Gebrauchs oder eines suchtnahen Verhaltens beeinträchtigt das gesamte Bindungssystem nachhaltig. Es ist im Einzelfall oft nicht ganz einfach, zwischen Suchtmittelgebrauch, der keine wesentliche Beeinträchtigung der Beziehungsqualität mit sich bringt, und einem beziehungsschädigenden Gebrauch zu unterscheiden. Die wesentliche mich leitende Frage ist hier: Hat das Suchtmittel eine strukturelle (nicht nur situative) Funktion in der inneren Beziehungsdynamik desjenigen zu sich selbst? Hilft es ihm oder ihr grundsätzlich dabei, z. B. Nähe, Verletztheit, Freude, Selbstbezug, Kontakt etc. zu regulieren?

Würde man eine Systemaufstellung mit einer Person machen, die ein Suchtmittel in dieser Weise missbraucht, dann wäre der Alkohol wie eine eigene Figur in der Aufstellung, auf die sich die Person bezieht. Aus diesem Bild heraus wird deutlich, dass z. B. der Alkohol/das Cannabis/das Onlinespielezocken die Dynamik des gesamten Systems beeinträchtigt.

Für mich fasst folgende Metapher das Suchtgeschehen gut zusammen und macht einige wichtige Bedingungen im Umgang damit verständlich: Sucht oder auch andere „Ausflüchte" (z. B. in einigen Fällen Suizidalität, s. u., ständiges Lügen, Doppelleben oder Dissoziation u. a.) fungieren wie eine Hintertür: Wenn zu viel „Druck in der Hütte" ist, fliegt die Hintertür auf und entlastet den Druck. Wichtig ist hier zu fragen: Warum klemmt die Vordertür? Die Vordertür ist der Ort, an dem die Beziehung zum Leben und zu Anderen stattfindet. Voraussetzung, um die Vordertür gut zu nutzen, ist eine stabile Beziehung zu sich selbst. Eine gut nutzbare Vordertür ist eine sehr nachhaltige Quelle für ein zufriedenstellendes Leben. Leider ist sie aber deutlich schwergängiger und bedarf deutlich mehr Investition im Ausbau als die Hintertüren. Und je häufiger eine Hintertür genutzt wurde, umso leichtgängiger ist sie. Wenn Druck entsteht, fliegt sie immer schneller auf, schließlich dann irgendwann schneller als wir überhaupt die Klinke der Vordertür drücken können.

Was bedeutet diese Dynamik für das Thema der Paartherapie und der Regulation?

In einem Suchtsystem gibt es schlichtweg keine ausreichende Regulation, um zu Klären und echte Beziehung aufzubauen. Die große Gefahr besteht darin, dass eine Co-Abhängigkeit entsteht. Das Bindungssystem (Partner*in und Familie, Freunde) hat sich in aller Regel bereits auf diese Dynamik eingestellt, puffert sie und ermöglicht sie dadurch. Es hat sich so darauf eingestellt, dass sekundäre Gewinne entstehen: Das, was der süchtige Partner mit der Sucht kompensiert, brauche ich auch als nicht süchtiger Partner nicht beantworten (z. B. Nähe, Sexualität, Grenzen etc.). Selbst wenn ich mich danach sehne, ist es nicht selten so, dass es gleichzeitig auch eine versteckte Entlastung bedeutet und es daher versteckte unbewusste Motive gibt, die Sucht aufrecht zu erhalten. Der therapeutische Raum wird in dieses Suchtsystem zwangsläufig mit aufgenommen. Daher ist es wichtig, diese Prozesse von Beginn an zu thematisieren und einen begrenzten Rahmen zu vereinbaren, innerhalb dessen zumindest eine vorläufige Abstinenz erreicht werden soll – oder eben die vorläufige Entscheidung, nicht abstinent zu werden, als Ergebnis steht. Ich empfehle hier, einen Zeitraum von ungefähr drei Monaten nicht wesentlich zu überschreiten. Der therapeutische Rahmen muss dann aufgelöst und eine Suchtbehandlung empfohlen werden.

▪ Suizidalität

Suizidalität lässt sich im eben gezeichneten Bild ebenfalls als Hintertür verstehen. Grundsätzlich bedeutet dies in Bezug auf Regulation ebenfalls, dass diese Tür (ausreichend, also für stabile und verlässliche Zeiträume) geschlossen werden muss, damit ausreichende Regulation und damit die Voraussetzung für Klärung und Beziehungsarbeit gegeben ist.

Es ist wichtig, den suizidalen Anteil als solchen anzusprechen. Ein Mensch ist nie im Ganzen suizidal. Die Anteile können impulsiver, dissoziativer, mit Täterintrojektenergie besetzter oder auch bilanzierender Qualität sein. Die differenzierende Arbeit mit diesen Anteilen gehört unbedingt in die Einzeltherapie. Allerdings kann es gut sein, anzusprechen, dass der suizidale Anteil eben das ist: ein Anteil – und dass er in aller Regel *für* etwas kämpft: dass der Schmerz aufhört, dass die Überforderung aufhört, dass die Wut einen Weg findet, der sich nicht verboten anfühlt etc. Eine Ausnahme stellt hier die destruktive Introjektbesetzung im Sinne eines Täterintrojekts dar.

Drohung mit Suizidalität ist unbedingt als beziehungsdestruktives Verhalten zu markieren! Gegebenenfalls kann ein Rahmenvertrag ähnlich dem Vertrag bei Trennungsambivalenz geschlossen werden: Wie lange ist der Einzelne bereit, in jedem Fall noch in die Beziehung zu sich, zum Leben und zur Partnerin zu investieren? Im ausgehandelten Zeitraum sagt er/sie zu, suizidale Andeutungen und Drohungen unbedingt zu unterlassen. Die Auswirkungen dieser Drohungen auf das gesamte Bindungssystem sind sehr ernst zu nehmen, können verheerend sein und müssen klar und deutlich angesprochen werden.

▪ Manie, Psychosen und schwere Depressionen

Das Leben mit einem Partner mit einer solchen psychischen Erkrankung stellt eine große Herausforderung dar. Zunächst möchte ich betonen, dass es wichtig ist, sich auch als nicht betroffener Partner selbst Unterstützung und Therapie/Selbsthilfe zu holen.

Für den nicht betroffenen Partner bedeuten die sich wiederholenden Episoden jedes Mal einen Zusammenbruch der Beziehung, was natürlich schwer auszuhalten ist und vor allem in der Bindungsstruktur immer wieder feinere oder ausgeprägtere Risse verursacht, die fast immer auch eigene frühe Bindungsthemen berühren. Es kann sehr wertvoll sein, das therapeutisch anzuschauen und begleiten zu lassen.

Der betroffene Partner sollte unbedingt medikamentöse psychiatrische Behandlung und entsprechende ärztliche Anbindung in Anspruch nehmen. In den meisten Fällen ist auch eine Psychotherapie indiziert.

Während einer beginnenden oder voll entwickelten psychotischen oder manischen Phase und in einer sehr schweren depressiven Episode besteht keine ausreichende Regulation. In diesen Phasen geht es daher um rein regulierende Maßnahmen: handlungs- und begrenzungsorientiert.

In der Paartherapie kann es darum gehen, hierfür gemeinsam Wege und Möglichkeiten zu finden.

5.3.3 Neurodiversitätsthemen: AD(H)S und Autismusspektrumsstörung

AD(H)S

Das Thema der Aufmerksamkeitsdefizitstörung mit oder ohne Hyperaktivität genießt zum Zeitpunkt, an dem ich dieses Buch schreibe, viel „Zeitgeist-Attention", interessanter Weise gerade auch in den sozialen Medien, die bestens geeignet sind, bestehende Dispositionen zu ausgewachsenen „Aufmerksamkeitsdefizitkompetenzen" auszubauen. Ich jedenfalls bewundere insgeheim die Geschwindigkeit, mit der Jugendliche in der Lage sind, Inhalte als uninteressant, interessant und likeable zu kategorisieren und zu markieren.

Das ist einerseits sehr begrüßenswert. Ich glaube, dass hierdurch eine sehr viel größere Sensibilität für diese Themen und eine Selbstverständlichkeit und Normalisierung im Umgang damit möglich wird.

Gleichzeitig bedeutet es für uns als Therapeut*innen, wachsam zu bleiben und genau hinzuschauen, wenn jemand behauptet „Mein Partner hat ja auch ADHS". Oder „Das kann ich nicht so gut wegen meiner ADHS".

Eine sorgfältige und professionelle Diagnostik kann nicht durch onlinegestützte Selbstdiagnose ersetzt werden. Dasselbe gilt selbstverständlich für Asperger- bzw. Autismusspektrumsstörungen.

Ist das Thema relevant, sollte daher gegebenenfalls eine fundierte Diagnostik angeregt werden.

Grundsätzlich ist es wichtig, bei beiden Themen die Aufmerksamkeit darauf zu lenken, dass die Rahmenbedingungen, in denen Kontakt, Gespräche und Interaktion stattfinden, unbedingt die Bedingungen dieser Ausprägungen berücksichtigen müssen. Menschen, die sich schlecht konzentrieren können, leicht ablenkbar sind und reizoffen viele situative Reize wahrnehmen, brauchen entsprechend kürzere Interaktionszeiten in ruhiger, reizarmer Umgebung, etc.

Hierdurch kann bereits viel erreicht werden, weil die Rahmenbedingungen als regulierende Aspekte die Voraussetzungen für Beziehung erst schaffen. Dabei spielen vor allem Aspekte der Hochsensitivität und Überforderung sowie ausgeprägte Impulsivität, die Teil des ADHS sein kann, eine wichtige Rolle.

Autismusspektrumsstörung

Bei der Autismusspektrumsstörung ist es wichtig zu verstehen, dass das Lesen der sozialen Codes und das Empfinden von Nähe als sinnstiftendes Element den Betroffenen schwerfällt, bzw. teilweise fehlt und kompensiert werden muss. Bei einigen Betroffenen ist die soziale Kommunikation weniger stark betroffen und es stehen eher Hypersensibilitätsthemen und/oder teilweise zwanghaftes oder zwangsassoziiertes Kompensationsverhalten stärker im Vordergrund. Bei vielen Betroffenen aber ist die soziale Kommunikation ein echtes Handicap.

Wir können dieses Thema vielleicht mit dem Vier-Ebenen-Modell von Schulz von Thun (1981) besser verstehen: Es beschreibt, dass jede Aussage vier Informationen enthält: Sachinformation, Selbstoffenbarung, Beziehungsbotschaft und Appell. Menschen mit Autismusspektrumsstörung und ausgeprägten Schwierigkeiten in der sozialen Kommunikation können diese vier Ebenen mit Ausnahme der Sachinformation schlechter wahrnehmen: Sie verstehen klar und deutlich die Sachinformation. Ein Beispiel aus einem Selbstbericht eines Betroffenen ist, dass er das Schild in der Bibliothek „Bitte leise lesen" als Kind immer so verstanden hatte, dass man bei Betreten der Bibliothek unbedingt immer und beständig leise lesen soll.

Der Apell ist für Menschen mit Autismusspektrumsstörung häufig noch ganz gut zu entschlüsseln. Die Beziehungsbotschaft ist kaum noch hörbar und die Selbstoffenbarung quasi völlig unverständlich. Daraus ergibt sich, dass ein Betroffener auch nicht nachvollziehen kann, wie der Andere außerhalb der Sachinformation handeln kann. Eine Stärke, wenn man Greta Thunberg heißt und der Welt entgegenhält: „How dare you?!" Recht hat sie. Aber der nicht-autistisch geprägte Teil der Menschheit ist genauso hilflos, auf diese Botschaft adäquat zu reagieren, wie der Aspergerbetroffene auf die Liebeserklärung das Partners.

Partner von Autismusspektrumsbetroffenen erleben sich daher häufig als einsam und unverstanden in der Beziehung. Hier ist die einzige Möglichkeit, Brücken zu bauen, Workarounds zu entwickeln und Kompensationen auszuhandeln.

Für die Paartherapie bedeutet dies, dass es essenziell ist, die Besonderheiten der Wahrnehmung und Kommunikation bei Autismusspektrumsstörungen aktiv zu berücksichtigen. Der nicht-autistische Partner kann oft schwer nachvollziehen, dass das vermeintliche ‚Desinteresse' oder die fehlende emotionale Resonanz des Anderen keine Absicht ist, sondern eine begrenzte Fähigkeit zur sozialen Verarbeitung widerspiegelt. Hier hilft es, konkrete Kommunikationsregeln und klare Strukturen zu etablieren: Zum Beispiel, indem Emotionen explizit benannt und nicht nur angedeutet werden oder Erwartungen so konkret wie möglich formuliert werden. Solche Werkzeuge können dazu beitragen, Missverständnisse zu reduzieren und die Paarbeziehung stabiler zu machen, auch wenn emotionale Nähe in der klassischen Form oft nur eingeschränkt erlebt werden kann.

Ein nachhaltig befriedigender Beziehungsraum bleibt für den nicht-autistischen Partner daher letztlich häufig dennoch verschlossen. An dieser Stelle kann es in der Paartherapie um Psychoedukation, Coping-Strategien und Krankheitsbewältigung, den persönlichen Umgang mit ebendieser Begrenztheit und das betrauern von unerfüllten Wünschen an die Beziehung gehen.

5.3.4 Traumata

Ausgeprägte Traumatisierungen können Beziehungen schwer belasten. Sie stellen einen Bruch der Selbstbeziehung dar, an dem jede Bindungsbeziehung sich zwangsläufig früher oder später reibt, manchmal auch aufreibt. Manchmal sind diese Brüche gut kompensiert und die Spuren sind feiner, aber sie fehlen nie.

Sie können in der Paartherapie mit traumatisierten Anteilen gut arbeiten, wenn Sie sich therapeutisch damit auskennen. Letzteres ist allerdings unbedingt zu empfehlen. Die Aufarbeitung von Traumata durch Traumakonfrontation gehört unbedingt in die Einzeltherapie. Daher gilt, dass ich nur dann mit den emotionalen, erlebten Aspekten von Traumata in der Beziehung arbeite, wenn deutlich ist, dass ein einzeltherapeutischer Rahmen besteht, der das Thema aufnehmen kann.

Ohne diese Bedingung oder ausreichende eigene therapeutische Erfahrung kann mit Traumatisierung so gearbeitet werden, dass der traumabedingte Schutz gewürdigt und gestärkt wird. Wenn es einen Teil gibt, der eine Dissoziation hervorruft, so wird dieser gewürdigt – und auch gefragt, wovor die Dissoziation schützt (z. B. vor Überflutung). Es wird aber in der Paartherapie nicht direkt auf das geschaut, was geschützt wird (der verletzte Anteil), um eine zu intensive Aktivierung des Traumasystems zu vermeiden, die im Rahmen des Paarsettings nicht ausreichend bearbeitet werden kann.

5.3.5 Polyamore Beziehungen als Sonderfall der Regulation

Polyamore Beziehungen stellen einen besonderen Sonderfall in der Regulation von Paarbeziehungen dar, da sie sich durch die simultane Existenz mehrerer Beziehungsebenen auszeichnen. Dies bringt eine erhebliche Komplexität in die Gestaltung von Beziehungsräumen mit sich. In polyamoren Konstellationen sind die Beziehungsdynamiken nicht nur auf die primäre Partnerschaft beschränkt, sondern beinhalten oft mehrere gleichwertige oder zumindest relevante Beziehungen, die parallel bestehen. Diese Mehrdimensionalität erfordert ein hohes Maß an Kommunikationsfähigkeit, emotionaler Reife und Bereitschaft, kontinuierlich an der Gestaltung tragfähiger Strukturen zu arbeiten.

■ Die Dynamik polyamorer Beziehungen

In polyamoren Strukturen gibt es oft keine klare Hierarchie zwischen den Beziehungen. Stattdessen entstehen Netze von Verbindungen, die in ihrer Bedeutung und Funktion variieren können. Dies führt dazu, dass Themen wie Eifersucht, Zeitmanagement und die Balance von Bedürfnissen in einer weit größeren Komplexität auftreten. Anders als in monogamen Beziehungen reicht es oft nicht aus, sich nur auf dyadische Interaktionen zu konzentrieren. Vielmehr müssen die Beziehungen in ihrem Gesamtsystem betrachtet werden.

Ein zentraler Aspekt ist dabei die Entwicklung klarer Absprachen. Diese beinhalten sowohl explizite Vereinbarungen über die Zeitverteilung und den Umgang mit Emotionen wie Eifersucht, als auch implizite Regeln, die sich aus den Werten und Prioritäten der beteiligten Personen ableiten. Fehlende oder unklare Absprachen können leicht zu Konflikten und einem Zerbrechen der Beziehungssysteme führen.

■ Herausforderungen in der Paartherapie

Die Arbeit mit polyamoren Paaren in der Therapie erfordert ein hohes Maß an Offenheit und Sensibilität. Therapeut*innen müssen sich bewusst sein, dass die traditionellen Modelle der Paartherapie, die auf dyadischen Strukturen basieren, hier nur begrenzt anwendbar sind. Stattdessen bedarf es eines systemischen Ansatzes, der die komplexen Verflechtungen der Beziehungen berücksichtigt. Als Therapeut*in ist es zudem wichtig, die eigenen persönlichen Einstellungen und moralischen Bewertungen zu reflektieren, die das Thema auslöst.

■ Umgang mit Eifersucht

Eifersucht ist ein natürliches Gefühl, das in polyamoren Beziehungen häufig auftritt. Anders als in monogamen Kontexten kann Eifersucht hier nicht allein durch den Ausschluss anderer Partnerschaften reguliert werden. Stattdessen geht es darum, die individuellen Quellen der Eifersucht zu identifizieren und Strategien zu entwickeln, wie diese in einer konstruktiven Weise adressiert werden können.

Die Therapie kann hier ein geschützter Raum sein, um die Ursachen von Eifersucht zu explorieren. Häufig spielt eine Mischung aus wichtigen Grundbedürfnissen nach Sicherheit und einem verlässlichen Eingehen tiefer Verbundenheit einerseits und Unsicherheiten, Ängsten oder ungelösten Bindungsthemen andererseits eine Rolle. Dies zu differenzieren und in eine stimmige Betrachtung zu bringen, ist eine der zentralen Herausforderungen im Umgang mit dem Thema. Während in der Wahrnehmung der eigenen Grundbedürfnisse eine wichtige Ressource zu finden ist, kann die Bearbeitung ungelöster Bindungsthemen zu wichtigen Entwicklungs- und Reifungsschritten führen.

Ziel ist es also, Eifersucht nicht als destruktive Kraft zu sehen, sondern als Signal, das sowohl auf tieferliegende Bedürfnisse hinweist, für die der Einzelne in Verantwortung gehen kann, als auch auf Entwicklungsthemen, die gerade durch die Herausforderung der offenen Struktur sichtbar und bearbeitbar werden.

Beziehungen erfordern oft einen Kompromiss zwischen individuellen Freiheiten und der Sicherheit, die eine Bindung gibt. Wenn ein Partner sagt, er wolle sich nicht in seiner Freiheit einschränken lassen, fordert er Autonomie. Doch eine Beziehung basiert auch darauf, dass beide bereit sind, aufeinander Rücksicht zu nehmen.

Jeder Mensch ist für seine eigenen Bedürfnisse verantwortlich. Wenn der Partner sagt, er könne oder wolle das Bedürfnis nach Bindung und Sicherheit nicht erfüllen, dann schafft er Klarheit darüber, was er in der Beziehung geben kann und was nicht. Das gibt dem anderen die Möglichkeit, zu entscheiden, ob er mit dieser Realität leben kann. Beide Bedürfnisse – das nach Autonomie und Freiheit und das nach Bindung und Verbindlichkeit – sind legitim und es ist wichtig, sie nicht zu pathologisieren und den Partner mit seinen Bedürfnissen wirklich zu respektieren. Wichtig ist außerdem, gemeinsam zu explorieren, welche Bereiche zum Erleben von Verbindlichkeit und zum Erleben von Freiheit jeweils wichtig sind und welche dem anderen jeweils zugestanden werden können.

Wir haben in erster Linie Verantwortung für uns selbst, und für gelingende Beziehung ist es eine Voraussetzung, diese Verantwortung wahrzunehmen. Wenn wir eine Bindungsbeziehung eingehen, haben wir zudem eine gemeinsame Verantwortung für die Beziehung, an der beide konfigurativ teilhaben. Die Verantwortung für den Anderen ist damit zwar keine direkte, aber eine indirekte, die das ehrliche Bemühen um Respekt, Achtsamkeit und Offenheit umfasst.

■ Kommunikation und Transparenz

Ein weiterer zentraler Aspekt ist die Förderung einer offenen und transparenten Kommunikation. Polyamore Beziehungen können nur dann stabil funktionieren, wenn alle Beteiligten sich sicher und gehört fühlen. Dies erfordert, dass Bedürfnisse und Grenzen regelmäßig und klar kommuniziert werden. Dieser Prozess ist oft nicht einfach, insbesondere wenn heikle Themen und wunde Punkte berührt werden, und hier ist eine regulierende Prozesssteuerung in der Paartherapie in besonderem Maße gefordert.

■ Zeitmanagement und Priorisierung

Eine große Herausforderung in polyamoren Beziehungen ist die Verteilung von Zeit und Energie. Häufig entsteht ein Gefühl der Vernachlässigung, wenn die Bedürfnisse eines Partners nicht ausreichend berücksichtigt werden. Hier kann die Paartherapie unterstützen, klare Prioritäten zu setzen und gemeinsam Strategien für ein ausgewogenes Zeitmanagement zu entwickeln.

■ Grundlegender therapeutischer Ansatz

Die Arbeit mit polyamoren Paaren sollte auf drei Ebenen ansetzen:

- **Individuelle Ebene:** Jede beteiligte Person sollte die Möglichkeit haben, ihre eigenen Bedürfnisse, Grenzen und Emotionen zu explorieren. Hierbei können auch individuelle Bindungsmuster und biografische Prägungen beleuchtet werden.
- **Beziehungsebene:** Die Dynamiken zwischen den Partner*innen werden analysiert, um Konflikte zu identifizieren und Lösungen zu entwickeln. Hierbei kann der Fokus auf der Entwicklung von Wertschätzung und Respekt liegen.
- **Systemische Ebene:** Die Beziehungen als Ganzes werden betrachtet, um Muster und Wechselwirkungen zu erkennen. Ziel ist es, das System in seiner Gesamtheit zu stärken und stabile Strukturen zu schaffen.

■ Praktische Interventionen

Als therapeutische Interventionen eignen sich aus meiner Sicht aufgrund der Regulationserfordernisse besonders die Vertragsarbeit und aufgrund der Notwendigkeit, der Komplexität der systemischen Komponente gerecht zu werden und andere, nicht anwesende Systemteilnehmer in der Therapie zu repräsentieren, die systemische Aufstellungsarbeit.

Vertragsarbeit: Gemeinsame Vereinbarungen über Kommunikationsregeln, Zeitaufteilung und den Umgang mit Konflikten können helfen, Klarheit und Sicherheit zu schaffen.

Systemische Aufstellungen: Diese Methode eignet sich besonders, um die Dynamiken innerhalb des Beziehungsnetzwerks sichtbar zu machen und neue Perspektiven zu entwickeln.

■ Hohes Investment

Der Regulationsaufwand und der damit verbundene Kraftaufwand ist bei polyamoren Beziehungen besonders hoch. Polyamore Beziehungen erfordern ein hohes Maß an Bewusstheit, Kommunikationsfähigkeit und Bereitschaft zur Selbstreflexion. Es ist daher wichtig, sich nicht nur auf die Beziehungsthemen zu fokussieren, die schnell ein hohes Maß an Aufmerksamkeit binden können – auch die der Therapeutin. Es sollte auch der Blick auf die Lebensziele nicht vernachlässigt werden: Natürlich kann eine solche intensive Beziehungsarbeit wertvolle und bereichernde Themen und Entwicklungsimpulse mit sich bringen. Aber es kann auch Kraftreserven binden, die Herausforderungen können zu Krisen eskalieren, wenn sie zur Überforderung und Überlastung führen und nicht zuletzt können andere Lebensbereiche unterversorgt bleiben (etwa berufliche Ziele, andere soziale Bereiche). Auch sollte ein sorgsamer Blick darauf geworfen werden, ob noch ausreichende emotionale Ressourcen für eventuell vorhandene Kinder zur Verfügung stehen.

Insgesamt kann es durch die Arbeit an Kommunikation, Eifersucht und Zeitmanagement gelingen, stabile und erfüllende Beziehungsstrukturen zu gestalten, die das Potenzial haben, alle beteiligten Beziehungsräume zu stärken.

5.4 Praktischer Übungsteil Regulation

Hier finden Sie weitere praktische Übungen zum Thema Regulation sowie ein Verzeichnis aller Anleitungen und Übungen aus diesem Kapitel.

5.4.1 Verzeichnis Anleitungen und Übungen in Kap. 5

Kapitel	Nr.:	Inhalt:
Anleitungen:		
5.2.1.2	R1	Up-Regulation – emotionale Blockade auflösen
	R2	Sichtbarmachen durch Verwendung von Symbolen
	R3	Reorientierungsübungen
	R4	Dissoziation gemeinsam bewältigen – Partnerübung
	R5	Dissoziative Beschützeranteile herausarbeiten
	R6	Köperorientierte Up-Regulation
5.2.2.2.1	R7	Das „Window of Tolerance" einführen
	R8	Die Lösungskompetenzkurve erklären
	R9	Affektlogik erklären – die Brillenmethapher
	R10	„Löcher" in der Ich-Struktur1 – die Uhrwerkmetapher
	R11	„Löcher" in der Ich-Struktur2 – die Schlaglochmetapher
	R12	Teufelskreisanalyse
	R13	Triggeranalyse und Transformation
	R14	Stoppzeichen vereinbaren
	R15	Time-Out-Regelung vereinbaren
	R16	Eskalationsverhalten begrenzen
5.2.2.2.2	R17	Rücken an Rücken
	R18	Interventionen zum Spannungsabbau
	R19	Stärkung des Selbstkontakts
	R20	Check-Back
	R21	Das Paar in die Verantwortung einbinden

Kapitel	Nr.:	Inhalt:
	R22	Paraphrasieren
	R23	Kontrollierter Dialog
	R24	Vorwürfe in Wünsche verwandeln
	R25	Anliegenorientierte Arbeit mit Wut
	R26	Mischaffekte differenzieren
5.3.2	R27	Arbeit mit Symbolen: ein Seil als Grenze legen
5.3.1	R28	Aushandeln eines Rahmenvertrages bei Trennungsambivalenz
Übungen:		
5.2.1.1	ÜR1	Up-Regulationsbedarf erkennen
5.2.2	ÜR2	Down-Regulationsbedarf erkennen

5.4.2 Weitere praktische Übungen zur Regulation

Um die praktischen Fertigkeiten im Umgang mit der Regulation zu üben, sind im Folgenden zwei Paarlegenden ausgeführt, die sich für Rollenspiele in Kleingruppen eignen. Dabei spielt eine Teilnehmende die Therapeutin und zwei Teilnehmer*innen spielen das Paar. Die übrigen Kleingruppenteilnehmer*innen sind Beobachter*innen.

!CAVE! In Rollenspielen, insbesondere wenn es um Regulation und potenziell hochstrittige Paare geht, gibt es in Seminaren immer wieder die leidvolle Erfahrung, dass diejenigen, die das Paar spielen, ihre Pathologie genussvoll und in vollen Zügen ausspielen und so die therapeutische Prozesssteuerung und die Übungsmöglichkeit sabotieren. Die Lust am Ausspielen extremer Rollen ist nachvollziehbar, aber kontraproduktiv. Seid nett zu eurem Therapeuten! Ihr könnt in der Rückmeldungsrunde immer noch anmerken, an welcher Stelle und durch welche fehlende oder störende Intervention der Prozess aus eurer Sicht ohne euer Wohlwollen hätte kippen können.

Übung R3: Paarlegende 1: Triadenübung „Streitendes Paar mit Regulationsschwierigkeiten – Regulationstechniken üben"

Rahmeninformationen (s. ◘ Abb. 5.11)

Mike und Katharina sind Anfang 30, kinderlos, leben in getrennten Wohnungen, einige Kilometer voneinander entfernten. Sie arbeitet im Einzelhandel, er ist Vertreter im Außendienst.

Emotionale Dynamik

Katharina sehnt sich nach einem geregelten Alltag, auch als Voraussetzung für eine eventuelle Familiengründung, den Mike ihr nicht bieten kann oder will, da er sich in seiner Freiheit nicht einschränken möchte. Hieraus entstehen immer wieder Konflikte. Als harmonisch und stärkend erleben beide die Wochenenden, an denen sie sich sehr nah sind und 24 h am Tag miteinander verbringen. Derzeit eskaliert ein Konflikt um Mikes Kontakt zu seiner Ex-Freundin. Katha-

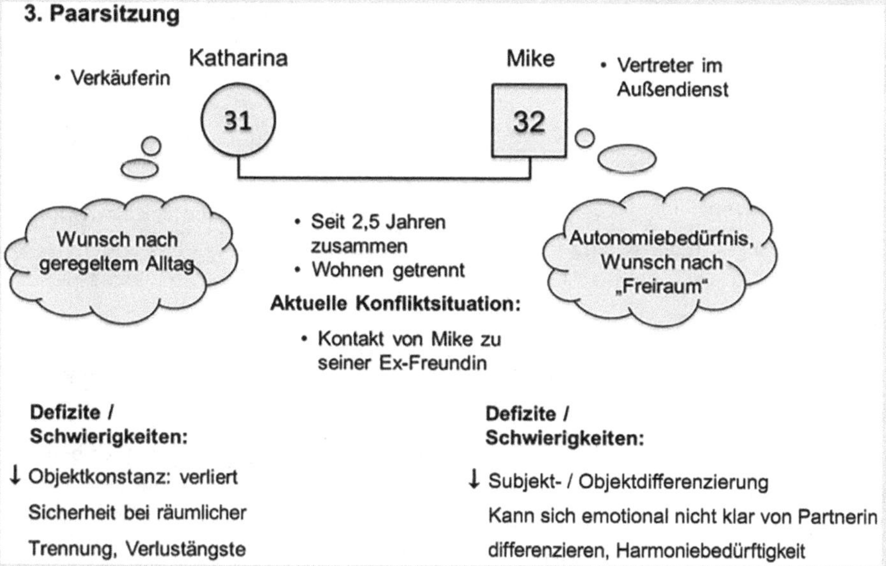

Abb. 5.11 Paarlegende 1: Katharina und Mike. (© Wanja Kunstleben)

rina ist sich zwar sicher, dass er treu ist, die Ex-Freundin sei jedoch „falsch" und wolle sich ihn „warmhalten".

Defizite im Bereich der strukturellen Fähigkeiten

Katharina hat Schwierigkeiten, wenn sie sich nicht sehen, den inneren Bezug zu Mike aufrecht zu erhalten: Nach zwei bis drei Tagen ohne ausreichenden Kontakt eskalieren in ihr die Verlustängste und Unsicherheiten, ob er wirklich für sie da ist.

Mike fällt es schwer auszuhalten, wenn sie nicht die gleichen Gefühle und Perspektiven teilt. Er ist harmoniebedürftig, reagiert dann panisch und impulsiv, wenn dennoch Streit entsteht und stellt „alles" infrage.

Aktuelle Situation in der Übungssitzung

In der aktuellen, 3. Sitzung wirft Katharina ihm vor, nicht auf den Kontakt zu seiner Ex-Freundin verzichten zu wollen, während Mike ihre Eifersucht als überzogen ansieht und sich in seiner Freiheit eingeschränkt fühlt.

Textvorschlag für den Gesprächsbeginn

Sie (in eigenen Worten): Gestern hast du wieder mit ihr telefoniert und wolltest danach nicht erzählen, worüber ihr gesprochen habt …

Er (in eigenen Worten): Der Kontakt ist rein freundschaftlich! Seit ich dir erzählt habe, dass ich mit Simone vor unserer Zeit nochmal was hatte, drehst du hohl. Ehrlichkeit zahlt sich bei dir nicht aus!

Übungsaufgabe

15–20 min Rollenspiel:
Therapeutischer Fokus: Ruhe reinbringen, Spiegeln.

Therapeut*innenaufgabe: Kurz laufen lassen – „Wie geht es ihnen gerade?" – „Sind Sie einverstanden, dass wir es hier einmal anders versuchen?" – Regulationstechniken anwenden, z. B. kontrollierter Dialog: In Ich-Botschaften berichten lassen – „das Wesentliche" spiegeln lassen – „Fehlt noch etwas Wichtiges?"

Reflexionsfragen

15 min Reflexion in der Kleingruppe:

- Wie hat sich das als Therapeut*in/Paar angefühlt?
- Welche Körperempfindungen hatte ich?
- Gab es heikle Momente, Knackpunkte? Warum?
- Gab es gute Momente, Entwicklungspunkte? Warum?

Übung R4: Paarlegende 2: Triadenübung „Paar mit deutlichen Regulationsschwierigkeiten – Regulation auf der Makroebene einführen"

Rahmeninformationen (s. ◘ Abb. 5.12)

Peter und Stefanie sind Anfang 50 und haben 2 ältere Kinder. Peter ist in einem Telekommunikationsunternehmen angestellt, sie arbeitet nach einer Berufspause seit einigen Jahren wieder als Pflegefachkraft. Nach einer schweren Krise von Peter wegen Überlastung im Beruf, und einem mehrwöchigen Klinikaufenthalt, kommt das Paar zur Beratung. Er befindet sich zusätzlich in Einzeltherapie.

Emotionale Dynamik

Stefanie beklagt sich, dass er sich nur noch um sich selbst drehe, sie gar nicht mehr wahrnehme. Peter fühlt sich von ihr eingeengt und kontrolliert. Beide reagieren sehr sensibel auf die Stimmungen des

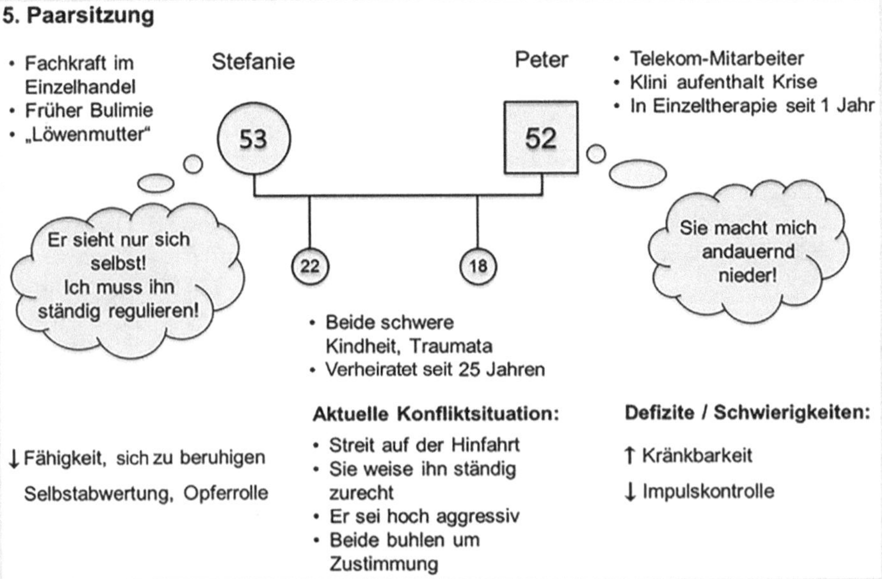

◘ **Abb. 5.12** Paarlegende 2: Stefanie und Peter. (© Wanja Kunstleben)

Anderen, die Eskalationsdynamiken sind eingeschliffen.

Defizite im Bereich der strukturellen Fähigkeiten

Es gelingt Peter oft nicht, Impulse verlässlich zu kontrollieren. Er ist leicht kränkbar. Für Stefanie ist es dagegen manchmal fast unmöglich, sich in einer gefühlsmäßig bewegenden Situation wieder zu beruhigen. Sie wertet sich selbst schnell ab und schlüpft immer wieder in die Opferrolle.

Übungsaufgabe

„5. Sitzung"

15–20 min Rollenspiel:

Therapeutischer Fokus: Ruhe reinbringen, die Makroebene Mein Raum, Dein Raum, Unser Raum fokussieren

Therapeut*innenaufgabe: Kurz laufen lassen – Dynamik spiegeln – evtl. Bewegungs- oder Atemübung anbieten – Fokus auf Thema Grenzen und Räume – gemeinsame Suche nach Stärkungs- und Entlastungsmöglichkeiten – evtl. eine Hausaufgabe daraus entwickeln.

Aktuelle Situation in der Übungssitzung

In der aktuellen, 5. Sitzung schildert das Paar einen Streit, der sich auf der halbstündigen Herfahrt im Auto entwickelt hatte. Beide sind deutlich erregt und buhlen um die Bestätigung der Therapeutin, dass sie selbst im Recht sind. Er fühlt sich als Fahrer ständig und meist ungerechtfertigt zurechtgewiesen. Sie beklagt sich, dass er beim Fahren hochaggressiv sei, was ihr Angst mache, aber das sei ihm ja egal.

Reflexionsfragen

15 min Reflexion in der Kleingruppe:

- Wie hat sich das als Therapeut/Paar angefühlt?
- Welche Körperempfindungen hatte ich?
- Gab es heikle Momente, Knackpunkte? Warum?
- Gab es gute Momente, Entwicklungspunkte? Warum?

Übung R5: Regulationstechniken

Notieren Sie alle Regulationstechniken, die Ihnen einfallen. Markieren Sie Techniken, die Sie vielleicht noch nie verwendet haben, oder die Sie noch üben möchten. Am besten geht das in einer Kleingruppe, z. B. anhand der Paarlegenden (s. o.). Vergleichen Sie ihre Liste dann mit der folgenden Liste und ergänzen Sie gegebenenfalls

Liste Regulationstechniken

(Die Liste erhebt keinen Anspruch auf Vollständigkeit und dient lediglich der Anregung.)

- Aktives Stoppen destruktiver Interaktion
- Stoppzeichen vereinbaren
- Time-Out-Regelungen
- Normalisieren
- Modelle vermitteln
- Vorwürfe in Wünsche verwandeln
- Affektive Rahmung
- Übungen zur Stärkung des Selbstkontakts
- Verlangsamen
- Check-Back
- Würdigen und annehmendes Spiegeln
- Paraphrasieren

- Anliegenorientierte Arbeit mit Wut
- Mischaffekte differenzieren
- Das Paar in die Verantwortung mit einbinden
- Dissoziative Beschützeranteile herausarbeiten
- Reorientierungsübung
- Partnerübung zur Dissoziationsbewältigung
- Symbolisieren
- Seil als Symbol für individuelle Grenzen und Kontaktlinie einführen
- Zentrierende und spannungsregulierende körperorientierte Interventionen
- Aktivierende körperorientierte Interventionen (Up-Regulation)
- Teufelskreisanalyse
- Triggeranalyse und -transformation
- Räume stärken/Ressourcenaktivierung (Mein Raum, Dein Raum, Unser Raum), das gemeinsame „Dritte" stärken
- Rahmenverträge

5.5 Strukturniveau und Paartypen

Die Qualität der Prozesssteuerung ist bei verschiedenen Paaren naturgemäß sehr unterschiedlich. Nach meiner Erfahrung lassen sich drei Paartypen unterscheiden, die jeweils eine deutlich andere Art der Prozesssteuerung erfordern. Ich skizziere im Folgenden diese drei Paartypen, anhand derer man – sehr schematisch – unterschiedliche Prozesssteuerungsqualitäten aufzeigen kann. Die drei Paartypen orientieren sich an den drei Strukturniveaustufen, die in der therapeutischen Praxis im Wesentlichen auftreten. Die desintegrierte Stufe fällt eher in den psychiatrischen Bereich, die „reife" Stufe wurde von Gerd Rudolf selbst, der das Konzept maßgeblich für die OPD ausformuliert hat, als idealtypisch und praktisch nicht vorfindbar bezeichnet (ebd. 2004).

Der Strukturring des gut integrierten Strukturniveaus ist weich, flexibel und lebendig. Auf den ersten Blick erscheint das mäßige Strukturniveau stabiler. Die Emotionalität ist eher auf den unteren Bereich des „Window of Tolerance" beschränkt und dadurch ergibt sich eine gewisse Sicherheit und Stabilität. Gleichzeitig zeigen sich im Strukturkreis „cracks" oder Risse. Die ◘ Abb. 5.13 zeigt, dass sich dort, wo lebendige innere Erfahrung, Resonanz und Spiegelung fehlen, die Struktur durch Funktionalität überbrückt wird wie durch einen eisernen Bannring, der etwas

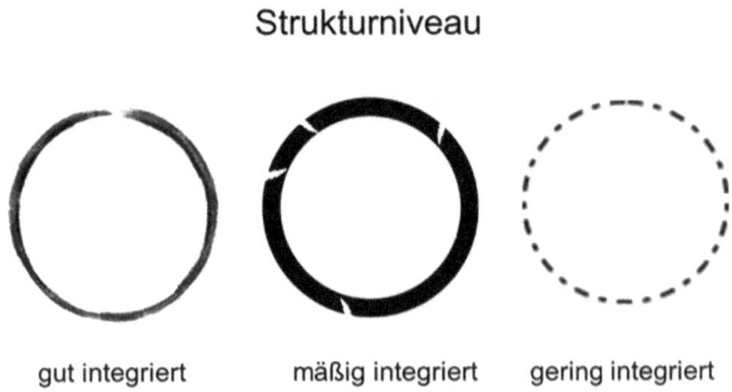

◘ **Abb. 5.13** Strukturniveau. (© Wanja Kunstleben)

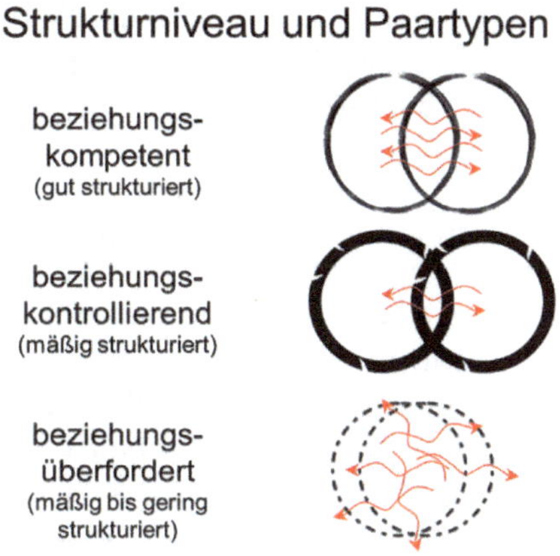

Abb. 5.14 Strukturniveau und Paartypen. (© Wanja Kunstleben)

zusammenhält, das nicht durch lebendige Substanz getragen ist. Kommt man dieser Lücke zu nah, sorgt eine eher rigide Abwehr dafür, das System vor Destabilisierung zu schützen.

Der Kreis des gering integrierten Strukturniveaus ist durchlässig, die Identität und das Ich-Gefühl sind instabil. Auf diesem Niveau finden wir die schwächer integrierten sogenannten Persönlichkeitsstörungen (s. ► Abschn. 5.6).

Die davon abgeleiteten Paartypen (s. Abb. 5.14) sind bewusst sehr proto- bzw. idealtypisch und schematisch. Natürlich passen die Realität und Vielfältigkeit von Beziehungen nicht in drei Schubladen. Als heuristische Matrix ist die Einteilung aus meiner Sicht dennoch hilfreich, um unterschiedliche Qualitäten von Prozesssteuerung beschreiben und in der praktischen Arbeit wiedererkennen zu können.

Zudem suggeriert das Modell, dass Paare sich immer symmetrisch auf einem Strukturniveau befinden. Dem ist natürlich nicht so. Gleichzeitig möchte ich darauf hinweisen, dass in der Kollusion des Paares, in dem der eine z. B. co-abhängig mit dem Anderen verstrickt sein kann, häufig ein Partner stabiler erscheint als der andere. In dem Moment, in dem der „Schwächere" Stabilität gewinnt, sei es aus Gründen der persönliche Entwicklung oder aufgrund einer verbesserten Ressourcenlage, habe ich schon häufig erlebt, dass der vermeintlich „stabile" Partner beginnt, merklich zu „wackeln" und unmittelbar auf seine strukturellen Defizite zurückgeworfen wird.

Beziehungskompetentes Paar – gut integriertes Strukturniveau

Das beziehungskompetente Paar zeichnet sich aus durch:

- Flexible Ich-Grenzen
- Zuhören-können
- Empathiefähigkeit
- Lebendigen Gefühlsaustausch

Die Prozesssteuerung fühlt sich leicht an, das Paar ist leicht auslenkbar und bewegt sich im Wesentlichen in der Klärungs- und der Intimitätsdimension.

▪ Beziehungskontrollierendes Paar – mäßig integrierte Strukturniveau

Das beziehungskontrollierende Paar zeichnet sich aus durch:

- Starre Ich-Grenzen
- Einen geordneten Dialog
- Geringen Gefühlsaustausch
- Evtl. vereinzelte Gefühlsausbrüche

Die Prozesssteuerung kann sich angesichts des geordneten Dialogs zunächst auch leicht anfühlen, wird dann aber oft mit der Zeit zäh und anstrengend. Sie fokussiert meist zunächst vor allem auf die Klärungsdimension, bei Gefühlsdurchbrüchen auf die Down-Regulation. Ein Fallstrick ist hier, in der Intellektualisierungsfalle zu landen und auf der Klärungsebene stecken zu bleiben (vgl. ► Abschn. 6.1). Der Weg führt daher eher über die Up-Regulation, die zu mehr emotionalem Engagement führen könnte, um dem Paar einen Weg in die Begegnung auf Intimitätsebene aufzuzeigen.

▪ Beziehungsüberfordertes Paar – gering integriertes Strukturniveau

Das beziehungsüberforderte Paar zeichnet sich aus durch:

- Diffuse Ich-Grenzen
- Chaotisch-impulsive Kommunikation und/oder symbiotische Konfliktvermeidung
- Gefühle werden v. a. als Spannungen erlebt und die emotionalen Reaktionen sind chaotisch und verstrickt

Die Prozesssteuerung ist anstrengend und fokussiert auf die Regulationsdimension. Die meisten hochstrittigen Paare werden sich hier wiederfinden. Die Persönlichkeitsgrenzen sind unscharf, Nähe bedeutet oft Verschmelzung und Symbiose, die dann in eskalierenden Konflikten wieder kollabiert. Die Paare sind häufig stark bindungstraumatisiert und die Begleitung ist kleinschrittig. Wenn ein Paar „andockt", können sehr wichtige Begleitungen über Jahre entstehen, innerhalb derer Klärungsprozesse und zaghafte Begegnungen mit der Intimitätsdimension möglich sind.

5.6 Exkurs: Paare und „Persönlichkeitsstörung" – Prozesssteuerung auf schmalem Grat

▪ Problematische Terminologie

Der Begriff „Persönlichkeitsstörung" verweist auf die Persistenz und Rigidität der zugrunde liegenden pathologischen Strukturen. Dies kann als wichtiger Hinweis verstanden werden, dass therapeutische Prozesse bei diesen Diagnosen häufig langsamer verlaufen und langfristige Stabilisierung erfordern. Ein solches Verständnis kann dazu beitragen, sowohl Therapeuten als auch Patienten vor unrealistischen Erwartungen und der Gefahr von Überforderung zu schützen (vgl. ◘ Abb. 5.15).

Gleichzeitig birgt die Terminologie jedoch Herausforderungen. Die Bezeichnung „Persönlichkeitsstörung" betont stark die Defizite und pathologischen Aspekte und könnte dadurch sowohl stigmatisierend als auch wenig ressourcenorientiert wirken. Aus diesem Grund verwende ich den Begriff in der therapeutischen Arbeit mit Pati-

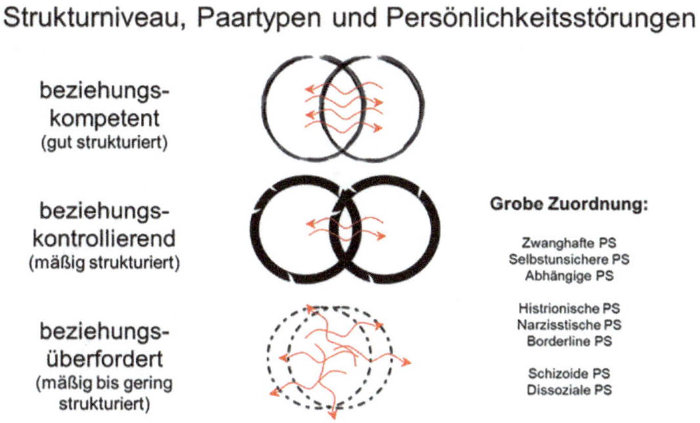

Abb. 5.15 Strukturniveau, Paartypen und Persönlichkeitsstörungen. (© Wanja Kunstleben)

ent:innen nur dann, wenn dies für den Kommunikationskontext erforderlich ist, etwa um den Zugang zu notwendigen Behandlungen zu ermöglichen oder um die Thematik in einem spezifischen diagnostischen Rahmen zu verorten. Diese kritische Perspektive berücksichtigt, dass der Begriff in seiner aktuellen Form nicht immer den individuellen Erfahrungen und Ressourcen der Betroffenen gerecht wird.

Eine Sichtweise auf die Problematik, die ich hilfreicher finde, ist folgende:

Menschen mit sogenannten Persönlichkeitsstörungen sind in der Regel kaum in der Lage, einen Selbstkontakt herzustellen und ihn stabil für die Entwicklung einer Beziehung zu sich selbst zu nutzen. Die pathologischen Strukturen können im Rahmen der Arbeit mit inneren Anteilen als Beschützerteams verstanden werden, vor allem bei schwereren Pathologien mit vorwiegend deregulierten Beschützern (vgl. ► Kap. 6 und ► Abschn. 6.3.11). In der Arbeit mit diesen Beschützerteams können wir beobachten, wie das Beiseitetreten eines Beschützers unmittelbar einen anderen Beschützer aktiviert und wir müssen uns sehr geduldig und persistent durch das Beschützersystem arbeiten. Dabei gilt immer der Grundsatz *mit dem Widerstand* und nicht gegen den Widerstand (i. S. des Beschützers) zu arbeiten. Nach meinem Erleben ist aber auch hier durch geduldiges, differenziertes Arbeiten ein kleinschrittiges Annähern an den Selbstkontakt und die Integration der dahinterliegenden verbannten Anteile sowie eine kleinschrittige Verbesserung der damit verbundenen strukturellen Defizite möglich. Immer vorausgesetzt, dass grundsätzliche Faktoren wie ausreichende persönliche und äußere Ressourcen sowie Motivation und Commitment bestehen.

Ich empfinde diese Sichtweise als angemessen wertschätzend, ohne die Klarheit der Problembeschreibung zu mindern. Anders als der den Menschen auf die pathologische Abwehr reduzierende Begriff der Persönlichkeitsstörung impliziert der Begriff des Beschützers auch das Beschützte und den ursprünglich konstruktiven Ansatz des psychischen Mechanismus.

Hochdynamische Beziehungsstrukturen

Die Dynamiken von beziehungsüberforderten Paaren sind oft sehr leidvoll und führen zu hohen Konfliktspannungen. Diese entladen sich entweder in eskalierenden Konflikten und/oder suchen sich andere Wege – sie schmerzen im Körper, machen krank, äußern sich psychosomatisch, machen süchtig, deviant, depressiv etc.

Ich möchte den Raum für die Auseinandersetzung mit verschiedenen klassischen Dynamiken hier nicht öffnen, da er zu weit ausufern würde. Stattdessen möchte ich mich an dieser Stelle auf die Erläuterung der Grundsätze in der Begleitung von Paaren mit rigiden und deregulierten Beschützersystemen konzentrieren. Es sei nur kurz erwähnt, dass ich vor allem eine Auseinandersetzung mit narzisstisch/co-narzisstischer Dynamik, Borderline-Dynamik und abhängiger Dynamik empfehle (Wardetzki 2007, Telfener 2009, Peichl 2008). In unseren Seminaren zu dem Thema greifen Friederike von Tiedemann und ich diese drei Dynamiken auf, da sie häufiger in der Praxis auftreten.

Außerdem ist vor allem in Beratungsstellen die Kindeswohlgefährdung immer wieder ein sehr zentrales Thema bei der Arbeit mit beziehungsüberforderten Paaren, das ebenfalls einer gesonderten Auseinandersetzung bedarf und hier aus Platzgründen nur als Verweis erwähnt werden kann.

5

■ Grundsätze in der paartherapeutischen Arbeit mit beziehungsüberforderten Paaren

Die wichtigste Voraussetzung beginnt bei uns als Therapeut*innen. Wir müssen sicherstellen, dass wir ausreichend Stabilität zur Verfügung stellen können, um mit diesen Paaren zu arbeiten. Auch fachlich sollten wir uns ausreichend sicher und vorbereitet fühlen. Nehmen Sie nicht zu viele beziehungsüberforderte Paare in Behandlung. Planen Sie ausreichende Pausen vor und nach der Sitzung ein.

In Bezug auf die Prozesssteuerung ist die wichtigste Regel: ausreichende Regulation herstellen! Das bedeutet: Rahmen, Grenzen, Ich-Räume schützen, Verantwortung für Grenzen aufzeigen und an das Paar adressieren, kleinschrittigstes Tempo.

In Bezug auf die Interventionsform empfehle ich zunächst viel Psychoedukation über Regulation. Vermitteln Sie die Modelle aus der Regulationsarbeit. Arbeiten Sie dabei mit Bildern, nicht nur mit theoretischen Konzepten. Üben Sie mit dem Paar das Erkennen der Kipppunkte und den Einsatz konstruktiver Regulationsstrategien konkret ein.

Wenn das Paar gut in Beziehung mit Ihnen steht und sich ausreichend regulieren kann, können Sie mehr auf die Klärungsebene eingehen. Ich empfehle sehr die Arbeit mit Symbolen. Legen Sie ein Seil als Grenze zwischen die Partner. Symbolisieren Sie vor allem die Beschützerteams. Bleiben Sie dabei zunächst strikt auf der Klärungsebene und überfordern Sie das Paar nicht mit Intimitätserfahrungen, die es noch nicht selbst halten und integrieren kann.

Haben Sie Geduld und langen Atem. Die Begleitung kann über Jahre gehen. Ich kenne gut die Zweifel, wenn nach langer Begleitung in einer Sitzung die alten Muster scheinbar eins zu eins wiederholt werden. Wenn Sie dann das Paar fragen, ob es die Therapie noch als hilfreich erlebt, werden Sie sehr wahrscheinlich hören: Wenn wir die Therapie nicht hätten, das wäre sehr schlimm. Diese mühsame Arbeit kann für Menschen mit solchen grundlegenden Schwierigkeiten sehr wertvoll sein. Vergessen Sie das nicht auf dem Weg.

5.7 Die therapeutische Rolle bei der Regulation

Übung R6: Die therapeutische Rolle bei der Regulation

Die Übung eignet sich sehr gut für die gemeinsame Bearbeitung in der Kleingruppe. Beantworten Sie zunächst die folgenden Fragen. Es besteht weder Anspruch auf Vollständigkeit noch auf Richtigkeit von Antworten, sondern es geht um die eigene Exploration und Auseinandersetzung mit dem Thema, um ein Gefühl für die Rolle zu entwickeln. Lesen Sie erst im Anschluss die nachfolgenden Erläuterungen und Ausführungen zur therapeutischen Rolle in der Regulation.

1. Wie und mit welchen Bildern kann die Therapeut*innenrolle bei regulationsorientierten Interventionen beschrieben werden?

2. Wie fühlen Sie sich dabei? Welche körperlichen, emotionalen und gedanklichen Inhalte/Phänomene beobachten Sie an sich?

3. Welche Fallstricke könnten auftreten?

Regulation erfordert von uns als Therapeut*innen deutlich mehr aktive Steuerung als die anderen Tiefungsdimensionen. Manchmal fühlen wir uns vielleicht wie auf einem Kutschbock beim Versuch zwei wilde Pferde zu zügeln, manchmal vielleicht eher als Orientierung und Halt gebende Lotsen durch unruhige See. Ich würde das Spektrum der Rolle zwischen haltgebend-begleitend und direktiv verorten – immer aber wertschätzend. Entsprechend wird es einigen Therapeut*innen leichter und anderen schwerer fallen, mit den Implikationen dieser Rolle umzugehen. Meiner Erfahrung nach fällt es vielen Behandlern schwer, dass direktive Moment in die eigene Rollenvorstellung als Therapeut*in zu integrieren.

Es ist unbedingt notwendig, sich neugierig, aufmerksam und bewusst mit den persönlichen Hintergründen für diese Aspekte auseinanderzusetzen. Diese Themen bergen wertvolle Entwicklungsmöglichkeiten und sollten unbedingt auch in die Lehrtherapie oder Selbsterfahrung und Supervision mitgenommen werden. Wir können therapeutische Prozesse nur dann erfolgreich und souverän begleiten, wenn wir uns mit allen drei Tiefungsebenen ausreichend sicher fühlen und sie nicht bewusst oder unbewusst ablehnen oder vermeiden.

▪ Typische Fallstricke sind

Zu früh klären

Wenn wir zu früh in die Dimension der Klärung oder Intimität einsteigen, wird dies in aller Regel von einem oder beiden Partnern mit einer deutlichen Erhöhung der Spannung beantwortet werden. Die Anzeichen dieser Spannung sind manchmal sehr offensichtlich, manchmal subtil, daher ist es wichtig, dass wir uns diese Anzeichen bewusst machen (siehe ► Abschn. 5.2.1.1 und 5.2.2.2). Statt mit Selbstkritik, Versagensängsten oder Schuldgefühlen sollten wir als Therapeuten darauf mit Gelassenheit reagieren, denn wir haben – wenn wir richtig reagieren und wieder auf regulierende Interventionen umschalten – in der Regel immer auch etwas gewonnen: Die erhöhte Spannung gibt uns erstens den Hinweis, dass Regulation nötig ist, zweitens die Information, wo der Triggerpunkt des Themas liegt und drittens liefert sie eine emotionale Energie, die wir auch nutzen können. In der Regulationsarbeit gehen wir als Therapeuten zwar orientierend voran, aber letztlich ist das Paar herausgefordert, selbst Verantwortung für die Regulation der emotionalen Spannung zu übernehmen. Um das Bild der unruhigen See aufzugreifen: Wenn das Boot wackelt, erfahren wir, wo es Stromschnellen gibt und das Paar übt Balancebewegungen ein.

▪ Zu spät regulieren

Wenn wir Anzeichen dafür ignorieren, dass das WOT des Paares verlassen wird, wird die Eskalation der emotionalen Spannung exponentiell ansteigen – im schlechtesten Fall „verlieren" wir das Paar, weil es sich nicht geschützt und gehalten fühlt.

▪ Zu dominant regulieren

Ein weiterer möglicher Fallstrick ist, dass wir als Therapeut*innen zu stark und dominant in die Regulation eingreifen. Dies kann dazu führen, dass ein oder beide Partner ein Gefühl von Bevormundung entwickeln, was Reaktanz auslösen kann – also Widerstand gegen unsere Interventionen. Vor allem bei Paaren mit einer stark ausgeprägten Elternübertragung kann es auch dazu führen, dass die therapeutische Rolle unbewusst mit einer elterlichen Position assoziiert wird, wodurch alte Muster wie Trotz, Rückzug oder auch übermäßige Anpassung aktiviert werden. Wir sollten darauf achten, Regulation als gemeinschaftlichen Prozess zu gestalten, der die Eigenverantwortung der Partner stärkt. Dies gelingt, indem wir Orientierung bieten, ohne Kontrolle auszuüben, und den Partnern Raum lassen, selbst Lösungsansätze zu entwickeln.

▪ Zu unentschlossen regulieren

Genauso problematisch ist es, wenn wir als Therapeut*innen zu unentschlossen oder zurückhaltend regulieren. Dies kann bei den Partnern das Gefühl erzeugen, allein gelassen zu werden, insbesondere in Situationen emotionaler Eskalation. Verunsicherung und fehlende Orientierung sind häufige Folgen, wenn es an einer klaren therapeutischen Führung mangelt. Ohne ein Gefühl von Halt und Sicherheit kann das Paar nicht konstruktiv an der Regulation arbeiten, da die emotionalen Spannungen die Fähigkeit zur Reflexion übersteigen. Um dies zu vermeiden, ist es wichtig, die eigene Rolle bewusst einzunehmen und frühzeitig eine strukturierende und unterstützende Präsenz zu zeigen. Dies bedeutet nicht, Lösungen vorzugeben, sondern vielmehr einen sicheren Rahmen zu schaffen, in dem das Paar seine eigenen Kompetenzen entwickeln kann.

▪ Parteilichkeit

Dieser Fallstrick bietet sich für eine differenzierende Betrachtung an: Es gibt in aller Regel bei Paaren mit Regulationsschwierigkeiten einen Partner, der regulationsstärker ist und einen Partner, der regulationsschwächer ist. Nicht selten hat sich hieraus im Lauf der Paarbeziehung eine polarisierte Kollusion entwickelt, in der der regulationsstärkere Partner den regulationsschwächeren Partner „puffert" und co-reguliert, inklusive sekundärem Gewinn aus der leidvollen Beziehungssituation in Form einer co-abhängigen Retterrollendividende. Der regulationsstärkere Partner erscheint dann meist deutlich besser strukturiert. Innerlich stellen wir uns vielleicht die Frage: „Wie hält diese reflektierte Frau es nur so lange mit diesem ignoranten, entwicklungsverweigernden, destruktiven Typen mit Borderline-Aspekten aus?". Ich erlebe es in diesen Fällen bis heute regelmäßig als große Herausforderung, nicht in eine Parteilichkeit zu verfallen. Dabei würden wir dann nicht nur die Opferrolle des regulationsschwächeren Partners stabilisieren und zudem Gefahr laufen, ihn oder sie zu verlieren. Wir würden auch die innere Situation des regulationsstärkeren Partners überschätzen:

Nicht selten können wir im Laufe einer Begleitung aber die Erfahrung machen, dass die oben angesprochene Retterrolle den regulationsstärkeren Partner wunderbar stabilisiert. Wenn sich das Rollenmuster beginnt zu flexibilisieren, tauchen auf einmal die strukturellen Schwachpunkte des vormals stabileren Partners auf und machen deutlich, dass diese vermeintliche Stabilität zwar nicht substanzlos ist, aber doch durch die Rollenaspekte in der Beziehung größer erschien als sie tatsächlich ist.

Gleichzeitig ist eine **Parteilichkeit für die Entwicklung einer konstruktiven Beziehung zu sich selbst und zum Anderen** Teil der therapeutischen Grundhaltung.

Die Begrenzung von Beziehungsdestruktivität und Grenzüberschreitung ist daher unsere Aufgabe und Teil unserer therapeutischen Rolle. Wir sollten uns bemühen, unsere Parteilichkeit *für* ein beziehungskonstruktives Verhalten von einer Parteilichkeit gegen die Person, die sich beziehungsdestruktiv verhält, abzugrenzen und zu trennen.

Bei Partnern mit ausgeprägten strukturellen Defiziten kann es dazu kommen, dass wir uns im Laufe des Therapieprozesses wieder und wieder der Begrenzung seines oder ihres beziehungsdestruktiven Verhaltens zuwenden. Dann kann es zur Wahrnehmung bei diesem Partner kommen, „immer das Problem" zu sein. Ich würde es in so einem Fall direkt aufgreifen und die Notwendigkeit der Regulation als Grundlage für Beziehung aufzeigen. Der regulationsschwächere Partner muss es hierbei ein Stück weit ertragen, dass er immer wieder im Zentrum der Aufmerksamkeit steht. Wir sollten ihm daher erklären, dass wir ihn und seine Belange sowie die Aspekte der gemeinsamen Beteiligung beider Partner an der Dynamik im Blick behalten, in die diese Regulationsschwierigkeiten eingebettet sind.

Fazit: Regulation

- Regulation wurde in diesem Kapitel zunächst als innerpsychischer Prozess und dann als therapeutischer Interventionsfokus betrachtet.
- Als innerpsychischer Prozess ist Regulation zunächst als situatives Thema (Mikroperspektive) der Spannungsregulation zu verstehen.
- Eine weitere wichtige Perspektive stellt das Thema der Alltagsorganisation dar (Makroperspektive: Mein Raum, Dein Raum, Unser Raum), da persönliche Ressourcen und der Umgang mit eigenen Grenzen hier eine wichtige Rolle spielen und einen deutlichen Einfluss auf die Regulationsmöglichkeiten im therapeutischen Raum haben.
- Wichtiger Hintergrund zum Verständnis von Regulationsschwierigkeiten und wie sie vom Einzelnen und vom Paar erlebt werden, ist das Thema der strukturellen Integration der Persönlichkeit. Verschiedene Mechanismen und die Darstellung unterschiedlicher Integrationsniveaus machen deutlich, worauf wir im therapeutischen Umgang achten und Wert legen können.
- Regulation als therapeutischer Interventionsfokus kann in vier Prozessschritten betrachtet werden: Prävention, Erste Hilfe, Aufarbeitung und die Makroperspektive „Mein Raum, Dein Raum, Unser Raum".
- Außerdem wurde das Arbeiten mit Symbolen als allgemeine Interventionsmöglichkeit aufgegriffen.
- Als Sonderfälle der Regulation wurden Themen wie Trennungsambivalenz, Sucht, psychische Störungen und Suizidalität aufgegriffen.
- Exkurs Paare und Persönlichkeitsstörungen.
- Weitere Übungen.

Regulation als Interventionsfokus erfordert ein klares Verständnis der Grundlagen von Dysregulationsprozessen sowie ein hohes Maß an Sensibilität und Resilienz vom Therapeuten. Wir sind herausgefordert, eine führende Rolle in der Beziehung zum Paar einzunehmen, ohne die Prozessverantwortung zu sehr zu übernehmen. Dafür haben wir nun alle Grundlagen geschaffen, um als Paartherapeut*in sicher und souverän im Therapeutensessel zu sitzen. So gerüstet können uns die Regulationsschwierigkeiten in der Paartherapie nicht mehr so leicht aus der Ruhe bringen. Sensibilisiert für die Anzeichen im Prozess, die auf die Notwendigkeit von Regulation hinweisen, und gerüstet mit einem gut gefüllten Methodenkoffer und nicht zuletzt auch mit Bildern und einer Sprache, die wir dem Paar anbieten können, kann die Reise losgehen!

Literatur

Arbeitskreis, O. P. D. (Hrsg.). (1996). *Operationalisierte Psychodynamische Diagnostik. Grundlagen und Manual*. Huber.

Arbeitskreis, O. P. D. (2006). *Operationalisierte Psychodynamische Diagnostik OPD-2*. Huber.

Ciompi, L. (1982). *Affektlogik. Über die Struktur der Psyche und ihre Entwicklung. Ein Beitrag zur Schizophrenieforschung*. Klett-Cotta.

Eremit, B., & Weber, K. (2016). *Individuelle Persönlichkeitsentwicklung. Growing by Transformation*. Springer.

Hintringer, S. (2021). *Der Vagusnerv – unser innerer Therapeut*. Irisiana.

Jellouschek, H. (2002). *Jahreszeiten der Liebe – Lebensübergänge und Krisen in der Paarbeziehung* (Audio CD). Auditorium

Jellouschek, H. (2003). *Warum hast du mir das angetan? Untreue als Chance*. Piper.

Jellouschek, H. (2005). *Die Paartherapie*. Kreuz.

Jellouschek, H., & Jellouschek-Otto, B. (2013). *Grenzen der Liebe – Nähe und Freiheit in Partnerschaft und Familie*. Klett-Cotta.

Kernberg, O. (1988). *Innere Welt und äußere Realität. Anwendungen der Objektbeziehungstheorie*. Internationale Psychoanalyse.

Kohut, H. (1979). *Die Heilung des Selbst*. Suhrkamp.

Krähenbühl, V., Jellouschek, H., Kohaus-Jellouschek, M., & Weber, R. (1986). *Stieffamilien. Struktur – Entwicklung – Therapie*. Lambertus.

Levine, P. (1998). *Trauma-Heilung: Das Erwachen des Tigers. Unsere Fähigkeit, traumatische Erfahrung zu transformieren*. Synthesis.

Levine, P. (2011). *Sprache ohne Worte. Wie unser Körper Trauma verarbeitet und uns in die innere Balance zurückführt*. Kösel.

Möller, L. (1988). *Die Wahrheit beginnt zu zweit. Das Paar im Gespräch*. Rohwolt.

Peichl, J. (2008). *Destruktive Paarbeziehungen. Das Trauma intimer Gewalt*. Klett-Cotta.

Perell, E. (2019). *Die Macht der Affäre. Warum wir betrügen und was wir daraus lernen können*. Harper Collins.

Perell, E. (2020). *Was die Liebe aushält. Untreue überdenken. Ein Buch für alle, die jemals geliebt haben*. Harper Collins.

Petzold, H., & Sieper, J. (1996). *Integration und Kreation. Modelle und Konzepte der Integrativen Therapie, Agogik und Arbeit mit kreativen Medien*. Jungfermann.

Rosenberg, S. (2018). *Der Selbstheilungsnerv: So bringt der Vagus-Nerv Psyche und Körper ins Gleichgewicht* (5. Ausgabe). VAK

Rudolf, G. (2004). *Strukturbezogene Psychotherapie: Leitfaden zur psychodynamischen Therapie struktureller Störungen*. Schattauer.

Siegel, D. J. (2012). *Mindsight. Die neue Wissenschaft der persönlichen Transformation*. Goldmann.

Telfener, U. (2009). *Hilfe, ich liebe einen Narzissten. Überlebensstrategien für alle Betroffenen*. Arkana.

Thun, S. v. (1981). *Miteinander reden 1*. Rowohlt.

Tiedemann, F. (Hrsg.). (2018). *Versöhnungsprozesse in der Paartherapie*. Junfermann.

Wardetzki, B. (2007). *Weiblicher Narzissmus – der Hunger nach Anerkennung*. Kösel.

Klärung

Inhaltsverzeichnis

W. Kunstleben, *Paare im Therapieprozess*, Psychotherapie: Therapiegestaltung & Praxismanagement,
https://doi.org/10.1007/978-3-662-70722-7_6

„Der Strom der klaren Wahrheit rinnt
Und löschet allen Durst der Seelen,“
Friedrich Rückert 1836

Wenn wir uns die drei Dimensionen der Tiefung im therapeutischen Prozess – Regulation, Klärung und Intimität – als drei Räume vorstellen, die wir betreten können, so ist der Raum der Klärung ein geistig-kreativer Raum: Es geht in dieser Dimension des therapeutischen Prozesses um das Verstehen, um Differenzierung, Zuordnung und Zusammenhang, um Verdeutlichung, Aha-Erlebnisse, Neuverknüpfung. Es geht um den co-kreativen hermeneutischen Prozess von gemeinsamem Wahrnehmen, Begreifen, Verstehen und Erklären.

Wenn es dem Paar gelingt, etwas zu klären, entsteht eine neue Narration, eine Erzählung, die beide Partner integrieren und der sie gemeinsam zustimmen können. Somit schaffen sie eine Grundlage, um miteinander weiterzugehen.

Klärung, die gelingt, erweitert die Perspektive der Partner, eröffnet neue Sichtweisen, bereinigt Unverstandenes, entlastet den Konflikt wie einen Knoten, den man nicht mehr auseinanderzieht, sondern begonnen hat, zu entwirren.

Die Qualität des Klärungsraums ist explorativ, aktiv, kognitiv-verständnisorientiert, beweglich, neugierig-zugewandt, lebendig, zuweilen humorvoll und co-kreativ.

Die Klärungsdimension ist häufig zunächst einmal das, womit sich die meisten Therapeut*innen relativ wohl fühlen, mit einem klaren Gefühl, dass das ein Teil ihres Jobs ist. Während wir uns beim Regulieren vielleicht manchmal fragen: Was mache ich hier eigentlich? Ist das wirklich Therapie? Bringt das was? Darf ich so direktiv sein? … wird uns das klärende Vorgehen eher das Gefühl geben, dass wir eine angemessene Rolle gegenüber dem Paar einnehmen und dass der Prozess sich ausreichend stabil entwickelt.

Klärung kann auf die äußere Beziehung hin ausgerichtet sein, das meint hier: auf die interaktionelle Beziehung des Paares und die Kommunikation sowie darauf, die Bedingungen des Konfliktes in den Blick zu nehmen, herauszuarbeiten, verständlich zu machen und nach Lösungen zu suchen (s. ► Abschn. 6.2). Oder sie kann sich auf die innere Beziehung des Paares (die Dynamik) ausrichten und auf die innere Beziehung des jeweiligen Partners zu sich selbst im Kontext dieser Dynamik (s. ► Abschn. 6.3).

Ein wichtiger Aspekt des Klärungsprozesses in der Paartherapie ist, herauszufinden, ob und in welcher Weise die Interaktionsebene als Vordergrundebene mit den drei Hintergrundebenen in Verbindung steht – und welche dieser Verbindungen gerade wichtig sind und in den Blick genommen werden sollen. Die Klärung und Differenzierung der Vordergrund- und Hintergrundebenen hilft uns und den Paaren, Orientierung im „Labyrinth der Liebe“ zu finden (◘ Abb. 6.1).

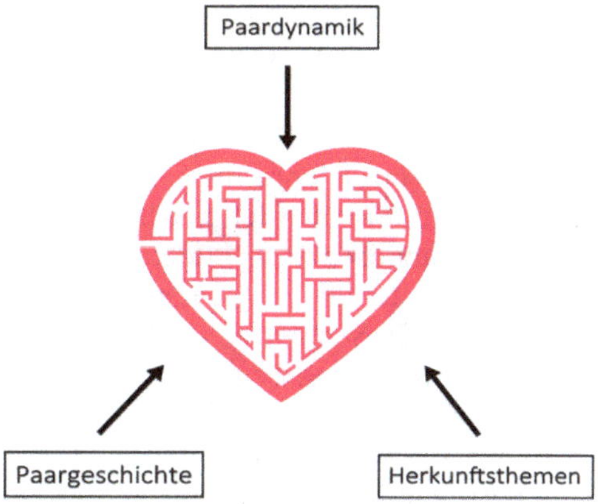

Abb. 6.1 Das Labyrinth der Liebe: Einfluss der Hintergrundebenen. (© Wanja Kunstleben)

Definition Klärung

- Klärung ist die Differenzierung/das Herausarbeiten der Hintergründe eines Problems und die Entwicklung neuer Perspektiven, die Verständnis, Empathie und Kooperation fördern. Klärungsarbeit wird v. a. durch systemische Techniken und sokratische, neugierig-forschende Begleitung unterstützt. Die Interventionen sind eher kognitions- und emotionsorientiert – weniger erlebnisorientiert.
- In der gelingenden Klärungsarbeit können beide Partner gemeinsam auf ihre Anliegen blicken und sich diesen offen und interessiert zuwenden.

In diesem Kapitel ist es im Gegensatz zum vorhergegangenen Regulationskapitel nicht notwendig, die psychischen Grundlagen für den Prozess in dieser Tiefungsdimension darzulegen, weil das Ich in seiner Integration ausreichend funktional auftritt. Dennoch gibt es einen großen Fallstrick, dem ich im Anschluss ein eigenes Unterkapitel widme.

6.1 Der große Fallstrick

Die Voraussetzung für Klärung ist ausreichende Regulation. Das heißt, wir befinden uns in diesem Kapitel im „Window of Tolerance". Dabei können Gefühle deutlich wahrnehmbar sein (im „oberen Bereich" des WOT) oder kaum wahrnehmbar sein (im unteren Bereich). Das kann insbesondere bei der Klärung der äußeren Beziehung geschehen. Hierin zeigt sich der große Fallstrick der Klärung: Wenn der Prozess zu „kopfig", zu kognitionsorientiert und intellektuell wird, kann die notwendige Tiefung verlorengehen. Wie bereits mit der Lösungskompetenzkurve (s. ► Abb. 5.2) aufgezeigt, braucht der Paarkonflikt ausreichende Emotionalität, um sich zu lösen, denn Emotionen sind die Botschafter unserer tieferen Bedürfnisse. Wenn wir diese nicht ansprechen, verfehlen wir das Thema der Partnerschaft an sich, denn es handelt sich um ein Bindungssystem.

Hier setzt auch die Kritik von Vertretern der emotionsfokussierten Therapie an. Sie versteht ganz richtig den Paarkonflikt nicht als Kommunikationsproblem, sondern als ein Geschehen, das sich auf der Grundlage von dysregulierten Affekten entfaltet. Rein verhaltenstherapeutische oder systemische Ansätze stehen daher in der Kritik, zu sehr an der Oberfläche zu laborieren. Dabei ist mir wichtig, zu betonen, dass integrative Ansätze ganz bewusst die Fixierung auf die Klärungsebene zu lösen suchen, sodass diese Kritik für solche Ansätze nicht in gleichem Maße angebracht scheint. Ich selbst lehre im Curriculum der Ausbildung in systemisch-integrativer Paartherapie am Hans-Jellouschek-Institut Hamburg/Freiburg.

Viele systemisch ausgebildete Kolleg*innen fühlen sich auf der klärenden Ebene sehr zuhause, zumal die systemische Therapie hier auch die differenziertesten Methoden anbietet. In Seminaren erlebe ich es daher immer wieder, wie sich Therapeut*innen auf der Klärungsebene mit dem Paar „verlaufen" und die Früchte übersehen, die es zu pflücken gilt (s. Intimität ► Kap. 7).

So betont Roesler, dass manche Studien in Bezug auf die Verbesserung der Beziehungsqualität im Gegensatz zu emotionsfokussierten Ansätzen keinerlei Effekte einer rein systemischen Paartherapie nachweisen konnten (ebd. 2018).

Das zentrale Ergebnis der Forschung von Gottman und Gottman zum Thema der Wirksamkeit von Paartherapie (die insgesamt sehr gut nachgewiesen werden kann) ist: Entscheidend für die Zufriedenheit in Paarbeziehungen und deren langfristige Stabilität sind nicht das Vorhandensein und die Häufigkeit von Konflikten an sich, sondern die Fähigkeit des Paares, negative Affekte zu regulieren (Regulationsdimension) (vgl. Gottman & Gottman, 2008). Zufriedenheit entsteht, wenn die Beziehung durch die co-regulative Erfahrung positiver emotionaler Bezogenheit und die Synchronisierung basaler emotionaler Schemata (vgl. Panksepp, 1998) gestärkt werden kann (Intimitätsdimension). Wird die affektive Ebene in der Paartherapie nicht „abgeholt", kann das sogar negative Effekte haben und zu einer Verschärfung von Paarproblematiken führen (Wadsworth & Markman, 2012).

Entsprechend wichtig ist es, an dieser Stelle die Rolle der Klärung in der paartherapeutischen Prozesssteuerung differenziert zu betrachten und genau zu verstehen. Ich möchte zunächst erneut betonen, dass in jeder der drei Dimensionen wertvolle Ergebnisse erarbeitet werden können. Eine gute Klärung wird aber immer emotionale Aspekte mit umfassen und damit wiederum auch Intimitätsqualitäten einbeziehen. Erinnern Sie sich an das Bild der drei Dimensionen als Raumdimensionen, die immer gleichzeitig anwesend sind, auch wenn wir uns gerade in Bezug auf eine Dimension ausrichten und bewegen – ein fluides Verständnis der drei Dimensionen ist hier wesentlich.

Die Klärungsdimension dient außerdem als Brücke zwischen der Regulationsdimension und der Intimitätsdimension und ist damit unverzichtbar. Wenn wir den Prozess der gemeinsamen Gewinnung von Sinnverständnis und Bedeutung anhand der hermeneutischen Spirale betrachten, werden die Notwendigkeit und die Bedeutsamkeit der Rolle der Klärung deutlich. Nachdem Regulation die Voraussetzung für eine innere Beziehung ist, ist sie auch die Voraussetzung für den hermeneutischen Prozess der Sinn- und Bedeutungserschaffung. Die hermeneutische Spirale besteht nach Petzold (2016) aus den Schritten: wahrnehmen, erfassen, verstehen, erklären. Das, was wir in uns wahrnehmen, müssen wir zunächst komplex erfassen auf symbolisch-imaginativer, emotionaler und kognitiver Ebene, um es dann verstehen zu können, also in einen inneren Zusammenhang zu unserem Selbst- und Weltverständnis zu bringen. Erst dann können wir es erklären und uns damit dem Anderen sichtbar machen. Dieses Sich-sichtbar-machen stellt die Voraussetzung für Intimitätsprozesse dar, was deutlich wird, wenn wir die Intimitätsdimension als ein ganzheitliches gegenseitiges Sich-sehen verstehen. Der hermeneutische Prozess als Differenzierungsprozess ist sowohl auf individueller Ebene, als auch auf der Ebene der gemeinsamen Sinnerfassung im Dialog (oder Trilog, Polylog, bzw. Diskurs) eine Spirale, die ständig und immer wieder erneut Wahrnehmung für Wahrnehmung durchlaufen wird, mit mehr oder weniger hohem Explikationsgrad.

Nähe – und die Aktivierung von basalen emotionalen und behavioralen (Bindungs-)Schemata – kann zunächst auch ohne einen hohen Explikationsgrad gelingen: ein Blick, eine zärtliche Berührung, eine fürsorgliche Geste, eine Umarmung, Musik, gemeinsames Singen, eine RomCom[1] netflixen. Eine bloße Kultivierung von Näheinteraktion würde jedoch nicht zu dem führen, was ich mit der Intimitätsdimension beschreibe: Intimität ist keine undifferenzierte Harmonie, sondern ein differenziertes und differenzierendes Sich-erkennen und Einander-sehen. Neben der Freude, der Herzöffnung, tiefer Liebesgefühle können in ihr auch Unterschiedlichkeiten, Schmerzhaftes und das Erkennen von unglücklichen Aspekten der partnerschaftlichen Konfiguration Raum finden. Ja sogar das Sich-fremd-bleiben kann gemeinsam erkannt und in einem Moment der Intimität erfahren werden – und vielleicht zu einer vertieften Akzeptanz der Andersartigkeit des Anderen führen. Eine echte Intimitätserfahrung, die geeignet ist, die Beziehungsqualität der Partnerschaft nachhaltig zu stärken, bedarf im Gegensatz zum undifferenzierten Harmonieerleben der differenzierten Wahrnehmung, des differenzierten Erfassens, Verstehens und Erklärens in einem Sich-ausdrücken und Sich-dem-anderen-zeigen. Ohne ausreichenden hermeneutischen Explikationsgrad, ohne ausreichende Klärung fehlt der Intimitätserfahrung also quasi die energetische Substanz, die Kraft und ihr Potenzial bleibt unentfaltet.

6.2 Klärung der äußeren Beziehung

Die Klärung der äußeren Beziehung meint hier nicht „äußerlich" im Sinne von formal, oberflächlich, rein funktional. Es bezeichnet den Fokus auf die gemeinsame Interaktion und kann dabei Gefühle und inneres Erleben mit einbeziehen. Außerdem können auf der Ebene des Themenfokus Vordergrund- und Hintergrundebenen herausgearbeitet und miteinander in Beziehung gesetzt werden. Der Blick bleibt im Wesentlichen jedoch auf das Geschehen im gemeinsamen Interaktionsraum gerichtet, im Gegensatz zur Klärung der inneren Beziehung, die den Blick mehr auf die inneren Reaktionen und den inneren Interaktionsraum jedes Partners richtet (► Abschn. 6.3).

6.2.1 Systemische Fragetechniken

Die systemische Therapie hat eine Reihe von Techniken entwickelt, die dabei helfen, neue Perspektiven zu generieren, den Informationsfluss im System anzuregen und den Raum für kreative und co-kreative Lösungen zu öffnen. Alle diese Techniken arbeiten auf der Klärungsebene.

1 (Romantische Komödie).

Für die Prozesssteuerung bedeutet dies: Wenn wir die Notwendigkeit bzw. Sinnhaftigkeit dafür erkennen und uns als Therapeuten entscheiden, in der Prozesssteuerung die Klärungsdimension zu stärken, können wir all diese Techniken wunderbar verwenden. Sobald jedoch Regulation notwendig würde oder sich die Intimitätsdimension öffnen ließe, blockiert die Verwendung dieser Technik eindrucksvoll den Prozess. Das lässt sich in Rollenspielen wunderbar üben und erleben. Zum Beispiel kann man einmal „absichtlich" auf deregulierte Interaktion oder eine Interaktion, die den Intimitätsraum öffnet, mit einer systemischen Fragetechnik oder einer anderen klärenden Intervention reagieren – und man wird sehen, wie ein Paar im dysregulierten Zustand mehr eskaliert oder im Intimitätsfall aus der Nähe auf die intellektuelle Ebene rutscht (vgl. ► Abschn. 8.2 Übung Integration 1: Falsche Interventionen üben).

Im Folgenden beschreibe ich die wichtigsten systemischen Techniken kurz anhand eines kleinen Beispiels.

Anleitung K1: Systemische Techniken

1. Zirkuläre Fragen

Diese Technik zielt darauf ab, Perspektiven und Beziehungen innerhalb eines Systems zu erkunden. Der Therapeut fragt nach den Sichtweisen und Reaktionen der Partner (oder Familienmitglieder) auf die Probleme und Interaktionen des anderen Partners (oder anderer Familienmitglieder). Auf diese Weise werden unausgesprochene Informationen expliziert und die empathische Perspektivnahme angeregt.

Dialog:

Therapeutin: „Wie reagiert Ihr Partner Ihrem Eindruck nach typischerweise, wenn Sie sich streiten?"

Frau: „Er zieht sich meistens zurück."

Therapeutin: „Und wie denken Sie, fühlt er sich dabei?"

Frau: „Ich glaube, er fühlt sich verletzt und hilflos. Und er weiß einfach nicht, wie er sich ausdrücken soll, das überfordert ihn."

Erklärung: Diese Technik hilft der Frau, die Perspektive ihres Partners zu verstehen und fördert Empathie. Sie erkennt die möglichen Gefühle und Reaktionen ihres Partners, was zu einer tieferen Einsicht in die Beziehungsmuster führt. Ihr Partner macht gleichzeitig vielleicht zum ersten Mal die Erfahrung, dass seine Frau ihn in seiner Reaktion versteht.

2. Hypothetische Fragen

Hierbei werden hypothetische Szenarien entworfen, um das Paar dazu zu bringen, alternative Sichtweisen und Möglichkeiten zu erkunden. Solche Fragen beginnen oft mit „Was wäre, wenn …" und ermutigen das Paar, neue Denk- und Handlungsspielräume zu entdecken.

Dialog:

Therapeutin: „Was wäre, wenn Sie beide eine Woche lang nicht streiten könnten? Wie würde Ihr Alltag aussehen?"

Mann: „Wir hätten wahrscheinlich viel mehr Ruhe und könnten entspannter miteinander umgehen."

Erklärung: Der Mann wird angeregt, sich eine konfliktfreie Beziehung vorzustellen, was ihm hilft, positive Veränderungen und konkrete Schritte in Richtung eines harmonischeren Zusammenlebens zu visualisieren.

3. Wunderfragen

Diese Fragen stellen eine utopische Situation dar, in der das Problem plötzlich verschwunden ist. Das Paar wird gebeten, sich vorzustellen, wie das Leben ohne das Problem aussieht. Dies hilft, Ziele und Wünsche klarer zu definieren und motiviert das Paar, Schritte in diese Richtung zu unternehmen.

Dialog:

Therapeutin: „Stellen Sie sich vor, heute Nacht passiert ein Wunder und alle Ihre Beziehungsprobleme sind gelöst. Woran würden Sie das als erstes am Morgen bemerken?"

Frau: „Wir würden ohne Spannungen aufwachen und den Tag mit einem Lächeln beginnen. Wir würden uns gegenseitig unterstützen und füreinander da sein in dieser stressigen Zeit."

Erklärung: Diese Frage hilft der Frau, ihre Wünsche und Ziele klarer wahrzunehmen und implizit auszusprechen, ohne dass sie z. B. in die aktuelle konflikthafte Kommunikation als Forderungen eingebracht werden. Sie hilft außerdem, einen positiven Zustand zu visualisieren. Das kann motivieren und als Orientierung für die Therapie dienen.

4. Skalierungsfragen

Bei dieser Technik bewertet das Paar seine Probleme oder Fortschritte auf einer Skala von 1 bis 10. Damit können Veränderungen und Verbesserungen messbar und wahrnehmbar gemacht werden. Sie können das Paar ermutigen, kleine, erreichbare Schritte zu identifizieren.

Dialog:

Therapeutin: „Auf einer Skala von 1 bis 10, wie würden Sie Ihre Zufriedenheit in der Beziehung heute bewerten?"

Mann: „Vielleicht eine 4."

Therapeutin: „Was müsste passieren, damit es zu einer 5 wird?"

Mann: „Wenn wir mehr Zeit miteinander verbringen könnten, ohne zu streiten."

Erklärung: Diese Technik macht Fortschritte messbar und zeigt dem Paar kleine, konkrete Schritte auf, um ihre Zufriedenheit zu erhöhen. Es wird deutlich, dass kleine Veränderungen einen wichtigen Unterschied machen können.

5. Reflexive Fragen

Diese Fragen sollen die Partner dazu anregen, über ihre eigenen Gedanken, Gefühle und Verhaltensweisen nachzudenken. Sie fördern die Selbstreflexion und Selbstwahrnehmung und unterstützen den Einzelnen dabei, sich seiner eigenen Rolle im System bewusst zu werden.

Dialog:

Therapeutin: „Wie denken Sie, trägt Ihr Verhalten zur aktuellen Situation bei?"

Frau: „Ich neige dazu, schnell wütend zu werden, was die Situation oft eskaliert."

Erklärung: Durch diese Frage wird die Frau zur Selbstreflexion angeregt und erkennt ihre eigene Rolle im Konflikt. So wird das Verantwortungsbewusstsein gefördert und Verhaltensänderungen werden angeregt.

6. Reframing-Fragen

Durch diese Technik werden problematische Sichtweisen oder Situationen in einem neuen Licht betrachtet. Der Therapeut stellt Fragen, die eine positive oder alternative Bedeutung des Problems aufzeigen, wodurch das Paar neue Handlungsmöglichkeiten und Lösungen erkennen kann.

Dialog:

Therapeutin: „Könnte es sein, dass Ihr Partner sich zurückzieht, weil er den Konflikt vermeiden möchte, um auf diese Weise nicht nur sich selbst, sondern auch die Beziehung zu schützen?"

Frau: „Das habe ich noch nie so gesehen, aber es könnte stimmen."

Erklärung: Diese Technik hilft der Frau, das Verhalten ihres Partners in einem neuen Licht zu sehen. Das Reframing bietet eine positive Interpretation und öffnet neue Wege des Verständnisses und der Kommunikation.

7. Externalisierende Fragen

Diese Fragen helfen dabei, das Problem vom Klienten zu trennen, indem das Problem als eine eigenständige Entität betrachtet wird. Fragen wie „Wann tritt das Problem auf?" oder „Wie beeinflusst das Problem dein Leben?" unterstützen den Klienten, das Problem objektiver zu sehen und Strategien zu dessen Bewältigung zu entwickeln.

Dialog:

Therapeutin: „Wann taucht das Problem des Streits am häufigsten auf?"

Mann: „Meistens abends nach der Arbeit."

Therapeutin: „Wie beeinflusst dieser abendliche Streit Ihr Wohlbefinden?"

Mann: „Er macht mich gestresst und ich schlafe schlecht."

Erklärung: Durch die Externalisierung wird das Problem von der Person getrennt. Dies erleichtert es dem Mann, das Problem objektiver zu betrachten und konkrete Situationen und deren Auswirkungen zu analysieren.

8. Konstruktive Fragen

Der Fokus liegt hier auf den Stärken und Ressourcen des Klienten. Fragen wie „Was hast du schon alles versucht, um das Problem zu lösen?" oder „Was hat in der Vergangenheit funktioniert?" helfen, positive Aspekte und erfolgreiche Strategien hervorzuheben.

Dialog:

Therapeutin: „Was haben Sie beide in der Vergangenheit getan, das gut funktioniert hat, um Konflikte zu lösen?"

Frau: „Wir haben manchmal Spaziergänge gemacht und dabei ruhig geredet."

Erklärung: Diese Frage hilft dem Paar, positive Erfahrungen und erfolgreiche Strategien aus der Vergangenheit zu identifizieren und wiederzuverwenden. Sie stärkt das Vertrauen in ihre eigenen Fähigkeiten zur Problemlösung.

9. Paradoxe Intervention

Bei dieser Technik empfiehlt der Therapeut absichtlich das Problemverhalten, um Widerstand und eine Veränderung hervorzurufen. Diese Methode kann dem Klienten helfen, die Kontrolle über sein Verhalten zu erkennen und Alternativen zu finden.

Dialog:

Therapeutin: „Ich schlage vor, dass Sie sich diese Woche jeden Abend für mindestens 15 Minuten streiten."

Mann: „Das klingt absurd."

Therapeutin: „Wie Sie erzählt haben, tun Sie es ja sowieso. Nun allerdings mit meiner Erlaubnis und quasi als therapeutische Verschreibung."

Erklärung: Diese Technik nutzt den Widerstand gegen das absurde Verhalten, um eine Veränderung herbeizuführen. Das Paar erkennt möglicherweise die Unsinnigkeit ihrer Streitereien und entwickelt neue, konstruktivere Verhaltensweisen.

6.2.2 Timeline-Arbeit

Die Timelinearbeit in der Paartherapie ist ein kraftvolles Mittel, um Paaren zu helfen, ihre gemeinsame Geschichte zu erkunden, die Kommunikation zu fördern und ein tieferes Verständnis für die emotionalen Höhen und Tiefen ihrer Beziehung zu entwickeln. Durch die visuelle und taktile Darstellung können Paare ihre Vergangenheit aus einer neuen Perspektive betrachten und wertvolle Einsichten für ihre gegenwärtige und zukünftige Beziehung gewinnen. Einerseits hilft die Symbolisierung, die Paargeschichte innerlich greifbarer zu machen und dadurch die Paaridentität zu stärken. Andererseits mache ich immer wieder die Erfahrung, dass das Verständnis für die eigenen Reaktionen und die des Partners auf bestimmte innere und äußere Faktoren und Entwicklungen zu einem milderen Blick aufeinander führt. Ich möchte gerne drei Varianten dieser Arbeit vorstellen.

Anleitung K2: Timeline auf dem Papier

Timelinearbeit ist eine therapeutische Technik, die dabei hilft, die wichtigen Ereignisse und Erlebnisse im Leben eines Paares zu visualisieren und zu reflektieren. Diese Methode ermöglicht es Paaren, ihre Beziehungsgeschichte zu betrachten, gemeinsame Höhen und Tiefen zu identifizieren und Muster oder Themen zu erkennen, die sich im Laufe der Zeit entwickelt haben. Durch die Erstellung einer visuellen Zeitlinie können Paare ihre Vergangenheit besser verstehen und daraus Erkenntnisse für die Gegenwart und Zukunft gewinnen.

Die Variante „Timeline auf dem Papier" eignet sich auch als Hausaufgabe. Hierbei sollte die Aufgabe so gestellt werden, dass beide Partner die Timeline für sich aufzeichnen und zur nächsten Sitzung mitbringen, ohne dass sie sie vorher einander zeigen oder miteinander besprechen. Anstelle einer gemeinsamen Timeline und der co-kreativen Erarbeitung in der Sitzung, entstehen so zwei Timelines. Das ist unter Umständen sinnvoll, wenn das Kooperationsniveau für die gemeinsame Erarbeitung fehlt oder wenn es darum geht, einen der Partner dadurch zu mehr Selbstausdruck und einer klareren Definition der eigenen Geschichte zu ermutigen.

Einführung der Timelinearbeit in der Paartherapie

Therapeut: Guten Tag Alexandra, guten Tag Tom. Schön, dass Sie heute hier sind. Ich möchte heute eine Methode einführen, die uns helfen kann, Ihre gemeinsame Geschichte als Paar besser zu verstehen. Diese Methode nennt sich Timelinearbeit. Haben Sie schon einmal davon gehört?

Alexandra: Nein, das sagt mir nichts. Was genau ist das?

Therapeut: Bei der Timelinearbeit erstellen wir eine visuelle Zeitlinie, auf der wir wichtige Ereignisse und Erlebnisse in Ihrer Beziehung festhalten. Das können positive Momente sein, wie zum Beispiel Ihr erstes Treffen oder besondere Urlaube, aber auch Herausforderungen und schwierige Zeiten. Diese Methode hilft uns, einen Überblick über Ihre gemeinsame Geschichte zu bekommen und Muster oder wiederkehrende Themen zu erkennen.

Tom: Okay, wie funktioniert das genau?

Therapeut: Wir beginnen, indem wir ein großes Blatt Papier nehmen und darauf eine Linie zeichnen, die Ihre Beziehungsgeschichte darstellt. Dann markieren wir verschiedene Punkte auf dieser Linie, die für wichtige Ereignisse stehen. Diese Punkte besprechen wir dann gemeinsam, um zu verstehen, wie diese Ereignisse Ihre Beziehung beeinflusst haben.

Alexandra: Also sollen wir dann einfach alle wichtigen Dinge, an die wir uns erinnern, auf diese Linie schreiben?

Therapeut: Genau. Jeder von Ihnen kann dabei eigene Punkte hinzufügen, die Ihnen wichtig erscheinen. Es ist auch in Ordnung, wenn Sie unterschiedliche Erinnerungen oder Sichtweisen zu denselben Ereignissen haben. Das Ziel ist es, gemeinsam einen umfassenden Blick auf Ihre Beziehung zu bekommen. Wollen wir das ausprobieren?

Tom: Ja, warum nicht. Das könnte uns helfen, einige Dinge klarer zu sehen.

Alexandra: Ich finde die Idee auch gut. Vielleicht hilft es uns ein paar Dinge besser zu verstehen.

Therapeut: Super. Dann lassen Sie uns beginnen. Denken Sie an den Anfang Ihrer Beziehung. Wo und wann haben Sie sich kennengelernt? Das könnte unser erster Punkt auf der Timeline sein.

Tom: Wir haben uns vor acht Jahren bei einem Fest von gemeinsamen Bekannten kennengelernt. Das war ein ziemlich besonderer Abend.

Alexandra: Ja, das weiß ich noch genau. Das war Tinas 30. Geburtstag, der 14. Juni 2016.

Therapeut: Sehr gut. Wir markieren diesen Punkt also auf unserer Zeitlinie. Und wie ging es dann weiter? Erzählen Sie mir von den nächsten wichtigen Ereignissen.

Alexandra: Nun, wir sind etwa ein Jahr später zusammengezogen …

Therapeut: Lassen Sie uns das auch auf die Timeline setzen. Und so arbeiten wir uns Stück für Stück durch Ihre gemeinsame Geschichte. Denken Sie daran, es gibt kein Richtig oder Falsch. Alles, was Ihnen wichtig erscheint, gehört auf diese Linie.

Anleitung K3: Timeline Variante 1: mit Seilen und Symbolen

Bei dieser Variante der Timelinearbeit wird ein Seil verwendet, das auf den Boden gelegt wird und die Zeitlinie der Beziehung des Paares symbolisiert. An diesem Seil entlang legen die Partner für jedes wichtige Ereignis in ihrer Beziehung ein Symbol, wie Steine, Figuren oder andere kleine Gegenstände. Diese Symbole repräsentieren besondere Momente, Herausforderungen oder Wendepunkte. Die Methode ist besonders hilfreich, um visuell und taktil die Geschichte der Beziehung zu veranschaulichen und zu reflektieren.

Einführung der Timelinearbeit mit Seil und Symbolen in der Paartherapie

Therapeut: Guten Tag Alexandra, guten Tag Tom. Schön, dass Sie heute hier sind. Heute möchte ich Ihnen eine besondere Methode vorstellen, um die Geschichte Ihrer Beziehung zu visualisieren. Wir nennen das die Timelinearbeit mit Symbolen.

Alexandra: Was genau machen wir da?

Therapeut: Wir legen ein Seil auf den Boden, das als Ihre gemeinsame Zeitlinie dient. An diesem Seil entlang werden wir für jedes wichtige Ereignis in Ihrer Beziehung ein Symbol platzieren. Diese Symbole können verschiedene Gegenstände sein, wie Steine, kleine Figuren oder andere Dinge, die für Sie eine besondere Bedeutung haben.

Tom: Das hört sich kreativ an. Wie funktioniert das genau?

Therapeut: Zunächst legen wir das Seil auf den Boden und markieren den Anfang und das Ende. Der Anfang repräsentiert den Beginn Ihrer Beziehung und das Ende läuft in die Zukunft aus. Hier etwa ist die Gegenwart (deutet auf eine Stelle am Seil ein Stück vor dem Seilende). Dann überlegen Sie gemeinsam, welche wichtigen Ereignisse oder Wendepunkte es in Ihrer Beziehung gab und wählen passende Symbole dafür aus. Diese Symbole legen Sie dann an die entsprechenden Stellen auf dem Seil.

Alexandra: Also könnten wir zum Beispiel einen Stein für unser erstes Treffen und eine kleine Figur für unsere Hochzeit verwenden?

Therapeut: Genau, das ist eine gute Idee. Die Symbole helfen dabei, die Ereignisse greifbarer und visuell anschaulicher zu machen. Außerdem können sie verschiedene Gefühle oder Erinnerungen symbolisieren, die mit diesen Ereignissen verbunden sind. Wollen wir das ausprobieren?

Tom: Ja, ich denke, das könnte hilfreich sein.

Therapeut: Prima. Denken Sie an die wichtigen Meilensteine, die schönen Momente, aber auch an Herausforderungen. Alles, was Ihnen wichtig erscheint, findet Platz an diesem Seil. Es gibt kein Richtig oder Falsch – jedes Symbol und jede Erinnerung hat ihren eigenen Platz und Wert.

Anleitung K4: Timeline Variante 2: mit drei Seilen und Symbolen

Diese Variante der Timelinearbeit verwendet drei Seile, um die Beziehungsgeschichte eines Paares zu visualisieren und zu reflektieren. Ein Mittelseil wird in einer geraden Linie als Kontaktlinie ausgelegt. Es repräsentiert die gemeinsame Zeitlinie des Paares. An diesem Seil entlang werden Symbole für wichtige Ereignisse in der Beziehung gelegt. Danach legen beide Partner jeweils ein eigenes Seil, welches die emotionale Nähe oder Distanz zu ihrem Partner im Laufe der Zeit darstellt. Das persönliche Seil berührt die Kontaktlinie, wenn sie sich dem Partner sehr verbunden gefühlt haben, und ist weiter weg, wenn sie eine Entfernung oder Entfremdung empfanden.

Einführung der Timelinearbeit mit drei Seilen

Zunächst beginnt der Prozess wie bei der Timelinearbeit mit einem Seil (s. o.).

(… nachdem einige weitere Symbole platziert worden sind …)

Therapeut: Ok, jetzt liegen hier ja viele wichtige Ereignisse auf der Mittellinie vor Ihnen. Nehmen Sie jetzt bitte Ihre persönlichen Seile und legen Sie Ihr Seil so nah oder weit weg von der Kontaktlinie, wie Sie sich in Bezug auf Ihren Partner zu diesem Zeitpunkt gefühlt haben. Fangen wir mit dem Zeitpunkt an, als Sie sich kennengelernt haben.

Alexandra: Ich habe mich damals sehr zu Tom hingezogen gefühlt, aber ich war auch vorsichtig. Meine Trennung von Samuel war noch nicht lange her und ich war noch sehr verletzt. Ich lege mein Seil nah dran aber mit ein bisschen Abstand …

Tom: Bei mir war es „Vollkontakt“. Ich war total verliebt.

Therapeut: Gut. Jetzt gehen wir zu dem Zeitpunkt, als Sie zusammengezogen sind. Wie haben Sie sich da gefühlt?

Alexandra: Anfangs habe ich mich sehr verbunden gefühlt, aber nach ein paar Monaten gab es einige Spannungen. Ich lege mein Seil erst an die Kontaktlinie und dann etwas weiter weg.

Tom: Ja, ich habe auch gemischte Gefühle. Ich werde mein Seil ähnlich legen.

Therapeut: Ausgezeichnet. So arbeiten wir uns durch die verschiedenen Phasen Ihrer Beziehung.

6.2.3 Versöhnungsarbeit – Verletzungen aufarbeiten

Ein wichtiges Kapitel von Klärungsarbeit in der Paartherapie kann die Aufarbeitung von Kränkungen, Ent-täuschungen und Verletzungen sein. Das Thema ist natürlich sehr umfassend, und ich werde daher es an dieser Stelle eher in seinen Grundzügen skizzieren. Sehr hilfreich für die fundierte praktische Vertiefung des Themas ist das Buch „Versöhnungsprozesse in der Paartherapie“ von Friederike von Tiedemann (ebd. 2018).

Kränkungen und Verletzungen finden immer in Bezug auf bestimmte tiefer gehende Bedürfnisse statt. Die Unterscheidung der beiden Begriffe ist hierbei nicht trennscharf zu treffen und ich werde sie daher im Wechsel verwenden. Grundsätzlich verstehe ich unter Kränkungen eher Verletzungen in Bezug auf das Selbstwertsystem und Verletzungen eher als Erschütterungen der Bindungs-, Sicherheits- und Versorgungsbedürfnisse.

Kränkungen und Verletzungen können verhindern, dass das Paar sich auf der Intimitätsebene begegnen und mit den so wichtigen Bindungserfahrungen versorgen kann. „Mein Herz bleibt verschlossen, seit sie mich damals so sehr im Stich gelassen hat.“, könnte eine Aussage eines Partners sein, um das zu beschreiben.

Der Versöhnungsprozess ist häufig zunächst ein längerer Klärungsprozess, der schließlich auf eine Versöhnung zusteuert. Die Versöhnung selbst ist immer und ausschließlich ein Intimitätsprozess. Sie kann sich spontan ereignen, wenn die therapeutische Differenzierungsarbeit (Klärungsarbeit) ausreichend fortgeschritten ist. Oder sie kann im therapeutischen Raum durch ein Versöhnungsritual gerahmt werden (s. ► Kap. 7).

▪ Blick auf das, was (dennoch) gut war

Wenn Paare in die Paartherapie kommen, weil ihr Beziehungsleben durch Verletzungen blockiert ist, so kann das eine sehr tiefe und manchmal schon lange andauernde Belastung bedeuten. Daher ist es meist ausgesprochen wichtig, gemeinsam herauszuarbeiten, was neben den Verletzungen gut war und ist. Damit wird ein Boden geschaffen, damit das Loslassen der Verletzungen sich (wieder) nach etwas anfühlen kann, das sich lohnt.

Erklären Sie dem Paar, dass es wichtig ist, diese Dinge noch einmal wahrzunehmen und in eigenem Recht zu würdigen – nicht statt, sondern für die Aufarbeitung der Verletzungen. Sammeln sie gemeinsam Dinge, die gut waren oder sind (z. B. symbolisiert durch verschiedene Steine). Laden Sie das Paar ein, sich gegenseitig für diese Dinge zu danken.

▪ Der Prozess der Versöhnungsarbeit
Der eigentliche Prozess der Versöhnungsarbeit sollte also auf einem möglichst sorgfältig erarbeiteten Vertrauensboden beginnen. Dann geht es darum, die Verletzungen wahrzunehmen, mitzuteilen, anzuerkennen und loszulassen.

▪ Arbeiten mit einer „Verletzungsliste"
Wenn Verletzungen den Paarprozess blockieren, ist es oft hilfreich, diese zunächst einmal aufzuschreiben und herauszuarbeiten, welches die zentralen Verletzungen sind und in welcher Reihenfolge sie bearbeitet werden sollen. Eine klassische Hausaufgabe besteht darin, dass Verletzungen je einzeln auf ein Blatt Papier notiert werden und in die nächste Sitzung mitgebracht werden sollen (ohne sich vorher dazu auszutauschen).

▪ „Zu wenig Sex"
Ich habe zu dieser Hausaufgabe einmal einen Cartoon gesehen, der etwa folgendermaßen aufgebaut ist: Ein Paar sitzt beim Paartherapeuten, vor der Frau häuft sich ein Berg an Verletzungszetteln. Vor ihm liegt nur ein einziger Zettel, auf den er groß und deutlich „zu wenig Sex" geschrieben hat.

Ich habe zwar noch nie genau diese Situation erlebt, aber doch das Thema: Einer der Partner möchte an den Verletzungen arbeiten, der andere würde das lieber überspringen.

Ich habe weiter oben erklärt, dass Verletzungen den Intimitätsraum blockieren. In der Regel beeinträchtigt das auch die Sexualität. Die Forderung eines Partners nach „mehr Sex" kann daher sowohl als Ausdruck eines Bedürfnisses nach Nähe und Verbundenheit gelesen werden als auch als ein Hinweis auf die Frustration über die blockierte Intimität im Beziehungsraum. Es ist wichtig, diese Forderung nicht vorschnell zu pathologisieren oder als rein körperliches Bedürfnis zu deuten, sondern sie als Chance für eine tiefere Auseinandersetzung mit der Dynamik im Paar zu nutzen.

Eine konstruktive Herangehensweise könnte sein, die Aufmerksamkeit von der konkreten Forderung hin zur Frage zu lenken: *„Was bedeutet Sexualität für Sie in Ihrer Beziehung? Was wünschen Sie sich über den körperlichen Aspekt hinaus von Ihrer Partnerin/Ihrem Partner?"* Diese Fragen eröffnen einen Raum für Reflexion über die zugrunde liegenden Bedürfnisse und die emotionale Ebene der Beziehung.

Gleichzeitig sollten wir als Therapeut*innen die plumpe Forderung begrenzen, um den anderen Partner vor Druck zu schützen und die oft damit verbundene Dynamik von Schuld und Rechtfertigung zu entschärfen. Dies kann geschehen, indem wir den Fokus auf den Intimitätsraum legen und erklären, dass erfüllte Sexualität meist nicht isoliert erreicht werden kann, sondern eingebettet ist in eine Atmosphäre emotionaler Sicherheit und Nähe. Eine mögliche Intervention könnte sein:

> „Sexualität ist eng mit Intimität verbunden. Was glauben Sie, würde helfen, den Raum zwischen Ihnen beiden so zu gestalten, dass beide sich wohler und sicherer fühlen – und vielleicht auch die Lust aufeinander wieder mehr entstehen kann?"

Damit sensibilisieren wir das Paar für die Notwendigkeit, an den zugrunde liegenden Themen zu arbeiten, ohne die konkrete Forderung zu negieren, und schaffen eine Brücke zu den emotionalen Bedürfnissen beider Partner.

▪ Ist die Verletzung in sich abgeschlossen oder setzt sie sich fort?

Für die Klärungsarbeit ist es zunächst wichtig zu verstehen, ob eine Verletzung in der Vergangenheit liegt, ohne dass die unmittelbaren Auswirkungen auf die Gegenwart fortwirken, oder ob sie fortbesteht und ihre Auswirkungen weiterhin den Alltag bestimmen. In letzterem Fall muss der Umgang mit dem Fortbestehen oder den Auswirkungen zuerst ausgehandelt werden, bevor die Aufarbeitung selbst in Angriff genommen wird.

Beispielsweise könnte ein Partner sich gegenüber der Arbeit des Anderen beständig zurückgesetzt fühlen (Fortbestehen der Verletzung). Oder die Verletzung besteht darin, dass der eine Partner sich bei der Wahl des Lebensortes vielleicht sogar auf manipulative Art und Weise durchgesetzt hat und der andere Partner sich weiterhin dort nicht wohl fühlt (die eigentliche Verletzung liegt in der Vergangenheit, die Auswirkungen bestimmen aber nach wie vor den Alltag).

Die Klärungsarbeit besteht dann zunächst in dem Aushandeln der Bedingungen für den Umgang mit dem Thema. Das Ziel ist, sich vor der eigentlichen Versöhnungsarbeit zunächst einmal damit auseinanderzusetzen, welche konkreten Entscheidungen, Kompromisse, Zusagen oder Kompensationen möglich sind.

▪ Kompromissformen

Wir können je nach Situation den Blick für verschiedene Kompromissmöglichkeiten öffnen:

- Wir bewegen uns beide aufeinander zu: Beide geben etwas her und beide bekommen etwas.
- Einmal gewinnt der Eine, das nächste Mal der Andere.
- Du bekommst in diesem Punkt, was du möchtest, und kompensierst das für mich in einem anderen Bereich.
- Nur einer gewinnt. Aber wir erkennen die Ungerechtigkeit gemeinsam an und versuchen dann gemeinsam das Beste daraus zu machen, dass es nun so ist, wie es ist.

▪ Mitteilung und Anerkennung

Wenn eine Verletzung in der Vergangenheit abgeschlossen ist, hat sie zwar Auswirkungen auf die Gegenwart, weil die Kränkung noch spürbar ist, aber sie setzt sich nicht konkret fort. Beispielsweise könnte es eine konkrete Zurücksetzung gegenüber der Schwiegermutter sein oder die Abwesenheit in den Tagen nach der Geburt des ersten Kindes.

Die Klärungsarbeit besteht nun zunächst darin, dass die Geschichte noch einmal gemeinsam erarbeitet wird und versucht wird herauszufinden, was vielleicht noch nicht gesehen und anerkannt wurde. Wenn das deutlich wird, kann das eigentliche Versöhnungsritual stattfinden.

■ Rechtfertigungen in eigenem Recht, Verletzung in eigenem Recht

Um ein Pingpong zwischen Vorwurf und Rechtfertigung zu vermeiden, ist es oft sinnvoll, dass beides einen eigenen, in sich geschlossenen Rahmen zur Verfügung bekommt. Durch Spiegelung kann sich jeder Partner so lange ausdrücken, bis er sich verstanden fühlt. Das wesentliche Moment ist, dass die Verletzung in eigenem Recht gesehen und als solche anerkannt wird – unabhängig von allen Rechtfertigungen oder gegensätzlichen Intentionen.

■ Was braucht es noch?

Schließlich ist ein weiterer Schritt, wenn noch nicht vergeben werden kann, zu klären, was es noch braucht: wieviel Zeit, welche Wiedergutmachung, wie viele Wiederholungen der Entschuldigung zu welchem Zeitpunkt.

■ Opfermacht

Eine Versöhnung bedeutet für den Partner, der die Verletzung erfahren hat auch, die Macht der Opferrolle im Sinne einer moralisch überlegenen Position und seine Racheansprüche („Du sollst spüren wie weh du mir getan hast!") aufzugeben. Teil der Täterrolle sind nämlich das Schuldgefühl und die dahinterliegende Angst der sozialen Ausgrenzung, die existenzielle Verunsicherungsgefühle hervorrufen kann. Wenn ein Partner die Opferposition nicht aufgeben will, sollten wir das bewusst machen und nach der Funktion dieser Aufrechterhaltung fragen: Wofür ist das dem „Opfer" wichtig? Will es diesen Anspruch auch angesichts der Konsequenzen für den Partner und die Beziehung aufrecht erhalten?

Wir bewegen uns als Therapeuten hier auf dünnem Eis, denn im Dramadreieck von Täter – Retter – Opfer wird uns immer wieder die Retterrolle angeboten. Gleichzeitig können wir mit einer „falschen" Bemerkung selbst in die Täterrolle gestürzt werden. Daher ist es sehr wichtig, offen, neugierig und nicht-wertend zu bleiben und mögliche aufkommende, eigene Aggressionen klar zu reflektieren und sie ausreichend zu regulieren. Das bedeutet nicht, die Information der Aggressionen zurückzuhalten, aber nach einem Weg zu suchen, sie offen, klar und nicht-angreifend zu äußern.

■ Wenn Versöhnung nicht möglich ist

Nicht immer führt die Klärungs- und Versöhnungsarbeit zu einem zufriedenstellenden Abschluss. Es gibt Situationen, in denen Verletzungen so tiefgreifend oder fortdauernd sind, dass eine vollständige Versöhnung nicht möglich erscheint – zumindest nicht innerhalb des therapeutischen Rahmens oder im aktuellen Lebensabschnitt des Paares. In solchen Fällen ist es wichtig, den Fokus auf die Akzeptanz dieser Realität zu lenken und dem Paar zu helfen, dennoch einen Umgang mit den offenen Wunden zu finden. Der erste Schritt kann darin bestehen, den Schmerz über die nicht erreichte Versöhnung zu validieren und zu benennen. Eine mögliche Intervention könnte sein:

> „Es ist sehr schmerzhaft, wenn wir merken, dass wir eine Verletzung nicht vollständig heilen oder vergeben können. Aber manchmal ist es wichtig, diese Begrenzung anzuerkennen und zu überlegen, wie wir mit diesem Schmerz leben können, ohne dass er die gesamte Beziehung bestimmt."

Dabei ist es hilfreich, den Unterschied zwischen einer vollständigen Versöhnung und einer funktionalen Beziehungsgestaltung herauszuarbeiten. Auch ohne vollständige Vergebung kann das Paar Strategien entwickeln, um in anderen Bereichen konstruktiv miteinander umzugehen. Hierbei kann es darum gehen, den verletzten Partner darin zu unterstützen, seine Wunde als Teil der Beziehungsgeschichte zu integrieren, ohne sie zur zentralen Definition der Partnerschaft werden zu lassen.

In manchen Fällen kann es sinnvoll sein, ein Ritual oder eine symbolische Handlung durchzuführen, die das Unvollendete benennt, aber auch einen Abschluss markiert. Ein Beispiel könnte sein, dass beide Partner schriftlich festhalten, was sie nicht loslassen können, und diese Schriftstücke dann in einem gemeinsamen Rahmen respektvoll „aufbewahren" – beispielsweise in einer verschlossenen Box. Dies schafft eine emotionale Distanz und schützt zugleich vor dem ständigen Wiederaufgreifen des Themas im Alltag.

Die Arbeit mit nicht-versöhnten Verletzungen bedeutet auch, sich als Paar über Grenzen zu verständigen: Welche Themen können wir im Alltag vermeiden, weil sie zu belastend sind? Welche Wege finden wir, um dennoch eine Verbindung zu pflegen? Hier kann es hilfreich sein, explizit zu vereinbaren, wie beide Partner sich gegenseitig Raum für Heilung lassen, ohne das Ungelöste ständig zu thematisieren.

Als Therapeut*innen ist es unsere Aufgabe, diese Prozesse zu begleiten, ohne Druck auf eine vollständige Versöhnung auszuüben. Wir können betonen, dass auch das Akzeptieren des Nicht-versöhnt-seins eine Form von Entwicklung und innerem Frieden sein kann.

6.2.4 Genogrammarbeit

Die Genogrammarbeit ist eine Methode zur grafischen Darstellung der familiären Beziehungen und deren Dynamiken über mehrere Generationen hinweg. Ein Genogramm ähnelt einem Familienstammbaum, geht jedoch tiefer und umfasst zusätzliche Informationen wie:

- Beziehungen und Bindungen zwischen Familienmitgliedern
- Muster und Dynamiken innerhalb der Familie
- Wichtige Lebensereignisse (Geburten, Hochzeiten, Scheidungen, Todesfälle)
- Berufliche und gesundheitliche Informationen
- Psychische und emotionale Aspekte

Das Genogramm nutzt Symbole und Linien, um Beziehungen und wichtige Ereignisse darzustellen, z. B.:

- Quadrate repräsentieren männliche Familienmitglieder und Kreise weibliche. Bislang gibt es kein einheitlich verwendetes Symbol für nonbinäre Personen. Im Einzelfall ist es sinnvoll, zu fragen, welches Symbol genommen werden soll.
- Linien zwischen den Symbolen zeigen Verbindungen, z. B. Heirat, Trennung, enge oder konfliktreiche Beziehungen.
- Verschiedene Farben oder Markierungen können verwendet werden, um besondere Merkmale oder Muster zu betonen.

Eine fundierte und ausführliche Beschreibung der Genogrammarbeit mit Symbolvorschlägen und einer Darstellung der verschiedenen Formen und Fragestellungen findet sich in einem Artikel von Kühling und Richter (2007).

■ Vorgehen

Wenn Sie mit einem Paar vereinbart haben, in die Genogrammarbeit einzusteigen, können Sie die Genogrammsymbole erklären und als Hausaufgabe die Anfertigung eines Genogramms mitgeben. Das erfordert oft auch, dass die Partner noch einmal Informationen von Eltern oder Geschwistern, Tanten, Onkeln etc. einholen müssen. Das Paar bringt dann die Genogramme mit. Gearbeitet wird zunächst nacheinander. Ich ziehe es vor, das Genogramm noch einmal mit dem Paar zusammen am Flipchart aufzuzeichnen. Wenn beide Genogramme erstellt wurden, können daraus Themen für die weitere Arbeit erschlossen werden.

■ Nutzung der Genogrammarbeit in der Paartherapie

In der Paartherapie kann die Genogrammarbeit auf verschiedene Weise eingesetzt werden:

1. Zum Erkennen von Familientraditionen und Mustern:
   Das Genogramm hilft Paaren, Muster und Traditionen in ihren Familien zu erkennen, die ihre Beziehung beeinflussen könnten. Beispielsweise kann es aufzeigen, wie Konflikte in der Familie gehandhabt werden oder welche Kommunikationsstile vorherrschen.
2. Zum Verständnis für individuelle Hintergründe:
   Durch das Erstellen eines Genogramms verstehen die Partner die familiären Hintergründe des jeweils anderen besser. Dies fördert das gegenseitige Verständnis und Empathie, indem es die Herkunft und die prägenden Einflüsse des Partners verdeutlicht.
3. Zur Identifikation von Stressoren und Ressourcen:
   Ein Genogramm kann helfen, stressauslösende Faktoren sowie unterstützende Ressourcen in den Familien der Partner zu identifizieren. Dies kann bedeutsam sein, um zu verstehen, wie externe Einflüsse die Beziehung belasten oder stärken.
4. Für die Arbeit an intergenerationalen Themen:
   Oft werden unbewusste Muster, Traumata und Erwartungen von Generation zu Generation weitergegeben. Das Genogramm kann diese Themen sichtbar machen und den Partnern helfen, sie bewusst zu reflektieren und zu bearbeiten.
5. Förderung von Kommunikation:
   Das gemeinsame Erstellen und Besprechen des Genogramms fördert die Kommunikation zwischen den Partnern. Sie teilen persönliche Geschichten, klären Missverständnisse und entwickeln ein tieferes Verständnis füreinander.

6.2.5 Klärung und Verantwortung

Wenn wir in der Klärungsarbeit den Beziehungsknoten entwirren, stoßen wir zwangsläufig auf Bedürfnisse und Wünsche, die an die Beziehung und den Partner gerichtet werden: Gib mir Sicherheit, sei für mich da, lass mir Raum, gib mir Zeit, lass mir meinen Eigensinn. Wie aber stehen wir als Paartherapeut*innen diesen Ansprüchen gegenüber? Halten wir uns zu jeder Zeit wirklich aus ihrer Bewertung heraus?

Ein Beispiel: Eine Physiotherapeutin, Mitte 50, nervt ihre Frau, eine selbstbewusste Ärztin, mit ständigen Gesundheitstipps und Sorgen vor einem Altern in Krankheit. Schnell wird klar, dass die beiden sich um das Thema polarisiert haben: Während die Ärztin in ihrer Hausarztpraxis die Gesundheit ihre Patienten gewissenhaft betreut und versorgt, ist sie sich selbst gegenüber tatsächlich nachlässig, wenn es um eine altersgerechte Gesundheitsfürsorge geht. Die Physiotherapeutin ihrerseits verliert sich regelmäßig in Ängsten um Tod und Krankheit und wir arbeiten heraus, dass sie als Kind den körperlichen Verfall und Tod ihrer Mutter miterleben musste und ein Teil ihrer Ängste in diesen frühen Erfahrungen gründet.

In der Paartherapie geht es nun darum, beide Partnerinnen aus der Fixierung auf das herausfordernde Verhalten der jeweils anderen zu lösen und für die Wahrnehmung ihrer eigenen inneren Themen in der Dynamik zu sensibilisieren. Dabei wird deutlich, dass die Physiotherapeutin die Verantwortung für die eigene innere Beruhigung nicht übernimmt. Sie bleibt so auf die Kontrolle ihrer Ängste im Außen fixiert. Ihre Frau hingegen verweigert sich einer erwachsenen Verantwortungsübernahme gegenüber ihrem Körper und pflegt stattdessen in einer trotzig-lieblosen Weise ihre Tendenz zur Selbstausbeutung.

An diesem Beispiel wird deutlich, dass sich in Beziehungen immer wieder die Frage nach der Berechtigung von Ansprüchen aneinander stellt: Ab wann und bis wohin ist beispielsweise der Anspruch legitim, dass der Partner dafür sorgt, dass er gesund bleibt?

Die wesentliche Perspektive, die an dieser Stelle weiterhilft, ist die Frage nach der Verantwortung. Wenn in einem Bindungssystem eine Person in einem wesentlichen Aspekt (körperlich oder seelisch) ihre Verantwortung für sich selbst nicht übernimmt, hat das gesamte Bindungssystem ein Problem. Wenn der Vater trinkt, ist das eben nicht nur seine Sache. Oder wenn einer der Partner sich weigert, sich mit den Gründen für sein berufliches Scheitern und seinen destruktiven Umgang mit Geld und den materiellen Ressourcen auseinanderzusetzen, dann wird das den anderen Partner unter Druck setzen.

Die Legitimität einer Forderung in der Partnerschaft wird durch die Frage nach der Verantwortung verständlich und formulierbar. In einer Bindungsbeziehung ist es unerlässlich, dass beide Partner in erster Linie jeweils die Verantwortung für sich selbst und in zweiter Linie auch die gemeinsame Verantwortung für die Beziehung wahrnehmen. Dabei ist der Weg das Ziel: Ich mag ein Problem nicht ganz lösen können, aber ich kann mich konstruktiv damit auseinandersetzen. Wichtig ist hier, dass die Wahl der Form, in der die Verantwortung konkret gelebt wird, jedem selbst obliegt. So war es der Ärztin etwa möglich, ihre Ernährung anzupassen und tägliche Spaziergänge in ihre Routine aufzunehmen. Die Physiotherapeutin konnte ihrerseits darauf verzichten, ihrer Frau weiter Predigten zu halten und auf die Umsetzung ihres umfassenden Gesundheitsprogramms zu drängen.

Wir sollten als Paartherapeut*innen wie auch in der Einzeltherapie nicht davor zurückscheuen, die Notwendigkeit der Verantwortungsübernahme aufzuzeigen. Dabei braucht es Klarheit in der therapeutischen Grundhaltung, damit wir unseren

Patient*innen gegenüber nicht moralisierend auftreten und uns in eine Dynamik aus Über-Ich-Ansprüchen und Gegenwehr verwickeln: Wir sollten deutlich machen, dass wir die Entscheidung für oder gegen eine Verantwortungsübernahme wirklich und ernsthaft respektieren und dabei jederzeit wertschätzend bleiben. Aber die Konsequenzen dieser Entscheidung sollten benannt und dem Patienten zugemutet werden.

Wir haben in erster Linie Verantwortung für uns selbst, und für gelingende Beziehung ist es eine Voraussetzung, diese Verantwortung wahrzunehmen. Verantwortungsübernahme ist stets freiwillig. Wenn jemand trinken will, ist das seine Entscheidung. Wir sollten als Therapeuten auch eine nicht-verurteilende Haltung einnehmen, gleichzeitig jedoch klar und deutlich darin sein, ihm die Konsequenzen, die sich daraus ergeben, zuzumuten. Und dies sind nicht nur Konsequenzen, die denjenigen selbst betreffen, sondern immer auch Konsequenzen für die Bindungssysteme, in denen er steht.

Wenn wir eine Bindungsbeziehung eingehen, haben wir zudem eine gemeinsame Verantwortung für die Beziehung, an der beide konfigurativ teilhaben. Die Verantwortung für den Anderen ist damit zwar keine direkte, aber eine indirekte, die das ehrliche Bemühen um Respekt, Achtsamkeit und Offenheit umfasst.

Die Verantwortung der Beziehung gegenüber sollte gemeinsam begriffen werden, und es ist notwendig, dass wir uns als Beziehungsteilnehmer*in um diese Verantwortung bemühen. Wo einer der Partner*innen diese Verantwortung etwa einseitig vernachlässigt, ist es legitim und wichtig darauf hinzuweisen.

6.3 Klärung der inneren Beziehung: Innere-Anteile-Arbeit mit Paaren

Die Klärung der inneren Beziehung legt den Fokus auf die Beziehung der Partner zu sich selbst und die Reaktionen aufeinander, die sich aus diesem Fokus ergeben. Die Anforderung an die Fähigkeit des Paares, diesen Raum zu halten, also zur Regulation, sind bei diesem Fokus noch höher, als wenn wir die äußere Beziehung, bzw. die Interaktion in den Fokus stellen. Wenn wir die Intimitätsdimension als den Raum verstehen, in dem wir uns ganzheitlich sehen und gegenseitig wahrnehmen können, ist unmittelbar verständlich, dass der Blick auf die Beziehung zu sich selbst an diese Dimension heranreicht. Bei der Klärung der inneren Beziehung sollten wir uns daher als Verantwortliche für die Steuerung des Prozesses bewusst sein, dass diese Arbeit immer auf die Intimitätsdimension hinsteuert.

Bevor ich differenziert auf die Methode der Arbeit mit inneren Anteilen in der Paartherapie eingehe, werde ich eine Technik vorstellen, die ich als sehr hilfreich erlebe, da sie die Arbeit mit inneren Anteilen auf einfache Weise implementiert und doch tiefgreifend wirksam ist.

Bei der Klärung der inneren Beziehung wenden wir uns naturgemäß als Therapeut*innen immer wieder eine gewisse Zeit an einen der beiden Partner. Der Prozess ist daher gekennzeichnet von einem *Nacheinander* und muss entsprechend moderiert werden.

Anleitung K6: „Das Nacheinander organisieren"

Bevor wir das Nacheinander organisieren, sollten wir einschätzen, ob wir selbst uns sicher genug fühlen, die innere Bühne zu betreten. Dann sollten wir zunächst den Partner, auf dessen innere Beziehung zu sich selbst wir fokussieren wollen, fragen, ob er das möchte.

Steuerungssatz 1:

„Ich möchte Ihnen anbieten, sich dieses Thema/Gefühl/diesen Anteil etwas genauer anzuschauen. Wären Sie dazu bereit?"

Selbstverständlich ist es wichtig, hier jedes Zögern ernst zu nehmen und wertungsfrei anzuerkennen. Möglicherweise ist es dann eine Variante, sich diesem Widerstand interessiert zuzuwenden und zu versuchen, zu verstehen, warum es gerade wichtig ist, sich möglicherweise zu schützen und was die Sorge wäre, was geschehen könnte.

Wenn derjenige einverstanden ist, sich mit dem benannten Aspekt näher zu beschäftigen, ist es wichtig, den anderen Partner auf die richtige Art und Weise einzubinden.

Steuerungssatz 2:

„Können Sie mit mir offen und interessiert bleiben, während Ihre Partnerin/Ihr Partner sich mit diesem Thema/Gefühl/Anteil beschäftigt?"

Dieser Steuerungssatz, den ich von Friederike von Tiedemann übernommen habe, bindet mehrere wichtige Aspekte mit ein: Er impliziert, dass der wartende Partner nicht alleingelassen wird („mit mir"), er aktiviert die Selbstqualitäten der Offenheit und Neugier und er macht deutlich, dass der Partner im Fokus eine wichtige und wertvolle Arbeit macht, also nicht nur „Aufmerksamkeit bekommt".

6

6.3.1 Unterschiede zwischen Paar- und Einzelsetting

Die Innere-Anteile-Arbeit geht auf einen Ansatz von Richard Schwartz (1997, 2001, 2019, 2022) zurück und wurde u. a. von Tom Holmes v. a. um eine spirituelle Dimension erweitert (Holmes, 2007, 2023). Als ich selbst mich vor anderthalb Jahrzehnten im Zuge einer Abschlussarbeit meiner Gestalttherapieausbildung mit dem Thema der multimedialen Arbeit mit inneren Anteilen beschäftigte (Kunstleben & Kunstleben, 2010), war der Ansatz in der Psychotherapie noch kaum verbreitet – gleichwohl war ein großes Interesse spürbar und es mehrten sich Veröffentlichungen und die Entwicklung verwandter Ansätze: etwa der hypnotherapeutisch geprägte Ego-State-Therapie-Ansatz und die verhaltenstherapeutische Schematherapie.

Heute scheint mir die Arbeit mit inneren Anteilen als selbstverständlicher Bestandteil psychotherapeutischer Arbeit, und zwar schulenübergreifend.

Mir wurde nach meiner eigenen Ausbildung in Integrativer Innerer Systemtherapie bei Tom Holmes schnell deutlich, wie gut der Ansatz in der Paartherapie nutzbar ist. Gleichzeitig bedeutet das, ein sehr anspruchsvolles Setting mit einem sehr differenzierten Ansatz innerer Arbeit zu verknüpfen. Seit einigen Jahren führe ich zusammen mit Friederike von Tiedemann Aufbauseminare zu diesem Thema durch, bei denen immer wieder deutlich wird, wie fruchtbar – und wie anspruchsvoll – die Arbeit mit dieser Methode mit Paaren ist. Dabei sind einige wertvolle Erkenntnisse entstanden, wie die Techniken dieser Methode sinnvoll – und auch im Unterschied zum Einzelsetting – angepasst werden können. Diese werde ich hier darlegen.

Ich werde im Folgenden die Möglichkeiten aufzeigen, die Arbeit mit inneren Anteilen auf einfache und handhabbare Weise in den paartherapeutischen Prozess zu integrieren. Sie können dieses Vorgehen auch ohne Ausbildung in der Arbeit mit inneren Anteilen nutzen, eine vertiefte Auseinandersetzung mit der Methode empfehle ich aber sehr. Selbstverständlich ist aber eine Fortbildung in IFS bzw. IIST sehr hilfreich, um einen noch differenzierteren und sichereren Zugang zu erlangen.

Ich verstehe Therapie ganz grundsätzlich als die Entwicklung der Beziehung zu uns selbst, als Grundlage für unsere Beziehungen zu anderen Menschen und unseren äußeren Lebensbereichen. Mit der Integration innerer Anteile, der Arbeit mit Glaubenssätzen und dem Ablegen oder der Rückgabe von persönlichen oder transgenerationalen Lasten aus dem Selbstkontakt (vgl. ► Abschn. 6.3.3) heraus, ist nach meinem Verständnis der Kern dieses Ansatzes und Therapieverständnisses in konkrete therapeutische Praxis übersetzbar.

In der Paartherapie hat die Innere-Teile-Arbeit einen etwas anderen Fokus als bei der Einzelarbeit mit dieser Methode. Während der Therapeut in der Einzeltherapie mit dem Patienten tief in den Kontakt mit einem Anteil eintaucht und die Beziehung zu diesem Anteil vertieft, geht es im Paarsetting um ein wesentlich prägnanteres Vorgehen. Schließlich soll keine Einzeltherapie in Anwesenheit des Partners stattfinden, sondern eine Vertiefung und Verdeutlichung der inneren Beziehung der Partner zu sich selbst für den Paarprozess nutzbar gemacht werden.

Die Innere-Teil-Arbeit im Paarsetting ist asymmetrisch, das heißt, es wird immer mit einem Fokuspartner gearbeitet, der andere Partner bezeugt den Prozess.

Je nach Zielsetzung kann dann der Fokuspartner mehrmals gewechselt werden und ein Pendelprozess entstehen.

Das asymmetrische Arbeiten im Paarsetting erfordert also ein komprimierteres Vorgehen. Im Gegensatz zum hohen Differenzierungsgrad in der Einzeltherapie, geht es in der Paartherapie zunächst „nur" um das Sichtbarmachen innerer Anteile (die in dem hier vorgestellten Vorgehen *immer* symbolisiert werden) und das mindestens leichte Erhöhen des Selbstkontakts. Sobald der Selbstkontakt erhöht werden konnte, sollte von der Prozesssteuerung her der bezeugende Partner wieder in den Prozess mit eingebunden werden.

Innere-Teile-Arbeit im Paarsetting

- Das primäre Ziel im Paarsetting ist das Sichtbarmachen und Symbolisieren der Anteile sowie die Erhöhung des Selbstkontaktes.
- Die Integration der Anteile, die dadurch möglich wird, ist nur ein sekundäres Ziel im Paarsetting.
- Das ist ein wesentlicher Unterschied zur Einzeltherapie mit inneren Anteilen, in der die Integration innerer Anteile *primäres* Ziel der Arbeit ist.
- Der angestrebte Differenzierungsgrad des Kontaktes der Partner zu ihren inneren Anteilen ist im Paarsetting in der Regel folglich deutlich geringer als im Einzelsetting.
- Technisch bedeutet dies: anstatt den Selbstkontakt intensiv zu vertiefen wird in der Regel wieder zum bezeugenden Partner gewechselt und dieser mit in den Prozess eingebunden, sobald wir eine wahrnehmbare Reaktion aus dem Selbstkontakt heraus, bzw. eine mindestens leichte Erhöhung des Selbstkontaktes beim Fokuspartner erleben.

Das *sekundäre* Ziel der Integration von Anteilen ist dennoch wesentlich und wichtig. Hier kommt wiederum die besondere Stärke des Paares als Bindungssystem zum Tragen: Wenn es gelingt, dass der bezeugende Partner auf das innere System des Fokuspartners mit Selbstqualitäten wie Mitgefühl, Freude, Neugier und Offenheit reagiert, kann dies eine intensive Bindungserfahrung und eine kraftvolle Unterstützung der Integration für den Fokuspartner bedeuten. Aus diesem Gedanken heraus könnte man sagen: Wir müssen die Beziehung des Fokuspartners zu seinen Anteilen für dieses Ziel nicht so intensiv vertiefen wie im Einzelsetting, weil das Bindungssystem des Paares diesen Prozess katalysiert.

6.3.2 Keep it simple: Das Drei-Felder-Schema

Mit dem Drei-Felder-Schema kann auf einfache Art von der Wahrnehmung eines konflikthaften Gefühls bei einem Patienten/einem Partner die Dynamik zwischen innerem Beschützer und einem verletzten Anteil aufgegriffen und ein Gefühl für die Versorgung des verletzten Anteils entwickelt werden. Das Drei-Felder-Schema besticht durch seine Einfachheit und sehr fokussierte Anwendbarkeit. Dadurch ist diese Technik geeignet, ein relativ komplexes inneres Geschehen zu differenzieren und der Integrationsfähigkeit zuzuführen.

Die Arbeit mit dem Drei-Felder-Schema orientiert sich an vier Steuerungsimpulsen. Der erste fokussiert das Erleben:

Steuerungsimpuls 1: „Wie erleben Sie das? Der Körper ist der Resonanzraum der Seele, wie bei einem Streichinstrument – Sie können jedes Gefühl in Ihrem Körper wahrnehmen, wenn Sie achtsam hinschauen. Wo genau in Ihrem Körper erleben Sie dieses Gefühl? Können Sie versuchen, die Qualität davon ein wenig genauer wahrzunehmen? Wenn dieses Gefühl sprechen könnte, was würde es sagen? Welche Botschaft hat dieses Gefühl?"

Ausgangspunkt ist ein „Gefühlsknoten", den wir mit dieser Technik gleichsam entwirren wollen. Dabei fokussieren wir das Erleben zunächst auf der körperlichen Ebene. Das ist wichtig, damit der Prozess von Beginn an ganzheitlich (also auf kognitiver, emotionaler und körperlicher Ebene) angebunden ist. Ohne das Einbeziehen des körperlichen Aspekts der emotionalen Wahrnehmung geben wir ein ganz wichtiges Potenzial aus der Hand. Dann führen wir diesen Gefühlsausdruck der sprachlichen Ebene zu („Welche Botschaft hat dieses Gefühl?"). Meist wird die Botschaft das Gefühl beschreiben (z. B. „Ich bin so traurig, dass ich mich alleine fühle in unserer Beziehung"). Oder sie beschreibt einen Glaubenssatz (z. B.: „Ich bin es nicht wert, geliebt zu werden."). Obwohl die differenzierende Arbeit mit diesen unterschiedlichen Äußerungen in der inneren Arbeit oft wichtig ist, kann bei dieser Technik mit beiden Äußerungen direkt weitergearbeitet werden. Besonders bei Glaubenssätzen unterstützt die Zeugenschaft des Partners den Prozess, soweit er die Szene aus dem Selbstkontakt heraus wahrnimmt – was wir ja vorher durch die Organisation des Nacheinander vorbereitet haben. Während das Ziel von Gefühlsäußerungen v. a. in der Entwicklung von Selbstmitgefühl als Selbstannahme und Selbstwahrnehmung (Annahme und Spiegelung) liegt, geht es bei Glaubenssätzen meist vorrangig um deren Entkräftung und Lösung, indem ihnen aus der Position des Selbstkontakts widersprochen werden kann („Ich kann, solange ich gut im Kontakt mit mir selbst bin und aus meiner Mitte heraus auf mich schaue, sehen, dass es nicht wahr ist, dass ich es nicht wert bin, geliebt zu werden."). Im einzeltherapeutischen Prozess ist es daher oft schwierig, mit diesen negativen Selbstaussagen einfach differenzierend weiterzuarbeiten. In der Arbeit mit Paaren erlebe ich das an dieser Stelle anders. Hier kann das besondere Potenzial des Paares als Bindungssystem für die Entwicklung der Beziehung zu sich selbst genutzt werden. Wenn der Partner diesen negativen Glaubenssatz mit Mitgefühl wahrnehmen kann, ist das Weiterarbeiten an dieser Stelle problemlos möglich. Da dies in der Regel nur ein atmosphärisches Geschehen ist, lohnt sich hier der rückversichernde Blick der Therapeutin zum bezeugenden Partner.

Steuerungsimpuls 2: „Woher kennen Sie das? Wenn Sie vor Ihrem inneren Auge Ihre Lebenslinie zurückwandern, wo erkennen Sie dieses Erleben wieder?"

Der zweite Steuerungsimpuls lenkt den Blick auf das „Book of Love", also das Lebensbuch, in dem die Bindungs- und Beziehungserfahrungen niedergeschrieben sind. Ziel ist an dieser Stelle zunächst noch nicht, dieses alte Erleben und die darin bestehenden Verletzungen direkt zu versorgen. Es geht hier zunächst noch um Differenzierung. Daher sind die weiteren Schritte der Steuerungsimpulse 3 und 4 hier sehr wichtig, damit die Unterscheidung deutlich werden kann zwischen dem Hier und Heute und dem Dort und Damals und welche Implikation das auf die aktuelle partnerschaftliche Interaktion hat. Widerstehen Sie daher unbedingt dem Impuls, direkt zur Versorgung oder Annahme des verletzten Anteils einzuladen. Stattdessen ist eine kurze annehmende Spiegelung, z. B. durch eine Paraphrasierung hilfreich (z. B.: „Ich verstehe, Sie fühlen sich abgeschnitten, wenn Ihre Partnerin im Streit die Stimme hebt. So haben Sie sich auch damals als Kind gefühlt, wenn Sie Ihre Eltern bis spät in die Nacht hinein streiten gehört haben.").

Wichtig ist dann jedoch, direkt zu Steuerungsimpuls 3 überzugehen.

Steuerungsimpuls 3: „Wie haben Sie das damals bewältigt? Und auf welche Weise bewältigen Sie es heute?"

Dieser Steuerungsimpuls fokussiert auf die Differenzierung der Abwehr, bzw. der Kompensation oder auch der inneren Beschützer. In ◘ Abb. 6.2 sind sie als Schild

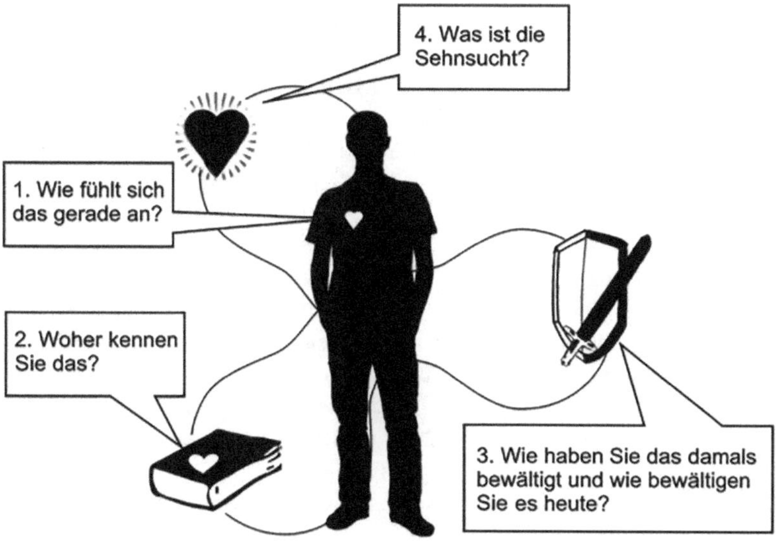

◘ **Abb. 6.2** Das Drei-Felder-Schema. (© Wanja Kunstleben)

und Schwert dargestellt, entsprechend der Unterscheidung von aktiven und passiven Bewältigungsstrategien (z. B. eher Reaktion mit Abschottung und Rückzug oder mit Aktivität, Ausagieren oder Aggression). Das ist daher hilfreich, als diese unterschiedlichen Modi eine unmittelbare Auswirkung auf die Paarkonfiguration und die Paardynamik an dieser Stelle haben. Auch die Exploration des dritten Steuerungsimpulses bleibt begrenzt auf eine kurze annehmend-spiegelnde Paraphrasierung (z. B.: „Ich verstehe. Sie haben sich damals taub gemacht und sind innerlich erstarrt. Heute ist es noch immer so, dass Sie sich dann nicht mehr spüren, und dann versuchen Sie das zu bekämpfen, indem Sie exzessiv Sport betreiben."). Das ist wichtig, um die Qualität der Fokussiertheit dieser Technik zu bewahren. An dieser Stelle geht es also keinesfalls darum, den inneren Beschützer noch weiter zu explorieren, anzuerkennen und zu bitten, beiseite zu treten, wie das bei der Methode der Inneren-Anteile-Arbeit der Fall wäre. Auch hier hilft das Paarsetting wieder, weil der Bindungsraum dem im Fokus stehenden Partner erleichtern kann, die dahinterliegende Sehnsucht zu öffnen und mitzuteilen.

Steuerungsimpuls 4: „Und was wäre die Sehnsucht?"

Dieser Steuerungsimpuls öffnet die Intimitätsdimension. Seinen Sie daher ganz wach an dieser Stelle. Wenn es möglich ist diese Dimension zu öffnen, seien Sie bereit, „die Früchte zu pflücken" (s. ► Abschn. 7.1.5). Wenn es nicht möglich ist, erkennen Sie das an und schauen Sie mit dem Paar gemeinsam, was es noch zu klären gibt. Wenn der andere Partner nicht im Selbstkontakt bleiben kann, ist das eine heikle Situation, weil es zu einer Bindungsverletzung führen kann, wenn dieser nun mit einem heftigen Beschützer auf die Selbstoffenbarung reagiert. Bleiben Sie in jedem Fall entspannt. Erkennen Sie an, was geschieht, normalisieren Sie es und steuern Sie in diesem Fall zurück in die Regulationsdimension. Wenn es gelingt, diesen Prozess gut zu rahmen, kann auch gerade aus diesem letzteren Fall sehr viel Wertvolles für das Paar gewonnen werden, indem eine Grenze unmittelbar erlebt und damit erkennbar und verstehbar werden kann.

Anleitung K7: Drei-Felder-Schema

Paartherapiesitzung mit Juri und Mara: Fokussierung auf eine emotionale Reaktion von Mara mittels des Drei-Felder-Schemas

Therapeutin: „Mara, es berührt mich, zu hören, wie es Ihnen innerlich geht, wenn Sie beide Konflikte haben. Ich möchte Ihnen anbieten, das Gefühl, das Sie in diesen Situationen überkommt, etwas genauer anzuschauen. Wäre das für Sie in Ordnung?"

Mara (nach einem Moment des Nachdenkens): „Ja, ich denke schon."

Therapeutin: „Vielen Dank, dass Sie sich darauf einlassen. Juri, während Mara sich mit diesem Thema auseinandersetzt, können Sie mit mir offen und interessiert bleiben, während sie diesen inneren Prozess durchläuft?"

Juri (nickt): „Ja, ich werde es versuchen."

Therapeutin: „Gut. Mara, ich möchte Sie bitten, an eine Situation zurückzudenken, in der Sie diese Gefühle erlebt haben. Wahrscheinlich können Sie dann jetzt so etwas wie ein Echo dieser Gefühle in sich wahrnehmen … Wie erleben Sie das?"

Mara: „Ich bin traurig und angespannt."

Therapeutin: „Wie erleben Sie das in ihrem Körper?"

Mara: „... ich weiß nicht genau ..."

Therapeutin: „Unser Körper ist der Resonanzraum der Seele, wie bei einem Streichinstrument. Nehmen Sie sich einen Moment, dem ganz achtsam nachzuspüren – wo empfinden Sie diese Trauer und Anspannung, und wie genau fühlt sie sich an?"

Mara (zögert, schließt die Augen und konzentriert sich): „Ich spüre es vor allem in meiner Brust, wie ein Druck, der fast schmerzhaft wird. Es ist, als ob da eine Enge wäre."

Therapeutin: „Danke, Mara, das ist sehr wertvoll und kostbar, das wirklich wahrzunehmen und zu spüren und mit uns zu teilen ... Wenn dieses Gefühl in Ihrer Brust sprechen könnte, was würde es sagen? Welche Botschaft hat dieser Druck, diese Enge?"

Mara (mit tränenerstickter Stimme): „Es fühlt sich an, als ob es sagt: ‚Ich bin allein. Niemand versteht mich wirklich.'"

Therapeutin: „Das klingt sehr schmerzhaft, Mara. Und ich finde es sehr kostbar, dass Sie sich damit hier zeigen ... Ich möchte Sie bitten, noch etwas tiefer und feiner in das hinein zu spüren, was in diesem Gefühl enthalten ist. Wenn Sie zurückschauen, woher kennen Sie dieses Gefühl vielleicht schon aus Ihrer Vergangenheit? Wenn Sie Ihre Lebenslinie entlang in die Vergangenheit reisen, wo finden Sie es wieder?"

Mara (schweigt eine ganze Weile, dann öffnet sie die Augen, nachdenklich): „Ja, das kenne ich gut. Als Kind hatte ich oft das Gefühl, nicht wirklich gesehen zu werden. Meine Eltern waren so mit ihren eigenen Problemen beschäftigt. Sie haben mich geliebt, das weiß ich, aber sie waren einfach überfordert mit ihrem eigenen Leben und ihrer Beziehung. Ich war da, aber irgendwie habe ich mich immer wieder wie unsichtbar gefühlt."

Therapeutin: „Ich verstehe. Sie haben sich damals oft allein und unsichtbar gefühlt, wenn Ihre Eltern mit ihren eigenen Dingen beschäftigt waren. Und heute, wenn ein Streit zwischen Ihnen und Juri aufkommt, ist da ein Echo von diesem alten Gefühl, das wieder hochkommt, richtig?"

Mara (nickt): „Ja, genau so."

Therapeutin: „Und wie haben Sie das damals bewältigt? Was haben Sie als Kind gemacht, um mit diesem Gefühl umzugehen? Und wie reagieren Sie heute in solchen Momenten?"

Mara (nachdenklich): „Damals habe ich mich einfach zurückgezogen und versucht, mich nicht zu zeigen. Ich wollte ja nicht noch zusätzlich eine Belastung sein. Manchmal habe ich mich innerlich total abgekapselt, wie tot. Heute mache ich das phasenweise immer noch. Es gibt Tage, an denen funktioniere ich vor mich hin. Und Juri merkt es gar nicht. Aber manchmal werde ich mittlerweile auch soo stinkwütend und dann kann ich manchmal auf Kleinigkeiten superheftig reagieren."

Therapeutin: „Okay, also Sie haben sich damals abgeschottet und das machen Sie auch heute noch, manchmal durch Rückzug, aber manchmal bricht auch die Wut heraus in Form von Vorwürfen und Aggression. Und ich stelle mir vor, dass Sie da wahrscheinlich auch eine Verzweiflung spüren, weil es Ihnen ja so auch gar nicht gelingt, das zu erreichen, was Sie eigentlich brauchen. Es ist eine Art Schutzmechanismus, um das Gefühl von Einsamkeit nicht noch stärker werden zu lassen."

Mara (leise): „Ja ... genau so. Genau so ist es."

Therapeutin: „Und, Mara, wenn Sie das jetzt hier in diesem Moment ganz achtsam in sich wahrnehmen, was ist die eigentliche Sehnsucht dahinter, die Sie spüren können?"

Mara (nach einer langen Pause, mit Tränen in den Augen): „Ich wünsche mir einfach, dass Juri mich sieht und versteht, ohne dass ich laut werden muss. Ich will mich sicher fühlen können, so dass ich mich nicht zurückziehen oder ihn angreifen muss."

Therapeutin: (zu Mara): Danke, das ist so kostbar und es berührt mich wirklich sehr, dass Sie dieses wirklich verletzliche und für Sie so wesentliche Gefühl zulassen und mit uns teilen.

(vorsichtig zu Juri schauend): Juri, wie geht es Ihnen damit, das zu hören?"

Juri (mitfühlend): „Es tut mir leid, dass du dich so fühlst. Ich wusste gar nicht, dass dieses Zurückziehen für Mara so eine tiefe Wurzel hat. Ich wünsche mir, dass du dich sicher fühlen kannst."

An dieser Stelle öffnet sich die Intimitätsdimension: Der Konflikt ist ausreichend differenziert worden und durch ausreichende Klärung ist nun Intimität möglich. Es ist deutlich, dass auch Juri bereit und in der Lage ist, aus dem Selbstkontakt heraus zu reagieren. An dieser Stelle ist es nun möglich die „Frucht der Intimität zu pflücken". An dieser Stelle könnte auch die Body-Talk-Methode zum Einsatz kommen (s. ► Abschn. 7.7, *Übung 13). Im Folgenden beschreibe ich die einfache Unterstützung der wechselseitigen Selbstoffenbarung:*

Therapeutin: „Danke Juri. Ich möchte Sie beide bitten, sich einander einmal ganz zuzuwenden. Sie können auch die Sessel drehen … Vielen Dank. Juri, ich möchte Sie bitten, Mara noch einmal in die Augen zu schauen und das in Ihren Worten zu wiederholen, was Sie gerade gesagt haben."

Juri: (mit feuchten Augen): Mara, ich kann gerade sehen, was hinter deinen Wutausbrüchen für eine Not steht und wie du Angst hast, von mir allein gelassen zu sein. Ich wünsche mir, dir die Sicherheit zu geben, die du brauchst, um dich zu zeigen, und dass ich lerne, dich damit besser zu sehen."

Mara (weint): Danke, Juri … das tut gut …"

6.3.3 Selbstkontakt und der Bezug zu den drei Dimensionen der Prozesssteuerung

Die „Innere Familiensystemtherapie" (IFS) nach Schwartz oder die „Integrative Innere Systemtherapie (IIST) nach Holmes betonen, dass es möglich ist, eine Beziehung zwischen dem „Selbst" und den inneren Anteilen herzustellen. Diese Idee fehlt bei der Ego-State-Therapie oder der Schematherapie. Die Konzeptualisierung eines Selbst ist umstritten und kaum operationalisierbar und es hat letztlich zu Ende gedacht immer auch eine spirituelle und damit wissenschaftlich oder evidenz-basiert kaum zu greifende Dimension. Gleichzeitig gibt es eine Reihe konkret beschreibbarer Erlebensaspekte, die den Ich-Zustand ausmachen, in dem die Integration innerer Anteile gelingt. So kann man einen in sich wahrgenommenen Beschützeranteil nicht aus der Identifikation mit einem anderen Beschützeranteil in die differenzierte Wahrnehmung und die innere Kooperation bringen. Das gelingt erst mit zunehmendem Selbstkontakt, der sich durch das Erleben von Selbstqualitäten auszeichnet. Dies sind z. B. Neugier, Offenheit, Verbundenheit, Mitgefühl, Vertrauen, Gelassenheit, Berührtheit, Kreativität, Zuversicht u. a. (vgl. ► Abschn. 6.3.9).

Um die konzeptuelle Problematik des Selbst zu vermeiden, beziehe ich mich hier lediglich auf die konkret erfahrbaren und operationalisierbaren Selbstqualitäten, bzw. auf den Selbstkontakt, in dem diese spürbar sind. Wenn ich von der Beziehung zu sich selbst spreche, meine ich eine Beziehung aus dem Selbstkontakt heraus, also aus einem Erleben von Selbstqualitäten zu den eigenen inneren Anteilen. Was wir „innere Anteile" nennen, sind tatsächlich komplexe kontextuell eingebettete Erlebens- und Reaktionsmustern. Die Beziehung zu sich selbst entsteht also, indem man das innere Erleben (eigener Anteile) aus dem Selbstkontakt heraus wahrnimmt und aus dieser Selbstwahrnehmung heraus eine Kommunikation zu diesen Anteilen aufbaut: eine Beziehung zu sich selbst eben. Konkret drückt sich eine gelingende Beziehung zu sich selbst im Alltag vor allem durch die Fähigkeit zur Selbstfürsorge und zur umfassenden Verantwortungsübernahme für sich aus, sowie durch die angemessen anteilige Verantwortungsübernahme für die Beziehungen zu anderen, insbesondere für die Bindungsbeziehungen.

Die Selbstqualitäten verwirklichen sich in der Intimitätsdimension: Der Selbstkontakt intensiviert sich deutlich, wenn die Intimitätsdimension sich öffnet. Während in der Regulationsdimension der Selbstkontakt schwach ist, fehlt oder zumindest nicht direkt nutzbar ist, ist die Klärungsdimension eine Dimension mit relativem Selbstkontakt und die Intimitätsdimension eine Dimension mit unmittelbarem Selbstkontakt. Das heißt, für die Klärung benötigen wir einen ausreichenden Selbstkontakt, in der Intimitätsdimension wird dieser Selbstkontakt direkt genutzt, um aus ihm heraus in die innere und äußere Kommunikation einzutreten.

Die Innere-Teile-Arbeit in der Paartherapie umfasst und integriert die drei Dimensionen in besonderer Weise und eignet sich gut für eine sichere Navigation in den drei Tiefungsdimensionen. Ich habe mich dennoch entschieden, sie im Klärungskapitel und nicht im Integrationskapitel unterzubringen, da ein ganz intensiver Fokus auf der Differenzierung der inneren Beziehung liegt, wenn wir die verschiedenen inneren Anteile und ihre Reaktionen aufeinander auf Paarebene sichtbar machen. Damit ist die Innere-Anteile-Arbeit ein besonders starkes Tool im Bereich der Klärung der inneren Beziehung.

Kombiniert mit der Technik der Symbolisierung und durch den Fokus auf den Selbstkontakt hat die Innere-Anteile-Arbeit eine starke regulierende Kraft. Auch das Sichtbarmachen von deregulierten inneren Beschützern (s. ► Abschn. 6.3.11) kann die Regulation intensiv unterstützen.

Die Differenzierung der Anteile stellt wie beschrieben eine sehr wirkungsvolle Methode dar, die bei der Klärung der inneren Beziehung hilft und deren Implikation für die interaktionelle äußere Beziehung des Paares unmittelbar verständlich macht.

Die Methode kann variabel für Regulation und Klärung genutzt werden und hier sehr fruchtbar eingesetzt werden, oder auf die Intimitätsebene weitergeführt werden. Die Intimitätsdimension öffnet sich natürlich spätestens, sobald wir zur Versorgung verletzter innerer Anteile fortschreiten. Aber auch klärende Aspekte, wie das Verständnis eines inneren Beschützers, der im Streit aktiv wird, können dadurch zur Eröffnung der Intimitätsdimension führen, dass der Partner mit Mitgefühl darauf reagiert und wir diese Berührung dann auf Paarebene in direkten Ausdruck und Kontakt miteinander bringen können.

6.3.4 Was ist ein Anteil?

Anteile

Anteile zeigen sich primär in Körpererleben, in Gefühlen, sowie in sprachlichen Inhalten (Gedanken/Kognitionen). Wenn wir sie genauer in uns wahrnehmen, können wir ihnen in inneren Bildern eine Gestalt geben und ihre Entwicklungsgeschichten, ihre Beziehungen zu anderen Anteilen und ihre Bedürfnisse explorieren und erlebbar machen. Sie sind komplexe Erlebens- und Verhaltensmuster, die meist individuelle biografische Bezüge beinhalten.

Integration

Wie beschrieben, ist Integration der Anteile im Paarsetting ein *sekundäres* Ziel aus der Perspektive der Prozesssteuerung. Das ist wichtig, damit die Arbeit im Paarsetting funktioniert. Dennoch ist die Integration wirksam und bedeutsam bei dieser Arbeit.

Es ist also auch im Paarsetting wesentlich, den Selbstkontakt zu stärken und die Beziehung von diesem Selbstkontakt aus zu den inneren Anteilen zu entwickeln. Im Einzelsetting stellt es das wesentliche Ziel der Arbeit mit inneren Anteilen dar. Wir können das auch „unsere Beziehung zu uns selbst" nennen, die es zu entwickeln und zu stärken gilt. Die Erfahrung zeigt, dass durch diese Arbeit ein bewussterer, liebevollerer und entspannterer Umgang mit sich selbst möglich werden kann. Wir bekommen einerseits Abstand zu den Anteilen: Wir sind z. B. mit einem inneren Antreiber nicht mehr unhinterfragt identifiziert. Dadurch, dass er uns bewusster ist, und wir verstanden haben, was er beschützt und wir gelernt haben, z. B. die Unsicherheit dahinter besser wahrzunehmen, auszuhalten und zu versorgen, ist er außerdem weniger extrem. Durch die Integration wird er durch andere Anteile mit reguliert und wir können vielleicht die konstruktiven Seiten dieses inneren Antriebs besser nutzen, ohne dabei so sehr über eigene Grenzen oder die anderer Menschen zu gehen wie zuvor.

Integration von Anteilen

Integration ist der Prozess der Stärkung der Beziehung zu den Anteilen aus dem Selbstkontakt heraus. Durch diesen Prozess wird insgesamt der Integrationsgrad der Persönlichkeit erhöht.

Interessanterweise können aber Anteile nicht Anteile integrieren. Ich kann nicht aus einem gelernten Reaktionsmuster heraus ein anderes gelerntes Reaktionsmuster annehmen, entlasten oder versorgen. Z. B. versuchen manchmal „Versorgeranteile", andere unversorgte Anteile zu beantworten – das Ergebnis ist dann Anstrengung, Überforderung und eine meist zunächst subtile Gegenreaktion von Ablehnung gegenüber dem unversorgten Anteil.

Wenn wir aus einem Anteil heraus auf einen anderen Anteil reagieren, wird eine weitere Anteilereaktion getriggert. Wenn wir aus dem Selbst heraus auf einen Anteil reagieren, wird eine Integrationsbewegung hervorgerufen.

Die wichtige Schlussfolgerung für das Paarsetting ist die interaktionelle Implikation davon:

Merksatz

Anteile triggern Anteile, Selbstkontakt triggert Selbstkontakt.

Lasten

Manche Anteile tragen Aufträge oder Lasten, die häufig mit frühem Bindungserleben verknüpft sind – teilweise auch mit transgenerationalen Aspekten. Solche Lasten können allerdings die Integration der Anteile blockieren, mit denen sie verbunden sind. Da diese Lasten lebensgeschichtliche Informationen repräsentieren, die von außen kamen, können sie nicht assimiliert, „verdaut“ und integriert werden – wie ein Fremdkörper. Solange diese Lasten nicht abgelegt („das ist nicht meins, es gehört nicht direkt zu mir“) oder innerlich an diejenigen zurückgegeben wurden, von denen wir sie angenommen haben („es ist deins und ich gebe es dir zurück“), können auch die Anteile, die die Last tragen, nicht integriert werden.

Diese Lasten sind meistens mit einem Glaubenssatz im eigenen Inneren verankert: z. B. „Ich bin es nicht wert, geliebt zu werden – daher übernehme ich die Last, in der Hoffnung, die unsichere Bindung damit zu schützen.“ Der Weg der Entlastung führt daher häufig darüber, diesen Glaubenssatz aus dem Selbstkontakt heraus zu überprüfen und zu entkräften. Dies ist jedoch oft ein sehr feiner, komplexer Prozess, der im Rahmen der Einzeltherapie besser aufgehoben ist.

Ich arbeite im Paarsetting daher selten mit der Entlastung von Anteilen. Wenn solche inneren Lasten auftauchen, würde ich nur im Ausnahmefall dazu einladen, sie abzulegen. Erneut ist hier aber die Kraft des Bindungssystems des Paares oft hilfreich: Es ist ja deutlich schwerer, dem eigenen Glaubenssatz (z. B. „Du musst es besser machen als dein Vater“) zu widersprechen. Wenn der Partner diesem Satz aber aus tiefem Herzen widerspricht, kann das sehr kraftvoll sein: „Das muss du nicht und ich liebe dich so wie du bist, ohne dass du dich an dieser Stelle so sehr anstrengst.“

Das bedeutet, dass ich daher in aller Regel im Paarsetting lediglich versuchen würde, Lasten anzusprechen und sichtbar zu machen (zu symbolisieren).

6.3.5 Innere Anteile: Beschützer und Beschütztes

Grundsätzlich kann man Anteile in zwei Gruppen aufteilen. Es gibt Anteile, die uns helfen, das Leben zu bewältigen und solche, die direkt mit unseren Bedürfnissen verbunden sind und die Nöte zum Ausdruck bringen, wenn es hier Störungen, Konfliktspannungen, Traumatisierungen oder Defizite (Unbeantwortet-sein) gibt.

Die beiden Gruppen stehen in Beziehung zueinander: In diesem Verhältnis bildet die erste die Gruppe der Beschützer, die zweite die Gruppe der beschützten Anteile. Die Beschützer kann man in Manager (überregulierte, kompensierende Bewältigungsstrategien) und Notprogrammbeschützer (unter- oder deregulierte Bewältigungsstrategien) unterteilen.

Abb. 6.3 Beschützer und beschützter Anteil. (© Wanja Kunstleben)

Die Abbildung illustriert das Verhältnis von einem verbannten Anteil und seinem Beschützer in der Arbeit mit inneren Anteilen (nach IFS).

Beschützte Anteile werden in der IFS-Terminologie meist als „Verbannte" benannt, weil sie durch die Beschützer meist ganz oder teilweise aus dem Bewusstsein und vom Selbstkontakt ferngehalten werden (s. Abb. 6.3). So können wir es immer wieder erleben, wenn ein Patient zu einem verbannten Anteil hin spürt, dass sich ein Beschützer dazwischenschiebt. Wenn wir explorieren, aus welcher Sorge heraus der Beschützer aktiv wird, so geht es meist um Angst vor Überflutung und Selbstverlust, vor Konsequenzen für äußere Beziehungen, die die Integration des verbannten Anteils haben könnte, oder Scham, also eine Bedrohung des Selbstwerts.

Beschützer und Beschütztes brauchen je unterschiedliche Formen der therapeutischen Ansprache, beziehungsweise der eigenen Ansprache des Patienten/Partners aus dem Selbstkontakt heraus, die ich weiter unten noch ausführen werde.

Wenn wir bei Paaren oder Patient*innen Anteile wahrnehmen, ist es unbedingt notwendig, dass wir dieses Verhältnis mitdenken. Auch wenn wir zunächst nur einen Beschützer bemerken, sollten wir das Beschützte mitdenken – und umgekehrt: Wenn wir einen bedürftigen Anteil wahrnehmen, können wir die beschützenden Anteile mitdenken, auch wenn wir sie (noch) nicht sehen können. Sonst arbeiten wir an den inneren systemischen Bedingungen vorbei und der Prozess kommt früher oder später ins Stocken, bzw. erweisen sich vermeintliche Fortschritte als nicht haltbar.

In der psychoanalytischen und tiefenpsychologischen Terminologie können die Beschützer als Widerstand und Abwehrmechanismen verstanden werden – die Manager als „reife" Abwehrmechanismen, Notprogrammbeschützer als „unreife" oder

„primitive" Abwehrmechanismen. Ich weiß nicht, wie es Ihnen geht, aber mich irritiert die sprachliche Konnotation der in ihrer Präzision und historischen Bedeutung unschätzbar wertvollen Begriffe der psychoanalytischen Literatur. Die Konzeptualisierung von „Abwehrmechanismen" als „innere Beschützer" ist für mich mit meiner humanistischen therapeutischen Grundhaltung wesentlich besser kompatibel, da sie unmittelbar auf die konstruktive Ausrichtung und Absicht dieser inneren Schemata verweist und somit weniger pathologisierend wirkt. Zudem impliziert dies ein beschreibbares, aufgreifbares und ansprechbares Verhältnis zum Beschützten.

6.3.6 Der Fokusanteil

Die Bestimmung des Fokusanteils, mit dem gearbeitet wird, ist immer der erste Schritt. Sie sollte drei Voraussetzungen erfüllen:
- Bezug des Fokusanteils zum Paarsystem
- Einverständnis des Fokuspartners
- Einverständnis des bezeugenden Partners

Bezug zum Paarsystem: Der Fokusanteil, mit dem die Innere-Teile-Arbeit begonnen wird, sollte direkt durch den partnerschaftlichen Kontakt aktiviert worden sein. Themen, die außerhalb des direkten partnerschaftlichen Bezugs stehen, sind in aller Regel besser in einzeltherapeutischen Prozessen aufgehoben.

Einverständnis des Fokuspartners: Derjenige, mit dessen Anteil gearbeitet werden soll, muss selbstverständlich einverstanden sein. Es gibt natürlich auch Themen, die zwar den partnerschaftlichen Raum betreffen, die derjenige aber lieber im geschützten, einzeltherapeutischen Rahmen bearbeiten möchte. Wenn ein(e) Partner*in nicht mit einem Anteil arbeiten möchte, der das Paarsystem jedoch unmittelbar beeinflusst und der Fortentwicklung der Beziehung im Weg steht, sollten wir denjenigen auf seine Verantwortung gegenüber dem Beziehungsraum hinweisen: Natürlich entspricht es der Freiheit jedes Einzelnen, zu entscheiden, was er oder sie in sich bearbeiten und anschauen möchte. Aber die Freiheit enthebt uns nicht von dieser Verantwortung, der wir entweder gerecht werden können oder nicht. Das wiederum ist unsere freie Entscheidung, aber die Konsequenzen davon müssen wir bereit sein wahrzunehmen, anzuerkennen und zu akzeptieren – so ähnlich wie das Thema des Trinkens in der Suchtberatung als freie Entscheidung des Alkoholikers betrachtet wird. Das heißt, der Fokusanteil selbst und das gesamte innere System des Fokuspartners müssen der inneren Arbeit zustimmen.

Wenn in der Exploration zwei oder mehrere Anteile sichtbar geworden sind, sollte der/die Therapeut*in diese Anteile benennen und fragen, welchem Anteil sich der Fokuspartner zuerst zuwenden möchte. Diese Wahl ist immer zu respektieren, auch wenn man selbst eine andere Intuition hatte. Schließlich ist die Frage zu stellen, ob der Anteil selbst und alle anderen Anteile des Fokuspartners einverstanden sind.

Das ist auch in der Einzelsituation wichtig, aber es ist in der Paarsituation umso wichtiger. Wenn sich ein Widerstand dagegen meldet, könnte auch dieser Anteil als neuer Fokusanteil in den Blick genommen werden. Er birgt dann das wichtigere Thema: Welche Befürchtungen hat dieser, was passieren könnte, wenn etwas im Beisein des Partners offenbart wird.

Einverständnis des bezeugenden Partners: Hier empfiehlt sich dasselbe Vorgehen wie ich es für das Drei-Felder-Schema (vgl. ► Abschn. 6.3.1) beschrieben habe, um das Nacheinander zu organisieren. Es ist wichtig, dass der bezeugende Partner in einem ausreichenden Selbstkontakt steht, um den Raum mitzuhalten. Hier ist es unbedingt nötig, sauber zu arbeiten und nichts zu übergehen. Es ist besser, einen Prozess nicht zu durchlaufen, als ihn im nicht ausreichend gehaltenen Raum zu machen. Gleichzeitig ist es nicht dramatisch, wenn sich später zeigt, dass der bezeugende Partner aus dem Selbstkontakt kippt und beispielsweise mit einem eigenen Beschützer auf das Offenbarte reagiert – es geht dann jedoch um unmittelbare und klare Prozesssteuerung von unserer Seite her. Wenn es uns gelingt, auf die passende Ebene zu navigieren (Klärung oder Regulation), ist jeder sich offenbarende „Riss" immer auch fruchtbar und offenbart einen wichtigen Blick in ein offenes Thema.

▪ Umgang mit Sprache

In den IFS-Seminaren ist eine häufig gestellte Frage, wie Partner die Sprache der inneren Anteile nahe gebracht werden kann. Es gibt viele Menschen, die ganz intuitiv und mit unmittelbarem Verständnis auf die Methode reagieren. Anderen können wir etwas wissenschaftlicher erklären, dass wir Reaktionsmuster als neuronale Vernetzungen in uns haben, die sich wie unterschiedliche Ich-Zustände anfühlen. Wichtig ist immer wieder, deutlich zu machen: Das was gerade reagiert, ist ja nur ein Teil von Ihnen und nicht Ihr ganzes Selbst oder Ihr ganzes Ich. Das wird in aller Regel als unmittelbar entlastend erlebt.

Statt vom Selbst spreche ich manchmal vom „erwachsenen Ich", wenn ich den Eindruck habe, dass dieses Modell leichter zugänglich ist. Allerdings sollten wir als Therapeut*innen dabei im Hinterkopf behalten, dass das „erwachsene Ich" tendenziell zwar vielleicht Selbst-näher ist, aber meistens doch auch mit managenden Anteilen assoziiert bleibt.

Außerdem nutze ich, wie hier auch im Buch, gerne die konkret erfahrbare Form des „Selbstkontakts", und erkläre anhand mehrerer Beispiele, wie dieser sich anfühlt und wahrgenommen und erkannt werden kann. Eine weitere Möglichkeit ist, davon zu sprechen, dass man zentriert ist oder in seiner Mitte, oder einfach gut in Kontakt mit sich selbst.

6.3.7 Anteile externalisieren und symbolisieren

Vom Selbstkontakt her in Beziehung zu einem Anteil zu treten, ist ein hochkomplexer Vorgang. Noch dazu, wenn es mehrere Anteile gibt, die eine Rolle spielen. Zusätzlich ist der bezeugende Partner herausgefordert, das innere Geschehen des Fokuspartners nachzuvollziehen.

Deshalb arbeite ich im Paarsetting *immer* damit, die explorierten Anteile zu symbolisieren, sobald ich in eine explizite asymmetrische Teilearbeit einsteige. Das reduziert die Komplexität des Geschehens deutlich und macht es für alle Beteiligten wesentlich leichter, dem Prozess zu folgen.

- **Vorbereitung 1: Das magische Seil**

Dazu lege ich zunächst ein Seil als sichtbare Grenze und als Kontaktlinie zwischen beide Partner (s. ► Abschn. 5.2.3 Anleitung R26: Ein Seil als Grenze legen). So können zunächst der oder die relevanten Anteile des Fokuspartners auf seiner Seite des Seils platziert werden und gegebenenfalls dann auch reagierende Anteile des bezeugenden Partners auf der anderen Seite.

Sprachlich ist der Begriff „Kontaktlinie" wichtig, um deutlich zu machen, dass es nicht um Isolation geht. Das Seil bewirkt – wie schon als Tool für die Regulation – auch bei der Teilearbeit wahre Wunder: Da die Paare in ihren Dynamiken häufig sehr verstrickt sind und dies oft sehr verwirrende und konflikthafte Gefühle hervorruft, entlastet die sichtbare Grenze, an der das Eigene und das des Anderen unterschieden werden kann, oft sehr unmittelbar und spürbar die Atmosphäre. Genaugenommen ist es nichts anderes, als eine sichtbar gemachte Ich-Grenze, die damit das Ich in seiner Integrität und Funktion stärkt.

- **Vorbereitung 2: Symbole für das erwachsene Ich und das Selbst legen**

In der Regel lege ich zwei Edelsteine (z. B. Bergkristalle) oder zwei geschliffene Glasdiamanten von beiden Seiten an die Kontaktlinie und erkläre:

» „Die beiden Steine hier symbolisieren die Situation, in der Sie sich wirklich tief und offen begegnen können. Auch wenn das im Moment für Sie vielleicht weit entfernt sein mag, symbolisieren die Steine die grundsätzliche Möglichkeit dazu. Und sie symbolisieren für jeden von Ihnen das eigene Selbst, den eigenen Selbstkontakt, wie es sich anfühlt, wenn Sie ganz bei sich sind, verbunden, offen, neugierig, freudvoll, mit Mitgefühl für sich und andere."

Manchmal stelle ich auch eine größere Holzfigur neben jeden der „Selbstkontaktsteine" als Symbol für das erwachsene Ich von heute.

- **Anteile externalisieren**

Das Besondere bei der IFS-Arbeit ist, dass wir das psychische Geschehen nicht einfach nur explorieren, sondern dass wir es uns zum *Gegenüber* machen. Dafür müssen wir die Anteile zunächst *„innerlich"* externalisieren.

Wenn wir einen Anteil innerlich externalisiert haben (der Anteil ist also innerlich zum Gegenüber geworden), können wir ihn auch äußerlich symbolisieren, indem wir ihn durch ein Symbol im Raum repräsentieren. In der Einzelarbeit ist das immer auch eine Option, aber viele Patient*innen können gut ohne Symbole auf der inneren Ebene mit inneren Bildern arbeiten. Wenn ich mit Paaren arbeite, symbolisiere ich die Anteile immer, um für beide Partner Komplexität zu reduzieren und eine bessere Sichtbarkeit des inneren Prozesses möglich zu machen.

Um den Anteil innerlich zu externalisieren, ist es hilfreich, den Anteil zunächst möglich plastisch erlebbar zu machen. Anteile haben folgende Komponenten:

- Körperlicher Ausdruck
- Seelischer Ausdruck (Gefühl)
- Verbaler Ausdruck (Botschaften, Geschichte, Glaubenssätze)
- Innere Bilder

Bei der Exploration und Externalisierung von Anteilen habe ich gute Erfahrung damit gemacht, mich in dieser Reihenfolge vorzuarbeiten:

Anleitung K8: Innerliche Externalisierung von Anteilen

1. Woran merken Sie körperlich, dass Sie in Kontakt mit dem Anteil sind?
2. Wie ist es genau: eher leicht oder schwer, warm oder kalt, hell oder dunkel?
3. Welches Gefühl bringt dieser Anteil zum Ausdruck?
4. Welche Botschaft hat der Anteil? Gibt es etwas, was er Ihnen sagen oder mitteilen möchte?
5. Können Sie sich vorstellen, diesen Anteil aus sich heraus, sich gegenüberzustellen, sodass Sie ihn anschauen können? Welches Bild können Sie vor dem inneren Auge sehen?

Innere Bilder sind etwas sehr Wichtiges, da sie von allen drei Ebenen der Dreieinheit von Körper, Seele und Geist verstanden und von ihnen quasi als Kommunikationsplattform genutzt werden können. Gleichzeitig sind innere Bilder keine rein intellektuelle Leistung, sondern entstehen co-kreativ aus den drei Ebenen und enthalten daher Informationen in sehr verdichteter und ganzheitlicher Form.

Wir haben für den letzten Schritt dieses Vorgehens zwei Möglichkeiten. Entweder wir organisieren ihn wie eben beschrieben auf imaginativer Ebene – und lassen dann ein Symbol für den Anteil auswählen. Oder wir bieten stattdessen direkt das Symbolisieren an:

» „Ok, Sie erleben also diesen Druck auf der Brust und der damit verbundene Anteil ist ängstlich und sagt ‚Halte dich zurück!'. Ich möchte Sie bitten, sich ein Symbol für diesen Anteil auszusuchen, der sagt „Halte dich zurück" und ihn hier vor sich auf Ihrer Seite des Seils zu platzieren, so wie Sie erleben, dass sich der Anteil im Verhältnis zur Kontaktlinie zu Ihrem Partner befindet."

■ Symbole

Ich empfehle Ihnen sich ein Sortiment von Symbolen anzueignen, mit dem Sie gerne arbeiten. Es empfiehlt sich, auch ein Symbol für den Selbstkontakt einzuführen. Hier eignet sich z. B. gut ein geschliffener „Glasdiamant" oder ein Edelstein, ein weißes Filzpad oder ein weißes Blatt Papier.

Mit folgenden Symbolen habe ich selbst gute Erfahrungen:

- Ein weißer Judogürtel als Kontaktlinie zwischen dem Paar
- Seile in verschiedenen Längen und Farben
- Schleichtiere
- Holzfiguren
- Weiße und bunte Papiere (die man beschreiben, falten oder kleiner reißen kann)
- Steine in verschiedenen Formen und Größen
- Inner Active Cards: ein Kartenset mit inneren Anteilen, die den Grafiken aus Tom Holmes' Buch „Reisen in die Innenwelt" (Holmes, 2007) entspricht. Sie können es unter dieser Emailadresse beziehen: info@neuewegewagen.de

6.3.8 Den Fokusanteil auswählen

Wie oben beschrieben, ist es wesentlich, dass der Fokusanteil im konkreten Bezug zum Paarsystem steht und dass sowohl der Fokuspartner als auch der bezeugende Partner zustimmen.

Anleitung K9: Beispiel Bestimmung eines Fokusanteils Teil 1

Aaron: Wenn Edda sich zurückzieht, fühle ich mich schnell allein und verlassen. Das löst in mir eine starke Unsicherheit aus, die ich schwer kontrollieren kann.

Therapeut: Das klingt nach einer starken inneren Reaktion. Ein Anteil von Ihnen reagiert mit Unsicherheit auf diesen Rückzug von Edda. Ich kann mir vorstellen, dass es hilfreich sein könnte, wenn wir uns gemeinsam etwas Zeit nehmen, um diesen Anteil besser zu verstehen. Können Sie sich vorstellen, diese Unsicherheit genauer anzuschauen?

Aaron: Ja, ich denke, das wäre gut. Es ist manchmal ein ganz schön heftiger Zustand.

Therapeut: Danke, Aaron. Bitte spüren Sie ruhig nochmal einen Moment nach, um auch wahrzunehmen, dass das hier ja eine besondere Situation ist, weil Edda den Prozess mit bezeugt.

Aaron: Ja, das passt.

Therapeut: Edda, wäre es für Sie in Ordnung, wenn wir uns diesem Anteil von Aaron genauer zuwenden?

Edda: Ja. Ich denke das ist wichtig.

Therapeut (zu Edda): Dann möchte ich Sie bitten, mit mir offen und interessiert zu bleiben, während Aaron sich diesem Thema zuwendet. Wenn Sie merken, dass es Ihnen nicht mehr gelingt, melden Sie sich bitte. Sie können einfach die Hand heben, sodass ich es sehe.

Edda: Ja, ist gut.

Therapeut: Sehr gut. Dann können wir jetzt beginnen. Aaron, wie erleben Sie diese Gefühle genau und wo können Sie sie in sich spüren?

Aaron: Das ist ein flatteriges Gefühl und mein Herz klopft dann stärker.

Therapeut: Das ist ja eine sehr starke Reaktion. Können Sie für einen Moment da hineinspüren und gleichzeitig wahrnehmen, dass das ja nicht Ihr ganzes Ich, Ihr ganzes Selbst ist, sondern ein Anteil von Ihnen, der reagiert?

Aaron: Ja, das stimmt, das kann ich wahrnehmen. Das entlastet mich auch direkt ein bisschen.

Therapeut: Könnten Sie sich bitte einmal aus den verschiedenen Dingen hier im Regal ein Symbol aussuchen, dass zu diesem Anteil passt?

Aaron: Hmm, mal sehen … Das kleine Vögelchen hier passt ganz gut. (Nimmt die Figur in die Hand)

Therapeut (zu beiden): Ich lege jetzt hier zunächst einmal dieses Seil zwischen Ihnen aus, um die Kontaktlinie zwischen Ihnen und die Tatsache zu symbolisieren, dass Sie jeweils eigene Persönlichkeiten sind, mit eigenen inneren Räumen, die sich hier begegnen. An diese Linie lege ich auch diese zwei Symbole (nimmt zwei Bergkristalle) für den Selbstkontakt, der manchmal möglich ist: Wenn Sie ganz bei sich sind und einander dann begegnen können. Aaron, könnten Sie einmal das Vögelchen so im Verhältnis zur Kontaktlinie zu Edda platzieren, wie Sie es empfinden?

Aaron: Ja, also … vielleicht hier hinten, ich versuche es Edda nicht so zu zeigen …

Therapeut: Aha, wie machen Sie das, es ihr nicht zu zeigen?

Aaron: Ich tue so, als wäre alles in Ordnung.

Therapeut: Ich denke, das ist ein weiterer Anteil von Ihnen, der versucht, das Vögelchen zu beschützen …?

Aaron: Ja, so ist es irgendwie.

Therapeut: Prima, können Sie sich dafür bitte auch ein Symbol aussuchen?

Aaron: Oh, das ist dieser polierte Stein. Er zeigt eine glänzende Oberfläche und versteckt, was eigentlich gerade in mir los ist.

… (Fortführung weiter unten)

Häufig ist der Fokusanteil ein beschützter Anteil, also ein Anteil, der in irgendeiner Weise in Not ist (das Vögelchen). Manchmal wird es möglich sein, direkt mit ihm zu arbeiten und ihn zu integrieren (s. u.). Häufig wird sich jedoch rasch ein Beschützer vor den Anteil schieben (der polierte Stein).

- **Die Frage nach der inneren Beziehung zum Fokusanteil**

(Die „Zauberfrage", s. auch ► Abschn. 6.3.12 Arbeit mit verletzten Anteilen: das Beschützte integrieren)

Die zentrale Frage bei der Arbeit mit inneren Anteilen ist: Was empfinden Sie dem Anteil gegenüber?

Wenn der Fokuspartner mit einer Selbstqualität reagiert, kann der Anteil im Fall eines Beschützers anerkannt und entlastet und im Fall eines beschützen Anteils versorgt und integriert werden.

Wenn der Fokuspartner nicht mit einer Selbstqualität reagiert, so reagiert er mit einem Anteil (meist mit einem Beschützer oder mit einem polarisierten anderen Teil, der sozusagen in Konkurrenz mit dem ersten Fokusanteil steht). Statt diesen Anteil als Störung zu empfinden, wenden wir uns als Therapeuten diesem Anteil offen und neugierig als neuen Fokusanteil zu.

Anleitung K9: Beispiel Bestimmung eines Fokusanteils Teil 2

Therapeut: Danke, Aaron. Welchem Anteil möchten Sie sich zuwenden?

Aaron: Ich glaube, dem polierten Stein.

Therapeut: Gut. Können Sie einmal versuchen, aus dem Herzen heraus auf diesen Anteil zu schauen? Was empfinden Sie diesem Anteil gegenüber?

Variante A

Aaron: Ich verstehe, dass er das Vögelchen beschützt, weil es so klein und hilflos ist.

Therapeut: Aha, gut. Können Sie dem Beschützer dafür danken?

Aaron: Ja, das geht. Auch wenn es die Dinge mit Edda dann kompliziert macht, kann ich verstehen, dass er es gut meint und ihm dafür danken.

Therapeut: Prima. Können Sie sich vorstellen, ihn zu bitten, für einen Moment so zur Seite zu treten, dass Sie das Vögelchen in den Blick nehmen können?

Aaron: … Ja, ich habe ihn gefragt, es ist in Ordnung, weil ich mich hier gerade sicher fühle … Wow, da geht mir das Herz auf, wenn ich das kleine schutzlose Vögelchen so sehe.

Therapeut: Das klingt sehr kostbar und wertvoll. Edda, wie geht es Ihnen, wenn Sie das mitbekommen, dass Aaron so in Kontakt mit seinem unsicheren Anteil geht?

…

Variante B

Aaron: Ich fühle … Ärger. Ich bin genervt. Der soll sich nicht so breit machen, das macht immer alles noch komplizierter, als es eh schon ist!

Therapeut: Aha, da ist eine Reaktion auf diesen Anteil in Ihnen, der das Vögelchen beschützt. Sie sind genervt und ärgerlich. Können Sie mir sagen, wo Sie das körperlich spüren?

Aaron: Im Hals.

Therapeut: Und der Anteil sagt: „Mach dich nicht so breit!"?

Aaron: Genau.

Therapeut: Können Sie bitte für diesen Anteil auch ein Symbol finden?

Aaron: Ja, das ist klar, das ist dieser Stier.

Therapeut: Prima. Wo wollen Sie ihn platzieren?

Aaron: Hier neben den Stein:

…

Nun wird es darum gehen, weiter zu explorieren, ob der Selbstkontakt in dieser zweiten Variante noch erhöht werden kann, indem sich Aaron noch einmal aus dem Herzen einem der Anteile zuwendet. Wenn das zu lange dauert, ist eine andere Möglichkeit, zunächst die Reaktionen auf Eddas Seite abzufragen und die reagierenden Anteile auf ihrer Seite aufzustellen. Dann kann später noch einmal auf Aarons Seite vertiefter gearbeitet werden.

6.3.9 Selbstqualitäten

Selbstqualitäten sind Erlebnisqualitäten, die es uns ermöglichen, Anteile zu entlasten, zu beruhigen, in die innere Kooperation zu integrieren. Wir erleben diese Qualitäten, wenn wir „gut bei uns", zentriert, in unserer Mitte, mit uns selbst in Kontakt sind. Die meisten Menschen werden am Ende eines erholsamen Urlaubs mehr Selbstkontakt erleben. Vielleicht kennen sie das frustrierte Erleben, wenn man sich vorgenommen hat, mehr davon in den Alltag zu integrieren, um dann festzustellen, dass dieser Selbstkontakt nach einem stressigen Vormittag weitgehend verflogen zu sein scheint? Dabei kann man sehr gut erkennen, dass Anteile nicht mit dem Selbst identisch sind. Wenn unsere inneren Manager aktiviert sind, identifizieren wir uns mit diesen Anteilen meist schnell. Man kann aber mit der Zeit lernen, diese Anteile besser in den Selbstkontakt einzubetten. Das Ziel ist nicht, in einem ewigen ganzheitlichen Selbstkontakt aufzugehen, sondern mehr Kooperation im inneren System herzustellen, indem das innere System vom Selbstkontakt aus organisiert und bewusst geführt und angesprochen wird.

Die Selbstqualitäten entsprechen den Befunden der Glücksforschung, welche Erlebnisqualitäten mit Lebenszufriedenheit korrelieren (vgl. Holmes, 2007).

Die „10 Cs" + Ergänzungen: Selbstqualitäten

- Ruhig und gelassen (calm)
- Neugierig (curious)
- Mitfühlend (compassionate)
- Kreativ (creative)
- Verlässlich (constant)
- Verbunden (connected)
- Zuversichtlich (confident)
- Mutig (courageous)
- Klar (clear)
- Zentriert (centered)

Meine Ergänzungen dazu:

- Stille
- Fülle
- Herzliche Freude
- Ehrfurcht
- Dankbarkeit

Die wichtigsten Selbstqualitäten in der Arbeit mit Paaren

Die wichtigsten, im Paarsetting häufig auftauchenden und gut ansprechbaren Selbstqualitäten sind hier noch einmal zusammengefasst:

- Ruhig, gelassen
- Präsent, zentriert
- Verbunden
- Neugierig, offen
- Wohlwollend, mitfühlend
- Absichtslos
- Dankbar
- Still

6.3.10 Selbstkontakt herstellen

Jede Übung, die zu mehr Zentrierung, Erdung, Entspannung, Ruhe und Achtsamkeit führt, ist geeignet, um den Selbstkontakt zu stärken. Nutzen Sie hier Ihren eigenen Zugang und die Übungen, die Ihnen entsprechen und liegen. Erinnern Sie sich selbst daran, den achtsamen Blick in einer Teilaufmerksamkeit nach innen zu richten, um selbst aus dem zentrierten Kontakt heraus zu sprechen, wenn Sie Übungen zur Vertiefung des Selbstkontakts anleiten.

Beachten Sie auch, eine Sprache zu finden, die beide Partner abholt. Was der eine als esoterisch-abgehoben erlebt, erlebt der andere als berührend und kostbar.

Die meiner Erfahrung nach einfachste, unmittelbarste und für unterschiedlichste Menschen und Kontexte kompatible Art, eine Selbstqualität zu aktivieren, ist Dankbarkeit. Sie können die Paare, Klient*innen oder Patient*innen einfach einladen, an etwas Einfaches, Basales zu denken, was wir meistens als selbstverständlich erleben, wofür sie dankbar sein können und sich hierfür einen Moment Zeit zu nehmen – und schon erhöht sich das Niveau des Selbstkontakts im Raum.

Hier drei Beispiele für Steuerungssätze, mit unterschiedlicher „Fallhöhe“:

Anleitung K10: Steuerungsimpulse zur Vertiefung des Selbstkontakts

Steuerungsimpuls 1: „Bevor wir beginnen, möchte ich Sie beide einladen, sich noch einmal kurz zu sammeln. Bitte stellen Sie beide Füße auf den Boden und nehmen Sie ein paar tiefe Atemzüge. Danke! Dann können wir nun beginnen.“

Steuerungsimpuls 2: „Bevor wir beginnen, möchte ich Sie beide einladen, einen Moment innezuhalten und Ihren Atem wahrzunehmen. Nutzen Sie den Atem als natürliche Brücke nach innen. Lassen Sie einen Moment Ruhe einkehren. Einen Moment, in dem Sie sich erlauben, ganz für sich zu sein … Ganz bei sich sein … zur Ruhe finden … ganz loslassen, was gerade noch wichtig war, es noch einmal zur Seite legen … nichts wollen … nichts sollen … nichts müssen … einfach: sein … offen … präsent … verbunden … neugierig … wohlwollend und voll Mitgefühl … Und dann möchte ich Sie bitten, aus dieser Ruhe heraus wieder mit Ihrer Präsenz hier in den Raum zu kommen, die Augen zu öffnen und einander wahrzunehmen. Danke! Dann können wir nun beginnen.“

Steuerungsimpuls 3: „Bevor wir beginnen, möchte ich Sie beide zunächst einladen, sich einen Moment mit dem Ort in sich zu verbinden, an dem Sie mit ihrem Innersten und ihrer Kraft in Kontakt sind. Dem Ort, an dem, bei allem Aufruhr des Herzens und der Gedanken, tiefe Ruhe und Frieden herrschen. Wenn Sie mögen, können Sie eine Hand auf Ihr Herz legen und für einen Moment die Augen schließen. Nehmen Sie sich Zeit, um ganz loszulassen, zu sein, zu atmen … und wenn Sie bei sich angekommen sind, stellen Sie sich vor, dass Sie einen goldenen Seidenfaden in diesem Kontakt zu sich selbst anknüpfen und verankern, den Sie in diesem Moment erleben … nehmen Sie sich noch ein paar Atemzüge Zeit, um ganz langsam und in Ihrem Tempo mit Ihrer Präsenz wieder mehr nach außen zu kommen, ohne den Kontakt zu sich selbst aufzugeben … Öffnen Sie langsam wieder die Augen und nehmen Sie bewusst wahr, dass wir gemeinsam hier sind … Gut, dann lassen Sie uns nun beginnen.“

Ich nutze das Wort „Präsenz“ an dieser Stelle bewusst anstelle des Wortes Aufmerksamkeit. Ich verstehe es so, dass wir uns oft schnell im Anderen verlieren, wenn wir mit unserer Aufmerksamkeit bei ihm oder ihr sind. Wenn wir aber das Außen wahrnehmen, ohne den Kontakt zu unserer eigenen inneren Wahrnehmung ganz aufzugeben, wandelt sich unser Dasein im geteilten Beziehungsraum von der Aufmerksamkeit *auf* den Anderen in die Präsenz *mit* dem Anderen.

6.3.11 Arbeit mit Beschützern

Im Folgenden gehe ich auf überregulierte und unterregulierte Beschützer ein. Selbstverständlich sind alle diese Anteile immer wieder auch in konstruktiver Form aktiv und können vor allem *immer* in ihrer Entstehung auf einen Kontext zurückverfolgt werden, in dem sie sinnvoll, oft sehr angemessen und stets nachvollziehbar in ihrer inneren eigenen Logik auf ein konstruktives Ziel für das Individuum ausgerichtet waren – mögen sie heute noch so schwierige Formen angenommen und noch so teilweise destruktive Auswirkungen mit sich bringen.

Überregulierte Beschützer

Überregulierte Beschützer oder Manager helfen uns, unseren Alltag (äußere Belastungssituationen) zu bewältigen, aber auch innere Konfliktspannungen (innere Belastungssituationen) zu kompensieren. Sie überbrücken gleichsam auf eine funktionale, meist sozial vermittelbare und häufig angepasste Art und Weise eine innere Lücke. In der Sprache der Abwehrmechanismen können wir sie wiedererkennen u. a. als: Intellektualisierung, Verdrängung, Rationalisierung, Sublimierung, Entwertung oder Idealisierung, Reaktionsbildung, altruistische Abtretung, Richtung von Aggressionen gegen sich selbst (nicht impulsiv), Regression, Verschiebung, Verleugnung, Ungeschehenmachen, Introjektion oder Konversion (vgl. Bradshaw, 2006). In der Sprache der inneren Anteile können wir sie verstehen als innere Antreiber, fleißige Arbeiter*innen, innere Kritiker, Helferanteile (z. B. bei Therapeut*innen häufig aktiv!), innere Wissenschaftler, Träumer, Verschleierer, Genießer, Ja-Sager, Nein-Sager, Bestimmer, Verhinderer, Saboteur, Lustfeind, Traumschlossbauer, Weltenretterin, Heldin, Sportsfanatiker, Erbsenzähler, Alles-Richtig-Macherin, Perfektionist und so weiter. Es gibt außerdem manchmal erlöste Formen dieser inneren Kräfte, die uns als Ressourcen, seelische Kompetenzen und innere Helfer zur Seite stehen können. Wir erkennen sie daran, dass sie uns nicht wie Anteile als getrennt vom Selbstkontakt erscheinen, sondern als unmittelbar und direkt damit verbunden erlebt werden – und dadurch, dass sie ein starkes Energiepotenzial in uns öffnen, das allerdings auch die Aufgabe an uns stellt, es zu integrieren und mit unserem Alltags-Ich vereinbar zu machen. Ich verstehe diese „befreiten" Formen als archetypische Grundstrukturen, die uns als innere Kräfte und Unterstützer auf dem inneren Weg zur Verfügung stehen.

Manager-Anteile/überregulierte Beschützer sind:
- kontrollierend,
- kognitiv dominiert,
- planend/mehr im Dann und Dort als im Hier und Jetzt,
- (ver-)urteilend,
- grundsätzlich durch innerpsychische Regulation relativ auslenkbar, wenn sie bewusst werden.

Deregulierte Beschützer

Deregulierte Beschützer und Notprogrammbeschützer (sie werden in der IFS-Literatur klassischer Weise als Feuerbekämpfer bezeichnet) helfen uns, Desintegrationsprozesse des Selbst aufzuhalten, zuzudecken, zu begrenzen, zu betäuben oder schlicht psychisch zu „überleben". In der Sprache der Abwehrmechanismen können wir sie wiedererkennen u. a. als: projektive Identifikation, Verleugnung, Spaltung, Projektion und impulsive Autoaggression.

Ich möchte noch einige Symptomklassen an dieser Stelle ergänzen, für die es hilfreich sein kann, sie als Notprogrammbeschützeranteile zu verstehen: Dissoziation, Sucht, Essstörungsverhalten, Selbstverletzung, Risikoverhalten (Selbst- und Fremdgefährdung), Gewalt (gegen sich selbst und nach außen gegen Dinge und Personen), sexuelle Deviation und sexuelle Süchte, nicht stofflich gebundene Selbstbetäubung (z. B. Medienkonsum), Überkonsum jeglicher Art, Zwänge, Schmerzstörungen, chronifizierte Somatisierung (was wir psychisch nicht kommunizieren können, kommuniziert der Körper für uns).

In der Sprache der inneren Anteile können wir diese Notprogrammbeschützer verstehen als: jede Form mächtiger, nach innen oder außen Angst vermittelnde Beschützer, Verletzer, Süchtige, Vernichter, Zerstörer, Selbsthasser*innen, Fremdhasser*innen, Betäuber*innen, Vernebler*innen (ein Anteil *macht* den Nebel, macht die Dissoziation), die Um-sich-Schlagende, das in die Ecke getriebene Raubtier, der Schläger, die Sadistin, der Gnadenlose, die Unbarmherzige, Draufgänger*innen, suizidale Anteile …

Deregulierte Notprogrammbeschützer sind:

- impulsiv,
- machtvoll,
- hoch angespannt,
- destruktiv,
- schwer auslenkbar – am ehesten durch körper- oder handlungsbezogene Interventionen.

Beschützer anerkennen

Beschützer sind manchmal Anteile, mit denen wir positiv identifiziert sind: Manchmal haben wir einen inneren Antreiber lieb gewonnen, weil er uns erfolgreich sein lässt und unsere Kreativität in bestimmten Situationen befördert – auch wenn wir meist einschränkend eingestehen müssen, dass er uns immer wieder in die Erschöpfung treibt. Dasselbe kann z. B. für Helferanteile gelten oder für Sensation-Seeker und Suchtanteile. In diesem Fall ist es schmerzhaft, sich mit der Funktion dieser Anteile zu beschäftigen und sie aus ihren Rollen zu entlassen. Oder sie nerven oder quälen uns – dann wird es oft sehr schwierig, ihnen offen und wohlwollend zu begegnen und sie in ihrer beschützenden Funktion wertzuschätzen.

In beiden Fällen bereitet häufig bereits die Benennung dieser Anteile als Beschützer einen wichtigen Boden für die Arbeit der Anerkennung und Entlastung.

Beschützer in Beziehung bringen

Beschützer müssen in ihrer beschützenden Rolle gesehen und anerkannt werden. Nur dann lassen sie sich bitten, zur Seite zu treten und den Kontakt zu einem beschützten Anteil zuzulassen.

Manchmal gibt es ein ganzes Beschützersystem um einen verletzten Anteil herum. Dann gilt es geduldig, Schicht um Schicht wahrzunehmen und zu differenzieren. Ein Arbeiten an den Beschützern vorbei ist niemals konstruktiv. Beachten sie daher die richtige Zeiteinteilung innerhalb der Sitzung. Als Orientierung kann ein Zeitraum bis zu 30 min allein für die Arbeit mit Anteilen angesehen werden. Es ist vorher meist nicht absehbar, ob es möglich ist, einen Versorgungs- und Integrationsprozess innerhalb von zwei Minuten anzustoßen, oder ob sich andere Teile melden und der Prozess Umwege nimmt. Beides ist wertvoll.

■ Die neurotische Balance

Das innere Gesamtsystem gleicht die Ausprägung eines Beschützer-Beschütztes-Subsystems immer in einer Form aus. Hierdurch entstehen oft Polarisierungen zwischen den „B-B-Systemen". Häufig „spiegeln" sich diese polarisierten Systeme quasi an der Achse Aktivität/Rückzug: Während beispielsweise ein Antreiber, der immer für andere da ist, und dadurch den Selbstwert (das Beschützte) stabilisiert, dafür sorgt, dass wir nie zur Ruhe finden, gibt es einen Betäuberanteil, der verschiedene Regressionsmittel wie eine innere Abwesenheit in Beziehungen, Süßigkeiten und Serienkonsum nutzt, um das Gesamtsystem auszugleichen und den eigenen Hunger nach Versorgung (das Beschützte in diesem komplementären B-B-System) zu kompensieren. Es kann sehr hilfreich sein, diese neurotische Balance als Therapeut*in wahrzunehmen und darauf einzugehen, da sich polarisierte Systeme manchmal nur entlasten lassen, wenn beide Seiten in den Blick genommen werden (vgl. Pervölz, 2022).

6

Der Anfang des Teile-Kontakts: Spiegelung

Mitgefühl und annehmende Spiegelung im Kontakt zu Anteilen

- Beginnen Sie den Kontakt mit einem Anteil mit annehmender Spiegelung. Mitgefühl ist ganz simpel:
- Annehmende Wahr-nehmung. Sie drückt sich aus und wird für das Gegenüber spürbar in annehmender Spiegelung.
- (Anders als Mitleid, das die Aktivität von inneren Helferanteilen beinhaltet).
- Es ist daher sehr wichtig, dass Mitgefühl nicht nur gefühlt, sondern auch ausgesprochen wird, damit es seine heilsame Wirkung für die Anteile entfalten kann.

Anleitung K11: Kontaktaufnahme zu Anteilen und Fragen an Beschützer

Steuerungssatz für annehmende Spiegelung

„Bitte lassen Sie den Anteil wissen, dass Sie da sind, einfach indem Sie diese Tatsache aussprechen. Bitte teilen Sie dem Anteil dann einfach mit, was Sie von ihm sehen und verstanden haben."

Dann ergänzen Sie selbst als Therapeut*in beispielgebend paraphrasierend, was Sie vom Fokuspartner über den Fokusanteil gehört haben. Zum Beispiel: „Ich sehe, dass du sehr beschäftigt und angestrengt bist und dass du versuchst, alles zusammenzuhalten."

Wechseln Sie ab zwischen annehmender Spiegelung und Exploration durch die folgenden Fragen, bis eine stimmige Kommunikation entstanden ist und der Beschützeranteil entlastet werden kann.

Fragen an Beschützeranteile

Wenn wir einen Beschützeranteil explorieren, tun wir das, indem wir Fragen an ihn stellen, bzw. den Fokuspartner bitten, seinem Anteil diese Fragen zu stellen.

- Wo spüren Sie den Anteil in ihrem Körper?
- Bitte fragen Sie den Anteil, was er mitteilen möchte.
- Was ist seine Botschaft?
- Was ist deine Rolle/Aufgabe?
- Wie lange machst du das schon?
- Was befürchtest du? Was ist deine Sorge, was passiert, wenn du aufhörst, das zu tun, was du tust?
- Weißt du, dass ich mittlerweile xx Jahre alt und eine erwachsene Person geworden bin?
- Ich würde gerne aus dem Selbstkontakt heraus in Kontakt mit dem Anteil treten, den du auf diese Weise beschützt. Wäre das möglich?
- Ich schicke dich nicht weg, du kannst in der Nähe bleiben, und wenn du kein Vertrauen in den Prozess mehr hast, darfst du dich jederzeit melden. Was brauchst du noch (von mir), um beiseitetreten zu können?

Meistens ist es auf diese Weise möglich, Bewegung in das innere System zu bringen. Falls nicht, ist das ein Hinweis, dass keine ausreichende Regulation besteht und es sollte dann die innere Arbeit beendet und auf die Regulationsebene navigiert werden.

6.3.12 Arbeit mit verletzten Anteilen: das Beschützte integrieren

Wenn es möglich ist, einem verletzten oder beschützen Anteil innerlich aus dem Selbstkontakt heraus zu begegnen, geschieht immer ein Stück Heilung, in dem Sinne, dass etwas als Ausdruck von Integration „heil" oder „ganz" wird – also in eine sinnvolle Verbindung, in eine stimmige innere Beziehung findet. Um unsere Paare darin zu unterstützen, dieses Potenzial möglichst gut zu nutzen, ist eine sensible Prozesssteuerung sehr wichtig. Dieser Schritt in der Arbeit mit inneren Anteilen öffnet die Intimitätsdimension, da ein unmittelbarer Selbstkontakt entsteht: Der Fokuspartner tritt in eine unmittelbare Beziehung zu sich selbst ein und der bezeugende Partner hat in diesem Moment – sofern er den Selbstkontakt halten kann – ebenso Teil an dieser Beziehung.

Die therapeutische Haltung und Rolle in der Begleitung der Intimitätsdimension wird im ► Kap. 7 ausführlich beschrieben und ist für diesen Schritt der Arbeit mit verletzten Anteilen wichtig.

Für die präzise Orientierung in der Prozesssteuerung: Der Prozessschritt der Integration verletzter Anteile öffnet die Intimitätsdimension – er wird dennoch an dieser Stelle im Klärungskapitel behandelt, da er zur Methode (IFS mit Paaren) gehört.

IFS mit Paaren nutzt das Potenzial tiefer Begegnung

- In der Arbeit mit Paaren liegt der Fokus nicht so sehr wie in der Einzeltherapie auf der differenzierten Integration des Anteils, sondern es soll insbesondere das Potential einer geteilten tiefen Begegnung als Bindungserfahrung entfaltet werden.
- Die Integration des Anteils wird dabei durch die Bezeugung des Partners unterstützt, was eine sehr intensive und basale Spiegelungserfahrung darstellen kann.
- Die Prozesssteuerung ist daher an dieser Stelle etwas zügiger. Der Raum, der für den Kontakt zum verletzten Anteil gegeben wird ist nicht randlos, wie es in der Einzeltherapie eher der Fall wäre, sondern zielt auf die Rückgabe des Erlebten in den Paarraum hinein ab.
- Wenn Selbstkontakt gegenüber einem verletzen Anteil besteht, geht es darum im Rahmen der Arbeit mit Paaren darum, eine kurze und prägnante Beziehungsinteraktion zwischen dem Fokuspartner und seinem Anteil anzuregen. Forcieren sie den Prozess dennoch nicht zu sehr, es ist wichtig hier ein gutes Gespür für den Raum zu behalten, den es braucht. Balancieren sie daher durch möglichst präzise Sprache und behutsame Impulse das Verhältnis zwischen Offenheit und Zielführung aus.

■ Besteht dem Anteil gegenüber Selbstkontakt?

Anteile können keine Anteile integrieren. Das geschieht nur aus dem Selbstkontakt heraus. Bevor wir mit der Versorgung, Beziehungsvertiefung und Integration eines verletzten Anteils beginnen, müssen wir daher eine wichtige Frage stellen. Ich nenne diese Frage „die Zauberfrage", weil sie immer wirkt, das heißt, die Antwort gibt uns präzise Information darüber, ob Selbstkontakt besteht oder nicht. Und wenn er besteht, öffnet sie zuverlässig die Intimitätsdimension. Sie ist daher ein wichtiges Tool der Prozesssteuerung.

Die „Zauberfrage"

„Was empfinden Sie dem Anteil gegenüber?"

Wenn die Antwort eine Selbstqualität beschreibt, ist der Fokuspartner im Selbstkontakt. Wenn nicht, meldet sich ein anderer Anteil, der sich „dazwischenschiebt". Dann ist es sinnvoll, diesen Anteil zu benennen, ihn gegebenenfalls innerlich zu differenzieren und zu symbolisieren und ihn zu fragen, ob er bereit ist, zur Seite zu treten (vgl. ▶ Abschn. 6.3.8 Anleitung K9). Wenn das nicht möglich ist, ist dieser Anteil der neue Fokusanteil und wir finden zunächst heraus, ob es sich um einen Beschützer oder einen anderen verletzten Anteil handelt.

Wenn Sie spüren, dass sich ein bedürftiger, verletzter, verbannter, beschützter Anteil meldet und Kontakt zu ihm entsteht, stellen Sie also zunächst die Zauberfrage.

■ Umgang mit Überflutungsängsten

Wenn der Anteil zwar deutlich spürbar und wahrnehmbar für den Fokuspartner zu sein scheint, aber ein Anteil ihn dennoch wegschiebt, ist sehr häufig Überflutungsangst im Spiel.

Beschützte oder verletzte Anteile sind ja häufig kindliche Teile, die überwältigende, teils traumatische Erfahrungen gemacht haben. Sie sind nicht ohne Grund lange Zeit vom Rest des Systems isoliert (verbannt) worden, um das Gesamtsystem zu schützen. Sie sind empfindsame, verletzliche, unschuldige, Nähe suchende Teile, die häufig sehr intensive Gefühlsladungen tragen. Sie haben ein verzweifeltes Verlangen nach Erlösung. Dabei wissen sie aber selbst ja im Grunde nicht wie das gehen soll, weil sie ja gerade die gegenteilige Erfahrung gemacht haben und in sich speichern, nämlich Erfahrungen von Überforderung und/oder Vernachlässigung. Das führt zur Fantasie, abermals überfordert/vernachlässigt … zu werden, sowohl als Fantasie des Teils selbst („Ich bin ja eh zu viel"), als auch als Befürchtung im restlichen System. Der Schlüssel ist hier wiederum der Selbstkontakt, in dem ja auch sehr intensive Gefühle gehalten werden können – wie sich in Therapien immer wieder eindrucksvoll zeigt. Er darf nur eben nicht abbrechen. Ein gutes Hilfsmittel, um den Selbstkontakt zu stärken, ist, Anteile mit Überflutungspotenzial zu symbolisieren – dadurch ist physisch erfahrbar, dass sie ein Teil sind und der Selbstkontakt unabhängig von ihnen besteht. Zusätzlich lege ich zwischen den Anteil, der droht, den Fokuspatienten zu überfluten, und den Patienten ein Seil, mit ähnlichen Worten wie ich die Grenze zwischen dem Paar kommentiert habe: „Ich lege hier dieses Seil zwischen Sie und den Anteil, nicht als Trennungslinie, sondern einfach als Symbol für die Tatsache, dass Sie und der Anteil nicht dasselbe sind und dass Sie sich begegnen können, eben weil Sie sich an dieser Grenze ein Gegenüber sein können." Diese einfache Intervention bringt häufig eine deutliche Entlastung und eine Zuwendung zum verletzten Anteil wird so möglich.

■ Wechsel zwischen Impulssetzung und Rückmeldung erfragen

Da es sich an dieser Stelle um eine tiefe innere Arbeit handelt, ist der Fokuspartner wahrscheinlich zwischenzeitlich mehr oder weniger intensiv in sich selbst versunken und es findet innere Kommunikation statt, die Sie und der bezeugende Partner nicht unmittelbar mitbekommen. Daher ist es wichtig, neben dem Setzen von Impulsen immer wieder nach einem Signal zu fragen. Ich wechsele daher zwischen dem Impulssetzen (z. B. der Bitte, dem Anteil mitzuteilen, dass der Fokuspartner da ist und den Anteil sieht) und dann nach einer kurzen Weile der simplen offenen Nachfrage: „Wie ist das?".

Anleitung K12: Impulse für den Kontakt zu verletzten Anteilen

- Bitte teilen Sie dem Anteil mit, dass Sie da sind und das Sie ihn sehen. Sie können das laut machen oder leise für sich, wie es für Sie passt. *(Das gilt für alle Impulse).*
- Bitte fragen Sie den Anteil, was er Ihnen mitteilen möchte.
- Teilen Sie dem Anteil bitte einfach mit, was Sie von ihm sehen können und verstanden haben. *Bieten Sie dem Fokuspartner die paraphrasierte Zusammenfassung davon an, was Sie selbst von dem Anteil verstanden haben, zum Beispiel: „Sie könnten ihm vielleicht in eigenen Worten so etwas sagen, wie: Ich sehe, dass du sehr traurig bist und dass du dich versteckst, aus Angst nochmal verletzt zu werden."*
- Können Sie den Anteil fragen, was er von Ihnen braucht?

- Vielleicht können Sie schauen, in welchem Raum und welchem Abstand der Kontakt mit diesem Anteil gut für Sie beide ist. Sie können sich diesen Raum vor Ihrem inneren Auge vorstellen.
- Wenn Berührung, Schmerz oder Trauer aufkommen, ist es wichtig nachzufragen: „Wie ist das für Sie, diesen Schmerz zu spüren?" Häufig kommt als Antwort, dass es gut tut. Wenn der Patient jedoch Angst bekommt, ist in der Regel ein Anteil aktiv, der gegen die Überflutung ankämpft. Dann sollte dieser Anteil adressiert werden.
- Wie geht es dem Anteil damit, dass Sie ihm das gesagt haben? Können Sie eine Veränderung wahrnehmen?
- Versorgungsbilder sollten vom Therapeuten in der Regel nicht aktiv angeboten werden (wie z. B.: „Vielleicht wollen Sie den kleinen Jungen auf den Schoß nehmen …"). Wir sollten darauf vertrauen, dass der Fokuspartner selbst gut weiß, was ihm hilft und dass diese Bilder aus ihm selbst entstehen, wenn sie reif sind und Geduld entgegenbringen, wenn dies Zeit braucht. In manchen Fällen, wenn ein massives Defizit vorhanden ist, mag die Modellhandlung und die Implikation eines Bildes durch den Therapeuten aber auch indiziert sein.

Es ist grundsätzlich gut, die Anteilearbeit mit zwei wichtigen Schritten abzuschließen. Zunächst sollte die Frage gestellt werden, ob es noch etwas braucht im Moment, um es für *jetzt* rund zu machen – also nicht für das gesamte Thema und alle daraus folgenden Implikationen, sondern für diesen Prozessschritt.

Manchmal entstehen aus diesen Fragen noch einmal wichtige Integrationsprozesse, indem z. B. ein vertieftes Integrationsbild entsteht.

Der zweite Schritt besteht darin, seinen Anteilen zu danken, dass sie sich heute in dieser Weise gezeigt haben.

Sie können diese wichtigen abschließenden Schritte jedoch auch später nachholen. Im Paarsetting ist es wichtiger, den Moment nicht zu verpassen, in dem der Fokus ins Paarsystem zurückgeholt werden kann. Daher kann es gut sein, dass Sie einen berührenden Moment im Selbstkontakt des Fokuspartners mit seinem verletzten Anteil aufgreifen und dann den bezeugenden Partner fragen: „Wie geht es Ihnen damit, dass Ihr Partner so in Kontakt mit seinem verletzten Anteil ist?"

Wenn der bezeugende Partner dann mit Mitgefühl oder anderen Selbstqualitäten reagiert, unterstützen Sie den Selbstausdruck und die Kommunikation, wie es in ► Kap. 7 beschrieben ist (u. a. durch Einladen zum Blickkontakt, zum verbalen Ausdruck, zur körperlichen Zuwendung).

▪ Übung Mitleid vs. Mitgefühl

Einer der häufigeren Fallstricke in der Arbeit mit verletzten Anteilen ist, dass wir oder der Fokuspartner auf sie mit einem Helferanteil reagieren. Deshalb ist es für uns als Therapeut*innen wichtig, den Unterschied nicht nur intellektuell zu verstehen, sondern konkret erlebbar zu erfassen. Die folgende Übung kann uns dabei sehr eindrucksvoll helfen. Sie kann zu zweit oder in der Kleingruppe mit Beobachter*innen durchgeführt werden.

Übung K1: Mitleid vs. Mitgefühl

Person A übernimmt den Part des Begleitenden und Person B den Part des Begleiteten. Person B identifiziert sich mit einem verletzen Anteil. Am wirkungsvollsten ist die Identifikation mit einem eigenen verletzten Anteil, aber auch ein imaginierter Anteil, der mit Schmerz, Trauer, Ohnmacht oder Angst verbunden ist, funktioniert gut.

1. Person B nimmt zunächst die körperliche Resonanzerfahrung auf den Anteil wahr und teilt diese mit. Dann nimmt sie eine Körperhaltung ein, die diese Resonanz und die Botschaft des Anteils nonverbal ganzkörperlich zum Ausdruck bringt (z. B. könnte sie sich mit einer abwehrenden Handgeste und angezogenen Knien von der begleitenden Person abwenden).

   Dann äußert sie die Botschaft des Anteils an Person A gerichtet möglichst in einer prägnanten Aussage (z. B. „Ich bin voller Schmerz und habe gleichzeitig Angst mich zu zeigen.“).
2. Die begleitende Person A reagiert nun mit (möglichst ehrlich empfundenem) Mitleid und einer entsprechenden an Person B gerichteten Körperbewegung (z. B.: „Du Arme, das tut mir so leid! Ich will nicht dass du leidest! Dir geht es ja ganz furchtbar! Ich will dir helfen!“). Wenn Sie mögen, können Sie – nach einer kurzen Pause, in der Person B wahrnehmen kann, wie sich das anfühlt – noch „einen draufsetzen“ und einen Ratschlag erteilen (z. B. „Schau mal, es ist doch gar nicht so schlimm, wie sich das für dich vielleicht gerade anfühlt. Sag dir einfach jeden Morgen: ‚Das wird ein schöner Tag!‘ – das hilft!“).
3. Dann tritt Person A kurz wieder in eine neutrale Position zurück und beide Übenden atmen noch einmal bewusst durch, spüren kurz nach. Dann wiederholt Person B noch einmal die Botschaft des verletzten Anteils. Person A spiegelt Person B nun annehmend, in offen zugewandter Körperhaltung, was sie von ihr verstanden hat und versichert ihre Wahrnehmung und Präsenz. Z. B. „[Vorname] … ich sehe, dass du voller Schmerz bist und gleichzeitig Angst hast, dich zu zeigen. Ich kann diesen Schmerz und dies Angst nicht für dich lösen, aber ich kann mit dir da sein. Ich möchte, dass du weißt, dass ich dich sehe und mit dir da bin [Vorname].“
4. Feedback und Wechsel

6.3.13 Prozesssteuerung der Anteilearbeit mit Paaren

Wie bereits beschrieben ist der Fokus bei der inneren Anteilearbeit mit Paaren nicht ganz so sehr auf die Entlastung von Beschützern und die Integration beschützter (verletzter, verbannter) Anteile gerichtet. Vielmehr ist das Ziel, die Tiefung des Selbstkontakts durch die Entlastung von Beschützern und gegebenenfalls auch den Kontakt mit verletzten Anteilen zu nutzen, um eine vertiefte Bindungserfahrung zu ermöglichen. Diese Bindungserfahrung wirkt dann zurück in das System des Fokuspartners und unterstützt dort die Entlastungs- und Integrationsprozesse – häufig auch über die Paarsitzung hinaus, weil die Spiegelungs- und Bindungserfahrung weit in den Alltag des Paares hineinwirken können.

Die Tiefung des Selbstkontakts muss daher nicht besonders verstärkt werden, sondern es reicht, wenn der Selbstkontakt zumindest leicht zunimmt. Das ist dann ein günstiger Moment, um den bezeugenden Partner wieder in den Prozess mit einzubinden.

Natürlich gibt es Ausnahmen zu diesem üblichen Vorgehen. In manchen Situationen kann es auch sinnvoll sein, den Großteil einer Sitzung auf eine asymmetrische, sehr vertiefte Arbeit mit einem der beiden Partner durchzuführen. Dann sollte aber einerseits deutlich sein, dass beide Partner dazu in der Lage sind, diesen Prozess emotional zu halten und dass es ein therapeutisches Ziel gibt, das hiermit bewusst und sinnvoll verbunden ist. Wir sollten uns nicht einfach in die Tiefung davontreiben lassen – z. B. weil wir es so aus der Einzeltherapie gewöhnt sind.

Das übliche Vorgehen der Anteilearbeit mit Paaren ist also gekennzeichnet durch folgende Prozessschritte:

1. **Arbeit mit dem Fokusanteil des Fokuspartners**
2. **Integration der Reaktion des bezeugenden Partners** (mit Selbstqualität oder eigenem Anteil)
3. **Gegebenenfalls Arbeit mit dem inneren System des bezeugenden Partners** (der bezeugende Partner wird zum neuen Fokuspartner)

Die im Folgenden dargestellten Prozessschritte sind stark schematisiert. Sie können jedoch als Grundgerüst und Orientierungshilfe im Prozess sehr hilfreich sein. Sie müssen in der Inneren-Anteile-Arbeit jedoch immer mit dem mitgehen, was sich zeigt. Außerdem können Sie den Fokus mehr auf Tiefung legen oder mehr auf Exploration. Wenn Sie zunächst hauptsächlich beide Systeme explorieren wollen, kann es auch sinnvoll sein, die „Zauberfrage" zunächst wegzulassen und erst einmal beide Partner abwechselnd nach den Anteilen zu fragen, die sich z. B. in einer Streitsituation gegenseitig triggern.

Prozessschritt 1 – Arbeit mit dem Fokusanteil

- Wie in ◘ Abb. 6.4 dargestellt, beginnt der Prozess mit der Frage, welchem Anteil sich der Fokuspartner zuwenden möchte.
- Nach einer ersten Exploration des Fokusanteils folgt die „Zauberfrage": „Was empfinden Sie dem Anteil gegenüber?"
- Reagiert der Fokuspartner nicht mit einer Selbstqualität, sondern mit einem anderen Anteil, kann er als solcher benannt und gefragt werden, ob er beiseitetreten kann. Ist das nicht möglich, wird er als zweiter Fokusanteil angesehen.
- Der Prozess mit dem zweiten Fokusanteil (häufig ein Beschützer) besteht aus einer Feedbackschleife aus Exploration, Würdigung und Überprüfung, ob noch etwas fehlt, damit er beiseitetreten kann.
- Ist dies gelungen, wird erneut der erste Fokusanteil in den Blick genommen.
- Wenn der Fokuspartner schließlich auf den ersten Fokusanteil mit einer Selbstqualität antwortet, kann dieser gewürdigt, entlastet und gegebenenfalls integriert werden.
- Von diesem Punkt aus folgt der Übergang zu Prozessschritt 2, auf die Paarebene.

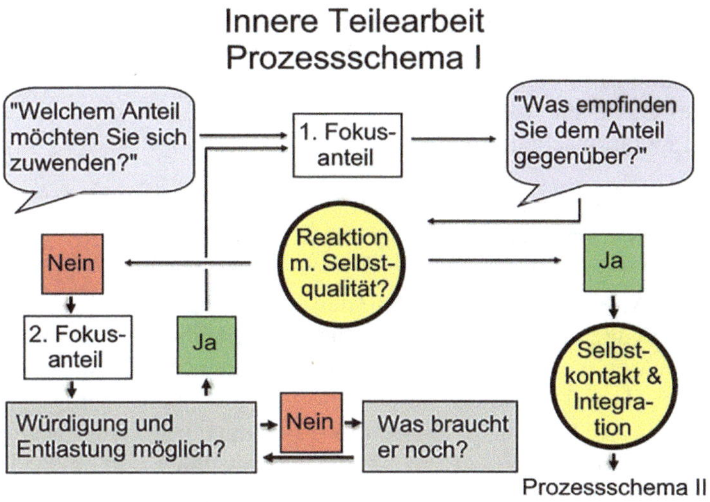

■ **Abb. 6.4** Innere-Teile-Arbeit Prozessschema I. (© Wanja Kunstleben)

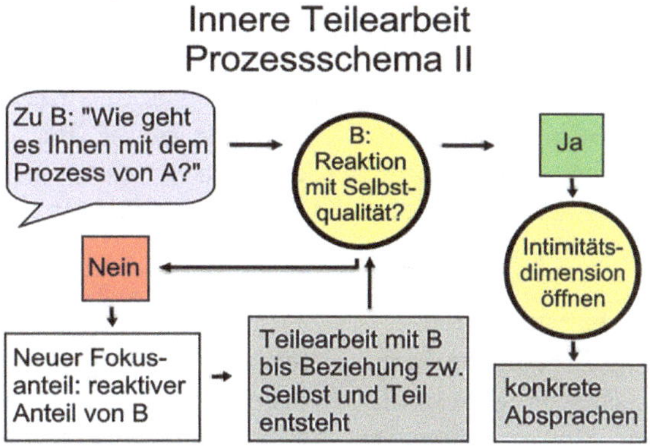

■ **Abb. 6.5** Innere-Teile-Arbeit Prozessschema II (Paarebene). (© Wanja Kunstleben)

- **Prozessschritt 2: Integration der Reaktion des bezeugenden Partners**
  - Der zweite Prozessschritt beginnt, indem wir den bezeugenden Partner wie in ■ Abb. 6.5 dargestellt fragen: „Was empfinden Sie [dem Fokuspartner (A)] gegenüber, wenn Sie das mitbekommen?"
  - Wenn der bezeugende Partner (B) mit einem Anteil reagiert und nicht mit einer Selbstqualität, wird dieser Anteil zum neuen Fokusanteil. Es ist oft hilfreich, diesen direkt zu symbolisieren, das entschärft das mögliche Konfliktpotenzial, das die Reaktion von B mit einem Anteil auf die Selbstöffnung von A haben kann. „Ah, ich verstehe, in Ihnen reagiert ein Anteil auf das, was A eben gezeigt hat – ich möchte Sie bitten, ein Symbol für diese innere Reaktion auszuwählen und es entsprechend auf Ihrer Seite des Seils zu platzieren, so wie Sie es als stimmig empfinden."
  - Die Arbeit mit dem neuen Fokusanteil von B entspricht dem Prozessschema I.
  - Wenn diese Arbeit gelingt, kann erneut auf den Fokusanteil von A Bezug genommen werden.

- Wenn B mit einer Selbstqualität auf die innere Arbeit von A reagieren kann, unterstützen wir den Kontakt zwischen beiden Partnern wie in ► Kap. 7 für die Intimitätsdimension beschrieben.
- Gelingt das nicht, navigieren wir je nach Erfordernis auf die äußere Klärungs- oder die Regulationsebene.

6.3.14 Absprachen und Transfer in den Alltag

Die gelingende Arbeit mit inneren Anteilen führt unmittelbar in die Intimitätsdimension, da sie dazu führt, dass die Partner sich ganzheitlich sehen und einander wahrnehmen. In den meisten Fällen ist dies das wesentliche und wichtigste Ergebnis der Inneren-Anteile-Arbeit.

Diese Erfahrungen können als Bindungserfahrungen verstanden werden und wirken im Wesentlichen „von selbst" in uns weiter. Sie bilden einen Boden des Vertrauens der Partner in sich selbst und ineinander, der dazu führt, dass viele Alltagsprobleme schlicht leichter zu lösen sind, als durch Absprachen, Regeln und Regulierungen.

Auf die Ergebnisse auf der Intimitätsebene bezogen brauchen wir daher keine wesentlichen Absprachen. Was es aber braucht, ist Behutsamkeit, damit sich das Erlebte „setzen" kann. Hier kann es sinnvoll sein, auf den bevorstehenden Alltag zu schauen, und zu besprechen, wie ein achtsamer Raum dafür geschaffen werden kann. Im ► Kap. 7 greife ich auf, was beim „Bergen" und Integrieren von Intimitätserfahrungen wichtig werden kann.

Es ist hilfreich, am Ende dazu einzuladen, allen Anteilen, die sich gezeigt haben, zu danken.

Exitstrategien

Die Ergebnisse dieser Arbeit auf Klärungsebene dagegen sind sehr gut als Erkenntnisse für regulierende Interventionen im Alltag nutzbar: Wir können im Anschluss an die Klärungsarbeit fragen, was das Paar tun kann, wenn einer der eben kennengelernten Anteile sich meldet. Daraus können wir dann „Exitstrategien" entwickeln.

Folgende Fragen können mit dem Paar zum Transfer dieser Erkenntnisse in den Alltag erarbeitet werden:

1. Woran erkennen Sie selbst/erkennt Ihr Partner, dass ein bestimmter Anteil aktiv ist (körperlich, emotional, gedanklich, auf Kommunikations- und Interaktionsebene)?
2. Was kann ich selbst tun? Was kann ich zu mir sagen? (Schreiben Sie diesen Satz auf eine Karteikarte. Nutzen Sie sie als „Textpille" (vgl. v. Tiedemann, 2018)).
3. Was kann mein Partner tun (Berührung, Geste, Rückzug, Umarmung, Blickkontakt)? Was kann der Partner sagen (Textpille)?

Üben Sie dieses Szenario konkret mit dem Paar ein. Lassen Sie gegebenenfalls Zeit für die berührende Geste, sie sollte genau stimmen und so lange korrigiert werden, bis es wirklich passt. Die Berührung kann nur gelingen, solange einer der beiden Partner im Selbstkontakt ist. Teile lassen sich nur aus dem Selbstkontakt heraus beruhigen (entweder von innen oder von außen). Denn Teile triggern Teile, Selbstkontakt triggert Selbstkontakt.

Sind beide Partner so sehr in Anteilen „getriggert", dass sie nicht ausreichend im Selbstkontakt sind, ist es notwendig, regulierende Interventionen zu finden:

1. Woran merken wir, dass wir beide in den Anteilen „getriggert" sind, die sich gerade in der Teilearbeit gezeigt haben? Hier kann die vorausgegangene Klärungsarbeit einen wichtigen differenzierenden Beitrag leisten.
2. Welche Rahmenbedingungen können wir schaffen, um jeweils wieder zu uns zu finden (z. B. Time-Out-Regelung erarbeiten, s. ► Abschn. 5.2.2.2)?
3. Kann ein Szenario gefunden werden, in dem sich die beiden Anteile weniger triggern und im gemeinsamen Kontakt beruhigen können? Zum Beispiel: Eine Massage geben, beide Lesen im selben Zimmer ein Buch, zusammen Musik hören, erstmal vom Tag erzählen, etc.

6.4 Die therapeutische Rolle bei der Klärung

Übung K2: Die therapeutische Rolle bei der Klärung

Die Übung eignet sich sehr gut für die gemeinsame Bearbeitung in der Kleingruppe. Beantworten Sie zunächst die folgenden Fragen. Es besteht weder Anspruch auf Vollständigkeit noch auf Richtigkeit von Antworten, sondern es geht um die eigene Exploration und Auseinandersetzung mit dem Thema, um ein Gefühl für die Rolle zu entwickeln. Lesen Sie erst im Anschluss die nachfolgenden Erläuterungen und Ausführungen zur therapeutischen Rolle bei der Klärung.

1. Wie und mit welchen Bildern kann die Therapeut*innenrolle bei klärungsorientierten Interventionen beschrieben werden?

____
____
____
____
____
____
____
____

2. Wie fühlen Sie sich dabei? Welche körperlichen, emotionalen und gedanklichen Inhalte/Phänomene beobachten Sie an sich?

____
____
____
____
____
____
____
____

3. Welche Fallstricke könnten auftreten?

____
____
____
____
____
____
____
____

Das Erleben in der Klärungsdimension ist aufseiten des/der Therapeut*in wesentlich leichter als bei der Regulation. Wir erleben uns lebendiger, kreativ, geistig angeregt, analysierend, interessiert, zugewandt, forschend, Raum gebend, nachfragend, humorvoll, präzise, differenziert, … manchmal kann es aber auch „verkopft“ werden (zu rational, intellektualisierend) und zäh, wenn wir uns an der Abwehr der Patienten abarbeiten, kann es uns erschöpfen. Vielleicht werden wir müde oder geraten in eine leichte tranceartige Abwesenheit. Oder wir setzen uns unter Druck, angetrieben von einem Therapeutenanteil, der von uns erwartet, schlau zu sein, alles zu verstehen und zu wissen und kompetent zu erscheinen. Vielleicht wollen wir dann die Dinge für die Klientinnen lösen, anstatt ihnen dabei behilflich zu sein, selbst Lösungen zu finden.

Grundsätzlich aber haben wir wahrscheinlich deutlich mehr das Gefühl „echte Therapie“ zu machen, als bei der Regulation. Immerhin können wir eine Reihe therapeutischer Techniken einsetzen, wie Innere-Teile-Arbeit, sokratische Fragen, etc. Wir können eine systemische Grundhaltung annehmen, die „hinter dem Paar bleibt“, die uns also uns dabei unterstützt, das Paar zu begleiten, aber nicht für das Paar zu arbeiten, sondern dem Gegenüber Raum für seine eigenen Entdeckungen zu lassen.

▪ Typische Fallstricke sind

Klären, klären, klären und: klären

Der große Fallstrick ist bereits in ▶ Abschn. 6.1 ausgeführt worden. Er besteht darin, dass wir den gesamten Therapieprozess als Klärungsprozess verstehen, mit dem wir uns womöglich sicherer fühlen, der aber vor allem das Paar als Bindungssystem nicht ausreichend darin unterstützt, sich entweder zu regulieren oder in die tiefe Begegnung der Intimität und Bindungserfahrung zu gelangen.

Regulationsnotwendigkeit oder Intimitätsmomente übersehen

Auf technischer Ebene korrespondiert damit der Fallstrick, Momente zu verpassen, in denen Regulation ansteht, oder Momente, in denen die Eröffnung der Intimitätsdimension fruchtbar wäre. Beide Fallstricke bedeuten, dass wir zu sehr auf einer rationalen Ebene bleiben und uns vielleicht sogar mit dem Paar zusammen in einer intellektualisierten Abwehr wiederfinden.

Perfektionisten, Besserwisser und andere Co-Therapeuten

Wir könnten uns in einem Modus verlaufen, in dem wir versuchen, jedes auftretende Problem mit einer Technik oder Methode zu bekämpfen. Eine Seminarteilnehmerin sagte einmal, sie fühle sich dann wie eine „Methodenschleuder“. Auch hier scheint sich ein innerer Co-Therapeut zu melden, der uns unter Druck setzt. Perfektionistische Anteile, oder solche, die eine Selbstunsicherheit kompensieren und denken, wir seien in Wirklichkeit eine „Mogelpackung“, verleiten uns dann leicht zu intellektuellen Höchstleistungen, die uns mit einem Gefühl der Anstrengung und Ineffizienz zurücklassen.

Klärung kann uns ein Gefühl der intellektuellen Überlegenheit und Sicherheit gegenüber dem Paar geben, vor dem wir möglicherweise unbewusst Versagensängste haben: Wir wissen es besser! Und wir lassen uns nicht verstricken! Ich kann hier nochmal auf die Übung „Den inneren Co-Therapeuten entlasten“ verweisen (▶ Abschn. 1.9, Übung V1), die uns dabei hilft, diesen Fallstrick zu lösen.

▪ Zu früh klären

Wenn wir zu früh klären oder emotional vertiefend arbeiten, wird dies in aller Regel von einem oder beiden Partnern mit einer deutlichen Erhöhung der Spannung beantwortet werden. Die Anzeichen dieser Spannung sind manchmal sehr offensichtlich, manchmal subtil, daher ist es wichtig, dass wir uns diese Anzeichen bewusst machen (siehe ► Abschn. 5.2.1 Übung R1: Up-Regulationsbedarf erkennen und ► Abschn. 5.2.2 Übung R2: Down-Regulationsbedarf erkennen). Statt mit Selbstkritik, Versagensängsten oder Schuldgefühlen sollten wir als Therapeuten darauf mit Gelassenheit reagieren, denn wir haben – wenn wir richtig reagieren und wieder auf regulierende Interventionen umschalten – in der Regel immer auch etwas gewonnen: Die erhöhte Spannung gibt uns erstens den Hinweis, dass Regulation nötig ist, zweitens, wo der Triggerpunkt des Themas liegt, und drittens liefert sie eine emotionale Energie, die wir auch nutzen können. In der Regulationsarbeit gehen wir als Therapeuten zwar orientierend voran, aber letztlich ist das Paar herausgefordert, selbst Verantwortung für die Regulation der emotionalen Spannung zu übernehmen. Um nochmal das Bild der unruhigen See aufzugreifen: Wenn das Boot wackelt, erfahren wir, wo es Stromschnellen gibt und das Paar übt Balancebewegungen ein.

Fazit: Klärung

- Die Tiefungsdimension der Klärung zielt auf Differenzierung und Verständnis ab und hilft, einen empathischen Dialog zu befördern.
- Der große Fallstrick der Klärung in der Paartherapie ist das „ewige Klären".
- Klärungsarbeit kann unterschieden werden in:
- Klären der äußeren, interaktionellen Beziehung: Der Fokus liegt auf der Interaktion. Hierzu wurden systemische Fragetechniken, Timeline-Arbeit, Versöhnungsarbeit und Genogrammarbeit vorgestellt.
- Klärung der inneren Beziehung: Der Fokus liegt auf der inneren Beziehung der Partner zu sich selbst und die je inneren Reaktionen aufeinander. Hierzu wurden die Arbeit mit dem Drei-Felder-Schema und mit inneren Anteilen vorgestellt.

Literatur

Bradshaw, J. (2006). *Wenn Scham krank macht. Verstehen und Überwinden von Schamgefühlen*. Knaur.

Gottman, J. M., & Gottman, J. S. (2008). Gottman method couple therapy. In A. S. Gurman (Hrsg.), *Clinical handbook of couple therapy* (4. Aufl., S. 138–166). Guilford.

Holmes, T. (2007). *Reisen in die Innenwelt – Systemische Arbeit mit Persönlichkeitsanteilen*. Kösel.

Holmes, T. (2023). *Ein Weg des Herzens. Spiritualität und Teile-Arbeit (IFS)*. Arbor.

Kühling, L., & Richter, K. (2007). Genogrammarbeit. In B. Michel-Schwartze (Hrsg.), *Methodenbuch Soziale Arbeit* (S. 227–258). VS Verlag für Sozialwissenschaften.

Kunstleben, C., & Kunstleben, W. (2010). Integrative Therapie auf der inneren Bühne. Intermediäre Arbeit mit inneren Anteilen. *Polyloge – eine Internetzeitschrift für „Integrative Therapie"*. EAG-Verlagsabteilung. https://www.fpipublikation.de/downloads/?doc=polyloge_kunstleben_inneren-buehne_02-2010.pdf

Panksepp, J. (1998). *Affective neuroscience. The foundations of human and animal emotions*. Cambridge University Press.

Pervölz, R. (2022). *Das Zentrale. Alles steht auf dem Kopf. Muss es aber nicht*. Tredition.

Petzold, H. G. (2016). Intersubjektive Hermeneutik und Metahermeneutik und die „komplexe Achtsamkeit" der Integrativen Therapie. *Zeitschrift für Integrative Gestaltpädagogik und Seelsorge, 21*(81), 51–53.

Roesler, C. (2018). Die Wirksamkeit von Paartherapie. Teil 1: Eine Übersicht über den Stand der Forschung. *Familiendynamik, 43*(4), 332–341.

Schwartz, R. C. (1997). *Systemische Therapie mit der inneren Familie*. Pfeiffer.

Schwartz, R. C. (2001). *IFS – Das System der innere Familie. Ein Weg zu mehr Selbstführung*. BOD.

Schwartz, R. C. (2019). *Mutige Liebe. Warte nicht darauf, dass dein Partner sich ändert*. BOD.

Schwartz, R. C. (2022). *Kein Teil von mir ist schlecht. Mit dem Modell der inneren Familie Trauma heilen und zur Ganzheit zurückfinden*. Arbor.

Tiedemann, F. (Hrsg.). (2018). *Versöhnungsprozesse in der Paartherapie*. Junfermann.

Wadsworth, M. E., & Markman, H. J. (2012). Where's the action? Understanding what works and why in relationship education. *BehavTher, 43*, 99–112.

Intimität

Inhaltsverzeichnis

W. Kunstleben, *Paare im Therapieprozess*, Psychotherapie: Therapiegestaltung & Praxismanagement, https://doi.org/10.1007/978-3-662-70722-7_7

„Aber, das Bewusstsein vorausgesetzt, dass auch zwischen den nächsten Menschen unendliche Fernen bestehen bleiben, kann ihnen ein wundervolles Nebeneinanderwohnen erwachsen, wenn es ihnen gelingt die Weite zwischen ihnen zu lieben, die ihnen die Möglichkeit gibt, einander immer in ganzer Gestalt und vor einem großen Himmel zu sehen."
Rainer Maria Rilke, Briefe

Intimität wird hier verstanden als geistig-körperlich-emotionale Intimität und Nähe im Sinne einer ganzheitlichen, psychisch und physisch-konkret erlebten Begegnung. Das lateinische Verb *intimare* kann übersetzt werden als „offenbaren" und „sich zeigen". Ich verstehe diesem Wortbild folgend die Dimension der Intimität als einen Raum, in dem wir uns aus dem Selbstkontakt heraus wahrnehmen und offenbaren und einander sehen.

Intimität ist daher keine undifferenzierte Nähe, kein dumpfes Wir-Gefühl, keine trunkene Seeligkeit, kein „wir sind ja immer einer Meinung" und auch kein beziehungsloses Entgrenzungserleben. All diese Qualitäten sind undifferenzierte Berührungen mit der Intimitätsdimension, die sie aber in keiner Weise vollständig entfalten können, da sie nicht im Selbstkontakt gründen, sondern nach außen streben: sei es um im Außen Sicherheit, Selbstbestätigung oder rauschhafte Selbstentgrenzung zu finden. Dies zu sehen, zu verstehen und in die Prozesssteuerung miteinzubeziehen, ist ein wichtiger Aspekt unsere Verantwortung als Therapeut*innen bei der Begleitung in der Intimitätsdimension.

Intimität kann unterschiedlich intensiv erlebt werden: von einer feinen Stille in verschiedenen Abstufungen und Schattierungen bis hin zu einer markerschütternden wahrhaftigen Erkenntnis. Als Teil des Prozessmodells stehen die Dimension der Intimität und die Erfahrungen, die in ihr gemacht werden niemals für sich allein. Ohne die beiden anderen Dimensionen bleibt die Intimitätserfahrung aufgeblasen und inhaltsleer: Ausreichende Regulation und ausreichende Klärung sind nicht nur Voraussetzung, sondern auch innere Bedingung, damit die Intimitätserfahrung geborgen, innerlich gehalten und integriert werden kann. Und im hermeneutischen Zyklus der Welt- und Sinnerfahrung geht diese Erfahrung im Integrationsprozess wieder in die Klärungs- und Regulationsdimension über: In der Klärungsdimension – die als bewusste Reflexion geschehen kann oder als vor- oder unbewusstes seelisches „Verdauen", werden die neuronalen Netzwerke neu verknüpft, sie werden an die neue Sicht, die durch die Erfahrung offenbar wurde, angepasst. Um schließlich ein neues Ich-Erleben, ein neues Ich-Verständnis und neue Ich-Grenzen hervorzubringen. Die Wahrnehmung, das Erleben, das Setzen und Wahren eigener der Grenze und der des Anderen ist eine Qualität gelingender Regulation. In diesem Bild wird noch einmal erkennbar, wie sehr sich das Modell der drei Dimensionen von einem Stufenmodell unterscheidet. Ich verstehe die drei Dimensionen als untrennbar ineinander eingefügt wie die drei Raumdimensionen: Die eindimensionale Betrachtung ist immer nur eine Hilfsperspektive, um eine Richtung zu definieren, aber sie sollte nie als losgelöste Realität verstanden werden. Dementsprechend ist Intimität nicht das „wahre Ziel" von Therapie, sondern lediglich ein wesentlicher Teil des großen Prozesses der lebenslangen Entwicklung.

Die Dimension der Intimität ist sowohl in der Einzeltherapie als auch in der Paartherapie die Dimension, in der eine tiefe Beziehungserfahrung zu sich selbst und zum

Anderen entsteht und dadurch tiefgreifende Entwicklung und heilsame Erfahrungen ermöglicht werden können. Es sind die Momente, in denen wir als Therapeut*innen bezeugen können, wie ein Engel durch den Raum geht, die Zeit stehen bleibt und sich uns die Nackenhaare aufstellen oder sich eine zarte, stille Freude einstellen mag. Ich kenne Therapeut*innen die diesen Raum meiden, weil er ihnen zu heikel ist, und andere, die genau deswegen Therapeut*innen geworden sind, um diese zwischenmenschliche Qualität zu öffnen und in die Welt zu bringen. Es ist ein heilsamer, liebevoller, kraftvoller und friedlicher Raum. Er öffnet unser Herz und verbindet uns unmittelbar mit unseren Selbstqualitäten und kann uns in Kontakt mit einer Erfahrung bringen, die wir je nach Weltbild als spirituelle Quelle verstehen können. Er kann den Zugang zu heilsamen inneren Bildern schaffen, die uns lange und stärkend in unseren Entwicklungsprozessen begleiten können. Wir sehen und erkennen uns selbst und einander auf eine ganzheitliche Art und Weise, was eine tiefe und nachhaltige Resonanzerfahrung annehmender Spiegelung und unmittelbarer Beantwortung mit sich bringt. Dies kann die Bindungserfahrung zum Gegenüber stärken, aber auch die Eingebundenheit in die Welt und ins Leben. Gleichzeitig ist diese Erfahrung häufig auch ein Moment höchster Verletzbarkeit. Die inneren Bilder und Erkenntnisse dieser Dimension haben eine grundsätzliche Wahrhaftigkeit, die uns auch erschüttern kann. Die Notwendigkeit des „Verdauens" und der Integration ist daher ein weiterer wesentlicher Aspekt der Intimitätserfahrung.

Intimitätserfahrungen haben eine eigene Zeitqualität. Zum einen in der veränderten Zeitwahrnehmung, wenn wir im Kontakt mit inneren Bildern sind. Zweitens in der Synchronizität, die entsteht, wenn Dinge, die in diesem Raum zueinander in Verbindung stehen, auch zeitlich zusammenzufallen scheinen. Die meisten Menschen kennen die Erfahrung, dass wir an einem inneren Thema auf diese Weise arbeiten – und im Außen etwas passiert, das dazu zu passen scheint wie eine Antwort oder Ergänzung. Drittens sind Intimitätserfahrungen wie Fenster, die sich für einen bestimmten Zeitraum öffnen, um sich dann wieder für immer zu schließen. Während wir die Erkenntnisse und Verknüpfungen auf der Klärungsebene relativ beliebig zu einem früheren oder späteren Zeitpunkt im Leben machen können, sind die Intimitätserkenntnisse wie Früchte, die man ernten muss, wenn sie reif sind.

▪ Wahrhaftigkeit

Die Erkenntnisse und Aussagen in der Dimension der Intimität, in der wir uns selbst und den Anderen auf eine tiefere Art und Weise sehen und erkennen, haften einer Wahrheit an, die wir in uns unmittelbar spüren können. Diese Wahrhaftigkeit verleiht ihnen eine besondere Autorität. Das kann wunderschön sein, aber auch schmerzhaft und tief erschütternd. Es kann die Erkenntnis bedeuten, wie tief die gemeinsame Liebe geht, oder dass trotz aller rationaler Argumente und Vorzüge für die eigenen Lebensziele erkannt wird, dass die Liebe vergangen ist.

In der Dimension der Intimität ist also Raum für Freude und Schmerz gleichermaßen. Und an beiden können wir gemeinsam wachsen. Dieses Verständnis widerspricht offenkundig unseren hedonistischen Tendenzen und auch der wesentlichen Ausrichtung unserer Optimierungsideologie und Effizienz- und Funktionalitätsgläubigkeit. Aber letztlich sind Schmerz und Freude nur die beiden Seiten ein und derselben Medaille – beide sind wichtig und notwendig für wahrhaftige Entwicklung und inneres Wachstum.

Definition Intimität

- In der gelingenden Intimität sind beide Partner einander unmittelbar zugewandt.
- Im Raum der Intimität findet eine Herzöffnung statt, die Bindungserfahrung ermöglicht. Diese Öffnung ist gleichzeitig kostbar und leicht verletzbar.
- In der Begleitung bedarf es daher der Behutsamkeit und auch der Wachsamkeit, um bei Irritationen unmittelbar regulierend und klärend unterstützen zu können (also auf die Ebenen der Regulation oder Klärung zu wechseln).

7.1 Die besondere therapeutische Verantwortung gegenüber dem Raum der Intimität

Für mich persönlich ist es einer der wichtigsten Grundlagen meines psychotherapeutischen Handelns, der besonderen Verantwortung gegenüber dem Raum der Intimität gerecht zu werden.

7.1.1 Verantwortung für die „Tiefungsabstinenz" gemäß der therapeutischen Grundregel

Die therapeutische Grundregel der Tiefungsabstinenz aus ► Kap. 4 sei hier noch einmal wiederholt:

Die therapeutische Grundregel der Tiefung(sabstinez)

- Nicht jedes Paar muss auf allen drei Ebenen an sich arbeiten, um einen „erfolgreichen" Therapieprozess zu erleben.
- Intimität ist ***nicht*** automatisch das Ziel jeder Therapie.
- Es geht um die Frage, wo steht das Paar und was braucht es zu welchem Zeitpunkt?

Sie ermöglicht uns, eine wertungsfreie und abstinente Haltung gegenüber den drei Dimensionen. In Bezug auf die Intimität bedeutet es, dass wir unsere therapeutische Haltung dahingehend entwickeln sollten, dass wir diese Dimension weder vermeiden noch versuchen, das Paar in die Intimität hineinzutreiben.

7.1.2 Verantwortung und Respekt gegenüber dem, was Intimität ist – und was *nicht*

Wie in den folgenden Übungen deutlich werden kann, haben wir als Therapeut*innen einen großen Einfluss darauf, ob die Intimitätsdimension sich öffnen kann. Wir selbst sind möglicherweise einigermaßen mit dieser Dimension vertraut, unsere Paare und Patient*innen möglicherweise nicht. Daher ist es wichtig, dass wir Verantwortung dafür tragen, dass der Intimitätsraum aus dem Selbstkontakt heraus betreten und genutzt wird, oder ob ein Anteil ihn für eine nichtstimmige Agenda nutzt.

Wir können versuchen, unsere Wahrnehmung dafür zu schärfen, ob ein Partner oder das Paar die in der Intimität entstehende Nähe nutzt, um etwas Konflikthaftes oder Schmerzhaftes zu überdecken, oder als Versuch, eine unsichere Bindung zu stabilisieren – was legitim ist, aber nur, wenn die Unsicherheit dabei anerkannt und gewürdigt wird. Dafür müssen wir zuallererst unsere eignen Bedürfnisse nach einer harmonischen Sitzung oder einer besonders tiefen Erkenntnis – deren narzisstisch aufgewerteter Wegbereiter wir sind – hinterfragen und wahrnehmen lernen.

Unser Job als Therapeut*in besteht wie bereits betont ohnehin immer wieder darin, diese inneren Co-Therapeuten zu identifizieren und die Wege zu kennen, wie wir sie freundlich beiseite bitten können. Aus dieser Wachheit und Bewusstheit für uns selbst entsteht im Laufe der Zeit wie von selbst eine Sensibilität für die Regungen der Patient*innen, die den Selbstkontakt verfälschen, und wir finden die Klarheit, Sicherheit und das Vertrauen, um diese in wertschätzender Weise anzusprechen. An dieser Stelle empfehle ich wiederholtermaßen die Übung „Den inneren Co-Therapeuten entlasten" (▶ Abschn. 1.9, Übung V1).

7.1.3 Verantwortung gegenüber der Verletzlichkeit

Während der Rahmen im einzeltherapeutischen Setting in der Regel vergleichsweise sicher ist – vorausgesetzt wir als Therapeut*innen sind in der Lage, unsere relevanten blinden Flecke zu reflektieren und aus der therapeutischen Beziehung herauszuhalten – bedeutet die Herzöffnung im Kontext des Paarkonflikts häufig eine sehr hohe Verletzlichkeit auf beiden Seiten. Gleichzeitig werden in aller Regel genau aus diesem Grund einige der massiver auftretenden inneren Beschützer auf den Plan gerufen, bereit jeden Moment loszuschlagen, Rückzug zu organisieren, befürchtete Angriffe abzuwehren oder einfach unbemerkt hinter einer Autopilotfassade zu verschwinden.

Therapeutische Verantwortung zu übernehmen heißt an dieser Stelle, die sorgfältig abgestimmte Heranführung an den Raum der Intimität (siehe z. B. ▶ Abschn. 6.3, Anleitung K6: Das Nacheinander organisieren) und die Beachtung der Navigationsformel (▶ Kap. 4).

Die Navigationsformel

- Ausreichende Regulation ist die Voraussetzung für Klärung.
- Ausreichende Klärung ist die Voraussetzung für Intimität.

Wenn trotz dieser Sorgfalt Beschützer in den Intimitätsraum eindringen, ist unsere Aufgabe ganz explizit nicht, uns selbst zu kritisieren, enttäuscht zu sein oder dem sich schützenden und den Anderen verletzenden Partner Vorwürfe zu machen. Unsere Aufgabe ist es dann, ruhig zu bleiben und durch eine souveräne Prozesssteuerung auf die Klärungs- oder Regulationsebene den Rahmen zu halten. Dann kann dieser zunächst verletzende, schmerzhafte Moment zum Ausgangspunkt eines sehr wertvollen und wichtigen therapeutischen Prozesses werden.

7.1.4 Verantwortung gegenüber der Integration

Bei der Integration geht es um eine Reihe von Prozessen. Die intensive Erfahrung der Intimität muss geborgen werden, damit sie nicht sogleich wieder im Alltagstrott untergeht und zerfällt. Sie muss verknüpft werden: ein bewusster Integrationsprozess auf Klärungsebene. Und sie muss als psychische Nahrung verdaut werden, ein vor- oder unbewusster Prozess, der Ruhe und eine Pause vom Alltagsstress braucht, ganz analog zum Verdauungsprozess von physischer Nahrung. Außerdem braucht sie eine Antwort auf das paradoxe, gleichzeitige Vorhandensein von Kraft und Erschöpfung: Intimitätserfahrungen ermöglichen es uns einerseits, frische Lebenskraft zu schöpfen. Wenn wir sie nicht integrieren, erleben wir sie vielleicht euphorisiert und feiern sie ab wie ein Strohfeuer, oder wir erlauben uns nicht sie zu erleben. Andererseits sind Intimitätserfahrungen immer auch Antworten auf Krisen, auf Themen, die wir manchmal schon sehr lange – oft unbewusst – in uns mit hohem Energieaufwand halten. Die Kehrseite der nun frei werdenden Kraft ist manchmal, dass ein zutiefst erschöpfter innerer Anteil sich zeigt, der Aufmerksamkeit, Beachtung, liebevolle und verantwortungsvolle Versorgung benötigt.

Es ist schlicht wichtig, dass wir um diese Zusammenhänge wissen und versuchen einzuschätzen, was die Intimitätserfahrung für den Einzelnen und das Paar bedeutet. Der Intimitätsraum kann ein sehr machtvoller sein, er kann aber auch ganz sanft und behutsam sein. In vielen Fällen reicht es, den Raum behutsam zu schließen und darauf hinzuweisen, dass diese Erfahrung kostbar ist und es gut ist, achtsam damit umzugehen.

In jedem Fall sollten Sie in der nächsten Sitzung danach fragen, wie es damit ging. Dann bekommen Sie ein Gefühl dafür, was der angestoßene Prozess bedeutet und wo es gut gelingt, ihn zu integrieren und wo nicht.

Ich hatte bereits erwähnt, dass ich Therapeut*innen kenne, die die Intimitätsdimension meiden und auf diese Weise keine Verantwortung für diesen Raum übernehmen. Genauso höre ich Rückmeldungen, wie „Mein Therapeut öffnet in einem fort tiefe Themen und ich weiß gar nicht wie ich meinen Alltag noch schaffen soll, weil mich das so sehr überfordert." Es gibt Situationen, in denen man eine Entwicklungskrise forcieren muss. Das sind Situationen wie bei einer Geburt, wenn die Presswehen einsetzen. Aber das sind Sondersituationen. Ich habe jedoch – bei aller gegebenen Vorsicht in der Bewertung von Berichten über Dritte (!) – den Eindruck, dass es sich hier immer wieder um einen grundlegenden therapeutischen Stil handelt. Ich sehe das fortwährende Übersehen der Integrationskapazitäten des Paares oder Patienten angesichts der Alltagsanforderung als unzureichende Klarheit in der Prozesssteuerung an, die dazu führt, dass als Folge früher oder später keine ausreichende Regulation besteht. Das kann zu sehr schwierigen Entwicklungen führen, zu Blockaden im Prozess oder zu unausgewogenen Entscheidungen und inneren und äußeren Dynamiken.

Es wird häufig übersehen, dass die Durchbruchserfahrung, die erschütternde Erkenntnis, die Konfrontation traumatischer Inhalte etc. häufig nur ein kleiner, wenn auch wichtiger Durchgangsmoment der Gesamtentwicklung darstellt. Sie ist oft wie ein Nadelöhr: Bevor der Faden hindurchgeht, „knubbelt" es sich, wehrt sich, wird manchmal chaotisch. Dann ist der Faden durch, erlösend und klärend, und nun können wir plötzlich mit all dem was sich eben noch chaotisch zusammengebraut hat etwas anfangen. Das Einfädeln des Fadens webt jedoch noch nicht den Stoff und näht noch nicht das Kleid. Das bedeutet, dass die Integration in der Therapie erworbener Erkenntnisse und Erfahrungen in den Alltag Zeit, Raum und gegebenenfalls therapeutische Begleitung braucht. Diesen Prozess zu verstehen und zu begleiten, beschreibt unsere therapeutische Verantwortung an dieser Stelle.

7.1.5 Verantwortung gegenüber dem Timing: Früchte pflücken wenn sie reif sind

Wir können in der Arbeit mit Paaren reife Früchte der Intimitätserfahrung daran erkennen, dass sich Selbstqualitäten zeigen: verbal in Äußerungen oder nonverbal: eine zugewandte Berührung, eine Andeutung einer Hinwendungsbewegung, ein warmer Blick. Bei mir selbst in der therapeutischen Rolle ist ein sicheres Anzeichen dafür, dass sich eine Selbstqualität zeigt etwa das Aufstellen der Nackenhaare.

Wenn wir diese Anzeichen bemerken und den Raum als ausreichend sicher erleben, sollten wir die Intimitätsdimension öffnen (siehe ► Abschn. 7.5 Den Raum halten und ► 7.7 Übung I2 „Früchte pflücken").

Wenn wir weiter klärend intervenieren, wird sich das Fenster zur Intimitätsdimension wieder schließen. Deshalb müssen wir wach und aufmerksam sein für diese Anzeichen, da wir bereit sein müssen, den Plan, den wir gerade vielleicht verfolgen, aufzugeben. Zum Beispiel kann es sein, dass wir einen bestimmten Aspekt der Beziehungsdynamik klärend herausarbeiten möchten. Auf einmal sagt die Partnerin: „Es berührt mich, dass du das sagst." Wir können unseren bisherigen Plan weiter verfolgen und weitere klärende Fragen stellen (z. B.: „Danke Frau X, was ist denn ihre Sichtweise auf das Thema?"). Das ist keine falsche Frage und sie wird auf dem Klärungsweg sicher weiterführen. Es ist nur ein schlechtes Timing in Bezug auf die Chance eines wichtigen Erlebens von Intimität. Das Fenster, das gerade im Begriff war sich zu öffnen, wird sich mit diesem Vorgehen übergangs- und geräuschlos wieder schließen. Andererseits wird sich der Raum der Intimität unmittelbar öffnen, wenn wir die Berührtheit aufgreifen und den Rahmen für die Begegnung darin ermöglichen: „Das ist kostbar, Frau X. Können Sie ihrem Partner bitte noch einmal direkt in die Augen schauen und wiederholen, was Sie so berührt hat?" Wenn sich beide Partner sicher fühlen, treten sie an dieser Stelle mittels unserer simplen Intervention mühelos in eine tiefe, ganzheitliche und vermutlich heilsame Begegnung zueinander ein. Das ist Prozesssteuerung.

7.1.6 Verantwortung gegenüber dem was sich zeigen will: zur Seite treten, damit es sich ereignen kann

Das Stichwort „mühelos" führt zum nächsten Punkt.

Die Tür geht nach innen auf

Manchmal drücken wir mit aller Kraft gegen die Tür zu dem Raum, in den wir gelangen wollen – bis wir irgendwann endlich erschöpft aufgeben. Nur um dann zu bemerken, dass die Tür nach innen aufgeht, ganz mühelos und das Leben reicht uns die Hand, um hindurch zu treten.

Die Tür zu echter Entwicklung öffnet sich immer nach innen.

Was für die Entwicklung der Beziehung des Paares und unserer Patient*innen zu sich selbst gilt, gilt auch für uns Therapeut*innen in Bezug auf das, was sich in der Intimitätsdimension ereignet: Wir müssen gar nichts tun, nichts herstellen oder durch eine kunstvoll geistreiche Intervention zutage bringen. Unsere Aufgabe besteht im Wesentlichen darin, den Raum zu halten (s. ► Abschn. 7.5).

In einer persönlichen Mitteilung hat Dr. Sylvester Walch, der sein therapeutisches Leben der Verbindung von Spiritualität und Psychotherapie gewidmet hat (Walch 2011), es so ausgedrückt:

> » „Im Laufe der Jahre lerne ich mehr und mehr in der Begleitung weniger zu tun – sondern vielmehr gleichsam beiseite zu treten und dem Raum zu geben, was sich aus sich selbst heraus zeigen will."

Weniger tun heißt, nicht passiv zu sein. Es heißt vielmehr, sehr wach und bewusst wahrzunehmen, um dem, was aus mir selbst heraus in diesen Raum treten mag, nicht im Weg zu stehen, sondern zur Seite zu treten, damit es sich ereignen kann.

7.2 Intimität und Bindungserfahrung

Unser Bedürfnis, gesehen und beantwortet zu werden, ist eines der tiefsten, da sich aus ihm alles Weitere ergibt: Wenn das in unseren ersten Bindungserfahrungen gelingt, fühlen wir uns sicher, können wir die ausreichende Versorgung durch unser Gegenüber erwarten, bekommen wir das Feedback, das wir zur Entwicklung eines stabilen Selbstbildes (wer sind wir) und eines stabilen Selbstwertes (wir sind ok) sowie einer vertrauensvollen Welterfahrung (du bist ok) brauchen, wir erhalten ausreichende emotionale Ermutigung, um zu explorieren und Autonomie zu entwickeln – alles Grundlagen einer gelingenden Identitätsentwicklung.

Aus dieser Überlegung wird die grundlegende Bedeutung der annehmenden Spiegelung, des Sich-Zeigens, Gesehen- und Beantwortet-Werdens deutlich. Dabei ist die Co-Resonanz, auf die wir von klein auf so dringend angewiesen sind nie eine rein kognitive, sprachliche, sondern im Gegenteil im Kern zunächst primär eine körperliche und emotionale. Sie gründet in der Co-Regulation, in der die Bindungsperson dem Säugling und dann dem heranwachsenden Kleinkind hilft, basale Bedürfnisspannungen zu regulieren und die Übergänge zwischen Hunger, Nahrungsaufnahme, Ausscheidung, Aktivität und Ruhe, im Innen und im Außen sein, Wachsein und Schlafen zu bewältigen. Sie entwickelt sich dann weiter in das aus Blicken, Mimik, Berührungen und Lautdialogen gewobene Co-Resonanz-Geschehen, zu dem sich erst allmählich mehr und mehr die Benennung, dann die Bedeutung und schließlich die personale Sprache gesellt.

Wir wissen heute, dass einerseits die strukturellen Defizite, die aus Bindungstraumata erwachsen können (s. ► Kap. 5), lange brauchen, um sich verändern und entwickeln zu können. Andererseits erleben wir, dass die stabile Erfahrung einer sicheren Bindung dazu führt, dass Menschen ihre unsicheren Bindungsstile modifizieren und in einen sichereren Stil überführen können. Beispielsweise haben die Bindungsforscher Main, Hesse und Kaplan in einer Langzeitstudie das Konzept des „earned secure attachment", des erworbenen sicheren Bindungsstils, untersucht und belegt (Main et al., 2005). Wir sollten also das Potenzial der Intimitätserfahrung für die Stärkung der Bindungssicherheit des Paares weder über- noch unterschätzen. Wenn wir strukturelle Defizite mit der Schlaglochmetapher beschreiben (s. ► Abschn. 5.1.2), so bedeutet die Intimitätserfahrung, in das Schlagloch ein neues Steinchen einzufüllen. Das ist unendlich wertvoll, denn es hilft dabei, eines Tages nicht mehr im Schlagloch hängen zu bleiben – und also nicht mehr aus der Beziehung zu sich selbst und dem Anderen zu fallen. Aber es sollte auch nicht verwechselt werden mit der spontanen Beseitigung aller Probleme – was letztlich kurzfristig ein gutes Gefühl gibt, um dann zu Frustration und im schlimmsten Fall zu Gefühlen von Vergeblichkeit und Resignation zu führen.

7.3 Intimität und Sexualität

Der Begriff der Intimität, wie er für die Tiefungsdimension verwendet wird, meint nicht vornehmlich sexuelle Intimität, sondern emotionale Intimität. Emotionale Intimität ist ohne sexuelle Lust und Anziehung möglich, sexuelle Intimität jedoch nicht ohne emotionale Intimität. Natürlich kann leidenschaftliche Sexualität ohne Liebe und Partnerschaft und auch ohne eine differenzierte geteilte Emotionalität erlebt werden. Aber Intimität in der Sexualität vertieft die sexuelle Erfahrung und schafft Raum, in dem ein Beisammensein von Liebe und Leidenschaft möglich ist. Auch hier ist Intimität keine undifferenzierte Nähe. Undifferenzierte, symbiotische Nähe ist in Langzeitbeziehungen ein schleichendes Gift, das die Leidenschaft mit der Zeit zu ersticken droht. Deshalb kann man sagen, dass sexuelle Unlust nicht selten mit zu viel undifferenzierter Nähe zusammenhängt.

Sich Zeigen braucht Achtsamkeit („Wo bin ich gerade wirklich?“) und Mut („Ich zeige mich dir mit meinem Ja und meinem Nein.“). Dafür ist es oft wichtig, sich erst einmal (wieder) selbst wahrnehmen und kennenzulernen.

Der Sexualtherapeut David Schnarch beschreibt, wie Liebesbeziehungen zu einer Differenzierung des Selbst herausfordern. Jürg Willi führt im Vorwort von Schnarchs Buch *Die Psychologie sexueller Leidenschaft* (2009) aus: „Man muss lernen, sich dem Partner gegenüber mit echten Gefühlen zu zeigen und in der Intimität bei sich selbst zu bleiben. Das ist eine sehr hohe Anforderung, deren Erfüllung oft schwierig und schmerzlich ist. Intimität und enge Bindung sind nach Schnarch nur möglich, wenn die Autonomie der Partner gesichert bleibt. Erst das eröffnet die Möglichkeit, die Beziehung auch sexuell spannungsgeladen und lebendig zu erhalten.“

7.4 Intimität – ein Weg des Herzens

Martin Buber beschreibt in seinem grundlegenden Werk *Ich und Du* (1923), dass wir in der Welterfahrung zwei Beziehungsgrundformen begegnen, die in einem dialektischen Verhältnis verschränkt sind: der Ich-Du-Beziehung und der Ich-Es-Beziehung. Er konstatiert „Der Mensch wird am Du zum Ich“, (ebd. S. 37). Damit beschreibt er eben diesen Raum der unmittelbaren ganzheitlichen Begegnung, in dem eine tiefe Beziehung zu uns selbst, zum Gegenüber, zur Welt und zu dem, was wir als göttlich empfinden mögen, entstehen kann. Mit Buber gesprochen, muss sich jede Liebesgemeinschaft – und letztlich auch jede menschliche Gemeinschaft und Kultur – in dem begründen und immer wieder erneuern, was er „Ich-Du"-Beziehung nennt – sonst wird sie hohl, entbehrt dem spirituellen Kern und verliert sich in einer Entfremdung von sich selbst in der Ich-Es-Beziehung und im sich selbst erschöpfenden Streben nach außen, ohne einen Zentrum und Halt gebenden Bezugspunkt im Innen.

Diese Notwendigkeit, uns immer wieder im Intimitätsraum zu erneuern, erlebe ich als eine tiefe grundlegende Sehnsucht sowohl bei uns Therapeut*innen als auch bei den Patient*innen und Paaren. Die Intimitätsdimension ist immer ein Begegnungsraum: entweder mit einem anderen Menschen, Tier oder der Natur, oder mit uns selbst – und dann erleben wir ein *inneres Gegenübersein.*

Mit dem Bild des 3-D-Kinos (vgl. ► Abschn. 2.1) gesprochen, erleben wir in der Klärungsdimension zunächst eine zweidimensionale Erfahrung. Diese ist für die meisten Menschen wohl die vorwiegende Alltagserfahrung. Wenn wir in tieferem Kontakt mit uns selbst sind, tritt die dritte Dimension in der Wahrnehmung deutlich in den Vordergrund – wie das 3-D-Erleben im Kino. Alles wird bezogener, bedeutungsvoller und emotional berührbar. Viele Menschen werden diesen Zustand klarer und intensiver aus schönen Urlauben und intensiven Naturerfahrungen kennen. Interessant ist der Aspekt der Begegnung – bei Buber die Ich-Du-Erfahrung. Der 3-D-Effekt des Erlebens in der Intimitätsdimension entsteht wie von selbst, wenn wir einem anderen Menschen in (emotional) intimer Weise begegnen. Wenn dieses Erleben aber unabhängig von der Begegnung mit andern Menschen (Tieren, der Natur) entsteht, so kann man darin eine innere Ich-Du-Beziehung erkennen: Es entsteht eine innere Begegnung, ein innerer Dialog. Dieses „Gegenüber"-Erleben kann natürlich sehr unterschiedlich gedeutet werden: als Beziehung zu etwas Göttlichem, Universellen oder als Kontakt zu einer inneren Verbundenheitserfahrung.

So wie schon Buber es beschreibt, ist der Begegnungsraum, den wir in der Therapie in der Intimitätsdimension öffnen, damit derselbe, in welchem Menschen ihrer Spiritualität und dem, wie sie sich für sie ausdrückt, begegnen. Das bedeutet, dass wir hier einer im Erleben uns als Person *antwortenden*, und damit *nichtpersonalen* oder auch *transpersonalen Resonanz* begegnen, die wir entweder als etwas in uns selbst oder als etwas außerhalb unserer selbst erleben. Die Begegnung mit solch einer spirituellen inneren Qualität kann sich ganz leise und behutsam ereignen, in tiefer Stille, oder als deutliche Stimme und als überwältigende tiefe Erfahrung universeller Liebe und dem All-Eins-Erleben dieser Ich-Du-Ebene.

Tom Holmes beschreibt (2023), dass er seine Arbeit mit inneren Anteilen, in dem das „Selbst" mit den auch in diesem Buch beschriebenen Selbstqualitäten eine zentrale Rolle spielt, als Weg des Herzens versteht. Er schlägt als Begriff für das Selbst „Herz-Geist" vor, eine Übersetzung aus dem Asiatischen für das spirituelle Herz und eine mögliche Übersetzung des „Buddha-Herz", des liebenden Mitgefühls im Buddhismus (Bodhicitta). Der islamische Gelehrte Al Ghazali beschrieb es im 11. Jahrhundert auf berührende Weise als „subtile, zarte Substanz, die die wahre Essenz des Menschen ist" (2011). Tom Holmes sieht in der Begegnung mit unserem Selbst den Herz-Geist angesprochen und versteht die therapeutische Arbeit, die uns hilft uns anhand der Begegnung mit dieser Qualität zu entwickeln als Friedensarbeit. Eine gute Beziehung zu uns selbst schafft die Grundlage für eine gute Beziehung zu anderen und zu unserem Leben.

Es ist mir bewusst, dass der Frage nach der Spiritualität in der Fachliteratur mit kritischer Distanz begegnet wird. Eine pseudowissenschaftliche Esoterik birgt leicht erkennbar Gefahren sowohl für den Erkenntnisgewinn als auch für die therapeutischen Prozesse und die therapeutische Beziehung. Dennoch ist es mir ein Anliegen, diese Gedanken zu Spiritualität an dieser Stelle zu teilen, weil diese Erfahrungsqualität unmittelbar zur Intimitätserfahrung gehört. Sie auszulassen wäre schlichtweg eine unzureichende Verkürzung der Darstellung. Zudem bin ich überzeugt, dass wir – egal wie wir selbst sie verstehen – unseren Patientinnen und Paaren ermöglichen sollten, den Zugang zu ihren spirituellen Ressourcen zu nutzen, die genau an dieser Stelle im therapeutischen Prozess anknüpfen. Unsere Prozesssteuerung ist zu jeder Zeit bedeutsam, wirkungsvoll und mächtig. Daher ist aus meiner Sicht eine zumindest pragmatische, unbedingt aber geerdete Auseinandersetzung – „mit beiden Füßen auf dem Boden" – mit dem Aspekt der Spiritualität in der Dimension der Intimität bedeutsam und wertvoll.

7.5 Den Raum halten

Was aber ist unsere Rolle, wenn wir doch „aus dem Weg gehen" sollen, damit sich das, was sich ereignen soll ereignet? Zugegeben sind diese etwas wolkigen Ausführungen wenig geeignet, konkrete Orientierung für die Prozesssteuerung zu geben. Dennoch sind sie wichtig, sollten aber eher verstanden werden wie die Sterne, die den Seefahrern früher als Orientierung galten. Es geht um die innere Haltung, mit der wir den Menschen begegnen, mit denen wir arbeiten – und die letztlich die Qualität jeder Intervention, die wir setzen, färbt. Ich möchte versuchen, etwas über das Steuerruder und die konkreten Navigationshilfen auf der hohen See der Liebe und Intimitätserfahrung zu vermitteln. Denn die Möglichkeiten die wir an dieser Stelle haben, sind überraschend konkret und unmittelbar wirksam. Folgende Schritte müssen wir gehen, um den Raum der Intimitätserfahrung zu halten:

■ 1. Selbstqualitäten erkennen

Die Schulung im Erkennen der Selbstqualitäten ist nach meiner persönlichen Erfahrung eine der fruchtbarsten Investitionen in die Fähigkeit zur therapeutischen Prozessführung. Und zwar explizit und nicht nur intuitiv, (vgl. ► Abschn. 6.3.9).

Selbstqualitäten haben eine hohe Spezifizität, sie sind als Qualitäten des Herzens und der Liebe bedingungslos: Man kann nicht halb neugierig sein, sich nicht halb von Herzen freuen, nicht halb kreativ, nicht halb berührt, nicht halb mitfühlend, nicht halb offen sein (halb offen ist eben nicht wirklich *offen*) und nicht halb *verbunden* (halb verbunden ist eben nicht wirklich *verbunden*).

Anteile, die keine Selbstqualitäten haben, sind oft sehr intensiv, aber auch wesentlich ambivalenter, weil bedingt: Ich will dir helfen – wenn du meiner Vorstellung als armes Opfer entsprichst, ich bewerte dich, weil ich Sorge habe, dass du mich verletzen könntest, ich will die Beste sein, weil ich sonst nicht genau weiß wer ich bin.

Selbstqualitäten sind damit etwas, was wir verstehen und bemerken können sollten, denn sie machen einen wichtigen Unterschied. Aufgrund ihrer Klarheit und Unverstelltheit, öffnen sie den Weg zu Verständigung und Herzensverbindung. Wir sollten es uns also als Therapeut*innen nicht leisten, sie nicht klar und sicher erkennen und benennen zu können.

Selbstqualitäten zeigen sich aber nicht immer direkt. Es ist eher unwahrscheinlich, dass jemand sagt: „Das macht mich neugierig!" Aber vielleicht sagt er mit offenem Ausdruck: „Wie meinst du das genau?" Dann können wir das aufgreifen und direkt ansprechen: „Ich finde es schön, mit welcher Offenheit und Neugier sie sich in diesem Augenblick dem zuwenden, was sie vorher im Streit überhaupt nicht wahrnehmen konnten. Das ist sehr kostbar."

Mitgefühl zeigt sich beispielsweise häufig als Berührtheit und offene Zuwendung. Es braucht neben dem Verständnis, was Selbstqualitäten sind, also ein Sensorium und ein aufmerksames Hinhören, wie sie sich ausdrücken.

Der Selbstkontakt kann sich auch einfach in authentischer Freude oder authentischem Schmerz ausdrücken. Versuchen Sie dabei wahrzunehmen, ob die Gefühle wirklich offen und nicht agierend ausgedrückt werden. Laden Sie dazu ein, offene Gefühle direkt und ganzheitlich auszudrücken.

▪ 2. Zum direkten und ganzheitlichen Ausdruck einladen

Der zweite Schritt besteht darin, den direkten und ganzheitlichen (d. h. hier: Körper-Seele-Geist umfassenden) Ausdruck einzuladen. In der Paartherapie können wir an dieser Stelle das Paarsetting selbst mit seinem unmittelbaren Potenzial optimal nutzen: Die direkte Zuwendung der Partner zueinander in einem Moment der Herzöffnung hat eine tiefe emotionale Kraft. Grundsätzlich sind dabei folgende Elemente wichtig:

- **Zugewandtheit:** Es kann unterstützend sein, die Sitze zueinander ausrichten zu lassen, das schafft zusätzlich im Bezug zur Therapeut*innenposition einen eigenen intimen Raum zwischen den beiden Partner*innen.
- **Blickkontakt!** Bitten Sie die Partner einander in die Augen zu sehen. Das Potenzial dieses Elements ist hinreichend und notwendig. Ohne Blickkontakt ist Intimität kaum vollständig erreichbar.
- **Die gute Botschaft aussprechen:** Ermutigen Sie zur Aussprache der Kernbotschaften dessen, was empfunden wird. Versuchen Sie ausschweifende Reden behutsam zu begrenzen und gegebenenfalls durch Paraphrasierung Anleitung zu geben, welche Aussage den (Herzens-)Kern des emotionalen Anliegens ausdrückt

Ergänzende Elemente

- Laden Sie dazu ein, den **Körper** wahrzunehmen.
- Laden Sie wie in der Body-Talk-Methode (► Abschn. 7.7, Übung I2) zum gestischen Ausdruck oder zur **Berührung** ein.
- Bieten Sie bei Ritualen (► Abschn. 7.7, Übung I4) **zentrale Formeln** an.

▪ 3. Verlangsamen

Drosseln Sie unbedingt das Tempo. Ich mache in Seminaren immer wieder die Erfahrung, dass eine der wesentlichen Rückmeldungen bei der Vorführung der Arbeit in Rollenspielen auf dieser Ebene ist, dass die Langsamkeit als wichtig und heilsam empfunden wurde, insbesondere durch die Teilnehmenden, die das Paar spielen. Die Intimitätsdimension hat ein anderes Zeitempfinden, weil so viele innere Bilder und Prozesse beteiligt sind, die nicht vollständig verbalisiert werden, aber Zeit brauchen, um wahrgenommen zu werden. Wenn das Tempo hier zu schnell ist, übergehen wir die ganzheitliche Dimension und landen zu sehr wieder „im Kopf" und in aller Regel dann früher oder später wieder in der Klärungsdimension.

- **4. Behutsam die Wechselseitigkeit unterstützen**

Pendeln Sie in achtsamen und angemessenen Tempo in der Ansprache vom einen zum anderen Partner – es sei denn, der Fluss der Interaktion zwischen den beiden Partnern verselbstständigt sich. Dann sollten wir weitere sprachliche Äußerungen auf ein Minimum reduzieren und dankbar bezeugen, wie sich zwei Menschen einander unmittelbar begegnen und liebevoll zuwenden.

- **5. Würdigung**

Jede Intimitätserfahrung hat einen natürlichen Bogen, der sich von innen heraus organisiert. Sie werden spüren, wenn alles gesagt wurde, was für jetzt wichtig ist. Dann sollten wir auch nicht zu lange innehalten, sondern das Geschehene nochmal würdigen. Halten Sie hier eigene mit Selbstqualität verbundene Gefühlsäußerungen nicht zurück! Sagen Sie, was Sie berührt und beeindruckt hat. Benennen Sie, was Sie kostbar fanden, mutig und großartig. Das unterstützt das Paar darin, diese Erfahrung ernstnehmen zu dürfen. Häufig sind diese Erfahrungen zunächst zwar sehr ergreifend, aber dann zweifeln wir vielleicht wieder schnell, ob wir uns das nicht alles nur einbilden und ob das nicht vielleicht alles furchtbar naiv und peinlich ist. Anstatt diese so wertvolle Seite menschlichen Erlebens für sich stehen zu lassen und vollwertig anzuerkennen.

- **6. Bergen**

Bitten Sie das Paar zum Abschluss, dieser Erfahrung einen guten Ort in sich zu geben, an dem sie ausreichend geschützt ist vor dem Rauschen des Alltags, damit sie die Zeit bekommt, ihre Wirkung im Inneren zu entfalten. Es kann sinnvoll sein, einen konkreten Zeitpunkt zu benennen, an dem noch einmal in Ruhe Kontakt zu dieser Erfahrung aufgenommen werden kann. Weitere Unterstützungsmöglichkeiten sind Erinnerungssymbole für diesen Moment zu suchen und vielleicht einen gemeinsamen Ort dafür zu finden.

- **7. Integration bahnen**

Wenn Sie den Eindruck haben, dass die Erfahrung in irgendeiner Weise erschütternd war, melden Sie das dem Paar zurück und stellen Sie die Frage, wie für den angestoßenen Prozess ein guter Rahmen gefunden werden kann. Das können regelmäßige Zwiegespräche, Einzeltherapie, eine Verabredung zur gemeinsamen Nacharbeit des Erlebten in einem größeren Abstand, z. B. in der nächsten Sitzung, in der Therapie, oder vierteljährlich für das Paar zu zweit. Erklären Sie dem Paar gegebenenfalls warum diese Erfahrungen manchmal so tiefgreifend sein können. Es fällt vielen Patient*innen schwer, Entwicklungsprozessen wirklich angemessen Zeit zu geben. Oft weil schlichtweg wenig Erfahrung mit solchem Erleben besteht.

7.6 Intimität 2.0

Ich möchte noch einen wichtigen besonderen Fall erwähnen: manchmal lässt sich auch dann die Intimitätsebene öffnen, wenn gerade keine Verständigung gelingt. Das klingt zunächst paradox, aber es kann wertvoll sein, anzuerkennen, dass beide gleichermaßen traurig, erschöpft, enttäuscht etc. sind. Sie können das etwa so einbetten: „Sehen Sie, es ist so schwer, einander hier zu begegnen und zusammen zu finden. Aber was ich deutlich wahrnehme ist, dass Ihnen das beiden nicht egal ist, weil Ihnen an Ihrer Beziehung gelegen ist, und dass Sie beide darum trauern. Mögen Sie sich einmal einen Moment in die Augen sehen und das miteinander wahrnehmen?“ Es kann sehr wertvoll sein, sich in den Momenten des Scheiterns gegenseitig zu sehen, und so zumindest auf einer Ebene die gemeinsame Verbindung zu spüren, und damit auch, dass beide nicht vollständig alleine sind.

7

Wenn ein Klärungsprozess, um den Therapeut und Paar mühsam gerungen haben enttäuschend erscheint, kann hierdurch etwa das gemeinsame Bemühen gewürdigt und auch das wahrgenommen werden, was durch das gemeinsame Differenzieren dennoch voneinander sichtbar und spürbar geworden ist.

Im Gegensatz zur „Intitmität 1.0“, in der eine Erfahrung direkter Verbundenheit erlebt wird, ist die Verbundenheit hier indirekt. Ich nenne diese Erfahrung deshalb „Intimität 2.0“.

Intimität 2.0

- Während die direkte Intimitätserfahrung bedeutet, unmittelbar Bindung zu erleben, findet „Intimität 2.0“ angesichts der gemeinsamen Anerkennung und Wahrnehmung der *Grenze* bzgl. nicht erfüllbarer Bedürfnisse statt: „Hier finden wir (jetzt) nicht zusammen.“
- Es geht um ein *Anerkennen dessen, was ist.* Auch dessen, was fremd oder unerfüllt bleibt, und einander genau *darin* emotional zu begegnen.
- Intimitätserfahrungen dieser Art ermöglichen dennoch für beide Partner eine intensive Begegnung und schaffen einen wichtigen Boden, der das Paar *emotional* stabilisiert.

7.7 Übungsteil Intimität

Da Intimität ein Begegnungsraum ist, lassen sich die wichtigsten Übungen dazu am besten in einer Kleingruppe durchführen. Als Vorbereitung und als wichtige Selbstfürsorge für Therapeut*innen sehr zu empfehlen ist, immer wieder Selbstkontakt herzustellen. Zwischen Sitzungen, in einer ruhigen Minute, bei der Meditation, im Fahrstuhl, während einem Spaziergang.

Die – neben Atmen – vielleicht einfachste und am schnellsten umsetzbare Übung ist Dankbarkeit.

Übung I1: Dankbarkeit

Nehmen Sie einen bewussten Atemzug.

Vergegenwärtigen Sie sich eine Sache, über die Sie froh sind oder für die Sie dankbar sind. Vielleicht fällt Sie Ihnen im Alltag gar nicht mehr auf, weil Sie sich daran gewöhnt haben. Bedanken Sie sich dafür.

Vielleicht mögen Sie auch eine Schwierigkeitsstufe weiter gehen. Denken Sie an jemanden, mit dem Sie es nicht ganz leicht haben – gibt es etwas wofür Sie ihm oder ihr aufrecht dankbar sein können? Nehmen Sie sich einen Moment Zeit, diese Dankbarkeit wahrzunehmen und ihr als Teil einer vielleicht komplizierten Beziehung einen Platz zu geben. Das könnte hilfreich sein, um der Person bei der nächsten Begegnung offener und gelassener gegenüber zu treten.

Setzen Sie diese Dankbarkeitsreise beliebig fort, bis sie spüren, dass mehr Ruhe, Verbundenheit und Offenheit in ihr Herz eingekehrt sind.

Übung I2: Früchte Pflücken

Die Übung kann in einer Kleingruppe durchgeführt werden: eine Therapeutin, ein Paar, restliche Teilnehmende beobachten.

Es ist sinnvoll, Fälle aus der eigenen Praxis für die Übungen zu nehmen. Diese sind lebendiger und derjenige, der den Fall einbringt hat einen intervisorischen Gewinn von der Arbeit. Sie können auch folgende Paarlegenden-Skizze verwenden (◘ Abb. 7.1):

Schreiben Sie auf fünf Karteikärtchen je eine Selbstqualität. Ohne dass die Therapeutin es mitbekommt wählt das Paar einen Partner aus, der dann verdeckt eine Selbstqualitätskarte wählt.

Zu Beginn der Übung soll versucht werden, einen einfachen Konflikt zwischen dem Paar zu klären.

Die Aufgabe desjenigen, der die Selbstqualitätskarte gezogen hat, ist es, an einer Stelle im Prozess mit dieser

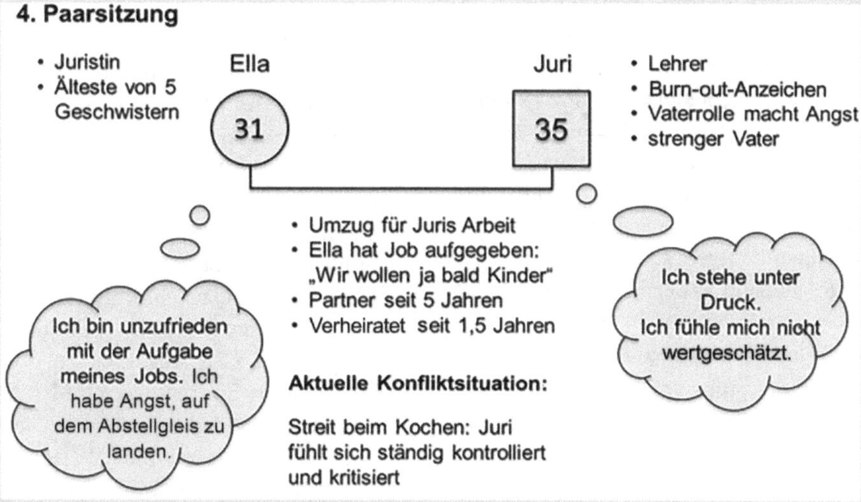

◘ **Abb. 7.1** Paarlegende 3: Ella und Juri. (© Wanja Kunstleben)

Selbstqualität zu reagieren. Aufgabe der Therapeutin ist dann, diese Selbstqualität zu bemerken, aufzugreifen und die Intimitätsdimension zu öffnen.

Wenn dies gelingt, können die 7 Schritte aus ► Abschn. 7.5 dabei Beachtung finden, fixieren Sie aber nicht zu sehr das technische Vorgehen. Wichtiger ist es, beim eigenen Stil zu bleiben und die Wirkung davon in der Reflexion gegebenenfalls mit den 7 Schritten abzugleichen.

Wenn es nicht gelingt, sollte die Therapeutin versuchen, den Prozessschritt transparent zu machen und das Paar wieder auf der Klärungsebene zu stabilisieren.

Das Paar sollte bemüht sein, nicht aus dem WOT zu gehen, da das hier nicht Fokus der Übung ist.

Reflexion

Wie haben sich Therapeutin und Paar bei der Übung gefühlt?

Warum ist es gelungen/nicht gelungen die „Frucht" zu pflücken?

Gab es Stolpersteine? Wie war der Umgang damit?

Gab es Edelsteine? Wodurch sind sie ermöglicht worden?

Welche Erkenntnisse können aus der Arbeit mitgenommen werden?

Übung I3: Body-Talk-Methode

Ich habe die Body-Talk-Methode als einfache und effektive Methode entwickelt, mit deren Hilfe Intimitätserfahrungen im Paarsetting auf tiefe und sichere Weise gerahmt werden können. Dabei wird der Köper achtsam in die Kommunikation miteinbezogen.

Sie hat eine vorbereitende Phase, die dem Vorgehen nach dem Drei-Felder-Schema entspricht, und eine zweite Phase, die Body-Talk-Phase.

Die Übung eignet sich wieder sehr gut als Kleingruppenübung (ein Therapeut, ein Paar, Beobachter). Nehmen Sie sich etwa 45 min Zeit, für die Übung selbst etwa 15–20 min + Reflexion. Arbeiten Sie mit einem „mitgebrachten" Fall oder mit der folgenden Paarlegende (◘ Abb. 7.2):

Phase I: Vorbereitung

Je nach Situation können Sie die Übung damit beginnen, die Stühle des Paares zueinander auszurichten, oder dies dann spätestens mit Beginn der Body-Talk-Phase nachzuholen.

Kurzanleitung Drei-Felder-Schema (ausführlich s. ► Abschn. 6.3.1 und ► Abb. 6.2):

- Gefühl im Körper verorten
- Exploration Herkunftsbezug
- Exploration Bewältigungsstrategien damals und heute
- Exploration Sehnsucht

Phase II: Body-Talk

- Laden Sie dazu ein, die Wahrnehmung des Wunsches, der Sehnsucht nochmal auf Körperebene zu fokussieren: „Wie fühlt sich das jetzt in Ihnen an?"
- Eventuell können Sie dazu einladen, die Stühle zueinander auszurichten und Blickkontakt aufzunehmen.
- Laden Sie dazu ein, das Gefühl in einer Geste zum Ausdruck zu bringen. „Wenn Sie dieses Gefühl ihrer Partnerin gegenüber in einer Geste oder Körperhaltung ohne Worte zum Ausdruck bringen würden – wie sähe das aus?"

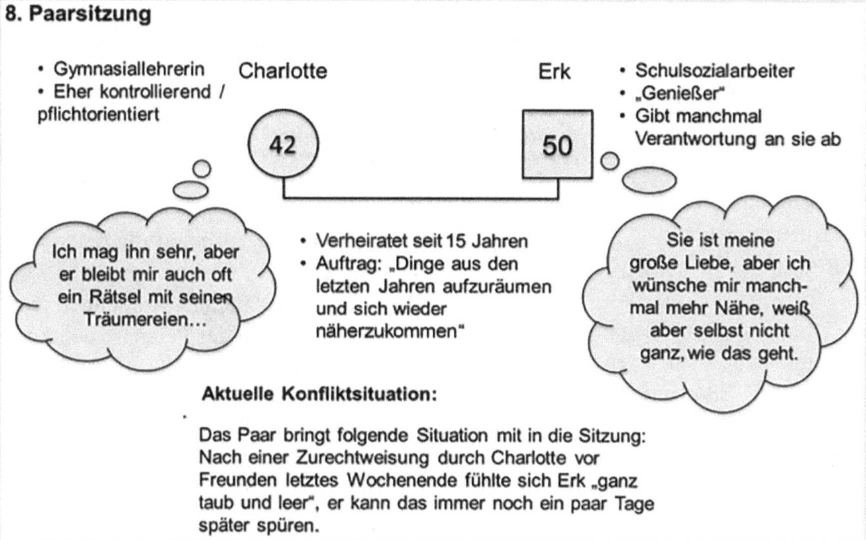

Abb. 7.2 Paarlegende 4: Charlotte und Erk. (© Wanja Kunstleben)

- Dann wechseln Sie zu Partner 2: „Wenn Sie diese Geste Ihres Partners wahrnehmen, was fühlen Sie dabei? Wie nehmen Sie das auf körperlicher Ebene wahr?"
- Cave! Der Body-Talk-Prozess kann nur dann fortgeführt werden, wenn Partner 2 mit Selbstqualitäten auf die Geste von Partner 1 reagiert. Ansonsten sollte klärend oder regulierend weitergearbeitet werden, z. B. mit einem Beschützeranteil der sich bei Partner 2 zeigt. In der Übungssituation könnten Sie beide Varianten miteinander durchspielen.
- Lassen Sie das Gefühl wieder in einer Geste zum Ausdruck bringen.
- Lassen Sie das Paar den wechselseitigen nonverbalen Ausdruck der Resonanz so lange wiederholen, bis ein Gefühl des „Zusammenschwingens" erreicht ist.
- Gegebenenfalls können Sie zu Berührung/Umarmung einladen.
- Anschließend wird das Paar aufgefordert, das Erlebte zu verbalisieren und es so im Gespräch zu integrieren: „Wie klingt das Erleben nach? Was nehmen Sie daraus mit?"

Reflektieren Sie nach Abschluss der Übung:

Ist es gelungen, in den Body-Talk zu finden?

Falls nein: Ist die Prozesssteuerung zurück auf die Klärungs- oder Regulationsebene gelungen? Wie könnte das fiktive weitere Vorgehen mit dem Paar sein?

Gab es Stolpersteine? Wie war der Umgang damit?

Gab es Edelsteine? Wodurch sind sie ermöglicht worden?

Welche Erkenntnisse können aus der Arbeit mitgenommen werden?

Übung I4: Rituale: Versöhnung, Übergang, Abschied

Rituale in der Paartherapie haben drei Phasen: Vorbereitung, Ritual und Integration. Hier wird lediglich auf die Ritualphase eingegangen. Diese besteht wiederum aus einem Dreischritt:

- Herstellen des Raums
- Vollzug des Rituals
- Bergen der Erfahrung

Als Übung in der Kleingruppe können Sie selbst eine Paarlegende „stricken", eigene Fälle einbringen oder folgende Paarlegenden verwenden:

- **Versöhnungsritual:** Paarlegende Charlotte und Erk (s. ◘ Abb. 7.2: Paarlegende 4) mit folgender Erweiterung: Erk hatte vor einigen Jahren eine größere Operation. Charlotte hatte ihn trotz stressigem Alltag gut versorgt, aber er hätte sich gewünscht, sie hätte sich mit ihm gemeinsam seinen Ängsten zuwendet. Obwohl er versucht hatte sich zu öffnen, hat sie ihn aus Überforderung damit alleine gelassen.
- **Übergangsritual:** Wir dichten Charlotte zwei Kinder aus erster Ehe an, die beide im gemeinsamen Haushalt gewohnt haben. Das zweite der beiden Kinder ist nun ausgezogen, sodass das Paar zum ersten Mal im Leben alleine miteinander wohnen wird.
- **Abschiedsritual:** Paarlegende Katharina und Mike (s. ► Abschn. 5.4.2, Übung R3). Erweiterung: Das Paar hat sich nach weiteren fünf Sitzungen entschieden, sich einvernehmlich zu trennen.

Nehmen Sie sich für die Übung etwa 45 min Zeit inkl. Reflexion. Für das Ritual selbst können Sie etwa 10–20 min Zeit einrechnen.

Das Herstellen des Raums

Das Herstellen des Raums besteht in einer Einleitung, mit der der Therapeut noch einmal die Vorbereitung zusammenfasst und erklärt, was nun geschehen soll. Das Ritual wird in dem Moment eröffnet, in dem die Stühle der Partner zueinander ausgerichtet werden:

> » „Liebe …, Lieber …, wir wollen heute gemeinsam euer Versöhnungs-/ Übergangs- /Abschiedsritual vollziehen. Ich werde euch nur für diesen Zeitraum duzen, um euch im Rahmen des Rituals ganz bewusst als ganze Person anzusprechen.

Ihr habt euch in den letzten Sitzungen und in den vergangenen Wochen darauf vorbereitet und euch mit dem Thema auseinandergesetzt. [Gegebenenfalls kann dieser Weg nochmal zusammengefasst werden].

Bist du nun bereit [Name Partner1]? Bist du bereit [Name Partner2]? Dann lasst uns beginnen. Bitte richtet dafür eure Stühle zueinander aus."

Vollzug des Rituals

Der Therapeut gibt dann die Ritualsätze vor und die Partner sprechen sie aus. Hilfreich ist am Ende des Rituals oder zusammen mit einem bestimmten gesprochenen Satz, selbst mitgebrachte Symbole auszutauschen.

Es ist wichtig, dass die Ritualsätze in ihren festen Anteilen genauso gesprochen werden, wie sie vorgegeben sind, da eine kleine Veränderung das Ritual stören kann. Es ist daher oft sinnvoll, die Sätze auf Karteikarten zu schreiben.

Beispiele für mögliche Ritualsätze:

Versöhnungsritual

Partner 1: Ich habe es so erlebt, dass … [Schilderung der verletzenden Situation].

Das hat mich verletzt. Ich wünsche mir, dass du das anerkennst und mich in diesem Schmerz siehst.

Partner 2: Unabhängig von meinen inneren und äußeren Gründen, sehe ich, dass du durch mein Verhalten Schmerz erfahren hast und das tut mir leid. Ich danke dir dafür, dass du mir diesen Schmerz erneut zeigst und mir damit die Möglichkeit gibst, ihn zusammen mit dir zu halten.

Partner 2: Ich danke dir, dass du meinen Schmerz anerkennst und zusammen mit mir hältst. Ich lasse meinen Vorwurf nun los und werde nicht weiter an ihm festhalten.

Anschließend ist es gut, eine Versöhnungsgeste zu initiieren. Sie kann vorher vereinbart worden sein oder spontan entstehen, z. B. beide Hände reichen, eine Umarmung, der Austausch ritueller Symbole.

Übergangsritual

Ein Seil als symbolische Linie liegt am Boden vor dem Paar. Beide stehen einander gegenüber.

Partner 1: Wir gehen über in eine neue Lebensphase. Ich möchte dir für das danken, was du mir in der vergangenen Phase gegeben hast. Das, was ich von dir gebraucht hätte und du mir nicht gegeben hast, erkenne ich an und achte es als Teil unseres Weges bis hier hin.

Wir gehen in eine neue Lebensphase und ich möchte diesen Weg mit dir gehen.

Partner 2: Wir gehen über in eine neue Lebensphase. Ich möchte dir für das danken, was du mir in der vergangenen Phase gegeben hast. Das, was ich gebraucht hätte und du mir nicht gegeben hast, erkenne ich an und achte es als Teil unseres Weges bis hier hin.

Wir gehen in eine neue Lebensphase und ich möchte diesen Weg mit dir gehen.

Die Partner reichen sich eine Hand und wenden sich so, dass sie gemeinsam in die Richtung des Raums jenseits des Seiles blicken.

Partner 1: Mögen wir diesen Weg mit unserem ganzen Wesen gehen.

Partner 2: Und mögen wir ihn aus dem Herzen heraus gemeinsam gehen.

Beide übertreten gemeinsam die symbolische Linie. Im Anschluss können sie z. B. symbolische Gegenstände austauschen.

Abschiedsritual

Partner 1: Ich danke dir für das, was du mir gegeben hast [eventuell Austausch eines Symbols]. Das was ich von dir gebraucht und mir von dir noch gewünscht hätte und was du mir nicht hast geben können, anerkenne und achte ich als Teil unseres Weges und lasse es nun ruhen [eventuell Ablegen eines Symbols, z. B. auf ein bereitliegendes Kissen].

Partner 2: Ich danke dir für das, was du mir gegeben hast. [eventuell Austausch eines Symbols]. Das was ich von dir gebraucht und mir von dir noch gewünscht hätte und was du mir nicht hast geben können, anerkenne und achte ich als Teil unseres Weges und lasse es nun ruhen [eventuell Ablegen eines Symbols, z. B. auf ein bereitliegendes Kissen].

Partner 1: Ich verabschiede dich aus unserer partnerschaftlichen Verbindung und gebe dich frei. Aus tiefstem Herzen wünsche ich dir Segen und das, was du benötigst, um zu wachsen auf deinem weiteren Weg.

Partner 2: Ich verabschiede dich aus unserer partnerschaftlichen Verbindung und gebe dich frei. Aus tiefstem Herzen wünsche ich dir Segen und das, was du benötigst, um zu wachsen auf deinem weiteren Weg.

[Eventuell Abschluss mit einer Geste: z. B. bei beiden Händen greifen bei den letzten Sätzen und dann ein Loslassen der Hände.]

Bergen der Erfahrung

Nach dem Abschluss des Rituals bitten Sie beide Partner*innen noch einmal Platz zu nehmen und die Sitze wieder im Dreieck zur Therapeutin auszurichten. Es ist wichtig, das Ritual wirken zu lassen und nicht zu zerreden.

Steuerungssatz zum Bergen des Erlebten im Ritual

Gibt es noch etwas, was es braucht, um es für jetzt rund zu machen?

...

Ich möchte Sie bitten, das Erlebte auch im Nachgang mit Achtsamkeit zu würdigen und mit Stille. Bitte nehmen Sie sich einen Moment, um sich mit sich selbst für eine Zeit der Stille zu verabreden. Legen Sie einen konkreten Zeitpunkt fest, an dem Sie verlässlich und in einem geschützten Rahmen mit sich selbst in die Stille und ins Nachspüren gehen.

Im Anschluss an die Kleingruppenarbeit können Sie folgende Reflexionsfragen stellen:

Ist es gelungen, in das Ritual hinein zu finden?

Falls nein: ist die Prozesssteuerung zurück auf die Klärungs- oder Regulationsebene gelungen? Wie könnte das fiktive weitere Vorgehen mit dem Paar sein?

Gab es Stolpersteine? Wie war der Umgang damit?

Gab es Edelsteine? Wodurch sind sie ermöglicht worden?

Welche Erkenntnisse können aus der Arbeit mitgenommen werden?

Übung I5: Die therapeutische Rolle in der Intimität

Die Übung eignet sich sehr gut für die gemeinsame Bearbeitung in der Kleingruppe. Beantworten Sie zunächst die folgenden Fragen. Es besteht weder Anspruch auf Vollständigkeit noch auf Richtigkeit von Antworten, sondern es geht um die eigene Exploration und Auseinandersetzung mit dem Thema, um ein Gefühl für die Rolle zu entwickeln. Lesen Sie erst im Anschluss die nachfolgenden Erläuterungen und Ausführungen zur therapeutischen Rolle in der Intimität.

1. Wie und mit welchen Bildern kann die Therapeut*innen-Rolle bei intimitätsorientierten Interventionen beschrieben werden?

   ____

   ____

   ____

   ____

   ____

2. Wie fühlen Sie sich dabei? Welche körperlichen, emotionalen und gedanklichen Inhalte/Phänomene beobachten Sie an sich?

   ____

   ____

   ____

   ____

   ____

3. Welche Fallstricke könnten auftreten?

   ____

   ____

   ____

   ____

   ____

■ **Rituale: Versöhnung, Übergang, Abschied**

Rituale können nur im Raum der Intimitätsdimension wirksam werden, weshalb mir wichtig ist, an dieser Stelle zumindest kurz darauf einzugehen und sie quasi in den Prozess einzusortieren.

Das Ritual ist nur der Gipfel einer Bergtour. Es braucht den oft mühsamen Aufstieg, um dorthin zu gelangen und wir können ihn nicht überspringen. Und der Abstieg steht ebenfalls noch bevor.

Da Rituale also der Abschluss eines komplexen Prozesses sind, sollten sie nicht als Ersatz für den Prozess der Auseinandersetzung mit dem Thema, auf das sie sich beziehen, sein. So ist zum Beispiel Versöhnung oft ein sehr kleinschrittiger Weg und das Versöhnungsritual kann nur dann sinnvoll wirken, wenn es sich auf einen wahrhaftig erarbeiteten Prozess stützen kann. Auch werden an dieser Stelle nicht die komplexen Hintergründe der Themen Versöhnung, Übergang und Abschied dargestellt. Eine differenzierte Vertiefung findet sich u. a. bei Tiedemann (2018).

Vorausgegangen ist also ein intensiver Klärungsprozess, der die Bedeutungen und Gründe der eingebrachten Themen genau herausarbeitet. Unsere Rolle in der Begleitung von Ritualen in der Paartherapie entspricht der Rolle in der Intimitätsdimension mit dem Schwerpunkt auf die Zeugenschaft.

7.8 Die therapeutische Rolle in der Intimität

Unsere Rolle als Therapeut*innen im Begleiten der Intimitätsdimension besteht für mich im Kern darin, die Früchte zu pflücken wenn sie reif sind (▶ Abschn. 7.7 Übung I2: Früchte pflücken), also im richtigen Moment den Intimitätsraum zu öffnen, und diesen Raum dann zu halten (s. ▶ Abschn. 7.5). Es gibt eine Reihe von Assoziationen, die in meinen Seminaren von Teilnehmer*innen genannt werden und die hier gut passen: Hebamme/Geburtshelfer, mitfühlende Zeugenschaft, Container, Hüter des Herzens, Hüter des Tempels, Sternschuppenpflücker, etc.

Dabei gibt es für uns als Therapeut*innen eine konkrete Seite der Interventionen, so wie ein Ritual konkrete Handlungen umfasst, und eine Seite, die eher die innere Haltung beschreibt. Erstere erkennt die kostbaren Momente, benennt sie, verhilft zum Ausdruck und organisiert den passenden Rahmen dafür (z. B. Stühle zueinander ausrichten, Blickkontakt herstellen, die zentrale Botschaft paraphrasieren und darum bitten, sie einander direkt mitzuteilen etc.). Die innere Haltung entspricht dabei sehr dem Verständnis der Offenheit und Durchlässigkeit, wie ich sie in ▶ Abschn. 7.1 beschrieben habe: Es geht darum, in einer wachen, mit allen Sinnen empfindenden Präsenz auf das zu horchen, was sich in diesem Raum ereignen will und sich von den intuitiven, in Selbstqualitäten wurzelnden Impulsen leiten zu lassen: Die Tür geht nach innen auf.

■ **Typische Fallstricke sind**

Ungeduld

Das Verlangsamen habe ich bereits als ein sehr wichtiges Element beschrieben. Wir müssen als Therapeut*innen lernen auszuhalten, dass wir in dieser Dimension möglicherweise immer wieder lange Pausen erleben, in denen im Inneren der Partner viel passiert, ohne dass wir etwas mitbekommen. Ich stelle dann nach einer Weile die Frage: „Wie ist das?“, oder „Mögen Sie uns teilhaben lassen, an dem, was Sie gerade bewegt?“

„Intimitätsgier"

Ich habe schon an mehreren Stellen beschrieben, dass die Überbetonung der Intimitätsdimension nicht weiterhilft und den Paaren und Patient*innen darüber hinaus schaden kann, wenn das Geschehen nicht gut integriert werden kann. Die Arbeit in dieser Dimension starker innerer Beteiligung und mächtiger Emotionen gibt uns in unserer Rolle eine Macht, mit der wir bewusst, gut reflektiert und achtsam umgehen sollten! Durch unsere Interventionen können sich Intimitätsräume öffnen, die sich ohne unsere Hilfe niemals gezeigt hätten. Das kann sich manchmal wie Zauberei anfühlen und ist ein sehr befriedigendes, machtvolles Erleben, das uns darüber hinaus an etwas Heilsamem Teil haben lässt. Wir sind diesem Raum gegenüber aber zu Respekt, Achtsamkeit und Abstinenz verpflichtet. Letzteres bedeutet, dass wir die Befriedigung eigener Bedürfnisse im Therapieprozess reflektieren und uns damit auseinandersetzen müssen, wie wir sie aus diesem Raum möglichst gut herausnehmen können.

Zerreden

Ein wichtiger Aspekt der Intimitätserfahrung ist die Ganzheitlichkeit von körperlichem, emotionalem und geistigem Erleben. Wenn wir uns den Aspekt der Bindungserfahrung vergegenwärtigen, ist deutlich, dass die kognitive, gedankliche Ebene die schwächste und am wenigsten dominante der drei in diesem Geschehen ist. So sollten wir diese Erfahrung auch handhaben, sonst geht etwas von dem Kostbaren verloren, das wir mit dem Paar zusammen erarbeitet haben.

Scham

Es können sich bei ihnen als Therapeut*in innere Kritiker zu Wort melden, die das Gefühl haben, das, was hier geschieht, sei nicht professionell oder unwissenschaftlich oder naiv. Auch Anteile, die Angst haben, angesichts der entstandenen Nähe ihre Autonomie zu verlieren, können auf den Plan gerufen werden. Wenn Sie solche Stimmen in sich vernehmen, nehmen Sie sie ernst und setzen Sie sich damit auseinander. Es lohnt sich, denn nur wenn wir bewusst mit diesen Aspekten in uns umgehen können, können wir als Therapeut*innen den Paaren und Patient*innen helfen, aus der Quelle dieser Erfahrungen zu schöpfen.

Die Wachsamkeit verlieren

Das Geschehen im Intimitätsraum kann uns ganz einnehmen und wir können die Wachsamkeit dabei verlieren. Wir benötigen sie aber gerade hier unbedingt, um das Erfahrene gut zu bergen und den Raum zu hüten, auch und gerade angesichts der hohen Verletzbarkeit. Wenn einer der Partner mit einem Beschützeranteil in diesem Raum reagiert – das kann auch nach einer wertvollen Erfahrung z. B. durch einen entwertenden Anteil geschehen –, dann müssen wir wach sein, um unmittelbar regulierend oder klärend umsteuern zu können.

Fazit: Intimität

- Intimität wird als die Tiefungsdimension vorgestellt, in der eine ganzheitliche Begegnung mit sich selbst und dem Anderen möglich ist und in der Bindungserfahrungen und tiefe Integrationsprozesse angestoßen werden können. Als solche ist sie ein Raum, in dem sowohl Nähe und Verbundenheit als auch Unterschiedlichkeit und schmerzhafte Aspekte Raum haben können – sie ist damit von undifferenzierter Nähe zu unterscheiden.

- Die Intimitätsdimension bringt besondere Aspekte der therapeutischen Verantwortung mit sich: u. a. in Bezug auf die Tiefungsabstinenz, die Verletzlichkeit der Herzöffnung, den Integrationsprozess der Erfahrung und auf das Timing.
- Die Gelegenheiten, die Intimitätsdimension zu eröffnen, bieten sich innerhalb von Zeitfenstern, die es zu nutzen gilt (Timing), um „die Frucht zu pflücken“ solange sie reif ist.
- Intimität ermöglicht eine Bindungserfahrung, in der sich das besondere Potenzial des Paarsettings offenbart: das Paar als Bindungssystem kann hier gleichsam als Katalysator für den therapeutischen Prozess und seine emotionale Intensität wirken.
- In 7 Schritten wird beschrieben, wie der Raum der Intimitätsdimension konkret durch den/die Therapeut*in eröffnet und gehalten werden kann.
- „Intimität 2.0“ wird als eine wichtige Form beschrieben, Intimität zu ermöglichen, auch wenn keine direkte Begegnung möglich ist.
- Im Übungsteil werden verschiedene Möglichkeiten aufgezeigt, mit Paaren in dieser Dimension zu arbeiten.

Literatur

Buber, M. (1923). *Ich und Du*. Insel Verlag.

Ghazali, A. (2011). *The marvels of the heart. Science of the spirit*. Fons Vitae.

Holmes, T. (2023). *Ein Weg des Herzen. Spiritualität und Teile-Arbeit (IFS)*. Arbor.

Main, M., Hesse, E., & Kaplan, N. (2005). Predictability of attachment behavior and representational processes at 1, 6, and 19 years of age: the Berkeley longitudinal study. *Attachment & Human Development, 7(4)*, 361–381.

Schnarch, D. (2009). *Die Psychologie sexueller Leidenschaft*. Klett-Cotta.

Tiedemann, F. (Hrsg.). (2018). *Versöhnungsprozesse in der Paartherapie*. Junfermann.

Walch, S. (2011). *Vom Ego zum Selbst. Grundlinien eines spirituellen Menschenbildes*. O.W. Barth.

Integration der drei Dimensionen

Inhaltsverzeichnis

W. Kunstleben, *Paare im Therapieprozess*, Psychotherapie: Therapiegestaltung & Praxismanagement,
https://doi.org/10.1007/978-3-662-70722-7_8

„πάντα ῥεῖ – panta rhei – alles fließt“
Heraklit

8.1 Mit den drei Dimensionen navigieren

Wir können uns vorstellen, dass wir auf den hohen Wogen des Paartherapieprozesses mithilfe der drei Tiefungsebenen navigieren. Dabei wollen wir weder in einen Sturm noch in eine Flaute geraten – und wenn doch, ist es gut zu wissen, wie wir wieder herauskommen. Wir müssen in diesem Prozess mit den Elementen mitgehen und lernen, die Bewegungen von Wind, Wasser und Boot zu verstehen und zu beantworten. Durch ein klares Verständnis der drei Dimensionen der Tiefung können wir den Prozess bewusster gestalten und z. B. abhängig vom Paartyp (vgl. ► Abschn. 5.5 und 5.6) unsere Steuerungstendenz anpassen (sind wir auf einem See, einem Fluss oder dem Meer? Wie ist die Wetterlage?).

Die Integration der drei Dimensionen gelingt durch folgende Elemente:

- Beachtung der Grundregel (Abstinenz gegenüber den drei Dimensionen)
- Beachtung der Navigationsformel (Ausreichende Regulation ist die Voraussetzung für Klärung. Ausreichende Klärung ist die Voraussetzung für Intimität)
- Fehlerfreundlichkeit
- Verständnis, welche Interventionen welche der drei Dimensionen ansteuert
- Verständnis und Gestaltung unserer Rolle in den unterschiedlichen therapeutischen Modalitäten der drei Dimensionen
- Erkennen von Fallstricken
- Erkennen von Hinweisen, dass keine ausreichende Regulation oder keine ausreichende Klärung besteht
- Erkennen von „reifen Früchten“, um den Intimitätsraum zum richtigen Zeitpunkt zu öffnen

Die Interventionen, die in diesem Buch beschrieben werden, umschreiben eine Reihe wichtiger und von mir selbst zum Einsatz gebrachter Techniken und Methoden. Es ist aber selbstverständlich möglich, andere Vorgehensweisen in das Modell zu integrieren. Als schulenübergreifendes Modell ist die Prozesssteuerung universell und unabhängig vom Verfahren einsetzbar.

▪ Empfehlungen zur Ergänzung des Methodenkoffers

Roland Weber hat in seinem Buch „Paare in Therapie“ vor allem erlebnisintensive Methoden zusammengefasst und beschrieben (Weber, 2008). Das Buch lädt dazu ein, darin zu stöbern und sich inspirieren zu lassen.

Friederike von Tiedemann hat eine „Kompetenz!Box“ entwickelt, in der Konzepte und Übungen anschaulich und praxisnah beschrieben werden. Es ist sehr übersichtlich und umfangreich aufgebaut, sodass es möglich wird, spezifisch nach Inspiration für bestimmte Therapiesituationen zu suchen. Das Format der „Karteikarten“ lädt spielerisch dazu ein, sich einzelne Übungen herauszugreifen und auszuprobieren (Tiedemann, 2025).

Das folgende Fallbeispiel von Ben und Anna illustriert beispielhaft, wie die Navigation zwischen den drei Dimensionen gelingen kann. Dabei werden die Beobachtungen des Therapeuten und seine Interventionsentscheidungen immer wieder reflektiert.

Fallbeispiel Integration 1: – Anna und Ben: Navigation mit den drei Dimensionen

Das Fallbeispiel stellt einen Verlauf dar, in dem die Navigation verhältnismäßig gut gelingt und der Prozess sehr klar verläuft, sodass die Prozesssteuerung idealtypisch erkennbar und verständlich wird. Natürlich kann und muss ein Prozess und seine Navigation in der Praxis nicht immer in gleicher Weise klar und glatt verlaufen.

Anna und Ben sind beide Anfang dreißig und kommen mit dem Gefühl, in der Kommunikation festgefahren zu sein in die Praxis. Ihre Versuche alleine weiterzukommen, waren so frustrierend, dass sie sich nun Hilfe gesucht haben. Beide setzen sich, wirken leicht angespannt und vermeiden direkten Blickkontakt. Der Therapeut begrüßt sie freundlich und nimmt sich einen Moment Zeit, die Stimmung im Raum wahrzunehmen.

Therapeut: „Willkommen, Anna, Ben. Es freut mich, dass Sie heute da sind."

- **Intervention des Therapeuten:** Bereits diese Verlangsamung und die Achtsamkeit setzen einen ersten Impuls, der wichtig ist für die affektive Rahmung des Gesprächs. Auf die wahrgenommene Anspannung hin, entscheidet sich der Therapeut für eine regulierende Zentrierungsübung.

Therapeut: „Bevor wir beginnen, möchte ich Sie beide zu einer kurzen Übung einladen, um bei sich anzukommen und ein bisschen Ruhe zu finden."

Anna und Ben nicken zögernd.

- **Intervention des Therapeuten:** Der Therapeut erklärt die Übung und achtet dabei auf die Wirkung seiner Worte, um einen sicheren und angenehmen Raum zu schaffen. Da beide etwas unsicher mit der Übung scheinen, hält er sie relativ kurz und prägnant.

Therapeut: „Ich lade Sie ein, beide die Augen zu schließen, wenn das für Sie in Ordnung ist, oder den Blick leicht zu senken, um einen Moment zu sich zu kommen. Spüren Sie den Kontakt Ihrer Füße zum Boden und die Stütze des Sessels in Ihrem Rücken. Lassen Sie noch einmal ganz los und nehmen Sie sich Zeit, anzukommen."

Anna und Ben schließen die Augen und atmen beide langsam und tief ein und aus. Nach einer Weile fährt der Therapeut fort.

Therapeut: „Richten Sie jetzt Ihre Aufmerksamkeit auf Ihren Atem, ohne ihn verändern zu wollen. Beobachten Sie einfach, wie er kommt und geht, so wie er gerade ist. Jeder Atemzug bringt Sie mehr in Kontakt mit sich selbst, in Ihre Mitte."

Nach einigen Momenten des Schweigens sieht der Therapeut, dass beide ruhiger wirken. Annas Schultern sind leicht gesenkt, und Ben scheint entspannter zu atmen.

Therapeut: „Wenn Sie möchten, können Sie nun langsam die Augen wieder öffnen und einfach bemerken, wie Sie sich jetzt fühlen. Nehmen Sie sich noch einen Moment, bei sich zu bleiben."

Anna und Ben öffnen die Augen, und die Atmosphäre ist spürbar ruhiger. Der Therapeut lächelt:

Therapeut: „Schön, es ist hilfreich, gut bei sich zu sein, um sich auf diesen Prozess einzulassen. Ich hoffe, diese kleine Übung hat Ihnen geholfen, etwas mehr bei sich anzukommen."

- **Beobachtung des Therapeuten:** Der Therapeut sieht, dass Anna und Ben jetzt zentrierter wirken und bereit sind, sich auf das Thema einzulassen. Die anfängliche Zentrierungsübung hat ihnen geholfen, einen ruhigeren Zustand zu erreichen, sodass die Sitzung in einer stabilen Basis beginnen kann.

Der Therapeut wendet sich an Anna, um ihr Raum zu geben, das Thema anzusprechen, das sie beschäftigt.

Therapeut: „Anna, ich habe den Eindruck, sie möchten anfangen und haben etwas auf dem Herzen …"

Anna: „Ben, ich versuche ständig, zu dir durchzudringen. Ich will wieder in Kontakt mit dir kommen, unsere Beziehung retten. Aber von dir kommt einfach kaum etwas zurück!" Sie atmet tief durch und spricht mit einer Kraft und Dringlichkeit, die ihre emotionale Verbindung zu dem Thema deutlich macht.

- **Beobachtung des Therapeuten:** Der Therapeut beobachtet Annas emotionale Anspannung, sieht aber auch, dass sie im oberen Bereich ihres „Windows of Tolerance" (WOT) zu bleiben scheint – die Emotionalität ist also wichtig, um den Prozess voranzubringen. Gleichzeitig ist dem Therapeuten bewusst, wie schnell der Prozess für beide Partner den „Kipppunkt" der Lösungskompetenzkurve erreichen könnte (s. ► Abb. 5.2). Er erkennt die Bedeutung von Annas emotionalen Ausdruck in diesem Moment und möchte diesen Raum anerkennen und halten.
- **Intervention des Therapeuten (Validierung):** Der Therapeut entscheidet, Annas emotionalen Ausdruck zu würdigen und ihr Raum für ihre Dringlichkeit und Tiefe zu geben.

Therapeut: „Anna, ich sehe, wie sehr Ihnen dieses Thema am Herzen liegt und dass es für Sie große Bedeutung hat. Danke, dass Sie das so offen ansprechen."

Der Therapeut richtet seine Aufmerksamkeit jetzt auf Ben, der seine Schultern anspannt und die Arme verschränkt, ohne Anna direkt anzusehen. Sein Gesicht wirkt verhärtet, und der Therapeut beobachtet, wie sich Bens Hals anspannt und anzuschwellen scheint – ein Zeichen für aufsteigende Wut.

- **Beobachtung des Therapeuten:** Der Therapeut bemerkt, dass Ben am Rand seines WOT steht und möglicherweise droht, diesen emotionalen Bereich zu verlassen, was ihn in eine Deregulation bringen könnte. Er schätzt ein, dass die aufsteigende Wut Bens Lösungskompetenz einschränken könnte und er darauf achten muss, dass Ben stabil bleibt.
- **Intervention des Therapeuten (Regulation):** Der Therapeut entschließt sich, das Gespräch kurz zu verlangsamen und eine regulierende Intervention vorzunehmen, um Bens aufsteigende Anspannung abzufangen, bevor er an einen Punkt der Überforderung kommt und das WOT verlässt.

Therapeut: „Ben, ich sehe, dass Annas Worte Sie sehr bewegen. Vielleicht empfinden Sie gerade einen starken Druck, und es könnte schwer sein, den im Moment loszulassen. Wenn es Ihnen hilft, können wir ein paar tiefe Atemzüge nehmen und diesen Moment gemeinsam regulieren."

Ben (atmet tief ein und aus, wirkt danach etwas ruhiger): „Ja, das hilft. Es ist nur … manchmal habe ich das Gefühl, es ist einfach zu viel."

- **Beobachtung des Therapeuten:** Durch die Atemübung kann Ben die Schwelle der Überforderung vermeiden und im WOT bleiben. Der Therapeut bemerkt, dass sich Bens Gesicht entspannt und seine Stimme ruhiger klingt, was darauf hindeutet, dass er wieder besser reguliert ist.
- **Intervention des Therapeuten (Regulation):** Einführung des Seils als regulierende Intervention. Um die Regulation der persönlichen und ge-

meinsamen Räume zu unterstützen, führt der Therapeut jetzt das Seil als symbolische Kontaktlinie ein.

Therapeut: „Bevor wir weitermachen, lege ich hier bevor wir weiter machen zunächst mal dieses Seil zwischen Ihnen aus, als Symbol dafür, dass jeder von Ihnen ein eigener Mensch ist. Dieses Seil ist keine Trennungslinie, sondern vielmehr eine Kontaktlinie, an der Sie sich begegnen können, die aber auch die simple Wahrheit zum Ausdruck bringt, dass jeder von Ihnen eine eigenständige Persönlichkeit und eine eigene persönliche Grenze besitzt."

Er legt für beide einen kleinen Bergkristall an den Rand der jeweiligen Seite des Seils, um den Selbstkontakt zu unterstützen.

Therapeut: „Diese Kristalle stehen für Ihren Selbstkontakt und können Sie daran erinnern, auch während des Gesprächs bei sich zu bleiben."

Anna (nimmt den Kristall): „Es tut gut, etwas Festes in der Hand zu haben. Es fühlt sich beruhigend an."

Ben: „Puh. Es ist zwar nur ein Seil, aber ich merke tatsächlich, dass es mir hilft, mich sicherer zu fühlen."

- **Beobachtung des Therapeuten:** Es ist deutlich, dass die beiden sich durch das Seil und die Kristalle regulierter fühlen, was ihre Offenheit fördert. Auch ihre Körperhaltung und Mimik ist entspannter. Der regulierte Zustand lässt den Therapeuten erkennen, dass die Partner bereit sind, tiefer in das Thema einzusteigen.
- **Intervention des Therapeuten (Übergang zur Klärung):** Da beide Partner im WOT und ausreichend reguliert sind, entscheidet der Therapeut, zur Klärungsdimension überzugehen, um die Perspektiven der beiden auf das Thema zu vertiefen.

Therapeut: „Danke, Ben. Ich sehe, dass das Thema für Sie beide sehr wichtig ist. Anna, Sie haben gesagt, dass Sie sich wünschen, besser mit Ben in Kontakt zu kommen und ihn zu erreichen. Und dass es ihnen wichtig ist, Ihre Beziehung zu entwickeln. Können Sie Ben genauer sagen, was Sie sich in solchen Momenten von ihm erhoffen?"

Anna (nachdenklich und etwas erschöpft): „Ich möchte einfach spüren, dass du mich siehst und verstehst. Manchmal habe ich das Gefühl, dass ich um jede Reaktion von dir kämpfen muss, und das macht mich müde."

Therapeut: „Das klingt anstrengend, Anna. Nehmen Sie sich einmal einen Moment Zeit, um den erschöpften Anteil in sich wahrzunehmen. Ich kann sehen, wie dabei Ihre Schultern herabsinken und Ihr Blick müde wird."

Anna (nachdenklich): „Ja … es fühlt sich manchmal so an, als müsste ich die ganze Last unserer Beziehung tragen." Sie pausiert und wirkt, als würde etwas in ihr vor sich gehen, das sie selbst noch nicht richtig greifen kann.

Therapeut: „Jetzt sehe ich etwas wie Entschlossenheit oder vielleicht auch Ärger in Ihrem Blick … wie ist das gerade, was nehmen Sie in sich wahr?"

Anna: „Ich weiß nicht. Ich wünsche mir so sehr, dass du mich verstehst!"

Therapeut: „Wenn Sie das sagen, höre ich Ihren Wunsch, aber ich sehe auch wie Sie die Stirn zusammenziehen und Ihre Hände haben sich jetzt auf der Sessellehne fest angespannt. Wenn Sie einmal einen Moment da hinein spüren – was erleben Sie da?"

Anna: „Ja … ich merke gerade … ich glaube, Ben, da ist auch etwas in mir, das gegen dich hart wird, wenn ich dich nicht erreiche."

Therapeut: „Interessant. Vielleicht gibt es einen Teil in Ihnen, der, wenn Sie das Gefühl haben, alleine zu sein, eine Art Schutzmauer errichtet?"

Anna (leicht erstaunt): „Ja, das könnte sein. Ich werde irgendwie kalt. Ich hasse das, aber ich merke gerade, dass es oft so ist."

- **Beobachtung des Therapeuten:** Der Therapeut sieht, dass Anna tiefer in ihren inneren Prozess eintaucht und Erkenntnisse über ihre Dynamik gewinnt.

Der Therapeut wendet sich nun an Ben, um seine Perspektive zu vertiefen.

Therapeut: „Ben, was macht es mit Ihnen, das von Anna zu hören?"

Ben (nachdenklich und etwas defensiv): „Es ist nicht so, dass ich sie nicht sehe, aber ich habe es so gelernt, dass ich meine Gefühle für mich behalten soll. Als Kind hat niemand gefragt, wie es mir geht. Da habe ich mich einfach abgeschottet."

Therapeut: „Es klingt, als wäre dieses Abgeschottet-Sein für Sie ein Schutz gewesen, etwas, das Sie über viele Jahre hinweg beschützt hat. Und irgendwie tut es das noch heute."

Ben: „Ja, aber … wenn Anna jetzt erwartet, dass ich mich zeige, dann fühlt sich das erstmal komisch an. Ich habe dann fast Angst, mich hilflos zu fühlen, wenn ich das mache."

Therapeut: „Es klingt, als ob Sie auch ein gewisses Maß an Kontrolle verlieren könnten, wenn Sie sich so zeigen."

Ben (nickt): „Genau. Ich glaube, da ist etwas in mir, das denkt, ich wäre dann einfach … verloren."

- **Beobachtung des Therapeuten:** Der Therapeut erkennt, dass beide Partner Einblicke in tiefere Anteile gewonnen haben. Anna spürt, dass sie eine Schutzmauer errichtet, wenn sie sich alleine fühlt, und Ben erkennt, dass sein Abgeschottet-Sein ein Schutzmechanismus ist, den er schwer loslassen kann. Bens Gesichtszüge sind bei den letzten Worten weicher geworden. Anna scheint berührt und hat feuchte Augen.
- **Intervention des Therapeuten (intimitätsfördernd):** Da beide stabil und in gutem Kontakt zu sich und miteinander sind, lädt der Therapeut die Partner dazu ein, sich direkt und ganzheitlich auszudrücken.

Therapeut: „Ich habe den Eindruck, dass Sie das beide berührt. Und ich möchte Sie einladen, sich damit einander zuzuwenden. Bitte drehen Sie die Sessel einmal so, dass Sie sich direkt gegenüber sitzen. Anna, ich lade Sie ein, Ben anzusehen und ihm direkt zu sagen, was Sie gerade in Ihrem Herzen tragen."

Anna und Ben drehen ihre Stühle leicht zueinander, und Anna sucht Bens Blick. Nach einem Moment des Blickkontakts beginnt sie zu sprechen.

Anna (blickt Ben an): „Ben, ich sehe jetzt, dass ich manchmal hart gegen dich werde, obwohl ich das gar nicht möchte. Es ist nur, weil ich Angst habe, dich zu verlieren. Uns zu verlieren. (Anna beginnt zu weinen)"

Ben (leise, bewegt): „Das spüre ich dann gar nicht. Ich fühle mich dann einfach überfordert und verstehe nicht, wie ich dir antworten soll, Anna. Und ich … ich will auch nicht, dass du das alleine trägst. Es fällt mir nur schwer, mich so zu öffnen."

- **Beobachtung des Therapeuten:** Der intensive Blickkontakt schafft eine tiefe emotionale Verbindung zwischen Anna und Ben. Beide wirken berührt, und der Therapeut sieht, dass der intime Kontakt die emotionale Tiefe und Nähe zwischen ihnen verstärkt.
- **Intervention des Therapeuten (intimitätsorientiert):** Der Therapeut spürt das Potenzial, den Kontakt auf der

Intimitätsebene noch weiter zu vertiefen und nutzt dazu die Body-Talk-Methode.

Therapeut: „Wie ist das gerade? Nehmen Sie sich einen Moment, die Emotionen in Ihrem Körperempfinden wahrzunehmen."

Anna und Ben nehmen sich einen Moment, zu sich zu spüren. Der Therapeut beobachtet ihre Körpersprache und sieht, wie sie sich sanft zueinander neigen.

Therapeut: „Anna, wenn Sie dieses Gefühl der Sehnsucht oder des Wunsches, den Sie für Ben empfinden, in einer Geste oder Körperhaltung ohne Worte ausdrücken könnten – wie würde das aussehen?"

Anna neigt sich Ben zu, ihre Hände formen eine offene Geste vor ihrem Herzen. Sie lächelt sanft, und es ist spürbar, wie sie in diesem Moment eine Verbindung zu Ben sucht.

- **Beobachtung Therapeut:** Die Intimität verdichtet sich. Der Therapeut verlangsamt den Prozess nun bewusst, um wirklich Raum für ein differenziertes und achtsames Einander-Wahrnehmen entstehen zu lassen und nicht zu schnell in eine undifferenzierte Versöhnung überzugehen.

Therapeut: „Ben, wenn Sie diese Geste von Anna wahrnehmen, was fühlen Sie dabei? Wie nehmen Sie das auf körperlicher Ebene wahr?"

Ben (blickt Anna an, seine Körperhaltung lockert sich): „Es fühlt sich an, als würde ich einen warmen Lichtstrahl spüren, der mich erreicht. Ich fühle mich ein Stück weit mehr verbunden mit dir, Anna."

Therapeut: „Das klingt sehr schön, Ben. Und wie wäre es, wenn Sie diese Verbindung, die Sie fühlen, auch in einer Geste ausdrücken würden?"

Ben neigt sich ebenfalls leicht nach vorne, seine Arme öffnen sich in Richtung Anna, und er legt seine Handflächen nach oben auf seinen Oberschenkeln ab, als wolle er ihre Geste erwidern.

Therapeut: „Das ist sehr berührend. … Anna, wie nehmen Sie diese Geste von Ben wahr?"

Anna (lächelt): „Es fühlt sich an, als würde ich eine Brücke zu dir bauen. Und als würdest du das zum allerersten Mal wirklich sehen können. Ich fühle mich gesehen und gleichzeitig geborgen."

- **Beobachtung des Therapeuten:** Der Therapeut beobachtet, wie sich die beiden in dieser gemeinsamen Erfahrung zunehmend entfalten. Sie scheinen in einem harmonischen „Zusammenschwingen" zu sein, und der Raum ist erfüllt von einer warmen, emotionalen Präsenz.

Therapeut: „Ich lade Sie beide ein, noch einen Moment in dieser Verbindung zu verweilen. Das ist ein wirklich kostbarer Moment. Bitte nehmen Sie ganz fein und achtsam war, welche Impulse Sie spüren und gehen Sie ihnen so nach wie sie sich zeigen."

Anna und Ben schauen sich an, und nach einem Moment der Zustimmung legen sie zunächst ihre Handflächen aneinander und blicken sich in die Augen. Der Therapeut beobachtet still, wie diese Intimität ihre Verbindung stärkt.

Nach einer Weile lösen sich beide, und der Therapeut spricht wieder.

Therapeut: „Wie klingt das Erleben nach, das Sie gerade miteinander geteilt haben? Was nehmen Sie daraus mit?"

Anna: „Es war so schön, Ben zu spüren und zu wissen, dass er mich sieht. Es fühlt sich wie ein Neuanfang an."

Ben: „Ja, ich habe das Gefühl, so kann ich mich öffnen. Es war befreiend, das zu zeigen."

Würdigung

Der Therapeut nickt und spricht wertschätzend: „Es berührt mich, wie mutig und ehrlich Sie sich einander gezeigt haben. Es ist großartig zu sehen, wie Sie sich zueinander wenden und miteinander in Kontakt kommen. Diese Erfahrungen sind kostbar, und ich freue mich, dass es Ihnen gelungen ist, offen zu bleiben, auch als es zwischendurch für Sie beide herausfordernd wurde."

Bergen

Therapeut: „Ich lade Sie ein, diesen Moment in sich zu bewahren und einen guten Ort dafür zu finden. Stellen Sie sich vor, wie Sie diese Erfahrung in den Alltag mitnehmen können – bitte finden Sie eine spontane Geste, die Sie an das hier erinnern kann."

Anna legt ihre Handflächen aneinander und flüstert: „Danke. Das ist meine Geste."

Ben umarmt sich und streicht sich über die Schultern: „Mhm. Das tut gut."

Integration

Therapeut: „Es ist wichtig, dass Sie Zeit haben, um diese Erfahrungen zu verarbeiten und in Ihre Beziehung zu integrieren. Ich möchte Ihnen ans Herz legen, sich diese Woche konkret für jeweils mindestens 10 min mit sich selbst zu verabreden – jeder für sich – und sich Zeit nehmen, um sich daran zu erinnern, was Sie hier erlebt haben und wahrzunehmen, wie es in Ihnen weitergearbeitet hat."

Anna: „Ok. Ja."

Ben: „Das klingt gut."

Therapeut: „Und vielleicht probieren Sie einmal aus, ob Ihnen diese Geste hilft, wenn die Kommunikation zwischen Ihnen wieder schwierig wird. Und das darf sie auch. Erwarten Sie nicht, dass sich nun alles in Wohlgefallen auflöst, aber ich kann mir vorstellen, dass Sie gemeinsam beginnen, eine neue Tür zu öffnen. Wir werden dann in der nächsten Sitzung in 4 Wochen zusammen über Ihre Erfahrungen sprechen."

8.2 Grundsatz der Fehlerfreundlichkeit

» „Take it and turn it!" (James Brown)

Fehlerfreundlichkeit

Es gibt keine Fehler – solange man sie erkennt!

Wenn wir zu früh klären oder zu früh die Intimitätsdimension öffnen, werden die emotionalen Reaktionen des Paares darauf hinweisen. Wichtig ist, dass wir es erkennen und unsere Prozesssteuerung anpassen. Dann können wir das nutzen, was dieser „Fehler" zutage gebracht hat. Jedes Schlagloch offenbart einen Blick in die Tiefe, und wenn wir wieder heraus navigieren und die Erfahrung dann reflektieren, erhalten wir einen wertvollen Impuls und wichtige Erkenntnisse für den weiteren Weg. Dann ist der „Fehler" kein Fehler mehr. Wenn also ein Hindernis auftaucht, sollten wir es annehmen und verwandeln.

Ein gutes Training hierfür ist folgende Übung:

Übung Integration 1: Falsche Interventionen

Diese Übung eignet sich für eine Kleingruppe mit Therapeut*in, Paar und gegebenenfalls Beobachtern.

Sie kann uns ein Gefühl dafür geben, wodurch wir Prozesssteuerung verhindern und was das bewirkt. Sie besteht aus einer Sequenz, in der wir absichtlich „falsch“ intervenieren und einer Sequenz, in der wir dieselbe Szene wiederholen und prozesssteuernd intervenieren. Neben einem guten Lerneffekt kann diese Übung erfahrungsgemäß auch viel Spaß machen.

Die Gruppe entscheidet sich für eine Tiefungsdimension, die in der Übung im Zentrum stehen soll. Bei allen Optionen können Sie einen Fall nehmen, den ein Teilnehmer mitbringt oder Sie nutzen eine der Paarlegenden aus den entsprechenden Kapiteln.

Option 1: nicht ausreichende Regulation

Die Aufgabe besteht dann darin, eine Therapiesituation mit einem Paar mit Regulationsschwierigkeiten anzuspielen. Um es etwas einfacher zu machen, sollte nur einer der Partner dann an einer Stelle Anzeichen von nicht ausreichender Regulation zeigen. Die Aufgabe der Therapeutin ist nun, beharrlich mit klärenden Interventionen zu reagieren. Sobald der Effekt klar geworden ist, wird die Szene beendet.

Dann wiederholen Sie dieselbe Szene noch einmal ab der Sequenz mit den Anzeichen fehlender Regulation. Diesmal reagiert die Therapeutin regulierend.

Beenden Sie die Übung mit einer kurzen Reflexion.

Option 2: ausreichende Regulation

Die Aufgabe besteht dann darin, eine Therapiesituation mit einem Paar mit geringen Regulationsschwierigkeiten anzuspielen. Einer der Partner zeigt Anzeichen von nicht ausreichender Regulation. Die Aufgabe der Therapeutin ist nun, zunächst richtig zu regulieren. Der Partner lässt sich regulieren. Die Therapeutin hört aber nicht auf, weiter regulierend zu intervenieren. Sobald der Effekt klar geworden ist, wird die Szene beendet.

Dann wiederholen Sie die Szene noch einmal ab der Sequenz mit den Anzeichen fehlender Regulation. Diesmal reagiert die Therapeutin regulierend und schaltet nach erfolgreicher Regulation wieder auf klärende Interventionen um.

Beenden Sie die Übung mit einer kurzen Reflexion.

Option 3: nicht ausreichende Klärung

Die Aufgabe besteht dann darin, eine Therapiesituation mit einem Paar mit eher geringem emotionalen Austausch anzuspielen. Es wird ein Konflikt miteinander geklärt. Ohne dass es Anzeichen für Selbstkontakt gibt, bittet der Therapeut das Paar, sich heilsame Sätze mit Blickkontakt zu sagen, ein Ritual durchzuführen oder sich zu umarmen. Sobald der Effekt klar geworden ist, wird die Szene beendet.

Bei dieser Option ist eine „korrekte“ Variante nicht so erkenntnisbringend und kann ausgelassen werden.

Beenden Sie die Übung mit einer kurzen Reflexion.

Option 4: ausreichende Klärung und Selbstkontakt

Die Aufgabe besteht dann darin, eine Therapiesituation mit einem Paar mit gut integriertem Strukturniveau anzuspielen. Es beginnt mit einem Klärungsprozess, in dem eine Gefühlsregung eines der Partner differenziert wird. Obwohl beide Partner mit Anzeichen von Selbstkontakt reagieren (Berührtheit, positiver wechselseitiger Bezug, Neugier etc.) bleibt der Therapeut stur auf der Klärungsebene, indem er z. B. weiter Verständnisfragen oder systemische Fragen stellt. Sobald der Effekt klar geworden ist, wird die Szene beendet.

Dann wiederholen Sie die Szene noch einmal ab der Sequenz mit den ersten Anzeichen für Selbstkontakt. Diesmal öffnet der Therapeut die Intimitätsdimension.

Beenden Sie die Übung mit einer kurzen Reflexion.

8.3 Übersicht: Vergleich der drei Dimensionen

- **1. Worum geht es?**

Regulation – *Emotionsregulation:* Wie kann das Paar sich selbst und den Kontakt zueinander ausreichend emotional regulieren, d. h.: sich auf einem mittleren emotionalen Spannungsniveau stabilisieren („Window of Tolerance")?

Klärung – *Erklären, Verstehen, Einfühlen, Erzählen, Differenzieren:* Wie können die Konflikte, Motive, Bedürfnisse, Vordergrund- und Hintergrundthemen differenziert und in der Krise gemeinsam verstanden werden?

Intimität – *Begegnung, sich zeigen, einander ganzheitlich sehen:* Wie kann das Paar (wieder) zu einer tieferen, neuen Begegnung finden, in der es gemeinsam wachsen kann?

- **2. Was ist das übergreifende Thema?**

Regulation – Raum und Grenze

Klärung – Bedürfnisse und ihre Dynamiken und Hintergründe

Intimität – Bindung, gemeinsam Wachsen, Spiritualität

- **3. Therapeutischer Fokus und therapeutische Rolle**

Regulation – Handeln: Therapeut als Unterstützer, Haltgeber, Begrenzer

Klärung – Verstehen: Therapeut als aktiver Begleiter

Intimität – Erleben/Sein: Therapeut als Zeuge, Früchtepflücker, Rahmengestalter, Ritualbegleiter, Hüter

- **4. Typische Fallstricke**

Regulation – zu große Erwartungen, zu früh „klären", zu passiv bleiben, Überlastung (anstrengende Arbeit!), zu viel/zu dominant/zu unsicher regulieren

Klärung – dem Paar nicht genug Raum geben, selbst den Weg zu finden, wichtiges Hintergrundthema übersehen, „endloses" Klären/Früchte übersehen, Regulationsbedarf übersehen

Intimität – zu früh/zu tief hineingehen, (Können beide das halten? Sind beide bereit? Vertrauen?), die Notwendigkeit der Integration und des „Verdauens" übersehen, „therapeutische Intimitätsgier"

- **5. Interventionsebene**

Regulation – handlungsorientiert, körperorientiert im Sinne von Spannungsregulation und Zentrierung, alltagspraktisch, Kommunikationstechniken, Psychoedukation

Klärung – eher kognitionsorientiert, Verständnisfragen, empathieorientierte Techniken, systemische und sokratische Techniken

Intimität – emotionsorientiert, körperorientiert, tiefende, öffnende und kontaktorientierte Interventionen, zentrale Botschaften und Rituale

Fazit Integration der drei Dimensionen

- Die Integration der drei Dimensionen gelingt anhand der wichtigsten Grundsätzen, dem Erkennen der unterschiedlichen Modi und dem Wissen um die passenden Interventionen:
  - Die Grundregel der Tiefungsabstinenz
  - Die Navigationsformel
  - Fehlerfreundlichkeit
  - Verständnis, welche Interventionen welche der drei Dimensionen ansteuert
  - Verständnis und Gestaltung unserer Rolle in den unterschiedlichen therapeutischen Modalitäten der drei Dimensionen
  - Erkennen von Hinweisen, dass keine ausreichende Regulation oder keine ausreichende Klärung besteht
  - Erkennen von „reifen Früchten", um den Intimitätsraum zum richtigen Zeitpunkt zu öffnen

Literatur

Tiedemann, F. (2025). *Paare wirkungsvoll begleiten. Kompetenz!Box Therapie & Beratung*. Jungfermann.
Weber, R. (2008). *Paare in Therapie. Erlebnisintensive Methoden und Übungen*. Klett-Cotta.

Serviceteil

W. Kunstleben, *Paare im Therapieprozess*, Psychotherapie: Therapiegestaltung & Praxismanagement,
https://doi.org/10.1007/978-3-662-70722-7

Abschließendes Fazit: Gemeinsam wachsen

Stellen Sie sich ein altes Segelboot vor, das nach einem Sturm durch ruhigeres Wasser gleitet. Der Mast steht noch, das Segel ist geflickt, und die beiden, die das Boot steuern, werfen sich einen Blick zu – nicht ohne Zweifel, aber auch nicht ohne Hoffnung. Sie haben die bewegte See hinter sich gelassen, doch der Kurs, den sie nun einschlagen, bleibt ungewiss. Dieses Bild mag stellvertretend für viele Paare stehen, die sich in den therapeutischen Raum wagen: Es braucht Mut, die gemeinsame Reise trotz der Herausforderungen fortzusetzen.

Liebe Leserinnen und Leser, was bedeutet es eigentlich, Paartherapie als Gesellschaft zu verstehen? Die Arbeit mit Paaren ist weit mehr als die individuelle Unterstützung zweier Menschen in einer Beziehung. Sie spiegelt die Strömungen unserer Zeit, unsere kollektiven Werte, aber auch die Brüche, die durch die Schnelllebigkeit, die Unsicherheiten und die wachsenden Ansprüche entstehen.

Wir leben in einer Epoche, in der Beziehungen weniger durch äußere Zwänge zusammengehalten werden. Sie sind vielmehr freiwillige Verbindungen, geprägt von der Suche nach persönlicher Erfüllung, emotionaler Sicherheit und gegenseitigem Wachstum. Doch diese Freiheit birgt auch eine Herausforderung: Sie verlangt ständiges Verhandeln, Wachsamkeit und den Mut, sich mit den eigenen und gemeinsamen Schatten auseinanderzusetzen. Und dabei gibt es keinen Endzustand, in dem alle Themen geklärt, alle Lösungen gefunden und alle Segel für die weitere Reise richtig gesetzt wären. Paartherapie bietet hier einen Raum für die Stärkung der Beziehung als soziale Ressource.

Das Modell der Prozesssteuerung, das in diesem Buch vorgestellt wird, gibt Paarexperten ein Werkzeug an die Hand, um Orientierung in diesem komplexen Feld zu schaffen. Doch es ist nicht nur ein methodisches Instrument. Es ist auch eine Einladung an uns alle, Beziehung neu zu denken. Was, wenn wir unsere Paarbeziehungen als lebendige Gemeinschaften begreifen würden, die – wie kleine Gesellschaften – Regeln brauchen, aber auch Raum für Kreativität, Wachstum und Veränderung?

Hier zeigt sich die gesellschaftliche Dimension der Paartherapie: Gelungene Partnerschaften wirken über das Private hinaus. Sie sind Anker in unruhigen Zeiten, geben Halt und Stabilität – nicht nur den Partnern selbst, sondern auch ihren Kindern, Freundeskreisen und Gemeinschaften. Wenn wir Beziehungen unterstützen, schaffen wir Brücken zu einer empathischeren, resilienteren Gesellschaft.

Vielleicht fragen Sie sich, was passiert, wenn das Boot kentert? Die Antwort darauf kann nur lauten: Nach einer Trennung muss man erstmal lernen zu schwimmen, sich vielleicht nicht an den nächstbesten Rettungsring zu klammern, sondern wieder in ein eigenes Boot zurückzuklettern – und dann womöglich den Mut und die Bereitschaft zu finden, einen Neubeginn zu wagen. Paartherapie ist kein Versprechen auf Erfolg, sondern eine Einladung, bewusst zu navigieren – durch die Stürme wie durch die ruhigen Gewässer. Sie fordert uns heraus, Verantwortung für den Kurs zu übernehmen und gleichzeitig offen für das Unbekannte zu bleiben.

Wir können den Wind nicht bestimmen, aber wir können gemeinsam die Segel richtig setzen und damit erreichen, dass wir an den Herausforderungen wachsen. Dieses Buch möge Ihnen als Paartherapeut*innen zu Klarheit und Orientierung im komplexen Prozess der Arbeit mit Paaren verhelfen und Sie ermutigen, Leichtigkeit, Freude und Zuversicht in dieser anspruchsvollen Arbeit zu finden.

In diesem Sinne lade ich Sie ein, das, was Sie hier gelesen haben, in Ihre eigene Arbeit, Ihre Beziehungen und Ihr Leben zu tragen. Mögen Ihre Reisen – ob stürmisch oder sanft – von Tiefe, Mut und Verbundenheit geprägt sein.

Kolibri 360 GmbH
Ferdinand-Jühlke-Straße 7
99095 Erfurt, Deutschland
produktsicherheit@kolibri360.de